总 主 编：苏文菁
副总主编：许 通　陈 幸　曹宛红　李道振　谢小燕

闽商发展史
·福州卷

郑有国　著

厦门大学出版社　国家一级出版社
XIAMEN UNIVERSITY PRESS　全国百佳图书出版单位

图书在版编目(CIP)数据

闽商发展史. 福州卷/郑有国著. —厦门:厦门大学出版社,2016.6
ISBN 978-7-5615-6049-5

Ⅰ.①闽… Ⅱ.①郑… Ⅲ.①商业史-福建省②商业史-福州市 Ⅳ.①F729

中国版本图书馆 CIP 数据核字(2016)第 004707 号

出 版 人	蒋东明
责任编辑	薛鹏志　章木良
装帧设计	李夏凌　张雨秋
责任印制	朱　楷

出版发行　**厦门大学出版社**
社　　址　厦门市软件园二期望海路 39 号
邮政编码　361008
总 编 办　0592-2182177　0592-2181253(传真)
营销中心　0592-2184458　0592-2181365
网　　址　http://www.xmupress.com
邮　　箱　xmupress@126.com
印　　刷　厦门集大印刷厂

开本　889mm×1194mm　1/16
印张　16.25
插页　4
字数　360 千字
印数　1~2 000 册
版次　2016 年 6 月第 1 版
印次　2016 年 6 月第 1 次印刷
定价　65.00 元

本书如有印装质量问题请直接寄承印厂调换

《闽商发展史》编纂委员会成员名单

编委会主任： 雷春美　张燮飞　王光远　李祖可
编委会副主任： 翁　卡　臧杰斌　王　玲　张剑珍　陈永正
编委会成员：

陈爱钦	陈春玖	陈　飞	陈国平	陈建强	陈鉴明	陈景河	陈其春
陈秋平	陈少平	陈祥健	陈小平	邓菊芳	冯潮华	冯志农	傅光明
郭锡文	洪　杰	洪仕建	胡　钢	黄海英	黄健平	黄　菱	黄如论
黄　涛	黄信燡	黄忠勇	黄子曦	江尔雄	江荣全	景　浓	柯希平
雷成才	李海波	李家荣	李建发	李建南	李　韧	李新炎	连　锋
林国耀	林积灿	林荣滨	林素钦	林腾蛟	林　云	林志进	刘登健
刘用辉	欧阳建	阮开森	苏文菁	王亚君	王炎平	翁祖根	吴国盛
吴华新	吴辉体	吴泉水	徐启源	许连捷	许明金	杨　辉	杨仁慧
姚佑波	姚志胜	游婉玲	张琳光	张轩松	张祯锦	张志猛	郑玉琳
周少雄	周永伟	庄奕贤	庄振生				

专家指导组成员：

苏文菁　徐晓望　王日根　唐文基　王连茂　洪卜仁　郑有国　罗肇前
黄家骅

总主编： 苏文菁
副总主编： 许　通　陈　幸　曹宛红　李道振　谢小燕

《闽商发展史·福州卷》编委会

主　任： 黄忠勇　雷成才

副主任： 阮文光　张性魁

编　委： 莫雪平　程　辉　张翠芳　张　强　林德华
　　　　　林　升　刘景春　薛　菁　藩长江　高文博
　　　　　杜莲艳　任　菲　郭安宁

撰　稿： 郑有国

总 序

　　闽商是孕育于八闽大地并对福建、中国乃至世界都具有巨大贡献和影响的商人群体，是活跃于国际商界的劲旅，是福建进步和发展的重要力量。千百年来，为了开拓新天地，闽商奔走四方，闯荡大江南北；漂洋过海，足迹遍及五大洲，是海上丝绸之路最重要的参与者与见证者。他们以其吃苦耐劳的秉性，超人的胆略，纵横打拼于商海，展示了"善观时变、顺势有为，敢冒风险、爱拼会赢，合群团结、豪爽义气，恋祖爱乡、回馈桑梓"的闽商精神，赢得了世人的尊敬。

　　盛世修史，以史为鉴，利在当下，功在千秋。为了不断丰富闽商文化内涵，更好地打造闽文化品牌形象，持续提升"世界闽商大会"品牌价值，凝聚人心、汇聚力量，推进福建科学发展、跨越发展，我们把《闽商发展史》研究编纂工作作为闽商文化研究的重大工程，并于2010年8月正式启动。《闽商发展史》全书十五卷，除"总论卷"之外，还包含福建省九个设区市，港、澳、台、海外以及国内异地商会分卷，时间上从福建目前可追溯的文明史开始。2013年6月，我们在第四届世界闽商大会召开前夕出版了《闽商发展史·总论卷》，并以此作为献给大会的贺仪。今天，呈现在各位读者面前、还带着淡淡的油墨芳香的是《闽商发展史》各分卷。《闽商发展史·总论卷》和《闽商发展史》各分卷都是《闽商发展史》的重要组成部分。《闽商发展史·总论卷》的总论注重闽商发展历史的普遍性和统一性；设区市卷和港、澳、台、海外、国内异地商会卷侧重展示闽商发展历史的特殊性和多样性，以丰富的史料与鲜活的案例，为福建的21世纪"海上丝绸之路"核心区文化建设增添了厚实的基础，为中国海洋文化、商业文化建设提供了本土的文化基因。

　　欣逢伟大的时代，是我们每个八闽儿女的幸运；实现伟大的梦想，是我们每个八闽儿女的责任。今后，我们仍将一如既往地深入开展闽商文化研究，以闽商文化研究的优秀成果激励广大闽商，引领弘扬闽商精神，让广大闽商更加积极主动地把爱国热情、创业激情和自身优势转化成实际行动，融入"再上新台阶、建设新福建"的伟大实践中，为全面建成小康社会、实现中华民族伟大复兴的中国梦做出更大贡献！

中共福建省委常委
省委统战部部长　　雷春美

序 言

闽水泱泱。发源于南平、三明、龙岩的建溪、富屯溪、沙溪等,在南平境内汇合成为闽江,闽江由西向东奔流到海,哺育了早期的闽人。闽地经济文化的发展兴盛最终造就了中国历史上最重要的海商商帮——闽商。

闽商作为商帮的兴起,与唐中叶中国经济文化重心向东南沿海的转移密切相关。唐末闽王王审知入闽,致力于安境保民、发展工商业,宋、元两朝实施较为宽松的经济贸易政策,闽商迎来三百多年的发展黄金期,甘棠港、刺桐港先后设立便是明证。明清两朝,厉行海禁,抑止对外贸易,闽商在夹缝中求生存谋发展,特别是顺治时期和康熙前期,为了打击郑成功集团,片帆不准入海,沿海居民一律内迁30里,对闽商打击尤为沉重。与此同时,自16世纪末叶以来,福建沿海受损尤为惨重,葡萄牙、西班牙、荷兰等西方殖民者大举向东南亚拓展,以海盗方式掠夺财富,多次制造屠杀华人华侨的血案,闽商遭受灭顶之灾。整个明清时期,社会经济发展、航海技术发达,固然为闽商发展创造了条件,但是统治者的排斥打击西方殖民者无情摧残,使得闽商发展充满着血与泪。1840年之后,福州被辟为五个通商口岸之一,福州的对外贸易进入一个新时期,闽商也迎来了发展新时代。

闽商作为一个商帮,不仅具有富可敌国的雄厚财力,也不仅是纯粹的地域概念,还需要主导产业和独自的经营方式。相对于其他商帮而言,我认为,闽商福州商帮有这样三个特征:其一,闽商福州商帮主要是将产自东南亚的奢侈品、福建土特产运往中原地区行销,再将茶叶、丝绸、瓷器等运往东南亚地区行销。《马克·波罗游记》中就有福州的记载:"此城制糖甚多,而珍珠、宝石交易甚大。"其二,闽商福州商帮的发展与海运发展关系密切,闽商福州商帮活动足迹范围取决于航运业发展水平。在宋元时期,闽商福州商帮活动范围便北至朝鲜,南至阿拉伯半岛。郑和七下西洋都在长乐驻泊,招募水手,维修船舶,采购设备与生活必需品,从一个层面也反映了福州造船业、航运业的发达。其三,闽商福州商帮向海外发展带动了福建人向台湾和东南亚迁徙,当年诸多福州人身带三把刀闯南洋,在南洋落地生根、发展壮大,推动了东南亚地区的开发发展,极大地拓展了中华文化圈的影响力。

福建省社科院郑有国教授花费五年时间撰成《闽商发展史·福州卷》,上溯5000年前的昙石山文化,迄21世纪初年,收集资料颇为详尽,客观详尽地描述了福州商业形态、商业街区、商业管理机构的变迁沿革,客观详尽地描述了福州商人的兴衰起落,是一部系统描述福州商帮的开山力作。但勿庸讳言,我们对于福州商帮的研究刚刚起步。

一切历史都是当代史。当前,福州迎来了千年未遇的历史发展机遇,福州新区、福建自贸区福州片区、海丝核心区、生态文明先行示范区"四区"叠加,福州发展前景极其广阔,福州这艘航船即将扬帆再次起航,乘风破浪,驶向理想的彼岸。展望前程,更需要我们回望走过的前路。深入研究福州几千年的发展史,深入研究推动福州发展的重要力量——福州商帮,理清福州商帮发展源流及其构成,探究福州商帮特点特色,在当前的形势下,显得尤为紧迫。在《闽商发展史·福州卷》付梓之际,郑有国先生邀我作序,我自知于闽商、于福州商帮研究甚少、知之不多,但我有责任、有义务唤起更多的人关注福州商帮,致力福州商帮的研究。故不揣浅陋,欣然命序。郑有国先生的研究开启了一个福州商帮研究的新时代,我衷心地希望一切有志之士都参与进来,多维度、多层面地研究福州商帮,真实客观地再现福州商帮的历史风貌,深度挖掘福州商帮历经苦难、不断发展壮大的坎坷历程,让百折不饶、勇往直前、敢拼能赢的闽商精神得以显现、得以传承、得以光大,从而为福州发展注入强劲动力,让我们的家乡发展得更好些、更快些。

谨以此代序。

黄忠勇

2016年5月

目录 contents

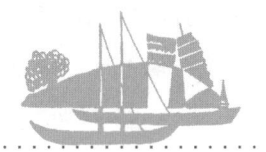

第一章　绪　论 /1

第一节　福州的地理环境/2

第二节　闽江与福州人/6

第三节　早期福州人的海上活动/10

第四节　福州的人文特征/14

第二章　南朝至唐五代福州商人资本的早期形态 /17

第一节　唐五代福州人口增长与社会经济/17

　一、福州人口的增长/17

　二、王审知治闽与福州社会经济发展/19

第二节　城市拓展与商业道路/21

　一、福州城市的拓展/21

　二、发达的内河商道/25

　三、港口与商道/27

第三节　唐五代福州商品经济的发展/30

第四节　"甘棠港"与福州的海上贸易/32

　一、海上商港——"甘棠港"/32

　二、隋唐五代福州的对外贸易/35

第五节　唐五代海外贸易的管理/37

第三章　宋元时期闽商福州帮的形成及商贸活动 /39

第一节　宋元时期福州地区商品经济的发展/39

第二节　宋元时期福州城市商业的发展/43

　一、水城——福州城市的特色/43

　二、福州城内的东、西市/45

第三节　福州转运商业中心的形成/46

　一、双杭转运商业区的形成/46

　二、兼具河、海特色的港市/47

第四节 闽商福州帮的形成及经营特点/50
　　一、权贵商人/50
　　二、近海贸易商人/51
　　三、远洋贸易商人/52
　　四、小本合利经商/53
第五节 宋元时期福州商人与海上贸易的发展/54
　　一、促进了福州与近海周边的贸易/55
　　二、福州与海外贸易的航线进一步开拓/56
　　三、扩大了福州商人的活动空间/57
　　四、在贸易基础上促进了与海外各国的交流/58

第四章 明清时期福州的商人与商业发展/60

第一节 福州商业中心城市的形成与周边经济联系/60
　　一、城市规模扩大,商业街市形成/60
　　二、区域商业中心城市与周边经济联系/62
第二节 福州商人的商业网络与商路/67
　　一、南台区域商品集散地的扩展/67
　　二、双杭——闽江上下游商品集散地的成熟/68
　　三、河口——海上贸易集散地发展/68
　　四、福州的内港与外港/70
第三节 福州商人资本形态/72
第四节 明清的海外贸易/76
　　一、福州港口与郑和下西洋/76
　　二、番薯贸易/79
第五节 海外贸易管理机构/82
　　一、福建市舶司/82
　　二、闽海关/86

第五章 近代福州商帮的发展与转型/89

第一节 鸦片战争对福州工商业的影响/89
　　一、开五口通商后的福州社会经济状况/89
　　二、洋务运动与商业资本转型的尝试/94
第二节 辛亥革命后商业资本的活跃/98
　　一、参与近代城市市政建设事业/98
　　二、参与近代航空、航运事业/102
第三节 商人资本转型之一——商业资本的转型/106
　　一、近代商业街区形成/106

二、商品区域分布/108
三、道头、码头的发达/118

第四节　商人资本转型之一——产业资本的兴起/120
一、官办工业/121
二、福州民营近代工业/121

第五节　商人资本转型之三——金融资本的兴起/130
一、外资金融机构/130
二、华资金融机构/131
三、传统私人金融机构/132

第六节　福州的对外贸易/139

第七节　光复后福州商人活动的艰难复苏/143
一、交通、轮船海运业/143
二、战后民营工业各部门发展情况/144

第八节　近代福州商业组织与演变/148
一、行会/148
二、会馆/154
三、商会/155

第九节　近代福州市民文化/165
一、福州评话、伬唱/165
二、福州商业十景之一——苍霞洲/168
三、商业叫卖声/170
四、码头甲哥/171
五、商帮信仰——张真君/172

第六章　计划经济体制下福州商人资本发展变化/173

第一节　新中国成立初期福州商人资本的恢复与发展/173
一、强化人民币市场流通,控制金融市场/173
二、稳定市场管理,控制商品流通/175
三、成立福州市工商联合会/178
四、实行第一个五年计划/186

第二节　福州产业资本的社会主义改造/187
一、新中国成立初期福州的工业状况/188
二、手工业、工业改造的政策及步骤/189
三、民天食品厂的改造/194

第三节　福州商业资本的社会主义改造/195
一、商业流通统制的政策与尝试/196
二、对私营商业的改造政策/199

三、对私营商业的社会主义改造/202

第四节 对金融资本的社会主义改造/206
  一、对旧金融行业的社会主义改造/206
  二、建立社会主义的金融信用体系/209

第七章 改革开放时期福州商人资本的发展与壮大/211

第一节 改革开放初期乡镇企业的蓬勃发展/211
  一、长乐——"草根工业"发祥地/211
  二、乡镇民间资本的兴起/213

第二节 城市计划经济体制的瓦解/218
  一、政策鼓励私人经济恢复存在/218
  二、引进外国资本投资/220
  三、从点到面，设立改革试验区/222

第三节 福州企业家的呼喊/223

第四节 福州资本的冲动/225
  一、融侨工业区/225
  二、民间资本开始活跃/227
  三、创新潮涌福州城/228

第五节 福州资本跨越式发展/233
  一、入世与福州商圈大变局/233
  二、世界汽车玻璃供应商——福耀/243
  三、两岸梦圆青口汽车城/245

后　　记/250

第一章

绪 论

中国古代的商朝,商业相当繁荣,商族人经常到周边民族地区进行农产品交换,它们从事远程贩运,组织货源,史称:"商邑翼翼,四方之极。"后来随着历史的发展,买卖人虽然不再以商族人为主体,但人们仍习惯把进行买卖的人通称为商人。

现在商人的概念,源于资本主义的发展。恩格斯说:"商人对于以前一切都停滞不变,可以说由于世袭而停滞不变的社会来说,是一个革命的要素。""现在商人来到了这个世界,它应当是这个世界发生变革的起点。"①

在近代商法中"商主体"又称为"商人"。商主体就是各种商事活动的参加者和商事法律关系的当事人。简单说,由于近代资本主义经济的发展,从事交换活动的不再是简单的自然人主体,企业应当是社会主要交换活动的主体,即商主体的主要表现形式是企业。

德、日、法、美各国,很早就确定企业的商主体概念。在我国,由于企业产权制度界定仍然属于争议的问题,关于商主体的范围究竟包含哪些内容,只是一个学理上的问题,并无法律的明确界定。由于商主体的内涵远未定论,那么商主体的外延,事实上也就无从定论了。这必然为我们叙述闽商发展史带来一定困难。尽管如此,在叙述闽商发展史时,我们不仅仅叙述个体的商人存在,而且仍然还是要叙述参与社会经济交易主体的企业活动的状况。

各个国家、各个地区、各个不同历史时代的商人(商主体),都有其明显、独特的活动特征。这些特征的形成,都源于这些商人(商主体)"生于斯,养于斯"的自然与社会环境。

福州始建城于2200年前,经过2000多年的发展,用今天放大的眼界来看福州,福州是濒临东海,且介于长江口与珠江口的中心位置上,应当说其地理位置是十分显要的。

"福州"的命名缘于唐开元十三年(725年)。当时的唐改"闽州都督府为福州都督府",这是福州命名的开始。福州之名来由,根据唐李吉甫《元和郡县志》:"因州西北有福山,故名。"福州位于福建省东部,闽江下游,因城西福山而得名,唐代以前称"三山"、"闽中"。

根据当今福州市行政区划,福州辖鼓楼、台江、仓山、晋安、马尾5个区,闽侯、连江、

---

① 《马克思恩格斯全集》第25卷,北京:人民出版社,1960年,第1019页。

罗源、闽清、永泰、平潭6个县，福清、长乐2个县级市。总面积达11968平方千米，其中市区面积1043平方千米。福州市人民政府所在地是鼓楼区乌山路。2009年统计，全市辖43个街道、99个镇、45个乡(含连江县马祖乡)、2个民族乡，476个社区居委会、2389个村民委员会。

叙述福州的商人(商主体)，还是要从福州的山山水水讲起。

第一节　福州的地理环境

福州，福建的省会城市，地处闽中鹰峰山脉的南段、戴云山脉的北段东侧，这些山脉蜿蜒起伏，形成西高东低、层层叠落的天然屏障。福州三面环山，一面靠海。自汉代至明末，福州这个地域曾先后出现郡城、王城和京城。明著名学者谢肇淛在《五杂俎》一书中，把福州的山川形胜与南京古城进行比较之后说，闽中与金陵相似的地方有三点：第一，山脉延伸到城中，所以城内有山半截。这是说福州城傍山的一面；第二，城郭外有大江数重，环绕如带。这是说福州城不是直接面海，而是由多重的流向大海的江水环绕着；第三，四面诸山，环拱会城。这是说福州是一个盆地。

500年前，北宋诗人、做过福州太守的闽北建阳人陈轩有一首直接以"冶城"为题的诗，赞叹福州城之美："城里三山古越都，楼台相望跨蓬壶。有时细雨微烟罩，便是天然水墨图。"诗里把福州城风景秀美、历史古都的特征，一一点出。福州城内于山、屏山、乌石山三山鼎峙，城内白塔、乌塔东西两塔摩云，蜿蜒的闽江环绕、四围烟岚升腾，美不胜收。

福州在远古时期，并不在中原文化的视野中。我国古代的《山海经》一书中只保留有这样简单的记载："闽在海中。"

根据考古探测表明，远古时代的福州尽是泽国一片："目前的福州盆地和古田县水口以下闽江干流河谷，在当时，实是海水淹没的海湾，古闽江口则是一个典型的溺谷海湾。"[①]根据地质学考察，远在地质年代的中生代(2.3亿—6700万年前)，中国东南沿海一直有火山运动。到了中更新世，由于新构造运动加剧，闽江河谷开始下沉，周围山地开始上升。直到进入全新世(250万年前)，福州盆地才开始慢慢出现600~1000米的高山，而盆地继续下沉，中间河谷大约在海平面下37米，形成《山海经》所谓"闽在海中"的状况。

1954年1月，在距离今天福州市区22千米的闽侯县甘蔗镇昙石村一带进行了考古挖掘。经过前后8次历经50年的挖掘，在一座高出江面20米的长形的山冈上，考古学者发现了一大批重要文物与标本，经科学考证，这里是距今5500—4000年的文化遗址。这就是中国东南地区最典型的新石器文化遗存之一的昙石山文化遗址。经过论证可以肯定这里就是先秦闽族文化的发源地，也是闽台文化的源头所在。

---

① 祝永康：《闽江口历史时期的河床变迁》，《台湾海峡》1985年第2期。

从昙石山文化遗址的堆积来看，该遗址主要由蛤蜊、牡蛎、蚬、蚶等各类贝壳堆积而成，尤其是在第六次发掘中所发现的19座灰坑，"坑内有的全是蛤蜊壳堆积"。由此，我们可以断定：昙石山文化的先民一定是"沿水而居"，他们主要是以采集海生贝类为生。这就印证了《逸周书·王会解》中"东越海蛤"的历史记载，同时也表明其文化具有靠讨海为生的海洋性特征。

根据昙石山文化层中的贝冢（蛤蜊堆）来推断，当时闽江入海处就在今天的甘蔗、白沙和大小箬一带。福州盆地当时应当说是属于海湾，在海侵时期，现在南台岛的高盖山、大顶山、妙峰山以及盆地内露出水面的高程应当都达不到10米。直到今天，我们仍然可以看到以屿来命名的一些区域、村落，如前屿、后屿、横屿等，这些屿，当时应当都是海湾里的洲岛，只是后来才慢慢浮出水面，连成一片。

中华第一灯。在125号墓葬中，出土时，陶灯放在墓主人头顶，类似北京十三陵定陵中的"长明灯"，四五千年前的昙石山人就已经使用如此精美的陶灯，堪称"中华第一灯"。

昙石山人的颧骨是很有特征的。137号墓主人为25岁左右的年轻女性，其中左侧颧骨分为上下两部分，下方颧骨块被称为"日本人骨"，现在日本人大部分有这块颧骨。可以证明，日本文化不仅受到中国文化的影响，连日本人种也有可能要追溯到昙石山人。后代福建人与日本人的关系，似乎可以从这里找到源头。

中国最早的上釉技术。在遗址殉狗坑旁的夯土祭祀台上，出土了一件原始瓷罐和四件原始瓷器。这些原始瓷器距今3000多年，都施有青绿色釉，是中国最早的上釉技术。

提线陶簋。在131号夫妻合葬墓中出土了11件陶簋，其中一件陶簋口沿造型为全国罕见。

竖立坑中的殉葬男奴。在奴隶陪葬坑中，殉葬的男奴竖立坑中，粗壮的大腿骨和脚趾清晰可辨，显然是活埋时挣扎所致，反映了3000年前奴隶殉葬的残酷。

18件陶釜。陶釜相当于现代的砂锅。在131号夫妇合葬墓底下，发现了大小陶釜18件，这在全国新石器时代墓葬中也是绝无仅有的，以此追溯沿江靠海的福州人有爱喝汤的饮食文化。[1]

昙石山文化作为福建的地域文化，不仅仅与一水之隔的日本文化有联系，也与海峡对岸台湾岛的古代文化有着一定的联系。经过专家考证，其中中层文化与台湾高雄的凤鼻头第三、四期贝丘文化有不少相似之处，通过碳14测定的年代也大致相当，而其中彩陶、有段石锛和拔牙习俗等都十分接近。这表明当时闽台两地的居民已经有了密切的往来和联系。昙石山文化的探索对两岸古代文化研究具有非常重要的意义。

虽然处于偏远地区的闽文化具有鲜明的海洋性特质，但是，就其历史发展而言，应当说仍属中华文化共同体中的一支兼具内陆性与海洋性特质的复合型、综合性的地域文化。闽文化是中华文化的重要分支，是中华文化的重要组成部分。

---

[1] 林公务、林丰亮、朱燕英：《2009年昙石山遗址考古发掘简报》，《福建文博》2013年第2期。

考古发现的 20 多座昙石山文化遗址墓坑内"填土褐灰色,内含大量蛤蜊壳,有的几乎全是蛤蜊壳",真可谓是名副其实的"贝丘"遗址,在我国台湾等地以及日本、欧洲等世界各国都有类似的"贝塚"遗址。这一特征为这一地区后继的黄土仑文化、闽越文化以及闽都文化所直接承袭,并成为闽都文化的基本特质之一。

昙石山文化属新石器时代晚期。这类文化主要分布在闽江下游福建省东部沿海一带,闽侯庄边山下层、闽侯白沙溪下层、福清东张下层等遗址均属于昙石山文化类型。故此,学术界普遍将昙石山文化视为闽都文化之滥觞。

衔接昙石山文化的就是所谓的黄土仑文化。从考古发现来看,黄土仑文化是叠压在昙石山文化遗址上层,所以黄土仑文化是晚于昙石山文化的。

黄土仑文化是福州地区青铜时代最典型的文化遗存。该遗址位于闽江南岸闽侯县鸿尾乡石佛头村。1974—1978 年经过多次的发掘,共清理了 19 座墓葬,出土或采集陶器、石器等文物标本近 200 件。这些陶器烧制的火候很高,陶胎质地坚硬,器形种类繁多,纹饰典雅精美,造型奇特,别具一格,具有强烈的仿铜作风和浓厚的地方特色。根据遗址出土木炭标本的碳 14 测定,其年代距今 3500—3000 年之间,相当于中原地区商末周初的时期。

根据文物普查,黄土仑类型文化的分布地区,主要以闽江下游为中心,遍布福建省大部分地区,包括闽北、闽东、闽西、闽中以及闽江、晋江、木兰溪流域的广大地区,已发现且较重要的地点有福州、闽侯、政和、建瓯、光泽、崇安、福清、莆田、大田、南安、漳浦、福安、上杭诸县市。从考古地层的叠压关系看,黄土仑文化与昙石山上层类型文化有明显的承袭关系,如圜、凹底陶器风格为黄土仑文化所承袭,纹饰与器形方面亦有诸多相似,它"代表了闽江下游一种受中原商周青铜文化影响而具浓厚地方特色的文化遗存"[①]。毫无疑问,昙石山文化与黄土仑文化是一脉相承的,皆为后来闽越文化的根基,而创造这些文化的先民即为闽越族的主体。

闽江下游原始居民点的分布,与我国的黄海流域、长江流域乃至埃及的尼罗河两岸及巴比伦的两河流域的先人们都一样。他们一般是在社会生产和劳动生活过程中沿着闽江下游或者支流的两岸逐步分开来,形成社会生活和劳动的不同台地。从闽江上游往下,在闽江下游的北岸,汇入洋里溪、大同溪、议溪、桐溪、新店溪等地,形成一个个靠近江溪水面的平缓向阳坡地,这里除分布着著名的昙石山文化遗址之外,从闽清水口而下,分别有闽侯湖柄牛头山遗址、白沙溪头遗址、荆溪白头山遗址、荆溪洽浦山遗址和福州新店浮仓山遗址、新店盘石山遗址以及淮安天山马岭遗址等十几处先人生活过的遗址。

在闽江下游的南岸,汇入梅溪、大樟溪及穆源溪、溪源溪、锦溪、青龙江等小河流,又形成一个个濒临江、河、溪畔的平缓向阳坡地,并且较闽江下游的北岸发育得更加成熟,往往一条支流即自成一组古文化遗址群。除了闻名遐迩的黄土仑文化遗址和庄边山文化遗址之外,从闽清水口而下,分别有各自成组的遗址群数十处,诸如:梅溪流域的坂东

---

① 陈龙、林忠干、杨先铢:《福建闽侯黄土仑遗址发掘简报》,《文物》1984 年第 4 期。

犀牛山等11处古文化遗址；穆源溪流域的鸿尾古洋、奎石、大模、坪峰山等10处古文化遗址，其中尤以黄土仑类型遗存最具特色，文化堆积及分布范围皆颇具规模；溪源溪流域的上街赤塘山、竹岐庄边山等数处古文化遗址中，庄边山遗址面积就达2万平方米。此外还有锦溪河畔的南屿神山遗址，青龙江畔南道山仔顶、园林山、古城山等遗址。大漳溪流域的永泰篙口、长庆、梧桐、赤锡等处高起于溪畔的洋边后尖山仑等20余处第一或第二台地上，更有俯地可见的古文化堆积遗物。

根据专家的研究，闽江下游原始居民们承前启后创造的昙石山文化、庄边山上层类型、黄土仑类型，不仅广泛地分布于毗邻的闽江下游及其支流的两岸，形成一个个原始居民点，而且扩展到整个闽江流域、东南沿海乃至几乎覆盖福建的全境。

这种分布在闽江下游两岸丰富多彩、交替生辉的古文化遗存，从时间上，跨越新石器时代和青铜时代，其规模之大、范围之广泛、持续时间之久、文化积淀之厚，为福州早期城市的产生与发展奠定了基础。正是这些文化族群的存在与发展，才有了诞生后来的闽越国和建立福州早期城市的可能。

闽越文化，概言之，即是闽越族人创造的文化。大量的文献资料与考古发现表明，闽越族就是在昙石山文化、庄边山上层类型、黄土仑类型文化基础上形成的。他们是以闽江流域为中心，在融合了浙、赣、粤一部分地区的原住民中"闽"或"越"族的基础上形成的。

作为百越族的一支，闽越族正式形成于商周之际，经过2000多年的民族演化，战国初年，为楚所灭的于越遗族南下浙南及福建地区，其中一部分融合到了闽越族，并建立了一支地方性政权的闽越国，学术界一般称之为先秦闽越国。这样，闽文化开始逐步进入以中原文化为正统的视野中。

公元前221年，秦始皇统一了山东六国后就开始进兵福建，并在闽越人居住地设置闽中郡。秦末天下大乱，闽越族首领无诸乘机率兵反秦。秦亡后，闽越王无诸在楚汉战争中因为帮助汉高祖刘邦建立汉王朝有功，被西汉中央王朝正式分封为闽越王。辖地就是秦时所设的闽中郡故地。"汉五年，复立无诸为闽越王。王闽中故地，都东冶。"① 这个政权是汉王朝的一个异姓诸侯国，学术界一般称之为汉闽越国。闽文化从此进入中原正史之记载。

无诸逝世后，其后代屡生内讧，并与汉廷关系日益紧张，终于在元封元年（公元前110年）为汉武帝所灭。

由此，可以从时间上进行这样的推断：闽越文化形成、发展于商周时期，到汉武帝时期，闽越国消亡。其中汉闽越国时期（公元前202年—公元前110年）则是闽越文化发展的最繁荣时期。

关于闽越文化的特征，从先秦以来史籍文献的记述中，可以了解一些。如《逸周书·王会解》："东越海蛤，瓯人蝉蛇，蝉蛇顺食之美，姑于越纳，曰姑妹珍，且瓯文蜃，共人玄

---

① 《史记》卷一百一十四，《东越列传第五十四》。

贝,海阳大蟹,自深桂,会稽以鼀。"①这是说闽越人的习俗特征,靠海,文化相对落后。《汉书·严助传》记载:"越,方外之地,劗发文身之民也。……处溪谷之间,篁竹之中,习于水斗,便于用舟,地深昧而多水险。"②《越绝书·越绝外传记地传》:"以舟为车,以楫为马,往若飘风,去则难从……越之常性也。"③这里说的是闽越文化的重要特征,擅长于水上的活动,会造船、文身。

1975年在福建连江出土一个独木舟,据考古专家研究认为这是西汉早期当地闽越人通常使用的一种独木舟。由此可以佐证史籍记载的正确,同时说明闽越族人的舟船活动在西汉时期已经由河流逐步地向近海推进。由河流向海上的进发,这是一个重大的进步。闽越族人是"以舟为车,以楫为马"的民族,他们善于造船,长于操舟,创造了丰富多彩、富有海洋特色的"舟楫文化",这些就是后世所讨论的闽文化的海洋性特质的历史渊源。

2010年11月,来自法属波利尼西亚的土著,不远万里来福州寻根,他们借助的正是独木舟技术,他们希望用独木舟加现代帆船技术,效仿5000多年前的古人从中国漂流到法属波利尼西亚大溪地,重新追寻古人迁移的足迹。最后,事实证明他们花4个月的时间用独木舟可以完成16000海里的太平洋横渡。令人难以置信的是,这些土著人的长相和现代福建渔民几乎完全一样。

靠山临海,是闽文化的重要特征,正是这种地理环境因素,培育了闽文化。开放拼搏精神、海洋性,都是闽文化的重要特征。几千年过去了,因为战争,因为寻求更好的生活,许多福州人仍然世代沿袭,沿着不尽东流的闽江不断走向海洋。

第二节　闽江与福州人

闽江是福州人的母亲河。福州先民的生存与发展都有赖于闽江,闽江给了福州人生与死,并帮助他们实现内心的向往与自由。

福州城临江又近海,位于闽江的下游出海口地区。从考古来看福州的先人,自古就已经生活在闽江水系周边。遗址中发掘出来的古生物贝壳中,有属于潮间浅滩环境中生活的牡蛎、魁蛤,也有属于淡水环境中生长的河蚬,可以看出上古居民很早已开始濒江临溪而居。同时,他们也利用竹木制造舟筏,开创了原始的江海和水上捕捞活动。当然,由于当时社会生产力水平仍然十分低下,各部落来往也并不颇繁,剩余产品的交换、人口的迁移都十分有限,水上交通也是短程的行为,并不构成社会生活的全部。

福州地区沿着闽江两岸已发现的文化遗址主要有昙石山遗址、浮村遗址、闽侯庄边山遗址、闽侯溪头遗址、闽侯小薯牛头山遗址以及福清东张遗址等。这些遗址的一个明

---

① 《逸周书·王会解》第五十九。
② 《汉书》卷六十四上,《严朱吾丘主父徐严终王贾传第三十四》。
③ 《越绝书·越绝外传记地传》第十。

显特征是，都濒近江海、溪流，由此可以看出先民的生活圈子就在近水的旁边，最远的也不超过1000米。闽江下游的昙石山遗址与庄边山遗址隔江相望，说明先人是沿江居住，他们分别在距福州20多千米的闽江南北岸的小丘台地上生活。闽侯白沙溪头遗址也是处在闽江北岸的白沙溪头村西南台地上；闽侯小薯牛头山遗址则处在闽江北岸紧靠河边的牛头村上；福州北郊浮村遗址周围则是平坦的原野，属于闽江水的泛滥区；福清东张遗址也紧靠在闽江支流龙江的干流上。可以说，福州先人的足迹踏遍了闽江下游的两岸，闽江水培育了福州最早的文明。

根据考古挖掘，始建于2200年前的福州古城，就坐落在闽江下游的北岸台地上。今天闽江上游的水流经南台流向东海，南台成为繁荣的商业区。但实际上直到汉代还没有南台，南台仍然在一大片水面下。福州盆地内的陆地仍然很狭窄，只有东起石鼓山麓、北抵西郊的屏山一带，形成沿着山边的一线港湾。福州城——冶城，实际上就建立在临水的半岛上。《福建通志·津梁志》云："旧为罗城大濠（即澳桥），相传无诸时，澳桥四面皆水。"《荔树草堂集》记载，汉代时海船甚至可以泊于还珠门外（即今天的贤南路口）。可见当时的贤南路口到东站一线，都是河流一片。

1989年在鼓屏路卫生厅后面城隍庙边城直街巷尾坡顶上（也是欧冶池山周围）找到了一个摩崖，崖墙上嵌有四块方石，每块面积140cm×150cm，内楷书"冶山古迹"四个大字。1991年在钱塘巷北侧建行营业大楼工地发现了汉初宫殿遗址及其遗物。遗址中部分板瓦的内里还戳印方章形的篆体汉字。其北侧屏山菜市场工地，也采集有"万岁"、"万岁未央"等虎凤纹瓦当。结合历史文献《三山志》记载：无诸受封为闽越王后，就在冶山周围建了一座城，因冶山而得名，称为"冶城"。闽越故城，应当在府治北二百五步。《福建通志·城池志》也记载"冶城在冶山前麓"，即今屏山北面，屏山又称越王山。由此证明冶城的城址应在今鼓屏路、华林路、钱塘巷和中山路一带。

闽江水系，是福建省内四大水系之一。在福建四大水系中，闽江是福建省的第一大河，福州地处闽江下游。福建境内四大水系，就水上交通而言，有一个重要的特征，就是四大水系（闽江、九龙江、汀江、晋江）彼此互不相通，加上高山的阻隔，使福建境内四大河流各自与周边的江西、浙江两省的河流隔离开来，形成独自流入大海的水系单元。这种水系，使福建境内的各水系区域之间的经济交流、文化交流都受到限制。这种水系特征，把福建各区域经济联系肢解得支离破碎。福州形成唯一一个以闽江水系为区域的经济区。无疑，这种隔绝的自然状态深深地影响了这一个地区文明的发展。

闽江干流长577千米，总长2872千米，在福建省境内流经31个县市，流经区域面积达60806平方千米，约占全省面积的一半，是福建水路交通的大动脉。在经济自然状况下，水路也提供了比较廉价的交通模式。

闽江上游有三大溪——沙溪、富屯溪和建溪。主流沙溪发源于武夷山南麓宁化县的枫树排，在南平与富屯溪、建溪汇合，才形成闽江的干流，干流经福州由川石入海。按照传统习惯划分，自源头至南平为闽江上游，南平至水口87.5千米为闽江中游，水口以下为闽江下游。

闽江上中游两岸高山峡谷，水位落差相当大，航道弯曲、礁岩起伏，危石裸露，险滩密布。根据史料,全流域有险滩800余处,仅仅其上游的沙、富、建3溪就有400多处,加之河水暴涨暴落,水情极其复杂。自古闽江上游就被视为畏途。彭光斗在《闽琐记》中写道:"自入闽界舟行无处非滩,无滩无石,其石牙错棋布,横亘波心,槛如屋,水激如相斗,不异霆轰雷击。""每至过滩,便寄性命于篙师,稍失手,舟立碎矣,故谚云:纸船铁艄公。"清代人何梅在《三山归舟》里有诗云:"闽溪不可上,上若上青天。缆向峰头系,舟从石罅穿。晴空排虎刺,急濑吐蛟涎。赋命真穷薄,频年往复旋。"由古人的记载,足可见闽江上游航道之艰险。

闽江进入中、下游,两岸山峰转缓,河面转宽,水流较平,下游就已经全在福州地区境内了。下游经闽清、闽侯、福州市区、长乐、连江,奔流注入东海。

江流自水口入城后,经闽清、闽侯两县至市区的南台岛北端的淮安开始分为南北两道。北道经洪山、市区南台再流到马尾,称北港,又称白龙江、台江,南道汇集了大樟溪支流后,经湾边至马尾,称为南港,又称乌龙江。

闽江的主流一直是走北港,这里长期是上下游闽江的中转站。淮安很早就成为闽江下游人北上的一个重要口岸。淮安在古代人口发展、商业繁荣就是这种自然交通区位优势带来的。

北港入口处淮安至洪山是一条又深又窄的河段,长4.5千米,江面平均宽度250米,流速很快,河道深。再往下至市区的台江,水流长8千米,江面展宽(三县洲附近江面宽达600~1000米),有数个浅滩相连。台江至马尾长16.4千米,江面一般宽1000~2000米,江中有6个水深不足3米的浅段,长约5千米。南港是天然的泄洪排沙水道,接受大部分中游下来的沙,河床中沙洲浅滩比北港发育。淮安至湾边,长16千米,江面宽2000~3000米,枯水期水深0.5米左右。湾边至马尾长24.4千米,江宽一般为2000~3000米,最宽处达4000米以上,枯水期一般浅槽水深1.5米。

可以说福州"人生于斯,长于斯",滔滔的闽江水养育了代代福州人,也逐步形成福州特有的精神气象。

第一,闽江水从北向南贯穿福建,使地处东南沿海偏远的福州人可以较早地接受中原文化的影响,带给了福州人内心的自豪与自信。

因为有了闽江,福州虽然地处偏远,却有着性格平和舒缓、儒雅尚文,民风谨慎畏法、好修饰、重礼仪的中原华夏习俗,形成福州人重文、自尊与自信的内心世界。

公元前221年,秦始皇统一中国后,秦人随即入闽。秦人入闽先集结于余干水(今江西的信江),然后翻越武夷山,到达闽江的上游,再顺闽江而下到达东冶(今福州)。[①] 可见,当时具有一定规模的闽江航运已经开创,后来闽越王无诸率兵参加抗秦反楚的战争,出师及班师的路线亦一定经由这条闽江。

建元三年(公元前138年),闽越兵围东瓯,东瓯向汉朝告急,中大夫严助奏言:"(闽)越人若为变,必先由余干界中积食粮","盖其地当闽越襟领也,且北扼大江,西阻重山,兵

---

① 《史记》卷四十一,《越王勾践世家》。

争出入,常为孔道"。① 余干是闽赣交界的重镇,是中原汉族进入福建直达福州的重要通道,所以这个地方是兵家必争之地。闽越人控制此地,无非是防止汉兵自赣入闽,再顺江而下至东冶福州。

汉武帝时闽越人在闽北地区建造乌坂、汉阳、临江等大小6座城堡以抗拒中原王朝汉兵入闽。这些城堡都位于今天的邵武市、浦城县、建阳市等地,分布于闽江上游的富屯溪、南浦溪沿岸。它们之间的相互距离达百里左右,闽越军利用水陆线路供驰军需。后来汉武帝出兵征讨闽越,其中一路就是翻越武夷山,再顺江而下,攻下东冶——福州。

可见两汉时期福州至内地中原的水上交通,闽江水系实际上起了重要的作用。虽然闽江水系自然条件十分险恶,正如淮南王刘安上书所言:"水道上下击石……漂石破舟,不可以大船载粮食下也。"②但是在那个时期,没有其他更有效的道路,替代闽江水系衔接福州与中原北方。

当时从福州出发往北,只能借助这条水陆兼行的道路走。在唐代初期,仍然如此。宋《三山志》记载:"西路旧无车道抵中国,缘江乘舟,冣荡而溯,凡四百六十二里,始接邮道。"唐朝著名诗人杜荀鹤(846—904)在旅居福州时曾留有一首描写福州秋天的诗,标题就叫"闽中秋思":"雨匀紫菊丛丛色,风弄红蕉叶叶声。北畔是山南畔海,只堪图画不堪行。"当时福州称"闽中",秋色如画,虽然美丽,但福州城靠山伴海,要北上中原,历经险阻,交通极为不便,所以诗人才有"不堪行"之感叹。

第二,闽江面向大海,成就了福州近代开风气之先。

闽江水系经过福州市区出海,使福州有便利的出海入洋的港口。近代福州人正是因为这种面向大海的优势,得世界风气之先,较早地接受了海外先进的思想文化。

鸦片战争之后,中国有识之士深感亡国之切肤之痛,起而学习西方的先进技术,因而有了闽江下游北岸的马尾船政局的诞生。

1866年,左宗棠在福州创办马尾船政局,使之成为中国最早的造船工业基地,马尾船政局一度是远东规模最大和技术最全面的造船企业。这个造船厂从1866年创设到1907年停办,经营达40年之久。无论从投资、规模还是成效来看,它在当时都具有一定的典型意义。马尾船政局学堂是一所熔培养造船技术人员和海军军官于一炉的综合学校,造就了相当一批近代海军军官和造船工程师以及船政、军事教育等方面的人才,在我国近代海军史和造船史上都占有重要的一页。

从1876年开始,马尾船政学堂陆续派遣学生前往英、法等国学习驾驶及造船,开创了中国派遣留欧学生的先河。1871年船政学堂组织学生远航实习,巡历香港、新加坡、日本等口岸,成为中国海军最早的一次远航。1919年,马尾船政学堂的学生还制造出了中国第一架飞机。有了马尾船政局,才有了闽江口壮烈的中法马江海战,他们英勇抗击侵略者的行为惊天动地。

这些从闽江出海口出去,并回来的当时思想上、技术上,都可以说是创中国一代先锋

---

① 《汉书》卷六十四上,《严朱吾丘主父徐严终王贾传第三十四》。
② 《汉书》卷六十四上,《严朱吾丘主父徐严终王贾传第三十四》。

的人物,先后有"启蒙思想家"严复、"中国铁路之父"詹天佑、有"匡世良才"美誉的造船专家魏翰、设计了中国第一架飞机的巴玉藻、著名外交家陈季同,还有邓世昌等一代民族精英和爱国志士。他们让世界了解了福州人的骨气、智慧和力量。

第三,扼守闽江下游出海口,培育福州人成转运贸易的好手。

福州地处闽江下游,扼守闽江上游与闽江下游的出海口。福州作为省会城市与闽江交通、经济的枢纽,决定了福州在商品经济中的核心位置。

闽江发源于福建两山西北区,由流经永安沙县的沙溪,流经邵武、顺昌的富屯溪,流经建阳、建瓯的建溪三大支流汇合于延平而成,自延平而下,流经古田、闽清、闽侯,最后由福州进入东海。闽江流域涵盖的地区,主要是上游的延平、建阳、邵武三府和下游的福州府。

从经济层面来说,福州有闽江上游广大的经济腹地,闽江上游的土特产可以源源不断地通过闽江输入福州,再经过福州转卖到各地。

福州输往海外、沿海江浙地区的货物中,最大宗的是茶、木、纸三种,而这三种最大宗的输出货,实际上几乎全部是来自闽江上游,福州城只是作为加工和推销的中转站。从闽江来说,福州城只是作为上下游贸易的加工和推销的中转站。《闽县乡土志》认为:"八闽物产,以茶、木、纸为大宗,皆非产自福州也。巨商大贾其营运所集,必由福州为的,故出南门数里,则转移之众已肩属于道,江潮一涨,其待输运之舰,帆樯尤林立焉。"① 光绪《闽县风土志》记载有清代后期福州地区每年输入和输出的商品,其中输入商品大部分来自闽北山区。历史上,闽江上游的产品,如粮食、土纸、香菇、竹笋、竹木、矿铁等都是闽北山区的特产,是下游人民的生活必需品。还有如茶叶,是海外贸易的需求商品,这些商品随着下游及沿海地区社会经济发展,对粮食、原料等物品的需求量增加,而日益被运销到各地。

由于这种地理位置优势,在福州城外的南台迅速形成转运商业地区,在宋元时期迅速发展,到明清时期,形成富有福州特色的转口贸易区域。明清时期南台转运贸易区,是福州人流最为集中、商贾小贩最为忙碌的区域,大小船只密密麻麻,进出货物装卸繁忙,很大程度上反映了闽省经济的发展脉搏,正如时人所言:"南台距省十五里,华夷杂沓,商贾辐辏,最为闽省繁富之地。"②

闽江水系日益发达的交通运输,影响了福州人的性格,也培育了福州商人强烈的转运贸易的观念。

第三节 早期福州人的海上活动

福州先人很早就已经与海发生联系了。从昙石山文化遗址的堆积层来看,该遗址主

---

① 光绪《闽县乡土志》"商务杂述"。
② (清)张集馨:《道咸宦海见闻录》,北京:中华书局,1981年,第298页。

要由蛤蜊、牡蛎、蚬、蚶等各类贝壳堆积而成,再根据《逸周书·王会解》中"东越海蛤"的历史记载,表明居住在这一带的族群,很早就有靠讨海为生的海洋性特征。

周朝,福建称为七闽之地。当时,中国南部及东南部都是越族人的居住地,福建是越族中的一支——闽越族人居住的地方。闽越族人世代就生活在大海、江河之滨,长期与江海接触,生产以渔猎经济为主,往来交通以舟楫为工具,积累了丰富的江海航行经验。"水行而山处,以船为车,以楫为马,往若飘风,去则难从。"①周显王三十五年(公元前334年),越王无强兴兵犯楚,兵败被杀。于是,越王族各支开始向南逃散,当时分居在江南海道的,各据一隅,"或称君,或称王"②。这样居住在江浙一带的越人经由海道进入福州地区。楚灭越后,南方百越开始纳入楚国的势力范围,"楚子称霸,朝贡百越"③。这时闽越朝贡楚国的路线,大多从海上溯流入楚境。

汉武帝时,南海海外贸易通道开辟。由于封建统治者对海外珠宝需求与日俱增,汉元帝年间(公元前48—公元前34年)设置交趾七郡(今广东与广西的南部及越南北部),便于中外商贾云集。汉代的海上航行能力还不可能做长途跋涉,而东冶"南望交广,北睨淮浙",地理位置适中,最适合做海上中途靠泊中转。当时的南海贡品先由交趾七郡泛海至东冶,④再转运江苏沛县或山东登莱,再由陆路运往洛阳或京都。直至东汉建初八年(公元83年),郑弘为大司农,奏开零陵(今广西全州县)、桂阳(今湖南郴州)通道,至此,贡物北运才改由陆路,由东冶中转北上的海路逐渐失去转运功能。

高后时期,南越王赵佗受到汉政府禁市铁器的限制,心生不满,自称南越武帝,出兵反汉,同时"财物赂遗闽越"。⑤ 这个就成为闽、粤海上交通有文字记载的最早者。

随着闽越国势力的增长、扩张活动的加剧,福州与浙江沿海的海上交往日趋频繁。汉景帝四年(公元前153年)吴王刘濞被汉中央镇压后,其子子华、子驹亡走闽越,于是,经常怂恿闽越去进攻东越。闽越国攻东瓯(今浙江永嘉),武帝遣大将严助浮海救东瓯,开辟了福州至浙江的北路近海航线。西汉初年,福州的东越王余善曾派出一支8000人的海军助汉武帝平叛,"兵至揭阳(今潮阳),以海风波为解,不行,持两端,阴使南越"⑥。有这样一支庞大的船队表明当时闽越人已经具有较发达的造船业和航海技术,才能够进行如此大规模的海上运输和军事行动。这也是福州、浙江海面上军事运输的开端。

3年后,即建元六年(公元前135年),闽越又从海上南向进攻南越(即今广东省广州市南海县)。南越王受汉朝约束,不敢擅自派兵抵抗,先向汉朝报告。武帝遣大行王恢出豫章,大司农韩安国出会稽,夹击闽越。后因闽越国内部意见出现分歧,王弟余善认为,汉兵人多终难抵抗得住,于是与宗族大臣等共谋杀死了闽越王,向汉朝投降。此是闽、粤

---

① 《越绝书·越绝外传纪地传》第十。
② 《史记》卷四十一,《越王勾践世家》。
③ 《后汉书》卷八十六,《南蛮西南夷列传》。
④ 《后汉书》卷六十三,《郑弘传》。
⑤ 《史记》卷一百一十三,《南越列传》。
⑥ 《史记》卷一百一十四,《东越传》。

间首次海上军事交通活动。

这些史料的记载说明西汉初年福州的港口东冶港,南与越南、北与江淮不仅有来往,而且与海外有了初步的贸易往来;到了东汉前期,东冶港与中南半岛已开辟了定期的航线,海上交通相当频繁。可见东冶港在汉代已经发展成为具有一定规模的重要港口,已经进入"社会人文状态"的港口发展阶段。

由此可见,海上交通的发展、南海贸易的推动,促使福州的东冶港兴起。西汉时期东冶港的主要功能是寄泊转运,尚不具备真正贸易港条件。贡物改由陆路北运后,东冶港虽受到一定程度影响,但海上交通活动仍持续不断。而此后直至隋朝,由于政治形势的变化,其功能又演变为以军事、政治活动为主。

福州海上活动的发达、东冶港的兴盛,使福州与近海周边交往越来越发达。海上活动的频繁,带动了造船技术的进一步发展。

至东汉末年,群雄割据。吴国的航海业与造船业已经十分发达。福州是其重要造船基地。三国时期,吴王夫差就曾在福州长乐造船,福州及其所属的连江、罗源等地均已制造不少海船。吴建衡元年(269年),吴在建安郡所属侯官县附近设"典船校尉"①,把那些犯罪的人都集中在这里监督制造船舶。当时的都尉营就设在今天福州开元寺的东直巷,②这是福建官办造船厂之始。当时的东直巷由于海浸原因,还不是陆地,而是一个河口港湾,适于做船坞,且当时这里群山屏蔽,水道屈曲,自然条件十分有利于造船。到西晋时期又把这个造船基地改为"典船都尉"。其间,吴国有两次庞大的海上活动:230年,万人水军横渡海峡求澶洲及夷洲而达夷洲;226—231年,历时6年遣舰队访问南海各国。

福州是吴都建康至南海各国的必经之地。后来又在今天霞浦附近设"温麻船屯",负责建造船只。据史料记载孙吴时期组织的航海盛况:"弘舸连舳,巨舰接舻……篙工楫师,选自闽禺。"③由此足以说明,当时吴国最优秀的航海技术人员以及造船技术人员多数是来自闽、粤两地,可见福州当时的航海技术在全国已经居于领先地位。

东晋末,孙恩、卢循起兵反晋,沿永嘉(今温州)至晋安(今福州)再至番禺(今广州)的海上航线攻城略地。卢循入晋安后,在海上与刘裕军队相持3年之久。其间,许多人从会稽经东冶航海到广州避难。东冶是转运的中心。

南朝"侯景之乱"导致江浙地区惨遭破坏,而"晋安(今福州)独丰"④。闽中豪姓侯官人陈宝应趁势割据,控制了沿福州至浙江的近海航线,称霸一方。隋文帝统一中国时,高智慧拥海舶千余艘而据越州,文帝派遣杨素率兵征讨。高智慧自海道退守福州,杨素泛海追至泉州斩杀之。在东南沿海的航路上,福州是非常重要的交通口岸。据《宋书》卷九

---

① 《宋书》卷三十六,《州郡志》。
② 《八闽通志》卷一,《地理》;卷八十,《古迹》。(宋)梁克家:《三山志》卷一,《地理类·叙州》,北京:方志出版社,2003年。
③ (晋)左思:《吴都赋》。
④ 《陈书》卷三十五,《陈宝应传》。

十七《夷蛮传》记载,当时中国与南海十余国通商,出现了"舟舶继路,商使交属"的盛况,闽浙、闽粤之海上交通极为发达,如南朝侯官陈宝应利用海道经略闽北浙东,"载米粟与之贸易,由是大致资产,士众疆盛"。① 这是历史上福建粮食运销浙江的第一次记载,充分说明福建海上交通的繁荣和进步。

隋唐之前,福州不仅仅在近海与浙江、广东海上交往,同一时期,远洋航行活动也时有发生。南朝时,中日南道航线已经开通,晋安郡(福州)与扶桑(日本)之间已经有了海上交通,这在《南史》中有多处记载。进入隋唐五代时期后,福州与国内外的海上交通往来更日益兴旺,而作为海舶停靠与补给点和货物吞吐与集散地的港口,也随之得到了迅速的发展,成为一个重要的对外贸易港。

唐代时期福建的造船业也十分发达。唐天宝三年(744年),鉴真为日本僧人返回一事,曾派人到福州买船。② 唐咸通四年(863年),南诏陷交趾,为解决军粮问题,唐统治者亦有"造千斛大舟,自福建运米泛海,不一月至广州"③之举。由此可见,福建造船技术已达到相当高的水平。

唐代是我国封建社会鼎盛时期,社会安定、经济全面发展,为海外贸易发展提供了坚实基础;唐代福州的对外交通和贸易快速发展,通商地区不断扩大,国家日益增多:海外交通除了与中南半岛、马来半岛诸国的传统航线之外,还开辟了多条新航线,主要有新罗、日本、三佛齐(今苏门答腊岛和马来半岛南部)、印度、大食等。到天宝十年(751年)之后,大食控制了中亚,切断了唐朝通西域的陆路交通,促使唐朝大力发展海上交通,海路交往成为中外经济文化交流的主要途径,这种状况为福州的迅速发展创造了有利的时机和条件。

由此可见,隋唐以前的福州通过海上交通,与北方的中原王朝、东南亚各国建立了密切联系。海河航运规模也越来越大,伴随着海上航运的发展,港口、造船技术也在不断进步,应当说这一时期,福州的造船与航运是先进的。但同时,我们也应看到,由于福州整体社会经济的发展水平落后于北方,所以其航运活动的特征多是由于官方的政治交往和战争产生的海上活动,缺乏民间延续性和持久性,时起时落。当时主要以政治、军事活动占主要地位,兼有一些小规模的人口迁移和商业活动。内河的航运更是局限于闽江,特别是闽江下游;海上航运也未离开以东冶福州为中心的闽东北沿海一带。从总体上来说,其航运水平也无法与先进地区相比。

---

① 《福建通纪》卷一。
② 真人元开《唐大和上东征传》,北京:中华书局,1979年,第58页。
③ 《资治通鉴》卷二百五十,"咸通四年(863年)七月"条。

第四节　福州的人文特征

福州人是指以讲福州话为基本特征,大致分布在福建闽江流域及闽东一带的人的称谓。① 当今一般指称十邑同乡,即福州、闽侯、平潭、古田、闽清、永泰、连江、罗源、长乐、福清等10个市县,人口有530余万。②

福州话属于闽方言中闽东方言南片。它的形成可追溯到古吴语、古楚语、古闽越语。三国南北朝时期,中原几次汉族南迁,到唐五代王审知入闽,加速了北方方言与当地语言的融合,终于在闽江下游一带形成福州方言。

福州人的形成应当是比闽南福佬人更早,学者分析大约初始于汉代,形成于唐末五代。③ 秦汉之际,福建是闽越人聚居的地方。汉族入闽大约在汉武帝挥师入闽及冶县的设置开始,汉族入闽之后,就开始了与当地闽越人同化的过程,也是福州人逐步形成的过程。三国时期,孙吴对山越多次用兵,经数十年的经营,基本上建立和巩固了对闽地的统治。当时就有一批东吴将士留驻福建,集中定居在福州平原一带。史书明确记载,孙吴在福州设置"典船校尉"以监督谪徒做工造船。这些士官或带家眷,或与当地人通婚,进一步加速了福州人形成的过程。"八王之乱"后,又有大批北方人士向南迁移。由于福州平原的人口压力增加,这个时候就出现了以福州为中心的,向闽东与闽南的转移。隋唐到五代,是北方汉族不断南迁的过程。随着人口增加,唐开元十三年(725年)改闽州置福州,治所就在闽县(今已改为州)。这是"福州人"称呼的来由。

北方的人讨论福州人的人文特征,似乎都认为福州人性格中存在二元特征。一方面福州人"求稳怕乱,畏惧危险"④,另一方面福州人又向往海洋,具有和闽南人一样的拼搏性。⑤ 陈支平先生认为:"福州人的性格比较平和舒缓,士习儒雅尚文,民风谨慎畏法,好修饰,重礼仪。"这是一方面,福州人还有另一方面性格特征。他说:"福州及其内地山区的民风习尚虽然比较追求传统教化,但福州人所居住的区域,毕竟有许多地方面临大海,海洋文化的熏陶,又造就了沿海地区福州人的另一面性格,即比较接近于闽南的冒险进取精神,如福清人。"⑥陈支平先生认为福州人性格的二元特征,是由于居民居住区域的不同而形成的。福州人居住区,一面靠山,一面靠海。所以福州可以分为内地盆地的民风与沿海的民风,二者显然不同。这是从大福州的区域来考察福州人的性格特征,应当说是非常正确的。

---

① 陈支平:《福州人——福建汉族民系研究之一》,《广西民族学院学报》1998年第2期。
② 《中国人口统计年鉴》,北京:中国统计出版社,1993年,第342页。
③ 徐杰舜:《福州人的形成及人文特征》,《东南学术》1999年第1期。
④ 倪健中:《人文中国》上册,北京:中国社会出版社,1996年,第464页。
⑤ 王植伦:《东海之滨的福州人》,《福建民族》1997年第1期。
⑥ 陈支平:《福州人——福建汉族民系研究之一》,《广西民族学院学报》1998年第2期。

实际上观察福州人这种二元人文特征,还可以从福州城市与城外南台商业区形成角度来考察。福州从汉代的冶城开始,城内一直是统治中心、政治文化中心,一直到近代城市扩展,但作为代表的城内仍然是官宦儒雅之风的三坊七巷;福州城外是政治统治的边缘,商业中心的形成,也是不断随着城市南扩、沙洲的浮起慢慢形成的。南台商业区域,长期居住的就是崇尚竞争、努力拼搏才能获得生活保障的商人。福州的地理优势,使福州南台从事转运商业的商人,获得了得天独厚的商业发展的基础。

中国传统文化中,政治中心或是统治中心一直是在城内。城市是历代的统治中心,是主流文化的传播中心。城、野之分是十分明显的,这是中国的城与西方的城不同的地方。传统文化是儒家文化为主导,通过教化形式传播的。城内达官贵人的居住所在地,最早接受中原北方文化的影响,儒雅、崇尚礼仪自然成风。从最早建立的冶城到王审知治闽形成的福州唐城,应当说都是这种中原文化影响的产物。至今,福州城内三坊七巷实际上就是这种官宦文化精神的活化石。

在中国古代城市中,城墙成为划分城与乡野的标志。都城外城墙以内为城,为政治、经济和文化的中心;城墙以外为乡野,为农村或郊野,主要是负责给都城供给粮食及其他物资。福州历代城墙似乎都是濒临闽江河水而建。

汉代的冶城,就是建立在临水的半岛上。道光《福建通志·津梁志》在说到冶城时,"旧为罗城大濠(即澳桥),相传无诸时,澳桥四面皆水",是个"舟楫所赴"之处。今人大致推断,汉代福州城的还珠门外沿澳桥而下有一宽广的港汊,东冶古城是临江而建。明代驸马都尉王恭在《冶城怀古》一诗中仍然感叹说:"无诸建国古蛮州,城下长江水漫流。"

福州城外,并没有一马平川,良田沃野,所以并不适合耕种粮食,福州的粮食都要依靠闽江上游或外地转运进来。但是福州城外河水横流,使生存在此地的居会时刻关注不断浮起的沙丘,聚集而居。城外一带一出现沙丘浮起,立刻成为居民争住的地方。宋元浮起的沙丘形成上下杭商业区,近代三县洲也是城外浮起的沙地。居住在这片水郊野外的居民,从事商业贩运,讲义气、拼搏、自然竞争意识强烈。居住在城垣之外的居民,当然不会是统治阶层,早先更多的是闽越先民,而后是北方移民群中的穷困者。他们勇敢、拼搏、开拓、重义,形成福州人文特征的另一面。

城外概念,当然不仅仅是局限于福州商业区南台两岸,实际上从福州城市来说,外围的边界,可以扩大到统治权力所不能及的周边地区。明代下洋通番极盛的时期,史书记载福州各海口如琅琦、嘉登里等,居民下海通番贸易,"琅琦作俑,外省奸徒,反从琅琦开洋。近在门户之口,遽成异国","嘉登里……前通倭,今又通夷,恃水洋七更船之便,贪小物三倍利之多,莫不碗绒袜,青袄皮兜,叉手坐食,耻问耕钓"①。这是福州城外、闽江下游的商人通番。从大福州区域上讲,福州城外的长乐、福清等濒海地区,也都有着城外民俗,彪悍、习武、崇尚义气、重商。明代何乔远称:"福清背山面海,多卤,颇有海舶之利。其人刚劲尚气,四方杂处,学不遂则弃之习文法吏事,不则行贾于四方矣,以其财饶他

---

① 董应举:《崇相集》、《闽海事宜》、《谕嘉登文》。

邑。"长乐、连江一带也是如此,"滨海有鱼盐之利,山出果实,贩四方。……有古之遗风,今变而浇漓,其健讼几与福清埒"。这些下海从事私人海上贸易活动的商人,虽不似闽南通番之甚,但人数也并不少。

福州人这种二元特征,近代学者也有讲述。近代著名新闻记者、作家曹聚仁在《榕居杂感》中论及福州人的性格时认为:"一、福州地关海洋,可是居民性格全无海洋气味,倒是大陆的气味很浓;二、福州为海军的发源地,可是居民全无海盗风度,也不崇拜海上的英雄;福州地在南方却无南方人的热情,也不爱去冒险。"[①]作为著名学者的曹聚仁,经常接触的都是学界名流、达官贵人。他在福州接触的当然是城内三坊七巷的有势力阶层。

历史上福州城市的形成与福州人族群的形成是有关联的。福州城内的达官贵人不仅仅精神气质上接受北方中原文化,甚至统治福州的人,都是北方迁徙南移的北方贵族统治阶级。所以在政策制定与性格方面往往是偏于保守的,表现的是典型的大陆性性格特征。因而就福州来说,越是靠近城市中心,这种崇尚礼教的人文精神越是浓烈;越近江海,他们的生活与谋生手段决定了他们的精神世界。海洋不是他们生活的唯一方式,只是他们在毫无退路时的一种选择。

但是,长期以来,中国文化以官宦为大。知书习礼仪重教,是中国主流文化。因而,福州也是从内心崇尚儒家文化,向往教化与儒雅。不论生活在哪个区域,他们都向往官宦生活。从外人看来,他们精神世界因而时常显得如此分离。

严复的状况也许最能说明问题之所在。严复早期思想中,海洋意识、竞争意识表现得极为强烈,他走进了船政学堂,远赴英国学习驾驶技术,都是为了生存。生于城外郊野的阳岐村,应当说天生内心就有更多海洋意识,父辈的愿望仍然是希望他读私塾,考个功名,然后走仕途,只是家庭中落无以为继,无法走官场科举。哪怕是学成归国,已经坐上水师学堂总办之位了,仍然寻求功名,四次参加考试未果。这就是福州人的价值写照。如果他们有机会不用下海,有机会科举及第,有充足耕地,他们绝对不会选择从事与海洋有关的危险活动。

福州人这种二元人文特征,是包容的。可以说福州城北的三坊七巷与南边台江、双杭的商业嘈杂,是福州人文精神的最完整写照。

---

① 王植伦:《东海之滨的福州人》,《福建民族》1997年第1期。

第二章

南朝至唐五代福州商人资本的早期形态

隋唐五代，福州商人资本的状态仍然比较原始。北方汉民族南迁带来了中原先进文化与生产方式，带动了福州地区社会经济的发展，也扩大了商品生产与商品交换。福州商人资本初具规模。

第一节 唐五代福州人口增长与社会经济

一、福州人口的增长

闽族是开发福州地区的先驱者。根据考古发掘，发现新石器时代闽侯县昙石山、庄边山和福清东张都有人类居住的痕迹，至少在周显王三十五年（公元前334年）以后这一地区已为闽越族所居。到秦统一中国后，废除了封建分封制度，实行中央集权的郡县制度，福建及周边地区被设为闽中郡。

但是，由于早先福建仍然是由地方百越头领把持，闽中郡版籍仍然没有列入中原中央政权统计之中。福州当时虽然已经有人居住，但中央政权鞭长莫及，故户口数无法统计。

汉高祖五年（公元前202年），因闽越族首领无诸率越人帮助汉高祖刘邦灭秦有功，继而被封为闽越王。无诸统领时期，实行兴城邦、安人民政策，闽越族人口逐渐增加，到了西汉始元二年（公元前85年），福州地区人口数已经发展到1.7万人。中原两汉交替，战争动乱，到东汉时期，居住人口又有所减少。

西晋统一时期，福州人口有所增加。经晋、南北朝，中原战乱，北方人口受战争挤压而南迁，有部分南迁北方人口，辗转到了闽江下游（今福州地区）。西晋再次统一后，于太康三年（282年）又开始在秦闽中郡基础上，设置晋安郡，辖8县，其中原丰、侯官、罗源3县就是现在大福州市所辖范围。永嘉五年（311年）福州的人口数已经占到该郡的一半，户数达到了3800户，人口达到了1.8万人。

隋代统一时（581—618年）大福州地区人口数已经增长到2万人。唐代改革地方行政制度,实行道、州、县三级建制,管辖现在福州的先后有建州、泉州、丰州。那个时期的户数和人口数也比唐之前历代显著增加。唐高祖武德年间(618—626年),现今的福州归属泉州都督府管,当时泉州都督府领5个县,即闽县、侯官、长乐、连江、长溪(今天的霞浦)。户数有34084,人口数已经达到75876人,这是一个极大的飞跃。在唐代之前,福州地区的人口,一直在2万之内徘徊,进入唐代,一下子增加到7万多。至唐建中年间(780—783年),因天宝之乱,北方人口再一次南移,加上唐代地区福州经济的发展,人口总量也相应地增加,当时福州都督府统计户数39527,人口数达到217877。随着福建的开发,福州成为当时福建的重要都会大城市。其时福州户数已经占全省5州总户数(93535户)的42.25%,口数占全省总口数(537472人)的40.53%。若扣除长溪、古田、尤溪3县人口数,福州为177877人,占全省人口的33.1%。到了唐末、五代,中原战乱,北方人民南迁入闽的人数更多。唐末、五代,中原战乱,北方人民南迁入闽。五代闽国王审知治闽,开辟甘棠港,进行海外贸易,发展经济,此时期内政局较为稳定,人口也较快增长。福州大都督府,在全省8个地方行政单位中,为最重要的一个行政单位。它拥有福建路47县中的12县,福州的户口数要比其他州为多,且增长较快。据《三山志》记载:这一时期,福州户数增加1倍多。①

可以说原来由闽越族为主体的福州地区的人口经过北方的八王之乱、衣冠南渡,到了唐代福州闽越族人口已经融入相当的北方中原汉民族的成分,成为当今福州大姓的基础。至今方言中仍然有"陈林半天下,黄郑满街排",实际就是这种北方与南方人融合的结果。

根据福州人口增长情况,与当时福建人口增长数进行比较,大致可以得到下面的结论。

第一,关于两汉以前福建人口数,史书缺乏记载,无法统计。

第二,汉唐五代时期福州人口占全省人口的1/3。《晋书》卷十五《地理志·下》记载:西晋太康元年(280年),福建设有建安、晋安两郡,辖建安、吴兴、东平、建阳、将乐、邵武、延平、原丰、新罗、宛平、侯官、同安、晋安、温麻、罗江十五县,统户八千六百。按当时全国平均每户6.6口计,福建人口数为56760人。② 永嘉五年(311年)福州的人口数已经占到该郡的一半,户数达到了3800户,人口达到了1.8万人,福州人口占省的1/3。南朝之后随着北方移民增加,南迁人口全省扩散开来,隋唐五代时期,福州人口仍然占全省人口的1/3。福州作为省会中心城市,人口数的占比较大,也是符合当时社会概况的。

第三,从数量上说,全省与福州人口在隋唐时期都获得成倍的增长,200多年时间,福州人口数从隋的2万户迅速发展到20万户。标志着这一时期北方战争,大批汉人南渡,南方社会经济获得长足的发展。

---

① 福州市地方志编纂委员会:《福州市志》第1册,北京:方志出版社,1998年。
② 郑有国、吕秋心:《福建历代人口发展状况初探》,《福建地方志》1986年第1期。

二、王审知治闽与福州社会经济发展

经过南北朝到唐五代北方人口南移,带来北方先进生产方式,福州地区人口迅速增长,社会经济开始发展。同时,王审知治闽,应当是福建社会经济发展史上的重大事件,是中原文化南迁与福州当地文化进一步融合的大事件。在讨论这一时期福州经济的发展时,应当首先提到王审知的治闽功绩。

王审知治闽是以福州为中心展开的,其所带来的积极意义,不仅仅在于经济,而且深深影响了闽省未来的经济发展。

王审知(862—925),字信通,又字详卿,军中号白马三郎,光州固始(今河南省固始县分水亭乡王堂村)人。唐末政治腐败,各地农民纷纷起义。王审知兄弟三人投奔安徽人王绪起义军,随之入闽。由于王绪滥杀将士,引起了兵变,将士们推举王审知兄王潮为帅。在王潮控制了福建的五个州之后,唐昭宗于是任命他为福建观察使,承认了他对福建的实际控制。后来,王审知接受唐朝任命,为威武军节度使。五代十国时期,朱温建后梁之后,于梁开平三年(909年),封王审知为闽王。

直到唐代,福建省内还未完全得到全面开发,即使是福州地区也还很荒凉。据《三山志》所记,"始州户籍衰少,耒锄所至,甫迩城邑,穹林巨涧,茂木深翳,少离人迹,皆虎豹猿猱之墟"①。显然到了唐代,福州城市发展与北方中原的城市相比,无论人口还是城市发展规模,都是不可比拟的。

王审知治闽,对于福州的影响可以分为几个方面:

第一,王审知为闽王时期,坚持"宁为开门节度,不作闭门天子"的政策,实行保境安民政策,向中原王朝朱全忠称臣纳贡,并与南汉、吴越的地方割据势力缔姻结好。服膺中原文化,不与中原王朝对抗,不割据。这种治闽思想影响深远。

第二,在他治闽的29年间,实行保境安民、发展生产的政策,使人民安居乐业,经济和文化都有很大发展。在五代纷乱的时期,王审知与各方势力保持交往,发展境内经济,正是在王审知治理闽国的时期,福州进入与中原经济同步发展的一个重要历史时期。

在他治理闽国时期,鼓励开垦荒地,种桑养蚕,兴建水利,百姓能够安居乐业,发展生产。

王审知在经济上,奖励农工,发展生产。他主政以后,实行大刀阔斧的改革,"公则尽去繁苛,纵其交易,关讥鄽市,匪绝往来,衡麓舟鲛,皆除守御"②,使原来"运属艰虞,人罹昏垫,农夫释耒,工女下机"的社会经济凋敝状况有了很大的改善。为了发展农业生产,他特别重视水利建设,建立了许多较大的灌溉工程。如开平四年(910年)"大浚侯官县西湖,广至四十里,灌溉民田无数"③。此外还在福清开凿大塘和占计塘,灌溉面积达到

---

① (宋)梁克家:《三山志》卷三十三,《寺观类一》,北京:方志出版社,2003年。
② (唐)于兢:《恩赐琅琊郡王德政碑》。
③ 道光《重纂福建通志》卷三十三,《水利·福清县》。

数千亩。在长乐县集数千民夫筑起海防大堤,设有"斗门"10个,以防海潮;还可以"旱潴水,雨泄水,堤旁皆成良田",其规模十分可观,成为我国较早的围海造田的范例之一。连江县开辟了一个东潮,周围20余里,能灌溉良田万余顷。福州南湖经过疏浚,面积达40平方千米之大。

同时,还鼓励发展各种手工业。在纺织业方面,布绢之类都是广大农村家庭妇女手工纺织的。唐代时期,福州的蕉布、建州的蕉花均被列为上京的贡品。[1]

福建到了唐代才有制盐的盐场。当时在侯官、长乐、连江、长溪(今霞浦)、晋江、南安等地设置。管理盐场的机构曰监。侯官为全国十监之一。[2]

造船是福建的长项。当时福建内河造船工场遍布各水系流域,民间多就地取材,自行建造;沿海造船厂场,公私皆有。《唐会要》记载:福建建造的海船,一般可容数千石,[3]民间的大海船也很多,载重八九千石以至万石。隋朝限制民间造长3丈以上船舶的禁令到这一时期,已不复存在。隋唐时代,福建的造船技艺有了明显的进步。所造船舶,结构精良,舱室众多,体势巨伟,适于远航。

贞明元年(915年),"置铅场于汀州宁化县",冶炼铅矿,第二年"铸铅钱与铜铁并行"[4]。龙德二年(922年)"铸大铁钱,以'开元通宝'为文,仍以五百文为贯"。龙德三年(923年)又于福州城西南"张炉冶十三所,备铜钱三万斤,铸释迦、弥勒诸像,唐主赐额曰'金身报恩之寺'"。[5]虽然这是铸造神像,但也说明当时的冶炼业相当发达。在冷兵器时代,刀枪铁器的使用是严格控制的。对于冶铸技术与手工业的发展是非常不利的。正是在王审知时期,冶铸手工业技术的发展,对当时的社会经济农耕工具与铁器的广泛使用,起到了极大的作用。

在他执政时期,促进了内外贸易的发展。取消闽江流域的关卡,以便货物畅通,以保障山区、沿海城市的物资交流;开辟对外贸易港,史称"甘棠港"。从此,福州成为我国对外贸易的一个重要港口,随后福州与朝鲜、印度、苏门答腊的三佛齐等国家,都经常有使者和商旅往来。舶来品象牙、犀角、珍珠、香药等应有尽有,由此商业贸易得到很大发展。

第三,在文化上,重视教育,招徕文士。历史上福建是边远地区,远离中原文化,所以福建当时文化教育比较落后,为了改变这种状况,王审知"常以学校之设,是为教化之原,乃令诱掖童蒙,兴行敬让,幼已佩于师训,长皆置于国库"。并接受翁承赞的建议,在福州设立"四门学","以教闽中秀士"。王审知不仅仅重视文化教育而且很重视文物典籍的搜集整理。中原经过长期的战乱,文物典籍受到很大的破坏,所谓"自燎炽西秦,烟飞东观,鲁壁之遗编莫抹,周陵之坠简宁存",为了抢救遗产,王审知"亟命访寻,精于缮写。远贡刘歆之阁,不假陈农之求。次第签题,森罗卷轴"。

---

[1] 《新唐书》卷四十一,《地理志》,见于《古今图书集成》第690册,《贡献部》,第65页。
[2] 《新唐书》卷四十四,《食货志》。
[3] 《唐会要》卷八十七,北京:中华书局,1955年。
[4] (清)吴任臣:《十国春秋》,北京:中华书局,2010年。
[5] 道光《福建通志·钱法志》。

王审知治闽时期，是福州社会经济与文化发展的重要时期，是福州脱胎换骨脱离蛮荒，真正接受并融入中原主流文化的重要时期。五代时期内外贸易的活跃，给福州带来巨大的收益。虽然如此，但是就福州地区的经济发展水平来说，也并不平衡，福州主要以闽县（州治所在地，今福州）、长乐、连江、万安、福唐（今福清）等沿海县份的经济发展比较快外，其他地区仍然比较落后，仍然属尚待开发地区。

第二节　城市拓展与商业道路

马克思说："商业依赖于城市的发展，而城市的发展也要以商业为条件。"①唐五代时期，南方人口增加，北方先进生产方式南移，南方社会经济获得发展。福州旧城市的规模必然容纳不下那么多的人口。因而拓展城市空间，就显得尤其重要。

一、福州城市的拓展

晚唐时期，藩镇割据，唐王朝逐渐失去对广州市舶的控制。唐之后，在战乱的废墟上，中原出现5个短命王朝。其时，福建割据者王审知利用中原鼎沸，统治者忙于篡夺皇位、无暇南顾之机，采取保境息民政策，发展生产，与邻国相安无事，保持边境安然无警，使闽国出现"民不见兵革殆三十年"②。较长时期的安定局面，为发展经济打下了基础。

五代时期，对福州影响最大的，就是福州城的扩展。福州城的拓展，拓展了城市的商业空间，扩大了商人的活动空间与促进了商业资本的形成。这显然是王审知治闽使社会经济获得发展，同时也是城市经济发展的必然结果。

王审知治闽时期，福州社会经济获得长足的发展，为适应城市的发展和抵御外敌的需要，从唐末到宋初不足百年之内，福州先后四度拓城，修筑了唐子城、罗城、梁夹城，并由此最后确立了福州城市发展的基调。以后历代的城垣范围，福州至今形成的"三山两塔"、"三坊七巷"的城市空间格局，都是在此基础上铺垫的。后人常说真正全面发展并形成当今福州城市规模格局的，应当说是在王审知治闽的时代。

中国古代的"城"与"市"是有区别的。在中国的传统思想中，为了保护一个行政机构的安全，同时显示它的权威性，执政者往往要修上一道城墙。为了军事防御的需要，往往在城墙周边挖掘有护城河，防止外敌侵扰。唐代北方的城的建筑格局，一般是北为子城，又称"衙城"，是衙署集中地区；南为罗城，也称"大城"，是居住区和商业、手工业区。这种分区的布局是唐代都督、节度使驻节的重要州城实行的通制。

而"市"，在唐末以前，其设置是严格限制的。其一，规定只允许县治以上才能设

---

① 《资本论》第3卷，北京：人民出版社，2004年，第371页。
② （宋）梁克家：《三山志》卷八，《公廨类二》，北京：方志出版社，2003年。

"市"。《唐会要》卷八十六唐景龙年（707年）十一月，"敕，诸非州县之所，不得置市"。其二，不许临行街设市。如隋开皇中，汴州"禁游食，抑工商。民有向街开门者，杜之"①。不许开门，就是禁止临街开门买卖。

古代的"市"设置在里坊中。就是在官府规定的居民区中间。唐代城市普遍实行里坊制的管理，置居民区和商业区于封闭的里坊中，实行宵禁。一般来说，每个市占地两个坊。如唐代洛阳有丰都、大同、通远三个市，就是各占两坊之地。② 唐代之后，商品经济的发达，设"市"的限制逐渐消失。王审知入闽之后福州城就采取了这种城市管理制度。在王审知入闽之前福州冶城之功能，更重要的作用应当在于战争与防御，这符合古代建城的目的。王审知拓城之后，福州城市的格局为之一变。

（一）子城拓建

唐代中原汉人因避乱等原因大量入闽，人口增加和从中原带来的先进技术促进了福州城市经济的发展。到唐中和年间（881—884年），观察使郑镒开始修拓子城的东南隅。③ 关于唐代子城的范围，根据《三山志》的记载，北边超过小山阜（今鼓屏路东侧的王墓山），南至虎节门（今虎节路口），东至康泰门（今丽文坊），西至宜兴门（今渡鸡口附近），东南至安定门（今卫前街），西南至清泰门（今杨桥路）。当时设有六个城门，城门外均有护城河，南名虎节门，门外有大航桥，俗称大桥，桥在今八一七北路虎节路口。东南名安定门，门外有仁爱桥，桥在今开元路南端与妙巷东端之间，即今卫前街。东名康泰门，上建有东山楼，门外有东康桥，桥在湖东路中山路口之西，即今丽文坊。西丰乐门，西内宜兴门，门外有宜兴桥，桥在今鼓西路渡鸡口。西南名清泰门，上有清泰楼，门外有雅俗桥，俗称杨桥，桥在今达明路雅亮里与葛厝弄附近。

当时的子城只限于官署和官吏士卒居住，集市和民居还是在城外。拓建后的子城，面积比旧城已经有了扩展，城内官衙鼎立，郡衙在北面居中，北靠城边，南设仪门，门在今鼓屏路湖东路口。可以说唐代子城拓展的格局已经大大超过晋代的子城。

（二）罗城的建设

唐天复元年（901年），王审知出于守地养民的目的，在子城的外环开始建筑罗城。为了适应福州多雨、多台风的气候，罗城城墙全部用砖砌筑，福州罗城用这样精致的砖砌筑，在当时全国是少见的。砖的大小以开元尺为准，长一尺八寸，厚三寸，罗城周围约20千米，设大门及便门16个，水门3个，罗城南边至"利涉门"（今安泰桥边），东边至"晦晏门"（今东大路澳桥边），东南至"通津门"（今津门路上的高节路口），东北至延远门（今贡院前附近），北至永安门（今北门街的钱塘巷），西北至"实善门"（其旧址在今北后街营尾地方），西至"善化门"（靠近西门兜的善化坊），西南至"清远门"（在今光禄坊口）。整个罗

---

① 《隋书·令狐熙传》。
② 《太平御览》卷一百九十一，杜宝《大业杂记》。
③ 《重纂福建通志》卷十七，《城池》。

城呈不规则圆弧形,东西宽约 1.8 千米,南北长约 1.7 千米,面积达 3 平方千米,规模比唐的子城扩大 4 倍左右。

罗城的建城年代大约在 901 年,距今 1100 多年。王审知建唐罗城,在汉冶城、晋子城的基础上,扩大了城垣的范围,从东街口往南推到津泰路一带,安泰河成为护城河,北到冶城以北,东到五一路琼河,西拓至西门怡山门和善化门,今白马路以东。罗城扩建后,城里的街坊和里巷制度也逐步完善起来,福州城才具备了唐代城坊制度的规模。

根据 2011 年考古发掘发现:在素有官宦名居的三坊七巷文儒坊的西段,发现了一段唐代城墙的遗迹。根据城砖上雕刻的"钱"纹和"威武军"三字,可以确定这个城墙就是治闽的闽王——王审知时期修筑的罗城。因为根据《三山志》《闽都记》以及历代《福建通志》等的记载,知道王审知当时治闽的军队就叫作"威武军"。史书上还特别提到王审知时期修筑唐罗城时专门使用"钱纹"图案的城砖。

根据一些城砖上有的印着"陈"、"曹"等姓氏以及有印着"捐"的字,可以知道王审知执掌福建时,可能经济实力并不是那么雄厚。建筑罗城,烧制城砖需要大量的财力、人力,上面的姓氏与"捐"字出现,可能就是当时地方或者个人烧制后捐出来给闽王修筑罗城的。砖上印有"东山窑"字样,表明这是当时烧制城砖的窑址名称。

唐代罗城的"城墙是分两期所作,依据城墙、地层初步判断为唐末五代时期的"。罗城城墙砌法与唐代的长城砌法类似,显然这是受中原文化影响的。长城的墙基是由大量的石块组成,石块下面还有木头。这么做的目的是起到牢固作用,与现代建筑中的钢筋所起作用类似。城墙边的木质挡墙非常重要,北方的木质挡墙已经无法保留下来。唐代罗城城墙同样保留下的还有城墙初筑时的夯窝,在长安城的遗迹里也只是一道痕迹。可以说放眼中国大地,即便是唐之后宋代的城墙,也没有类似文儒坊西段保存城墙这样保存完好的遗址。

(三)梁夹城的建设

在唐罗城建成几年后,闽王王审知觉得原建的罗城城区太小,决意再一次拓展城市,于梁开平二年(908 年)在罗城南北修筑夹城。实际上这是根据福州地理位置发展的局限,所做的向南向北的开拓。新建筑的城把原来的罗城夹在中间,所以人称"夹城"。又叫作"南月城"、"北月城"。"夹城"北端由钱塘巷的永安门扩展到越王山麓的严胜门(今华林路的华林寺东段)、遗爱门(今北门兜)一带,比临西湖。夹城的南端已由安泰桥边的利涉门扩展到现在南门兜的宁越门,城墙直至乌山、于山南麓的港汊,城市范围比唐子城扩大了近七倍,呈圆形。新城将三山(屏山、乌山、于山)纳入城中,定光塔(白塔)、坚牢塔(乌塔)分别置于于山与乌山,这样就形成为三山两塔的空间格局。扩建后的夹城将风景秀丽的于山、乌石山、屏山围在城中,从此福州成为"山在城中,城在山中"的奇特城市。这时,福州城市已有相当规模,整座城市呈"满月"形。当时官员黄滔曾有"新城似月圈"的诗句留世。

经过王审知治闽,及其后对福州城的几次改造,彻底改变了唐以前福州城市的功能,初步奠定了福州城市的格局。

第一，原来福州作为边远候官、斥候所在地，是一种半军事性质的哨所。当时福州作为边陲地区，行政管理次要，军事管理占主要地位，城池的作用更重要的意义在于军事防护。唐代王审知治理之后，福州城市的格局，出现了与北方相适应的变化。城市的政治功能与经济功能开始得到统一，罗城的建立、商业区的出现，是最明显的体现。

第二，传统时期中国城市的布局以君主、官僚为中心，从国都到府、州、县，无论城市大小，一般都作方形，街道纵横垂直，成棋盘式，中央是皇宫或一地最高统治机构所在地，按照地位高低，建造不同品位、规模的府第，庙宇、学府也占据比较显要的位置。这种模式，在建筑学上被称为帝都型城市模式，它是与中央集权、君主专制主义统治相适应的。福州城市虽然不如北方城市的南北规整、中轴明确，但建筑规范也符合中国传统中天人合一的观念。南方受山脉丘陵影响，道路相对蜿蜒曲折，南北方位感不强。但王审知治闽时期，福州城市规划同样强调城市的中轴对称，以南街即今天的八一七路为城市中轴线。

第三，城、野并存。由于福州城市的扩大是根据南方特有的防御与守护并存的功能设计的，在扩大的同时，把周边的一些农田也并入城郭。这样福州城内就有着大量家田，形成"营城"与"冶野"并举，构成中国封建社会城市自给自足的发展体系，保证了封建社会的守护与保卫功能。子城时期，城里居住的是官署与街门，军事性质为重，当时的市，还是在城外。到了夹城修建成功时，已经把子城外的市，收揽到城里来了。

第四，福州城市重北轻南的双重局面已经形成。当时福州城有内外两重城垣，内重是政治统治中心以及官僚、贵族的居住地，外重是平民居住区和商业经济区。当时罗城的分区布局大约是以大航桥河为分界：政治中心与官僚贵族居于城北，平民居住区及商业经济区位于城市南边。北部依然为政治中心及贵族住地，城市布局更加讲究中轴对称，衙署分布于中轴两侧，城中七座塔的位置几乎对称于福州大道东西两侧。福州城市的中心建筑是官衙和庙宇。降至明清时期，闽浙总督的衙署、福建省的按察使署、布政使署等都设在城内中央部位，城内还有福建省、福州府、闽县和侯官县各级衙门。多数衙门的前面有一条东西大街，成为城内繁华的商业街。庙宇也是传统时期城市主要建筑之一，主要有文庙和城隍庙。城市内还有手工工场、商店、粮仓、试院和驿馆等。这是和福州城市的地理状况相吻合的。

唐代以前福州"市"的情况，史书不载所以并不明确。唐代以降，才有些微记载。王应山《闽都记》载：侯官市，古侯官县治也。唐武德六年（622年）置县螺江之北，贞元五年（789年）为洪水漂没，观察使郑叔则奏移入洲城"遗民廛居，城市里社巍峨，有石塔临于江滨，其山名龙台，与赤塘山并峙"。这是一则意味深长的史料，它明确告诉我们唐代初期侯官市是设于郡城西北的螺女江边，这里是福州闽江水路的咽喉要地，可以上溯到水口，下达闽江出海。唐贞元间迁入城内，与赤塘山隔江相望。[①] 东汉经学家郑玄注《礼记·王制》解释说："廛，市物邸舍。"说明这里是居货做买卖的仓库房子。由此可以看出

---

① （明）王应山：《闽都记》卷二十一，《郡西侯官胜迹》，福州：海风出版社，2001年。

闽江上下游的要害之地，很早就有买卖的"市"存在。福州商业的发展离不开闽江上下游的货物交通。因为有上下游的货物交通，就有囤积货物的廛舍。

到了唐五代，福州又多一个新丰市。唐昭宗年间，翁承赞受命到福州册封王审知为琅琊王。王审知就在南台新丰市堤边为翁承赞饯行。① 新丰市在钓龙台附近，钓龙台在闽县南门外，即在城外。当时这里也是闽江水从上流到福州的重要关口，即是后代的上、下杭的发祥地。宋梁克家在《三山志》卷二《地理类》二中也指出："闽王时，江边号新市堤。翁承赞还朝，审知饯行于此。"显然，闽江上下游的货物买卖，是福州"市"的重要形态，也是福州商业发展的重要基础。

总之，可以说中原自秦汉以来对城市的市的建设有种种严格制度，唐代的市仍然保留这种传统。当时城市市场规定：其一，市由官设。其二，市必须设在固定的地点，成为一个特定的商业区域。其三，交易时间有严格限制。唐代的城市模式一般为城坊制度，市设在坊中，坊有墙有门，定时启闭，市也不能例外。唐末天复年间（901—904 年），节度使王审知在子城外筑城 40 里为罗城，罗城建立以后，城里的街坊和里巷才逐渐完整，福州城已经把北方城坊制度完整地照搬过来了。

罗城的北面已经将冶山围入，成为全城制高点。南面以安泰河为限，将大航桥以南已经形成的居民区、商业经济区囊括进城内，成为城市内的商业区域，改变了以往城市只有防御的单一功能，促进了城市经济的发展。

王氏兄弟对福建的治理为中原文化的南传提供了政治环境、物质基础、人才条件等，使得中原文化在唐末五代的福建得到广泛的传播，使福州社会经济获得进一步发展。

二、发达的内河商道

王审知扩展福州城，是在福州现实情况下进行的开拓。福州城外并没有大片良田沃野和大量从事农耕的居民，只有闽江水流与从事水上运输的居民，王审知鼓励商业，取消闽江流域的关卡，使城野外的居民从事商业贩运，通过闽江上下游的转运，同样保证了福州城市内的消费商品得到充足供应，促进商业经济的发展。

随着福州城市的不断扩大与城市的发展，城市南部郊野的居民住宅与商业经济中心，使得福州成为区域商业的枢纽。无论是在把大航桥还是安泰桥作为护城河时期，历代在建城的同时，都注重整治城内外河道，使内外水道与江海相通，海船可以乘潮入城，使福州由区域商业中心成为我国东部沿海的贸易中心。

福州城内形成的发达商业水道，是与唐五代之前几次城池拓展有关的。福州城位于闽江下游的北岸，我们知道汉代无诸时福州城的范围是非常小的。闽越王建都东冶时，冶城只是建筑在屏山东支的一座小丘上，当时称"越王城"。据《福建通志·津梁志》记载：此地在今福州市区东大路澳桥，旧为罗城大稼（即澳桥），相传无诸时，澳桥四面皆江

---

① （明）王应山：《闽都记》卷二十一，《郡西侯官胜迹》，福州：海风出版社，2001 年。

水,此处原为海岸大坞,水深、不冻、避风,是占有地利的优良港口。因地处石鼓山山麓,故名石鼓川,在闽江下游北岸。冶城之南,正如明代驸马都尉王恭在《冶城怀古》一诗中所说:"无诸建国古蛮州,城下长江水漫流。"可见,秦汉之际,闽江面是相当浩瀚的。从冶城南望应当是一片江河潮水所及之区,而其他百姓则散居在城外一片片凸起的洲地之中。

直到晋代,海侵继续后退,海平面再度下降,于是冶城周边又有许多新的沙洲和沼泽地浮现,晋太康三年(282年),随着中原衣冠士族入闽,郡守严高宽惠得民,兴水利,治城河,以通舟楫,闽县、侯官等县人民均受其利。史称晋代严高筑"子城时,并凿迎仙馆(位于今福州鼓楼区),起大航桥(后称到任桥)、连澳桥(在今福州东大路),浚深城河,以利船行"。他还在城河口设置4个水关,一在东部,水部门(近今东门),引南台江潮水入城。一在西部,西门之南,引洪塘江潮水入城。其他两个分别在北门"汤门"(今温泉路),以导城外诸山之水,绕城河而流。又在城郭浚东西二湖,溉田数万亩,其利尤大。于是,福州城内河与闽江之间,舟船均可随潮进出福州城,货畅其流,物尽其用,商品流通,上达侯官及连闽县,极大地促进了闽江下游与城内河的运输和发展。这应当说是当时福州城南面东西向的一条相对定型的河道,也是福州城区内河的雏形。

唐代开始,由于闽江长期携带泥沙带来的沉积,再加上人们的筑堤围垦,陆地面积扩大,沙洲、沼泽地又增添了不少。此时在今福州州城的西南面沙洲和沼泽地上,已出现连片沙地,因而使得大航桥河通潮受阻,很快便淤塞。为改造这片洲土,即从农田的灌溉和航运的需要出发,观察使郑镒便在这里开了洪塘浦(也称南湖)。

另据《新唐书·地理志》载,大和三年(829年)李茸兴筑海堤,储溪水植稻,此时,泉山去海已经10余里远。晋代严高以前所凿的东湖也已经全被占垦,城区东部的沙洲也有较大面积的开拓。此时在梁克家的《三山志》,就出现了前后屿等村落,说明这一带已经浮出水面。从这些记载推测,到唐代福州的东郊当同城西一样,涨出的洲土也有不少。正是如此,到了唐中和年间(881—884年),观察使郑镒开始拓宽晋子城的东南隅。扩建后的唐代子城,已经把晋子城的护城河变成福州城的内河了。五代时期,王审知出于守地养民的目的,在子城的外环开始建筑罗城。罗城周围约20千米,设大门及便门16个,水门3个,罗城的北面已经将冶山围入,成为全城制高点。南面以安泰河为限,将大航桥以南已经形成的居民区、商业经济区囊括进城内。

由此可见,晋到唐时,福州城的南面尚处沙洲沼泽地的发展阶段,以至唐代时期州城还难于向南拓展,所以至唐代时福州还是以西晋的子城作为州城。直到唐末之际,王氏扩建罗城和夹城,南边的城门才被延伸到今安泰桥和南门兜一带。唐罗城的修建,又一次把唐代子城的护城河,变成了城内河。

梁开平二年(908年),王审知又拓城,在利涉门外(安泰桥南)增建宁越门(即今南门)。福州城南面东临大江,西接平陆,舟楫乘潮出入,环绕护城河而行,往来如织。其时,安泰桥既是城区内河的交通总枢纽,又是城区的一个经济中心。桥边就是一个重要的码头,商舶可随潮由大江入此卸货,城内旅客、货物也可以由此上船,待潮起就可东出大江。诗人曾用"百货随潮船入市"的诗句来形容此地贸易的盛况。黄蹈撰的《灵山塑北方毗沙门天王碑》中也提到了王审知疏浚福州河渠道事迹:"其东画长川以为洫,西连平南,盘别浦以为沟,悉通海鳅。朝夕盈缩之波,底泽鳞介,岸泊艓艎。"河道疏浚之后,海鳅巨舶可以乘潮出入内河两岸,停泊大小船只,遂使闽江下游成为海舶河舟荟萃之区。

站在唐罗城的利涉门,可以看到福州城南面的乌山和于山屹立于一片江海之中。《八闽通志》云:"两山东西对峙,溯目海上。"这样两座小丘陵,成为海舶到港的岸际标志。故南宋梁克家所编的《三山志》云:"伪闽时,蛮船至福州城下。"福州内河水道的发达,连接出城的几个水门,使福州成为海舶河舟荟萃之区。

三、港口与商道

五代时,王审知在福州建城池,渡河渠,使福州城池周边达 40 里,并开了 7 座城门。① 其东南隅一直抵达今天的安泰桥北岸,这就是利涉门。而当时的安泰桥南北两岸,则是"人烟绣错,舟楫云集,酒市歌楼,箫管从柳荫榕叶中出"②。

福州城内内河密布,构成密集的城内商业交通网络,城外闽江水缓缓流过,城内内河河道通过水门可以直接到达闽江。城内内河上可经过西门,经淮安溯流直达闽江上游;下可出东门,经闽安直接下海。

福州港很早就存在了。唐五代时期,福州港已经成为一个重要的对外贸易港口。实际上,唐文宗大和八年(834 年)《病愈德音》提到对于在"岭南、福建及扬州蕃客,宜委节度观察使常加存问",反映了当时的福建,即指福州港的对外贸易关系,已和广州、扬州处于同等重要的地位。经过五代王审知的进一步开发,福州对外贸易得到进一步加强。《壶山赋》云:"潮通番舶,北接榕都,连五寨而接二荌,控东瓯而引南粤。"③福州港闽江出海口更加顺畅。

自古以来,福建与中原的陆路交通就极为不便,俗有"闽道难于蜀道"之说。福建境内多山,河流湍急,多险滩,因此沟通福州与内陆的陆路交通及内河航运就远不及海外交通那么方便,给沿海与内地的商旅往来、货物流通带来诸多困难。

而福建与中原的正常的定期交通联系,是直至唐朝才建立的。春秋战国时期,中原各地就设有"邮亭",用于传递信息。到了秦始皇时期,就有了统一的邮传、邮驿制度。到两汉时,已在驿馆中设立驿使专门管理,并征发当地百姓来充当驿卒、驿夫,这种情况一直沿用到宋朝,才开始以军卒来替代百姓充当驿递夫。福建是边远地区,山路崎岖艰险,这种邮传制度一直没有普及。

唐代福建全省计有 5 州 25 县,而闽江流域沿岸则占有 2 州 13 县。闽江上游,由于县治港埠的形成,闽江支流交通遂得向外伸展。唐贞元元年(785 年),张籍任水部员外郎(管理水运的职官),送友人元自虚刺史赴任汀州的诗就有"为郡暂辞双凤阙,全家远过

---

① (明)王应山:《闽都记》,福州:海风出版社,2001 年。
② 道光《重纂福建通志》卷二十九,《津梁》。
③ 《壶山赋》抄本。转引自林祥瑞:《王审知治闽》,《福建论坛》1981 年第 3 期。

九龙滩"之句。汀州所属的宁化、沙县两县,也处于闽江上游沙溪之畔。从沙县乘船,溯沙溪而上,经燕江(今永安县境内),过清流九龙滩后在宁化县登岸,越过一小段陆路,便可到达闽西的汀州。由此可见,唐代闽中官吏赴任多由闽江水路乘船。

闽江中游的古田、尤溪、闽清、永泰等县,境内皆山交通全靠水路,民多从事舟楫,以运为业。永泰县南北俱抵大山县,东水路沿流(大樟澳)至侯官县(福州盆地),西溯流(上水)经德化县,至南安县,与晋江接。尤溪县,县东水路沿流尤溪口,亦至侯官县,西溯流经大田县,至汀州的龙岩县,可通往西洲。这是闽江中游县区支流古代水路交通的展拓。

福州出西门,逆流闽江北上,是一条艰险的路。唐代之前,福州城通过闽江水路与中原联系的道路并不顺畅,可以说艰险居多。《三山志》记载:"西路旧无车道抵中国,缘江乘舟,暴荡而溯,凡四百六十二里,始接邮道。"这种状况,到了唐元和中,因为"岁歉,宪宗纳李播言,发使赈济。观察使陆庶,为州二年(807年),而江吏籍沦溺者百数,乃铲峰湮谷,停舟续流(置渡船),跨木引绳(筑栈道),抵延平(今南平)富沙,以通京师"①。唐元和二年(807年),福建观察使陆庶主持开辟一条从福州经延平(今南平)直抵京师的陆路驿道,从而保证了商旅往来的交通安全,并加强了福州地区与中央朝廷的联系。

盛唐时代,由于政局安定,经济发达,唐代为宣传政令,收集边情,迎送官员运输货物,供传递政令公文和接待来往官员停宿及交通的需要,福建在全国主要道路上设置驿站。唐规定:"凡三十里有驿,驿有长,举天下四方之所达,为驿千六百三十九,阻险无水草镇戍者,视路要隙置官马。水驿有舟,凡传驿马驴,每岁上其死损、肥瘠之数。"唐代规定凡30里(约合14千米)置一驿,有驿长,水驿有舟,举天下四方之所达。唐朝政府是以长安(今陕西西安)为京都,各地驿站路线俱自长安向四面八方辐射。据《元和郡县志》记载,自京都至福建的驿站路线,是由长安至汴州,再由汴州南下,经扬州、杭州、睦州、衢州、江山,越仙霞岭入闽,再经浦城、建州、福州,最后至泉州。

这一时期,福建最重要的内河航运交通线,仍是福州至建州之间的闽江航线,而且它已发展成福建往京师的重要驿路中的一段(水陆兼而有之)。由延平(今南平)再溯建澳就可达建州治(今建瓯)。这条水上路线的条件还是比较差,时常有沉船事故,以致唐代开陆路避其险阻。

以福州城区为中心,出西门上至闽北,出南门下至闽南沿途各路都设有马驿或水驿。凡有水的地方还是用水驿不走陆驿。

唐代福建虽然有水驿的设置,但因为福建水系的影响,水驿也没有完全从陆驿中分离出来。水驿主要被用来传递军事消息或接待官方宾客(包括官员往来和与四方国家交往)。

关于水驿的管理,著名学者白寿彝先生在《中国交通史》中有过介绍,水驿和陆驿一样,也是三十里一置,驿有驿长、驿夫、船夫,每驿根据事务的繁简配备驿船,船有二三只或四五只不等。一县的水驿由县的县令兼理;一州的水驿由州的兵营掌管。而福建边

---

① (宋)梁克家:《三山志》卷五,《地理类·驿铺》,北京:方志出版社,2003年。

远，中央担心对地方长官的失控，在明朝以前，驿站的管理并不全由地方官员负责，而由中央专门设官管理。福建水运职官，在唐朝时设置在御史台之下，设置"都水监，辖舟楫、河渠二署。舟楫署掌公私舟船运漕之事，河渠署掌修补堤堰及川泽渔盐之事"。

闽江下游到福州的航运在唐五代时期，也有进一步的拓展。唐贞元十一年（796年）观察使王翃开侯官西南七里的洪塘浦，自石岊江而东，经避溘至柳桥，以通舟楫。①

经过唐代的开发，福州的水上交通确实是有很大的发展。《闽中金石志》卷五记载：开元以来，"水路，凡东南郡邑，无不通水，故天下货利，舟楫居多"。到了唐代，福建各主要河流的航运均得以开发，所以有"天下诸津，舟航所聚，旁通巴汉，前指闽越，七泽十薮，三江五湖，控引河洛，兼包淮海，弘舸巨舰，千轴万艘，交贸往来，昧旦永日"②之说。

水、陆驿运行的日益完善，对福州社会经济的发展产生了很大影响。福建从此不再边远，进入中原文化的视野，促进了福州与福建省内、外物资的交流，也促进了商品经济和水上运输的活跃。水驿交通的发达"不仅增加了行政效率和中央政府坚强的统治力量，促进了商业的兴盛和都市的繁荣，有利于人员流动的知识传播，而且对开阔眼界、统一信念，加强全国文化的统一等都具有重要意义"。

隋唐五代时期，福州与周边的海上商道，这时也已经非常畅通了。福建沿海主要的航线：北通山东，南达两广，为外贸商品转运和粮食运输的海上孔道。唐武德六年（623年），山东密州板桥镇（即山东胶县），居大海之滨，开港后商贾所聚，东则两广、福建、淮浙之人，西则东京、河北、河东三路之众，络绎往来，都以板桥镇为吞吐集散地，使之"人烟市井，交易繁伙"③。山东板桥镇成为福建外贸商品运往京都的中转港口。唐德宗兴元元年（784年），淄青节度使李纳兼管陆、海运时，也说不但河北、山东、两浙沿海有海运，而且两浙、福建、岭南也通舟船。④ 由此可见，福州港口北与山东、南与广东，都有频繁的航运线路，大大促进了这一时期的商业发展。

史载，王审知"招徕海中蛮裔商贾，资用以饶"⑤，"以至夷来市于粤……而闽人泛粤以转市于夷，殊俗从此集处"⑥。这一时期，闽国"岁屡丰登，复多发蛮舶，以资公用，惊涛狂飚，无有失坏，郡人借之为利"⑦。

---

① 《新唐书》卷四十一，《地理志》。
② 《旧唐书》卷九十四，《崔融传》。
③ 《续资治通鉴长编》卷三十四。
④ 《旧唐书》卷二十，《德宗上》
⑤ 《清源留氏族谱·宋太师鄂国公传》，现存福建省海外交通史博物馆。
⑥ （清）吴任臣：《十国春秋》卷九十一，《闽一》，北京：中华书局，2010年。
⑦ （清）沈定钧：《漳州府志》卷四十三，《艺文三》。

第三节　唐五代福州商品经济的发展

　　隋唐时期，福建的福、兴、漳、泉四大平原得到开发，商业也逐渐发展。隋开运河后，唐设馆驿，辟险阻，内地与福建的交通与货运日趋便捷。中唐理财家刘晏称："天下诸津，舟航所聚，旁通巴汉，前指闽越，七泽十薮，三江五湖，控引河洛，兼包淮海，弘舸巨舰，千轴万艘，交货往来，昧旦永日。"自唐贞观至开元年间（627—741 年），福建经济稳步发展。晚唐时期，福建农业生产得到发展，并有余粮外调，侯官被列为全国十个盐监之一；建茶在全国已负盛名，总产量居全国第五，福建的蜡面茶和荔枝也列为贡品。福州地区随着海堤的建造，南湖、连江的东湖、福清的天宝陂、长乐的西湖、东湖、陈令津湖、横屿湖、陈唐湖等相继开发，许多原来贫瘠土地都变成良田沃野。

　　唐五代福州商品经济获得长足发展。商品经济就是指直接以交换为目的的经济活动，包括商品生产和商品交换。在福州主要的商品生产中，最重要的一部分就是福州的土特产。

　　福州以水果众多闻名。《三山志》记载的就有荔枝、龙眼、橄榄、橙、桔、柚、香木缘、枇杷、梨、李等二十余种。水果中，尤其是"果中皇后"的荔枝，更是著名，福州的荔枝树很多，"延施原野，洪塘水西尤其盛处，一家之有，至于万株"。种植最为普遍的也要数荔枝、龙眼。大量水果尤其荔枝的生产，为福州的对外贸易提供了充足的货源。

　　唐代，陆羽《茶经·八之出》记载："岭南，生福州、建州、韶州、象州。"说明福州、建州是唐代福建两大茶叶产区。唐代福州、建州为福建茶业产地，福州侯官县方山露牙茶被列为贡品。李策《国史补》记载：当时风气重品茶，福州方山有嘴芽，为品茶一种。方山，今称五虎山，即福州闽侯县尚干镇，唐宪宗元和年间（806—820 年），诏方山院僧怀恽于麟德殿说法，赐予茶。怀恽奏曰："此茶不及方山茶佳。"经他介绍，福建名茶遂能上达"天听"，扬名宫闱，成为贡茶。①

　　此外，野生杉、松开始被栽种，罗源、连江出现私人植树出售。随着树木商品化程度提高，木材业开始海运。同时，福州府上贡紫菜，多采自平潭，尤其白水滩"石金色产紫菜，味尤佳"。当地近海捕捞都有一定规模。

　　封建时期，盐铁是国家的重要财源。唐时管理盐场的机构称为"监"，而侯官则被列为全国十监之一。当时福建有六个县产盐，其中四个县属于福州，即侯官、连江、长乐、长溪。

　　宋代，福州布的生产开始兴旺，县县出产，连江、福清、永福"出麻布尤盛"。其时，福州几个县都产纸，古田、罗源产有竹纸，连江西乡产楮纸，侯官赤岸、永福产薄藤纸。

　　海外贸易的发展，促进了福州社会商品经济的发展，农产品、林产品、畜产品迅速地

---

① （宋）梁克家：《三山志》卷四十一，《土俗类·物产》，北京：方志出版社，2003 年。

商品化,尤其福州的土特产成为大宗出口产品。

考古发现大量唐代制造瓷器的瓷窑窑址。到目前为止,福建境内发现的瓷窑窑址,年代最早者:一是位于闽江下游福州洪塘的南朝怀安窑,二是晋江磁灶的南朝溪口窑。此外,还有连江敖江乡已古窑等。

怀安窑不见历史记载,它是考古工作者于1959年发现的,1982年对该窑址进行发掘。在仅有74平方米的发掘面积中出土遗物总数达15784件,其中有大量的青瓷器,还有数以万计的窑具。在窑具上发现了刻有南朝大同三年(537年)和唐代贞元年款,由此确知怀安窑是从南朝延续到唐代而后废弃的,延烧时间长达360余年。

根据考古发现,窑具种类的多样化和复杂化是改进装烧工艺的需要。魏晋隋唐以来,瓷器器形愈来愈多,这既是装烧工艺改进的结果,也对新的装烧方法提出更高的要求。以怀安窑为例,这个窑址出土了种类众多的生活用具,这些器物采用叠置的方法装窑焙烧。由于这些器物形状、大小有很大差别,其叠置方法也必须因物而异。根据怀安窑出土的窑具研究,有由大到小套叠、同门径的器物直叠、使用各式窑垫分别支托盈置等三种,而支垫则是根据各类器物的具体情况而使用形式不同的垫具。因而,产品品种的多样化离不开装烧工艺的改进,而窑具的丰富又直接促进装烧工艺的进步。从出土的人俑造型看,承袭了唐代的写实作风,并有所创造。其塑工的严谨、比例的准确、肌肉的丰满实感等,都具有时代和地方的特点,特别是那些高髻女俑脸部的塑造,虽保持了唐代那种肥硕的风格,而塑工更俏。又如扶杖老人俑,比例准确,脸部肌肉刻画细致,神态生动,为唐俑所少见,反映了隋唐以来福州陶瓷手工业的显著进步和成就。

至于矿冶业,史籍虽然不见矿冶业记载,但这一时期大量墓葬出土文物中,铁剪刀、铜镜、各类金属佩饰件很常见,由此可以推测当地应有相当发达的冶铸业,只不过可能属于私人民间冶铸。矿冶业在五代有较快发展,这与统治者的重视有关。闽王王审知于贞明元年(915年),置铅场于汀州宁化。一些地区因有矿产而被提高建置规格,如在唐时有银铁的小溪场,五代被升置为县。继王氏政权之后,割据福建的留从效也注重冶铁业。

由于佛教、道教的盛行,当时流行用各种金属材料铸造经书和神像的习俗,是统治者重视发展矿冶业的重要原因之一。同光元年(923年),王审知用"泥金银万余两,作金银字四藏经各五千四十八卷"。龙德三年(923年),又于福州城西南"张炉冶十三所,备铜腊三万斤,铸释迦迦、弥勒诸像"。通文四年(939年),其孙王和作三清殿于内庭,铸宝皇大帝、元始天尊、太上老君像,"凡用黄金数千斤"①。此外,生产的各类金银器皿,也作为主要贡品上贡朝廷。

社会经济发展亦是统治者重视矿冶业的另一重要原因。商业经济的发展,需要大量的货币。从当时钱币铸造情况也可以反映出当时商品经济的发展。

五代时的闽国能铸铅锡合金的钱币。贞明二年(916年),"铸铅钱与铜铁并行"。龙德二年(922年),"铸大铁钱,以'开元通宝'为文,仍以五百文为贯"。考古发现也证实五

---

① (清)吴任臣:《十国春秋》卷九十,《闽太祖世家》,北京:中华书局,2010年。

代时确有铸币业。1967年,在福州市茶亭建筑工地,发现闽国"开元通宝"铅钱一瓮。1985年,在福州湖滨路工地,也曾出土闽国"开元通宝"铁钱一盒。不过,此时闽国所铸之币"钱文粗拙,质薄,铸工不精",较唐代官钱粗陋。

王审之治闽,奖励工商,国内、国际贸易相当活跃,人口增加,社会安定,从北方带来的农业、手工业的先进技术,产生了更多的剩余农产品和手工业品。随着市场交换的需要、货币及度量衡的统一,商品交换更加频繁,商品经济日益发达,闽江上下游重要卡口的侯官市、新丰市,孕育着闽江上游的特产资源对福州转运商业发展的莫大影响。《恩赐琅琊郡王德政碑》记载:王审知治闽时期,"尽去繁苛,纵其交易,关讥廛市,匪绝往来,衡麓舟鲛,皆除守御。故得填郊溢郭,击毂摩肩,竞敦廉让之风,聚睹乐康之俗"。减少关税,鼓励各地商业交换,闽北山区农产品迅速商品化,可以反映这一时期福州商人资本的原始状态。

第四节 "甘棠港"与福州的海上贸易

福州地处东南沿海,很早就有海上交通线路,但是,当时的海上活动,更多的是体现军事需要,[①]作为专门供海上商业贸易的通道,应当要感谢"甘棠港"的开发。正是"甘棠港"的开发,使地处东南偏远的福州城市,从此开始了海上商人的正常贸易,开启了一个海上时代的到来。

一、海上商港——"甘棠港"

福州地理位置的局限,对外交通十分不便。王审知治闽时,致力于发展福州的海上交通,使一个原来相对封闭而落后的福建,有了全面向外发展的机会。

王审知一系列对外开放的政策,促进了福州与外界的联系,促进了社会经济的发展。历史记载他下令凿去位于福州之北的黄崎海道中梗舟之巨石,开辟了对外贸易大港——"甘棠港",同时开辟了福州对外贸易的航路。由于"甘棠港"的开辟,对福州经济如此重要,以致于皇帝还亲自颁发诏书,对王审知开"甘棠港"的行为进行奖励。

至今位于鼓楼区庆城路22号的闽王祠内,还可以见到被称为"天下四大唐碑"之一的《恩赐琅琊郡王德政碑》。这块石碑高4.2米、宽1.7米,碑顶为亭子所遮,碑底下承龟趺,碑面有多道裂痕,篆额"恩赐琅琊郡王德政碑",为唐天祐三年(906年)哀帝李柷敕建。碑文为侍郎于兢所撰,内容为王倜书,记载了王审知家世及其治闽政绩等。其中多处记载王审知开辟"甘棠港",大力倡导海外贸易的事迹。

由于开"甘棠港"影响深远,并获得了皇帝的恩奖,因而后代对开港的艰难增加了许

---

① 林开明主编:《福建航运史》(古近代部分),北京:人民交通出版社,1994年,第19页。

多的传奇色彩。曾主持此项工程的刘山甫，在《金溪闲谈》中说："黄崎镇先有巨石屹立波间，舟多覆溺。王审知为福建观察使，尝欲凿之，而惮于力役。乾宁五年（898年），因梦金甲神，自称吴安王，许助开凿。及觉，言于宾僚。因命判官刘山甫往设祭，祭未毕，海内灵怪俱见。山甫于僧院凭高观之，风雷暴兴，观一物，非鱼非龙，鳞黄鬣赤。凡三日夜，风雷始息，已别开一港，甚便行旅。驿来以闻，赐号甘棠港。"①

差不多同时期的孙光宪亦有类似的记载："尝闻闽王王审知患海畔石碕，为舟楫之梗。一夜梦吴安王许以开导，乃命判官刘山甫躬往祈祭。三奠才毕，风雷勃兴。山甫凭高观焉，见海中有黄物，可长千百丈，奋跃攻击。凡三日，晴霁，见石港通畅，便于泛涉。于时录奏，赐名甘棠港。"②

这些记载有一个共同点，就是颇具传奇色彩，认为这个港是因有天人神助才开成的。

福建地处东南沿海，福州历史上很早就有港口。福州港，早在东汉建初八年（公元83年），即和东洋、南洋有交通往来。当时称为"东冶港"，是我国直达越南（古称交趾）的最古老航线之一。闽东的三沙湾早在三国时代就已开辟了港口，吴国曾设"温麻船屯"，掌建造海船之事，其造船基地温麻港（今盐田港）即在三沙湾内，至西晋，在福州设立"典船都尉"（据《福州府志》载，其衙门设在都尉营，今鼓楼区开元路东直巷）时，福州的海上航运事业就有发展。

既然历史上江南沿海的福建福州早就有港口与海上航海技术，为什么到了唐代王审知开辟"甘棠港"，会如此引后人关注？这其中的原因是什么呢？

《太平广记》卷三百一十三记载："福州海口黄碛岸，横石巉峭，常为舟楫之患。王审知为福建观察使，思欲制置，惮于役力。乾宁中，因梦金甲神，自称吴安王，许助开凿。及觉，言于宾寮，因命判官刘山甫躬往设祭，祭未终，海内灵怪俱见。山甫憩于僧院，凭高观之。风雷暴兴，见一物，非鱼非龙，鳞黄鬣赤。凡三日，风雷乃霁，已别开一港，甚便行旅，驿表以闻，赐号甘棠港。闽从事刘山甫，乃中朝旧族也，著《金溪闲谈》十二卷，具载其事。"

《北梦琐言》卷二记载："安南高骈奏开本州海路。初交趾以北距南海，有水路，多覆巨舟。骈往视之，乃有横石隐隐然在水中，因奏请开凿以通南海之利。其表略云：'人牵利楫，石限横津。才登一去之舟，便作九泉之计。'时有诏听之，乃召工者啖以厚利，竟削其石。交广之利民至今赖之以济焉。或言骈以术假雷电以开之，未知其详。葆光子尝闻闽王王审知患海畔石碕为舟楫之梗，一夜梦吴安王许以开导，乃命判官刘山甫躬往祈祭。三奠才毕，风雷勃兴。山甫凭高观焉，见海中有黄物，可长千百丈，奋跃攻击。凡三日，晴霁，见石港通畅，便于泛涉。于时录奏，赐名甘棠港。即渤海假神之力又何怪焉亦号此地为天威路，实神功也。"

《北梦琐言》卷七记载："福建道以海口黄碛岸横石巉峭，常为舟楫之患。闽王琅琊王

---

① 刘山甫：《金溪闲谈》，转引自张景祁：《福安县志》卷三十八，《杂记》。
② 孙光宪：《北梦琐言》卷二，《高骈开海路》。

审知思欲制置,惮于力役。乾宁中,因梦金甲神自称吴安王,许助开凿。及觉,话于宾僚,因命判官刘山甫躬往设祭,具述所梦之事,三奠未终,海内灵怪具见。山甫乃憩于僧院,凭高观之,风雷暴兴,见一物非鱼非龙,鳞黄鬣赤。凡三日,风雷止霁,已别开一港,甚便行旅。当时录奏,赐号甘棠港。闽从事刘山甫乃中朝旧族也,著《金溪闲谈》十二卷,具载其事。愚尝略得披览,而其本偶亡绝,无人收得。海隅迢递,莫可搜访。今之所集云闻于刘山甫,即其事也,十不记其三四,惜哉!"

《新五代史》卷六十八《闽世家第八》记载:"乾宁四年(897年),潮卒,审知代立。唐以福州为威武军,拜审知节度使,累迁同中书门下平章事,封琅琊王。唐亡,梁太祖加拜审知中书令,封闽王、升福州为大都督府。是时,杨行密据有江淮,审知岁遣使泛海,自登、莱朝贡于梁。使者入海覆溺常十三四。审知虽起盗贼,而为人俭约,好礼下士。王淡,唐相溥之子;杨沂,唐相涉从弟;徐寅,唐时知名进士,皆依审知仕宦。又建学四门,以教闽士之秀者。招来海中蛮夷商贾,海上黄崎,波涛为阻,一夕风雨雷电震击,开以为港,闽人以为审知德政所致,号为甘棠港。审知同光三年(925年)卒,年六十四,谥曰忠懿。子延翰立。"

从史书和当时人的记载可以知道:

第一,王审知开港口,这是事实。甘棠,这里的意思是表达对王审知德政的感恩。甘棠,语出《诗》:"蔽芾甘棠,勿翦勿伐,召伯所茇。"全诗由睹物到思人,由思人到爱物,人、物交融为一。对甘棠树的一枝一叶,从不要砍伐、不要毁坏到不要折枝,可谓爱之有加,这种爱源于对召公德政教化的衷心感激。朱熹《诗集传》云:"召伯循行南国,以布文王之政,或舍甘棠之下。其后人思其德,故爱其树而不忍伤也。"诗中的意思是怀念召伯的政德。所以这里用"甘棠港"的意思,在很大程度上,我们可以理解为表达的是对王审知开辟港口这个德政的嘉奖。

第二,王审知开辟的这个"甘棠港","赡水陆之产,通南北之商",纯粹是作为商业往来的商港。史载王审知《新五代史》卷六十八《闽世家第八》中记载:王审知"招来海中蛮夷商贾,海上黄崎,波涛为阻,一夕风雨雷电震击,开以为港,闽人以为审知德政所致,号为甘棠港"。这里明确表述,王审知是因为要大量招来海外的商贾,获得进贡北方的货物。但是商人往来,为黄崎所扰,所以才劈开波涛巨石,将其变成商旅的坦途。显然,王审知开辟"甘棠港"的最大意义,就是使福州获得了顺畅的商业通路。

史书记载:"是时,杨氏(杨行密)据江、淮,故闽中与中国隔越,审知每岁朝贡,泛海至登(今山东蓬莱)、莱(今掖县)抵岸,往复颇有风水之患,漂没者十四五。"①

《十国春秋·太祖世家》记载:"岁自海道登、莱入贡于汴,没溺者十四五。"(原按:《通鉴》注云:"自福州洋过温州洋,取台州洋过天门山,入明州象山洋,过涔江,掠洌港,直东北度大洋,抵登、莱岸,风涛至险,故没溺者众。")

《新五代史·王审知》记载:"唐亡,梁太祖(朱温,为牵制杨行密)加拜审知中书令,封

---

① 《旧五代史·王审知》。

闽王,升福州为大都督府。是时,杨行密据有江淮,审知岁遣使泛海,自登、莱朝贡于梁(汴梁,今河南开封),使者入海,覆溺常十三四。"

晚唐,藩镇割据严重,中原鼎沸,各地割据势力忙于篡夺王位而无暇他顾。王审知一边承认中原王朝正统,加强与中原王朝的朝贡往来。取得中原王朝的嘉奖与认可。一边安定民心,发展社会经济,开辟通向海上贸易的港口,目的是鼓励民间商人发展海外贸易。"甘棠港"的开凿成功,使福州的海上贸易获得巨大便利,福州北上船舶可以避开陆路江淮杨行密势力的阻隔,与北方中原政权进行频繁朝贡往来,由此获得中原王朝的嘉奖。

总之,"甘棠港"的开凿,真正的意义是体现了民间商船的自由航行。这和此前由军队进行的海上航运与交流,有着本质的不同。

二、隋唐五代福州的对外贸易

天宝十年(751年)怛罗斯战役后,唐朝与西域的陆路交通被彻底切断,传统的陆地上的与国外贸易路线失去了。于是,唐朝开始致力于经营与海外诸国的海上交通,希望以海路取代陆路成为对外贸易的主要渠道。这种形势为五代时期福州对外交通和贸易的大发展创造了有利的时机和条件。

从北方南迁的王审知为发展社会经济,实行的是保境安民、鼓励海外贸易发展的政策。

这一时期,他采取的政策是称臣于北方王朝,年年向中原朝廷朝贡。王审知及其子延钧治闽时,贡于唐者有象牙、犀角、香药、真珠、龙脑、白红氎等;王审知孙继鹏、王审知子延曦时,贡于后唐者有真珠、香药、肉豆蔻、胡椒、饼香、沉香、煎香等,数量少则几十斤,多则上万斤。例如,后梁开平二年(908年),王审知向梁王朝进贡"玳瑁琉璃、犀象器,并珍玩、香药、奇器、海味,色类良多,价累千万";"贡橘、琉璃、犀象器,并珍玩、香药、奇器、海味色类良多,价累千万";后唐庄宗同光二年(924年),福建节度使王审知"致京金银、象牙、犀、珠、香药、金装宝带、锦文织成菩萨蟠等物于唐";后唐明宗天成四年(929年),王延钧进谢恩银器6500两,金器100两,并犀、牙、真珠、龙脑、香药等;闽景宗永隆三年(941年),王延曦遣使者至注,贡晋白金4000两,象牙20株,沉香、煎香600斤以及术帽诸物,等等。此后历代闽王也相继向北方朝廷进贡犀牙、香药、玳瑁、龙脑、珍珠等海外进口的珍品商品。闽王王继鹏在一次进贡的物品中即有珍珠20斤,犀30株,副牙20株,香药1万斤。① 向北方称臣年年朝贡的目的,是把从海外贸易中得来的金银、香药、犀角、象牙、珍珠、玳瑁等商品以进贡为名转贩北方,"南夷香搓到文、登,尽以易匹物"②,牟取高额利润。

---

① (清)吴任臣:《十国春秋》卷九十,《闽太祖世家》,北京:中华书局,2010年。
② (清)吴任臣:《十国春秋》卷九十,《闽太祖世家》,北京:中华书局,2010年。

闽王有如此之多的舶来珍品进贡于中原,从侧面体现了此时期福建港口海外经济贸易的繁荣景象。王审知为扩大发展海外贸易,具体做了两方面工作。第一是招徕海中蛮夷商贾,开通与高丽、日本、东南亚诸国贸易路线。第二是在福州设置"榷货务"(管理贸易和税收的机构),委任张睦专门管理舶货征榷事宜,控制垄断海外贸易的商品。

在王审知治闽之后,福州海外交通和贸易获得发展。福州港迅速崛起,福州商人出海经商日渐增多,从事海外贸易蔚然成风。由于福州对外贸易繁荣,各国商船纷至沓来,中外商贾云集,福州成为东南闻名遐迩的商业都会。同时,福州的地位也日趋重要。唐宋元时期,福州的对外交通发达,海外贸易拓展,海外各国的使者、商人、学者来来往往,络绎不绝,其中不乏定居成为侨民之人。

王审知及其继承者治闽时期,"外域诸番,赕贶不绝",新罗、占城(即占婆国,今越南南部)、三佛齐诸国与福州均有交往。史料记载了新罗遣使献剑闽王、占城相金氏婆罗出使福州、佛齐国由闽入贡事件。闽国曾在福州举办"万人大佛会",引来南海三佛齐国王及其属国的君臣前来观瞻进贡,福州港出现了"万国来朝"的盛况。

唐代福州对外交通和贸易迅速发展,通商地区不断扩大。除了与中南半岛、马来半岛诸国的传统贸易航线,还开辟了许多新航线:

1. 新罗:朝鲜半岛上的新罗与唐朝关系友好,交往频繁。新罗人往往在福州登陆后转赴长安。天成三年(928年),新罗僧人洪庆自福州出航将大藏经运往新罗。新罗政府亦频频遣使向闽地统治者进献宝剑,足见双方关系密切。

2. 日本:天宝三年(744年),鉴真和尚第四次东渡日本,先期派人到福州置办两船并由此出洋,说明当时福州已是对日交通的重要口岸。中唐以后,中日民间贸易兴起,福州对日交通更趋兴盛,中日商舶往来如梭。据日本方面的记载就有:大中六年(852年),唐朝商人钦良晖的商舶自日本肥前国值嘉岛扬帆归国,海上航行6天,在闽江口今天的福州连江县登陆[1];日本方面就有多处关于两国船舶往返于福州与日本肥前国值嘉岛的记录。可见当时福州已经开通了对日交通的固定航线,双方往来频繁。

3. 三佛齐:三佛齐是当时东南亚的强国,领土包括了苏门答腊岛和马来半岛。据于兢奉敕撰的《恩赐琅琊郡王德政碑》记载,唐末三佛齐诸国经常派遣使团至福州,向唐朝进贡并开展贸易活动。

4. 印度:唐文宗时,中印度僧人般怛罗来福州传授佛法,天佑三年(906年),又有"西天国僧声明三藏"前来。印度僧人屡至福州,说明福州港也是印度商舶常来之地。

5. 大食:隋唐时期西亚阿拉伯帝国崛起,中国史籍称之为"大食"。大食帝国热衷于开拓对东方,尤其是对大唐帝国的海上贸易。大食商人驾舟东来,活跃于中国各个贸易口岸和商业都会,福州就是其从事商业活动的重要港口之一。当时大食商船满载阿拉伯诸国商品,运抵福州,溯闽江而上,翻越武夷山脉而进入江西,顺赣江而下将舶货贩销全国各地。

---

[1] (日)木宫泰彦:《日中文化交流史》,北京:商务印书馆,1980年。

第五节 唐五代海外贸易的管理

唐代之前，历代南海贸易管理权属地方长官，地方长官把这些收入归于自己。《南史》卷五十一《吴平侯景传附子励传》记载："广州边海，旧饶，外国舶至，多为刺史所侵，每年舶至不过三数。及励至，纤毫不犯，岁十余至。俚人不宾，多为海暴，励征讨。所获生口宝物，军赏之外，悉送还台。前后刺史皆营私蓄，方物之贡，少登天府。自励在州，岁中数献，军国所须，相继不绝。武帝叹曰：朝廷便是更有广州。"这里可以看到：一是地方长官把持了边海之利，地方官"皆营私蓄，方物之贡，少登天府"。二是即使遇到廉政官吏，也只是做到"岁中数献"，朝廷并不要求把海外贸易收入的全部收归中央（台）。因为，边海贸易所得，对于当时的王朝来说就如同地处边地的州郡产生的土产土货一样，是归地方的。朝廷对于南海的舶货，只要求地方官按时供奉就可。

唐朝初年对南海蕃舶的管理也是沿袭旧制，由地方长官负责。《唐文拾遗》卷一载高宗发布的《定夷舶市物例敕》记，（高宗）显庆六年（661年）二月十六日敕："南中有诸国舶，宜令所司，每年四月以前，预支应须市物，委本道长史，舶到十日内，依数交付价值市了，任百姓交易。其官市物，送少府监简择进内。"这里明确指出，对于南中国来的诸国舶的管理，是属于本道长史，即当地地方长官。朝廷所需的舶货也往往是通过地方官吏代为办理。

唐开元年间，首次出现了"市舶使"这个称呼。市舶使开始代表皇帝的意志行使对海上贸易的监督与管理，直接介入地方官员对南海贸易的商品收购。市舶使的出现在某种意义上表明了中央与地方在海外贸易管理上争权的开始。

由地方官员管理海外贸易时，并不存在收税的情况，只是榷卖，就是垄断性购买。满船商品净挑好的货，然后随便给个价打发了，余下的货任由买卖。《旧唐书》卷一百七十七《韦正贯传》："宣宗立，以治当最，拜京兆尹、同州刺史。俄擢岭南节度使。南海舶贾始至，大帅必取象犀明珠，上珍而售以下直。正贯既至，无所取，吏咨其清。"此外，《旧唐书·李从易传》记载："其年冬，代李从易为广州刺史、御史大夫、岭南节度使。南海有蛮舶之利，珍货辐辏。旧帅作法兴利以致富，凡为南海者，靡不捆载而还。"唐人李肇《唐国史补》卷下有这方面的记载："南海舶……至则本道奏报，郡邑为之喧阗。有蕃长为主领，市舶使籍其名物，纳舶脚，禁珍异，蕃商有以欺诈入牢狱者。"

正是由于地方官员的贪婪，各地贸易商人怨恨丛生，才引起唐文宗在太和八年（834年）发表《疾愈德音》："南海蕃舶，本以慕化而来，固在接以恩仁，使其感悦。如闻比年长吏，多务征求，怨嗟之声，达于殊俗……其岭南、福建、扬州蕃客，宜委节度观察使常加存问。"①

---

① （清）董浩：《全唐文》卷七十五，《疾俞德音》，北京：中华书局，1983年。

五代时期,随着海外贸易的发展、进出口货物的增多,王审知委任张睦主管对外贸易的"榷货务"工作。张睦不负所望,把此项工作干得有声有色,因此他从三品官"累封梁国公"。为了达到"招徕"的目的,闽国曾在福州举办"万人大佛会",引来了南海三佛齐国的国王及其属国的君臣前来观睹并进贡,福州港出现了"万国来朝"的盛况。这个"榷货务"如何管理"蛮裔商贾"和舶货征榷,没有更具体的记载,但是,我们在《恩赐琅琊郡王德政碑》的铭文中,还可以看到在张睦领导下的"榷货务",依照王审知的指令,实行"关讥不税"的优惠政策,从而招来蛮裔商贾的盛况,铭曰:"佛齐诸国,绥之以德。架浪自东,骒山拱北……关讥不税,水陆无滞。遐迩怀来,商旅相继。黄崎之劳,神改惊涛。役灵祇力,保千万艘","凡列土疆,悉重征税。商旅以之而壅滞,工贾以之而殚贫。公则尽去繁苛,纵其交易,关讥廛市,匪绝往来,衡麓舟鲛,皆除守御。故得填郊溢郭,击毂摩肩,竟敦廉让之风,骒睹乐康之俗。闽越之境,江海通津,帆樯荡漾以随波,篙楫崩腾而激水"。可见,此时"榷货务"实际上从严格意义上说,就是由政府确定价格,垄断买卖。

根据清蔡永蒹《西山杂志》记载,当时管理海外贸易的官署先是设置在福州,后来转移到泉州。"王延曦设立市舶司,闽商人林仁翰、林灵仙、曾孙,谋求市舶司之官,而拱辰指挥朱文进亦求。闽永隆九年(947年),朱文进杀王延曦,林仁翰倾家财募死士,约王延政、王延彬攻陷福州,椎杀朱文进,移市舶司于泉州。"这是根据清民间的手抄本记载,认为闽国时期第一次设立市舶司是在福州,后来才移到泉州。当然这是可以存疑的。

唐之前,海外贸易管理历代权归地方帅臣。直至唐代,海外贸易管理权仍然是有争议的。代表皇帝利益的市舶使虽然设置,也只是分割了海外贸易的利益而已,而且是临时命使,海外贸易管理权仍然是归地方帅臣。五代闽国管理海外贸易,招抚外商,并对海外贸易设立"榷货务",本质上说,是垄断采购。管理权之说仍然存疑,如果一定要说海外贸易管理机构的存在,也只能说是一种象征性的管理性质。应当说唐五代海外贸易各种管理职能仍然很不完善,直到宋元时期,才建立起一套健全的海外贸易管理机构,制定出"市舶条法",封建政权的海外贸易管理才算真正到位。

第三章

宋元时期闽商福州帮的形成及商贸活动

在重商主义政策的影响下,宋元时期福州社会商品经济迅速发展,商品生产与商品交换遍布城乡,福州畅通的内河网络形成具有特色的水城商业,商人活动日益频繁,商业区域不断扩展,商路通达,具有代表的闽商福州帮开始形成。这一时期,闽商福州帮的足迹遍布大江南北、海外各国。

第一节 宋元时期福州地区商品经济的发展

福建开发较晚。秦以前,农耕生产水平低下,自耕自给而已。《史记·货殖列传》称:"楚越之地,地广人稀,饭稻羹鱼,或火耕水耨,果隋蠃蛤,不待贾而足。""限以高山,人迹所绝。车道不通,天地所以隔内外也……"

直到中唐时期,福州经济才有所发展。北方人口的南迁、北方生产方式的引进、手工业的发展、城市规模的扩大、商业的发展,带动了城市周边的经济。这时期海堤的建造,连江的东湖、福清的天宝陂、长乐的西湖、东湖、陈令津湖、横屿湖、陈唐湖等都相继得到开发,边县贫瘠的土地也开始变成沃野。

入宋后,福州农田水利的建设最为突出。宋代福州农田水利建设成就最为突出的是长乐知县徐谟,他"兴修管下湖塘水利及创斗门一百四所,灌民田二千八十余顷",连江知县曾模"开浚东湖塘二十余里。造水闸,筑岸塍一百二十余所,溉田二千余顷",罗源也修筑了永利渠口,福清县水利兴修的更多,有灵石蟹屿塘、东禅塘、苏溪坡等,其中,苏溪坡"溉田千余顷"[①],《福州府志》卷之七也记载,福州在嘉祐年间开挖环城河浦176条,"溉田三千六百余顷"。所以《三山志》里称:福州东西湖周围40余里,"弥望尽是负郭良田"。

宋代,由于农业、手工业的明显进步和海外贸易的进一步发展,福建商业进入鼎盛时期。农业,由于扩大耕地、兴修水利、引进良种,经济发展很快,而且具有明显的地方特色和很强的商品性。

---

① (清)陈池养:《莆田水利志·木兰陂图说》。

同时这一时期,双季稻的种植、新品种占城稻的出现,增加了农作物的产量。南海占城国稻种传入闽中,始于五代。宋时福建八郡(即六州两军)普种占城稻种,并推广至江淮流域。史载,宋大中祥符五年(1067年),朝廷遣使往福州,取占城稻种3万斛,分给江、淮、两浙3路转运使,令择民田种之。① 占城稻有耐水耐旱等许多优点,早晚两季均宜种植,故福州这一时期粮食产量有了显著提高。

福州地处亚热带,山清水秀,植被丰貌,农业发展具有很好的优势,农产品种类丰富,品种优异。随着社会经济的发展,宋元时期福州农业中的经济作物,无论是种类,还是产量在全国都极有优势。其中甘蔗、茶叶、水果更是全国闻名的产品,有的还远销海外。

福州以水果众多闻名。《三山志》记载的就有荔枝、龙眼、橄榄、橙、桔、柚、香木缘、枇杷、梨、李等20余种。种植最为普遍的要数荔枝、龙眼。大量水果尤其荔枝的生产,为出口农产品提供了充足的货源。荔枝、龙眼、批把、柑橘、香蕉、橄榄、洋桃和荔枝干、桂圆干等销往国内外。蔡襄的《荔枝谱》云:"荔枝,水浮陆转,以入京师,外至北戎、西夏;其东南舟行新罗、日本、琉球、大食之属,莫不爱好。"

茶叶种植扩大到五州、军,年产达300万斤,占全国产量一半以上。唐代福州、建州为福建茶业产地,福州侯官县方山露牙茶就被列为贡品。果树:沿海城乡"自阶庭场圃至于山谷,无不列植"。②

《太平寰宇记》把甘蔗列为泉州土产。尤昌期咏福州时也说:"苍烟巷陌青榕老,白露园林紫蔗甜。"说明福州也有蔗园。福建居民研蔗汁煮糖,贩诸吴越间。当时植蔗煮糖遍及沿海地区,所谓"黑、白之糖行天下"③。

木棉、麻也已经普及种植,诸县皆有。唐代福建的绢已列为贡品,但质量差而产量低,直到宋代,福州布生产开始兴旺,县县出产,连江、福清、永福"出麻布尤盛"。④

其时,福州几个县都产纸,古田、罗源产有竹纸,连江西乡产楮纸,侯官赤岸、永福产薄藤纸。

侯官、长乐、连江均是产盐区,大历年间(766—779年),侯官为江淮十盐监之一。

此外,野生杉、松开始被栽种,罗源、连江出现私人植树出售。随着树木商品化程度提高,木材业开始海运。同时,福州府上贡紫菜多采自平潭,其白水滩"石金色产紫菜,味尤佳"。当地近海捕捞有一定规模,元代时仅平潭以渔为业者就近4万人。

商业性农业的发展,带动了制茶、纺织、造纸、陶瓷、造船等手工业的发展。当时"茶叶官私之焙共1333所",盐产区扩大到10县,绍兴二十七年(1157年)年产已达2656万斤;瓷器生产有20多县。窑址之多冠全国,并能塑造俏美佛像。福、延、建三州属县均造纸;纺织已能生产棉织和丝织品。农业、手工业的进步,手工业产品的迅速商品化,安定的社会环境,产生了剩余的农产品和手工业品;货币及度量衡的统一、统治阶层的倡导,

---

① (清)徐松:《宋会要辑稿·食货·农田杂录》,北京:中华书局,1957年。
② (宋)曾巩:《元丰类稿》卷三十五。
③ (宋)王象之:《舆地胜纪》卷一百二十八,《诗》。
④ (宋)谢枋得:《叠山集》卷三。

促进了商品交换与商品经济的发展。

唐宋时期,东南沿海一带有不少地区都设有造船的工厂。南宋初年,福州有面阔1.2丈以上的海船300艘以上。还有为海商提供航海船舶的"番船主"。这些都表明当时海上交通、海上贸易的发展。

宋元商业的发展是中国古代商业的一次革命性变化。宋元福州商品经济的发展,主要表现在:

首先,宋元时期,在商品经济的冲击下,社会风气发生了巨大变化,重商之风日盛。生活于南宋中叶的卫泾对福州地区农业环境有如下描述:"邑十有二,濒海者三分之一,负山者过其半。负山之田岁一收,濒海之稻岁两获。民无甚贫而亦无甚富。"①"凡人情莫不欲富,至于农人、商贾、百工之家,莫不昼夜营度,以求其利。"②人们以追求金钱财富为时尚,社会各阶层的人士都卷入商品经济的大潮中,以故人云"七闽之俗逐末"。

宋时普遍出现的是"家有余财,则远资健往,贾售于他州","农桑之外,多利私贩,百十成群",以故闽商"散而之四方",浪迹天涯,相当活跃,其足迹遍布于从河北、山东到台湾、海南的广大地区。两浙所用的铁器,"并是泉、福等州转海兴贩";杭州更是"闽商海贾,风帆浪舶,出入于江涛"。广东"化州,以典质为业者十户,而闽人居其九。闽人奋空拳过岭者,往往致富"。福州人到广州经商的人多的是,"绍熙三年(1192年),福州人郑立之,自番禺泛海还乡";广州城南"濒江多海物,比屋尽闽人。海南,泛海来此的闽船多,且载金银匹帛,所值或及万余贯";马可·波罗谈到福州时也说,当地的土特产品和进口商品通过水运或陆运,贩销全国各地。在商品经济大潮冲击下,闽人长途贩运的发达,形成较为完善的商业运输网络,从而有利于将国内外市场联结起来,促进了海外交通和贸易进一步发展。

其次,商品经济的发展带动农村草市镇及港口经济的兴起。由于商品经济的发展,农业产品的交换也日趋频繁,在福州城市周围及交通要道附近,出现了许多集市贸易。这种集市,谓之"草市",又称"墟市"。如闽清有"县前市","在县治前,宋元时,邑人贸易多萃于此"③,"福清县苏田里宝林尼院附近有渔溪市"④。随着草市贸易的发展,定居的人口越来越多,草市扩大为集市,甚至发展为市镇,有的还发展为县城。例如,宋元双杭一带随着沙洲的隆起,成为重要的商业集散地,聚集了大批从事贩运贸易的居民。

市镇的兴起加强了城乡之间商品交换的联系,许多市镇因交通发达,江商海贾云集,贸易繁荣,福州市场成为沟通国内外市场的口岸,如长溪县的黄崎镇。又如福州的闽安镇,"枕居海门,为舟船往来冲要之地","客旅兴贩广浙,往来经由之处"。福清的海口镇,亦由集市发展而成,宋时"人烟繁盛,舟船凑集"⑤。宋政府在此设场务征收商税,所入不

---

① 卫泾:《后乐集》卷十九,《福州劝农文》,四库全书本。
② 《蔡襄集·蔡忠惠集》卷三十四。
③ (明)黄仲昭:《八闽通志》卷十三,《地理》。
④ (明)黄仲昭:《八闽通志》卷十四,《地理·坊市》。
⑤ (宋)梁克家:《三山志》卷十九,《兵防类二》,北京:方志出版社,2003年。

货。当时著名的四镇十税务,在《三山志》卷九《公廨类三·诸县镇务》记载:"祖宗时,州城都务、临河务,号里、外税务。二务之外,惟九县十务而已。闽清、长乐、罗源、宁德、长溪、永福、连江、福清与古田,里外二务是也。"四镇,就是政和十一年(1118年)在商旅必经要道的地方设闽安镇、黄崎镇、海口镇、水口镇。商税征收多,从另一方面说明当时商品经济的发达。

再次,商品经济发展带动长途贩运的发达。商品经济的发达、水陆交通的改善,为远程长途贩运特别是海上贩运的发展提供了有利的条件。

至宋代,福州港区已迁至安泰桥一带。其时,安泰桥既是城区运河交通总枢纽,又是城区的一个经济中心。桥边就是一个重要的码头,商舶可随潮由大江入此卸货,城区旅客、货物也可由此上舟,待潮东出大江。诗人曾用"百货随潮船入市"的诗句来形容当时此地的贸易盛况。

粮食转运,是一大重要项目。卫泾提到福州沿海地域种植两季稻;但即使可以种植两季稻,其产量极为有限,"田或两收,号再有秋,其实甚薄,不如一获"。由于山地多、农田狭小,再加上人口不断增加,福州地区的米谷供给极其不足。"三山产米,不足于食,例招籴于广","福之为州,土狭人稠,岁虽大熟,食且不足"。真德秀也说:"福与兴、泉,土产素薄,虽当上熟,仅及半年,全仰南北之籴,转贩以给。"根据他的记载,漳州以外的下四州米谷完全不能达到自给的程度,粮食供应不足,全依靠外地转运。在漳州以外下四州中,处于最北方的地域就是福州。从两广流入的粮食占绝对多的比重,"又福、泉、兴化三郡,全仰广米以赡军民"①。土地不足,粮食不能自给,但由于商品经济发达,福州人种植经济作物,换取两广的粮食。可见在商品经济的推动下,当时长途贩运较为发达。

宋朝政府大举在福州等地屯粮。建炎四年(1130年),"诏广东转运司募使臣,押粮舟自海道至福州交纳",②同年六月,中书门下上奏书说:"行在(指杭州)仰食者众,仓廪不丰,请委诸路漕臣及秋成和籴。诏广东籴十五万斛,福建十五万斛,并储之漳、泉、福州。"③

1279年,元灭南宋,统一中国,结束南北对峙局面,为沿海长途贩运发展创造条件。这时,长期被宋朝政府所禁止的福州至登州、莱州的海上交通已恢复。元代的《登州府志·海运道经》详细记载了从福州出发至登州的海上航程。元代危素在《海运志》中说:"若长乐港出福州,经崇明以北,自古未有之利也。"至元二十四年(1287年),"朝廷用桑哥言,置上海、福州两万户府,以维制沙不丁乌马儿等海运船"④。元末群雄割据,方国珍与张士诚发生火拼,停止由江南海运粮食至大都(北京)。福建割据者陈友定尽忠于元朝政府,自福州运粮数十万至大都。显然,宋元时期福州海上转运贸易又有了新的发展。

---

① (宋)真德秀:《西山文集》卷十五,《申枢密院乞修沿海军政》,第251页。
② (宋)李心传:《建炎以来系年要录》卷三十四,北京:中华书局,2013年。
③ (宋)李心传:《建炎以来系年要录》卷三十四,北京:中华书局,2013年。
④ 陈衍:《福建通志·通纪·元》卷一,《通鉴后编》。

第二节　宋元时期福州城市商业的发展

明代王应山的《闽都记》卷首刊登有陈介夫、徐渤考古摹写的福州冶城图,从中我们可以形象、直观地看到汉代冶城的概貌:冶城依山而建,四周众山拥立,呈四方形,辟东西南三府城门。可见,冶城面积虽不大,但壁垒仍颇为森严。城里居民主要是王族与士兵。

唐宋之前,福州城更主要的作用,在于防御与政治巩固。城内皇宫几乎占城区的2/3,王审知治闽时,福州城区内大量驻扎的是军队,城区内的商业发展必然受到限制。到了宋元时期,由于闽国的灭亡,闽国军队被撤销,这一时期福州人口有了很大的变化,早期的军人后裔都以工商业为生,整个城市变为以工商业为主的城市。城市性质有了决定性的变化,福州城市商业获得迅速发展。[①]

一、水城——福州城市的特色

世界上各个城市,随着社会经济的发展,都会形成自己的独特风格。宋代福州的城市开始慢慢形成自己的风格,"水城"应当可以说是福州宋元时期城市形成的一大特色。福州城外,闽江水缓缓流过,围绕着福州城从西北到城南,继续缓缓流下直奔东海。整座福州城似乎被闽江水包围着。

元代马可·波罗对福州的印象评价也是:"此城为工商辐转之所","有一大河宽一哩,穿行此城。此城制糖甚多,而珍珠、宝石之交易甚大,盖有印度船舶数艘,常载不少贵重货物而来也"。[②] 可见,宋元福州城给外国人最强烈最深刻的印象,也是其由闽江水环绕。这大概也是当时一大景观吧。

宋代福州城的发展处于"黄金时代",当时的繁荣与福州是座"水城"有关,城内遍布着相当于现在高速路般的河道。水路运输在古代的运输成本最低,水路运输带来交通的便利,由此带动社会经济的发展。宋代福州城简直类似意大利威尼斯,内河河道能容纳七吨重的大船通过。同时,城内河道还自然形成码头(福州人称道头)、港口,甚至还有调蓄水流、管理船舶的水闸。根据《永乐大典方志辑佚》记载,宋代福州城内设有12座水闸,围绕着东湖和西湖分布。

这种管理城内内河的水闸,控制、调节着闽江水从洪塘和台江两处"挟潮"从西门水关注入城池。这两股活水的注入,使城墙内的水变成为活水;加上海潮从东面水门直入,贯注城中,这样与"龙水"、江水两股活水会合,"进以钟其美,退以流其恶"。涨潮时,水量增加,行舟称便;退潮时,污水、死水随潮排出,保持城中水的清新洁净。这是人工和自然

[①] 徐晓望:《论汉唐宋元福州城市的发展》,《闽都文化研究——"闽都文化研究"学术会议论文集》(下),2003年。

[②] 冯承钧译:《马可·波罗游记》,上海:上海书店出版社,1999年,第371页。

力的巧妙结合,呈现有水关而无"闸限",又能保持水量充盈、不虞漏泄的良好态势,恰到好处,得天独厚,并形成环绕城区的重重水上交通网。这种通过闽江水的涨、落来调节城市内河水的做法,可以说是福州水城的一大创造。

宋代福州城区的内河实际上是由五代以来历次城区的扩展,在旧城垣的遗址外面遗留的一道道城壕基础上形成的。各个时期的城壕实际上就成为福州市区内河的前身。

至今位于鼓楼区中心,东西走向的一条主要内河——安泰河,前身就是五代时闽王王审知所建罗城的护城河。到了宋代城市扩大,城墙南移,唐代的护城河已经变成宋福州城的内河。内河水从琼东河入古仙桥下,经武安桥(今天的秀冶巷口)、津门桥(古罗桥利涉门桥),再经澳门桥(古罗城清远门桥)、虹桥(在光禄坊南,俗名吉佛亭桥)、仓桥、金斗桥(古罗城金斗门桥)至观音桥,与西水关之水交汇,再由观音桥流至太平桥与白马河相通。

安泰河在历史上曾是城区内运河交通的总枢纽。自宋朝以后,秀冶里、朱紫坊、桂枝里一带,沿河种植了许多榕树,须长叶茂,绿叶如盖,河上船来舫往。现在安泰河看起来河面约5米宽,在唐宋时远远不止于此。王审知所处的是冷兵器时代,福州城要能抵挡得住外敌进攻,护城河的宽度起码要比一般的梯子长。由此,当时安泰河河面应该超过10米宽,能容纳载重超7吨的船舶往来。宋代,虽然没有文献资料记载安泰河的河道宽度,但诗人龙昌期写道:"百货随潮船入市,万家沽酒户垂帘。"这说明宋朝安泰河边依旧有许多船舶往来贸易。

宋代城区内还有一条内河就是晋安河。这是市区最大的内河。据《三山志》载,宋嘉祐二年(1057年),蔡襄在侯官、闽县、怀安三县兴修水利工程。他还在"乐游桥"(今晋安桥)向南北垂直方向挖河,把闽江与福州北郊的溪流联系在一起,形成福州第一条贯穿城区和郊区的南北"大运河"。蔡襄引闽江之水自南台东北入河口津,绕外城至东门、琴亭、湖心、北岭,接新店、盘石两溪,作为护城河。这条上引溪水、下吸江潮,沿着城墙而行的护城河,原来河道既不直,规模也不大,自开挖以后,历年很少疏浚,多处淤塞。这条河就是后来晋安河的前身。

福州城市西边南北走向的内河,有白马河,位于市区西侧。它南由三保、彬德水闸引闽江水入口,北上穿越今天的工业路,注入西湖,中间在太平桥、白马路、浦东村分别与安泰河、东西河、茶亭河相通,全长5千米。

福州城内内河交错,河道纵横交错,布局周密,回流有法,构成一个非常适合城内运输的内河交通系统。宋元福州城市内河的发达,对福州城市商业经济的发展是非常有利的,无疑促进了福州城市经济的发展。北宋时人称福州有"工商之饶,利尽山海"。[①] 元时马可·波罗也曾经到此,称赞福州的工商发达:"这城的商业很盛,有许多商人和工匠。"[②]当时福州商业繁荣,被誉为"东闽盛府,百货所聚"。

---

① (宋)苏辙:《栾城集》卷三十。
② 冯承钧译:《马可·波罗游记》,上海:上海书店出版社,1999年,第38页。

二、福州城内的东、西市

可能是受王审知治闽的影响，福州城市的发展与规划，与唐代北方城市的规划显得相当一致。

中国很早就有"市"的存在。秦汉以降，城市内的"市"的建制与管理更加完善。发展到唐朝，京都长安形成东、西两"市"的格局。据史料记载，唐代长安城有"东西市"，市集上商贾云聚，店铺林立，是当时经济活动中心，同时也是商业贸易中心。长安的东市所在地靠近皇室贵族及达官显贵的宅邸，这是专供达官贵族奢侈需求的，故"四方珍奇，皆所积集"，以奢侈品为特色。当时的长安除了东市之外，还有西市。西市聚集的是周围平民百姓，市场以经营日常生活品为主。西市又是丝绸之路的一个站点，或许由于顾客层面更大，由于西市离城门更近，许多从西域来的许多西域商人，都先在这里聚集，当时有很多波斯等外籍商人到来。因西市较东市更为繁荣，所以又被称为"金市"，实际上成为对外贸易的桥头堡。

宋代福州城市建设深受王审知治闽的影响，也有和唐长安的东、西两市一样的设置。但是随着宋代商品经济的发达，唐代时坊市隔绝制度已经消失了，坊市往往并杂。

根据2012年福建省博物院联合三坊七巷管委会等部门发布的最新考古发现，在现今三坊七巷的文儒坊，在唐代城墙遗址上，获得了重大的发现。即发现了目前福州城内能找到的最早的"市"——西市，并在宋西市的遗址上，靠近遗址的西北侧，已经发掘出宽17米、进深约6.5米的面积。从这里可以看出，这块地上至少有3间，长宽各4.8米的开间。在这块地面上，考古队员们还发现了水井，甚至还有制作玻璃器皿所用的坩埚，上面还有成品玻璃碴。当时意大利威尼斯是玻璃的主产地，搁在宋代，这绝对是"奢侈品"，需要大量的丝绸去交换。这些"奢侈品"的生产说明它有着足够的市场需求。作为超越了普通生活需求的买卖存在，可从另一个层面为当时这一区域商业贸易的发达做一个重要的注脚。同样，这一区域大量出土的如执壶、青瓷盘等生活用具，也正好说明了当时这一片区人口聚集的盛况。

根据遗址发现的宋代城市布局具有前店后坊的形制，出现坩埚的地方应该是作坊，是制作食物的场所，前面是作为店面。而在开间前面出现的路，就被称为巷路，供行人行走选购商品。这显然是当时福州城最繁华的商业街区"西市"所在。这无疑是一个惊人的发现。

福州的东市，位于水部，因为这里有便利的水运条件。当时的河口嘴因接近闽江出海口，有许多海上来的船舶在此停泊。"东市"自然成为当时海上贸易的重要节点，这种状况一直延续到明代。

由于福州城的东部比西部邻近于海，唐五代时期的王审知就在东部开辟了海上贸易线路，发展海外贸易。为了发展海上贸易，他任命张睦主管商贸易机构"榷货务"，垄断对外贸易商品的专卖，使闽国出现货物充斥、"填郊盈郭"、商贾拥挤的繁华局面。为了招徕海外商人到福州等地经商贸易，他倡导疏浚福州的河道，开辟了"甘棠港"使海船可以乘潮直接驶入当时的福州城下。

福州的"东西市"功能,和唐代西安的东西市恰好相反。可以说福州的西市是城市民间生活消费的必需品,主要是承接来自闽江上游来的土特产品;东市的形成,则主要承接的是从东面海上来的货物。也正是因为如此,到了明代东市自然形成东部的朝贡贸易线路,琉球馆自然设置在东市附近。西市,是提供城市内消费的重要途径。闽江上游下来的农副产品、土特产,过南平到闽江下游,经过淮安、洪塘、双杭,一部分进入福州城内,保障了福州城内的消费,一部分通过闽江出海口,转运到近海及世界各地。

福州城内的东西市,实际上是福州城市商业中心和福州转运贸易中心的一个副本,显示了福州城市发展的一个重要特征——区域商品集散地与商业转运中心。

第三节　福州转运商业中心的形成

讨论福州商业、福州商人,必须提到福州的南台。福州南台商业区,是最能代表福州转运商业发达这一特征的。这一商业特征的形成始于宋元。其与福州城沧海桑田的变化、内河网络的形成,是密切相关的。中国城市发展的特征,分为两大部分:一个是城市内部,叫城;一个是城市外部,叫野。传统的野,有广阔的土地,是农业耕种者的居地,是农产品自然交换的地区,是城市经济的必要补充。

宋元时期福州城外恰恰是没有广阔的野,没有大片的土地,限制了福州城市的发展,但随着福州城市商业的发展,以及城池的不断南移,原来城垣外、靠近沙洲的南台开始浮出江面,福州特色的城市发展机会出现了。而这片浮起的沙洲,后来则成为福州独有的转运商业中心。

一、双杭转运商业区的形成

唐宋之前的福州城南,还是一片汪洋泽国。五代时期,王审知兴建罗城、夹城。夹城的南门已由安泰桥边的"宁涉门"扩展到今南门兜的"宁越门"。同时,王审知还疏通城外的护城河,使护城河与闽江潮水相通,方便从海上来的船舶可乘潮水出入福州城。所谓《三山志》就记载:"伪闽时蛮船舶至福州城下。"

北宋元祐以前,今大庙山以南、以西尽是广袤的闽江水域。宋淳熙《三山志》记载:"有江广三里,扬澜浩渺,涉者病之。"

由于长年闽江上游的水流在福州城外的西边,大庙山南麓冲积成两个大沙痕,从元祐年间开始,两个大沙痕逐渐淤积,形成可供商人旅客行走或供来往商旅船只靠泊、装卸货物的天然"码头"。涨潮时,人们都走上痕,称上航;退潮时,人们走下痕,称下航。福州话"航"和"杭"古音相通,所以这里又被称上杭、下杭。北宋以后,随着上杭、下杭一带从事转运闽江上游货物的居民逐渐增多,街市开始形成,人们称上杭街、下杭街,亦称上杭路、下杭路,简称上、下杭路或双杭路。

元祐年间,大庙山南部、西南部、西部也逐渐从水域拓为洲地。出现在南部之楞岩洲(一称楞严洲,今中亭街一带)和苍霞洲、西南部之帮洲、西部之义洲,与同时成为陆地的上杭、下杭开始连成一片。郡守王祖道于是在楞严洲之南到天宁山(今天仓前山)闽江水面上,以及楞严洲的北面至今天达道河水面上,建立起浮桥,并在楞严洲中建一亭,供来往人员休息,这就是中亭。由于来往行人增多,街路由此而生,中亭街名由此而来。

由于楞严洲裸露江面很大,从闽江上游流经的水流把南台江分割成南北港。福州知府王祖道为民着想,造舟为梁,设计建造2座浮桥。浮桥以楞严洲为界,北边500尺用船20艘,组成"合沙北桥"(今小桥);南边用船100艘,组成"合沙南桥"。由于闽江上游水流的冲刷,到了崇宁二年(1103年),在"合沙南桥"中部的水域中,又浮现出了中洲岛,于是王祖道重修浮桥。北边原来的"合沙北桥",改用16艘船;中部由于距离较长,用舟船73艘;南边从中洲到现在仓前山,用舟13艘。3座浮桥总共用舟102艘。这就是后来的小桥、万寿桥、仓前桥的雏形。

万寿桥建成,对商旅行人往来提供了极大的方便,促进了南台地区经济发展与商业繁荣。到宋元时期,南台一带已是舟楫所赴、商旅辐辏之地。淳熙年间,陆游宦游福州时作《渡浮桥至南台》,其中"九轨徐行怒涛上,千艘横系大江心"就是形容当时的情形。

由于人员来往日益增多,商业发展兴盛,这座南北交通大桥,到元代时已经需要维修。至元大德七年(1303年),泉南僧王法助倡建福建石桥,奏得元成宗奖励和当地人的捐助,在福建行省都转运盐使王茂协助下,这座长170丈的石桥,经约20年兴建,终于于元仁宗延祐七年(1320年)前后建成,定名"万寿桥"。

宋元时期,福州港运中心已经转移到水部门、安泰桥一带,大量铁、水材、白梅、草席均由此运出抵达江浙各省港口。同时福州与福建省内及邻近地区沿海也经常有船舶往来。"东南近海,温(温州)、莆(莆田)、泉(泉州)、潭(潭州)诸船皆可至。"元代,福州港海外贸易仍相当繁荣。意大利人马可·波罗曾说"此城为工商辐辏之所","制糖甚多,而珍珠宝石之交易甚大,盖有印度船舶数艘常载不少贵重货物而来也"。[①]

宋元时期,福州城外由沙积地冲积而成的南台双杭一线,逐渐形成区域商品集散地和贸易转运中心。这个商业运转平台,可以转运上游的土特产,和下游来自省外甚至海外各地的商品,既提供城市内的消费供给,促进了福州城区商业的发展,又逐渐使福州成为区域商业转运和商业贸易中心。

二、兼具河、海特色的港市

福州地处闽江下游,位于福建省最大河流闽江的下游入海口之处,又是福建的政治、经济、文化的中心,也是全省最主要的交通枢纽和商品集散地,史称福州为"七闽之冠"。八闽之水从不同州县汇入闽江上下游,流经位于闽江近出海处的福州,形成"七郡之水朝

---

① 冯承钧译:《马可·波罗游记》,上海:上海书店出版社,1999年,第38页。

宗会城"的格局。历代福州城,上通闽江上游,下通海潮,这种独特的地理位置使福州成为对外对内便利的水上交通网络中心。

北宋文学家曾巩说:"福州治侯官,于闽为土中,所谓闽中也。其地于闽为最平以广,四出之山皆远,而长江在其南,大海在其东","东带沧溟,百川从会"。① 显然在当时文人的眼中,福州是一个河海兼备的港口城市。海船与河船的交会,造成了福州城的商业繁荣。福州也因此成为"七闽之冠,工商之饶,利尽山海"的都市了。②

宋元时期南台商业区域的发展,促使福州成为具有特色的区域商业转运中心。

福州市内是一个典型的商业消费城市。福州市区河道纵横交错,布局周密,回流有法。城市内河的发达,及城外南台地区特殊的地理位置,使其成为连接闽江上游货物的集散地和沿海贸易的中转地。实际上福州城内东、西两市的发展,也是与城外中转贸易的功能紧紧相联系的。福州地处闽江的下游入海口之处,上通闽江上游,下通海潮,自然形成河、海兼备的港口城市。

当时随着商业的发达,福州各码头、港口应运而生。据考证,宋代福州城内至少还有两座水门,可以容许船只进出。

城内的西市,承接的是福州城的西边来自闽江上游来的货物。连接西市的水上运输的重要转运站,有洪塘。洪塘为怀安县治所在,也是福州的一个港区。闽江上游各县货物或在这里卸货转陆路,运入福州城区;或经过这里转西水关河道运抵城区。怀安,就是现在农林大学背后的怀安村。这里是乌龙江与闽江的交界处,当时可以容纳上千只船舶停靠。当时南来北往的茶叶、中药材等货物都会在这里下船,然后或是通过陆路送往城内,或是转运出海。因为商贸的繁荣,这里还专门设立了怀安县衙署。

怀安镇的发达是因为闽江上游与福州转口贸易密切相关。西边开市,是重要的贸易点。尤其是西市发展到后期,进一步延伸形成南街。这是为城内消费而存在的市。

福州城的东面,据《三山志》记载,北宋起新港境内河口,就已成为福州东部内河的一个港口,并有造船的历史。南宋绍兴四年(1134年)时,"凡百货舟载此入焉",意思是载着货物的大船都在这里往来。因为商贸繁荣,官府还在此设"临河务"(相当于"市舶司")。到了宋代,水部门很可能也是一座水门。水部门又名水涉门,靠近"临河务",直通出城归入闽江。正是因为这里是城内河与大江之间百货舟载出入的孔道,故设"临河务"加以管理。③ 根据一张晚清时期的明信片显示,当时这里仍能容纳船只通过,由此推断,宋代时水部门是福州城重要的水路出城口。

宋元时期船舶下海,必须沿闽江水系向东。宋代,福州城垣已南扩至安泰桥一带。安泰桥边就是一个重要码头,商舶可随潮由大江进入这里卸货,城区旅客、货物也可以从这里上舟,待潮涨再东出大江。

福州城的南面,安泰桥是当时重要的进出关口。《三山志》记载唐五代时:"伪闽时蛮

---

① (宋)曾巩:《曾巩集》,《道山亭记》,北京:中华书局,1984年。
② (宋)苏辙:《栾城集》卷七。
③ 《福州府志·古迹》。

船舶至福州城下。"可知当时福州护城河已经可以通达东海。正是由于城垣外的护城河可通达大海，福州城成为海舶、河舟荟萃之区。

从闽江口至福州要经过几十道湾。"由闽安镇历闽县鼓山、归善、崇贤、高惠四里，计有三十六湾，周流潆洄，抵河口水步门，散入城中诸河。"①经过这三十六道湾，才能到达闽安镇出海。闽安镇位于福州市区马尾亭江镇南部、闽江下游北岸，距福州城28千米。闽江流经闽安镇时，两岸山势突然陡峭，河道狭窄，水流湍急，使闽安镇成为闽江入海口的重要关卡。因其地势雄镇八闽，安如磐石，所以取名为"安镇闽疆"之意。历史上闽安镇扼守闽江进出口，是福州东部天然的门户。宋天圣七年（1029年），在闽安镇设立巡检司，监纳商税，兼沿海县分巡检。闽安镇从此成为福建沿海四大重镇之一。景祐四年（1037年）福州城内的税务机构在闽安镇置号里，外税请诸官，闽江中来往商船必须到闽安镇纳税后方准开往各地，闽安镇作为福州关隘税务中心之一，位居四镇四首。宋朝政府在福州闽安、罗源南湾、福清海口、松林等地设立巡检司，专管缉私、奸匪、拦截舶货等事务。② 北宋中期，蔡襄也在一份奏折中说："臣闻福州闽安镇把港及钟门巡检一员，在海上封椿船舶。"仁宗天圣三年（1025年）八月，"监察御史朱谏上言，福州递年常有舶船三两只到钟门海口，其郡县官吏多使人将钱物金银博买真珠、犀象、香药等，致公人、百姓接受博买，却违禁宝物不少"。南宋绍兴二十年（115年）七月，"福州甘棠港有舟从东南飘来，载三男子、一妇人，檀香数千斤"。这些商舶多是违禁进入福州港的，可见闽安镇设置之重要。

宋元时期"闽安镇枕居海门，为舟船往来冲要之地"。当时除了闽安镇港出海口之外，还有长乐的镴过港、长溪的官井洋港都是商舶出海泊船之处形成的出海港口。

出闽安镇之后的出海港口叫外港。闽安镇的邢港，就是外港，当时除了邢港之外的外港还有太平港、梅花。邢港，位于闽江口北岸，古称回港。闽安镇"距省城八十里，有两口，一东出双龟门，外绕壶江、五虎；一南出琅岐门，外绕广石、梅花，为江海之钥匙，会城之门户"。太平港又名吴航头，在长乐县（今长乐市）西隅，周围山峰环抱，是一个良好避风港。明永乐三年至宣德八年（1405—1433年）间，郑和率庞大船队出使西洋，泛海至福建，自五虎门（闽江口）扬帆出洋，其间曾数次驻泊太平港，补充给养，装卸货物，修造船舶，征招水手、杂役人等，祭祀海神，伺风开洋。郑和驻军的"十洋街"、"人物辏集如市"，可见太平港当年的盛况。梅花在长乐县（今长乐市）东北10余里，与连江小坦互为崎角。明洪武十年（1377年），梅花设梅花千户所。琉球贡船皆由梅花入口，朝廷派遣的册封使也在梅花祭海神，登册封舟，赴琉球行册封之公务。

福州凭山负海，"山清水秀为东南之尤"。《蔡襄学记》中称其为"东南都会"。《三山志》称福州"南望交广，北睨淮浙"。谢肇淛把福州比作金陵（今南京），认为福州有三点与金陵很相像：第一，城中的山有半截在城外；第二，大江数重"如带"环绕城区；第三，金陵

---

① 《福州府志·水利》。
② （宋）梁克家：《三山志》卷十九、卷二十四，北京：方志出版社，2003年。

以三吴为东门,楚蜀为西户,闽中以吴越为北门,岭表为南府。

福州东面与海洋沟通,西北可通过闽江水上游与"七郡"沟通,"工商之饶,利尽山海"。宋元时期,福建最大消费中心城市的形成、水城的形成,标志了福州吸纳与吞吐的商业中转港口功能已经形成。

宋元时福州港可谓是百货恒聚,万商云集,尤其出海贸易使福州港继续得以发展。福州港有闽江流域广阔的经济腹地,并出现了一大批专门从事海外贸易的商人。"海舶千艘浪,潮田万顷秋。"元朝廷还特地自泉州至杭州立海站十五,专门运送外国货物及商贩奇货,这就给予福建商人从事长途贩运更大的活动空间。如浙江的澉浦,"远涉诸蕃,近通福、广,商贾往来"。广西,"闽人贸易昌界上"。台湾,闽商船每抵台湾,"贸易之货,用土珠、玛瑙、金珠、粗碗、处州磁器之属"。福州河海兼具的港口城市,已悄然形成。

第四节 闽商福州帮的形成及经营特点

"闽商"概念的定义,是闽商研究中一个难以回避的问题。有的人认为"闽商"就是指福建籍商人,即出生于福建或者籍贯是福建的商人;有的人认为闽商不仅仅包括福建籍的商人,同时包括在福建经营商业的外地人。狭义的"闽商"实际上指:"所有由福建人在福建省内及省外注册的福建商业企业。"广义"闽商":一是指在福建出生的,在世界各地发展的商人;二是指在福建发展的商人,即使不是福建人。

闽商,就现在地域来分,大致可以分为两大派,即闽南商帮与福州商帮。这种商帮的形成,有着非常深厚的历史背景,不同时期人口迁移与区域经济发展都深深影响地区商帮的形成。闽南商帮与福州商帮有着截然不同的价值理念与经营思想,这是与其生存的环境有密切相关的。福州商帮与闽南商帮可以都叫闽商,但其真正分野是从宋元时期开始的。

宋元时期,特别是福州与泉州两个强劲的政治与经济文化中心形成之后,两个商帮的分野也日益明显。总的来说,宋元以来形成的福州商帮构成有如下身份特征,下面分述之。

一、权贵商人

唐代之前,封建社会实行的是重农抑商的政策。权贵和官僚阶层属于封建地主阶级的上层,往往是通过兼并土地,成为大地主阶级,从理论上说是不屑于从事末业的。然而进入宋元时期,在重商主义政策下,在海外贸易利益影响下,贵族官僚看到海外贸易乃是利益所在,并具有远远高于一般土地经营的利润,激起一些权贵官僚的贪婪欲望,他们把资源投入海外贩运,追逐商利。从北宋开始,权贵官僚对海外贩运就已趋之若鹜,纷纷投身其中。蔡襄当时就曾说过,当时仕宦之人"纤朱怀金,专为商旅之业者有之,兴贩禁物茶、盐、香草之类,动以舟车,懋迁往来,日取富足"。① 元代,更是实行"官本船"制度,法令严格禁止私人下海经商,只有官方、权贵官僚才能经营海外贸易,因此权贵商人的队伍得以扩大。

当时投身于海外贩运者不仅仅有许多权贵官僚,就连福州的宗室成员亦不顾"兴贩蕃舶之禁","强市海舟",贩运违禁商品。有的官僚则利用职权,营私影占,以牟其利。如南宋时,郑侨年"顷为福建市舶,每有货物,半入私帑……方滋……自广帅移福州,其所出珠、翠、犀、象,尽入于权贵之家"。②

权贵官僚经商的方式是"发舶舟,招蕃贾"。"遣亲信于化外贩售",他们出资本,雇佣他人为他们进行海外贸易。《宋会要辑补·食货》中记载,乾道四年(1168年),福州番船主王仲让就拥有面阔1丈2尺的船300艘以上。代替官宦贵族从事商业的一群人,在当时就被称为"干人"、"干仆"。南宋官僚陈自强"运以海舶,不知其几。有干仆陈宗颜者,本封椿库吏,自强倚为心腹"。这个陈宗颜原来是作为库吏,对货物品质、货物好坏、货物管理都很有经验,所以才能为陈自强经营海外贸易,并被称为干仆。从泉州出土的宋代船舶中,就有大量有关干人的记载。在泉州出土的宋代海船遗物中,发现有一批"干"记货物木签,如"曾干水记"、"林干水记"、"张干水记"、"干记"等,显然这些木签标志的货物,就是为权贵官僚代营海外贸易的干人、干仆所经营的。

权贵参加海外经商的另一种方式,是以"钱附纲首商旅,过蕃买物",说通俗些就是出资本,搭在民间海商资本上,进行资本合作,搭股入伙,参加海外贸易投资,分享赢利。这些权贵商人从事海外贸易,除了一部分人倚权恃势,以搭股入伙为名,行勒索讹诈之实,损害民间海商的利益之外,应当说大多数人单纯为了营利的目的,积极参与海外贸易的投资,这无疑是有利于当时海外贸易的发展。这种搭伙贸易的方式,在元朝时,更加兴盛。元代实行"官本船"贸易制度,鼓励官僚资本入伙参股,参加海外贸易,分享海外贸易的利益。权贵商人资财雄厚,十分骄横,凭借政治权势,往往可以免除差佣,规避商税,贩运违禁商品,甚至利用封建隶属关系,役使士卒和民夫,进行超经济掠夺,因此具有更多的获利机会,势力发展尤为迅速。

由于福州是省会中心城市,权贵遍地,权贵商帮的发达是闽南商帮所不能相比的。由于海外贸易相当活跃,福州成为海外商品的一个重要集散地,甚至市面上有专门出售舶货的商家。

二、近海贸易商人

福州与邻近周边港口贸易商人非常活跃。"贾物自泉、福、两浙、湖广至者,皆金银物帛,直或至万余缗。"可见贸易量之大。北自淮浙、南自海南的航线上,商人活动足迹

---

① (宋)蔡襄:《蔡襄公文集》,北京:中华书局,1996年,第340页。
② (宋)李心传:《建炎以来系年要录》卷一百七十,北京:中华书局,2013年。

不绝。

尤其在靖康之后,金灭北宋,淮河以北属金人统治,登莱州与南方各港的关系隔绝,商人无法再前往开辟于五代的福州至登莱州贸易。但这一时期,福州商人开始活跃于北自淮浙,南至海南的民间贸易航线上。福州的土特产品,包括铁,罗源、连江的木材,闽侯的白梅,福建南北部山区的腊茶等都由福州港出口淮浙口岸。而福州与邻近几个港口交往贸易也更加便利,东南近海的温州、莆田、泉州、漳州皆可乘船而至。

南宋建都临安,迁掌管王族的西外宗司于福州。成为南宋政权的战略后方后,出于战备需要,福州与明州(宁波)等地海上往来频繁起来。建炎三年(1129年),高宗逃至明州,政府遣人往福州募船千只。福建产米有限,而广州是两广粮食集散中心,出于战时备粮需要,宋政府大举在福州等地屯粮,粮食自海道从广东押至福州。

元代,中国统一,南北对峙局面结束,为沿海海运发展创造条件。长期被宋政府所禁止的福州至登莱州海上交通恢复。元代的《登州府志·海运道经》详细记载福州至登州的海上航程。元代危素在《海运志》称:"若长乐港出福州,经崇明以北,自古未有之利也。"元末,福建割据者陈友定自福州运粮数十万至元大都(北京)。可见,元代福州近海转运贸易也在宋朝基础上有了进一步发展。

三、远洋贸易商人

由于宋元的重商政策,福州往海外的商人也非常之多。元代,有个文学家刘仁年,浙江天台人,官温州路总管,曾来福州旅游,游览大庙山、钓龙台等处。他看到福州许多商人漂海入番,有的十余年不归,其妻哀诉,诗人由此感慨而作赋,称《闽中吟》,里面有许多诗描写福州商人远航入南洋的事(这里要用福州话读):

> 海南番船尽回乡,不见侬家薄幸郎。
> 欲向船头问消息,荔枝树下买槟榔。
> 当时郎着浅番衣,浅番路近便回归。
> 谁知郎人深番里,浪逐鸳鸯浅水飞。[①]

由此可知宋元时期福州商人入番从事远洋贸易是经常的事。史载"海舶千艘浪,潮田万顷秋",这是宋代福州海外贸易发展的真实写照。北宋前期,福州商人从这里频繁地驾船北上日本、高丽,南下东南亚诸国,海外贸易十分活跃。

曾任福州太守的蔡襄,在其所著的《荔枝谱》中记道:当时福州所产的荔枝,经加工可长期不坏,"水浮陆转,以入京师,外至北戎、西夏,其东南舟行新罗、日本、琉球、大食之属"[②]。

---

① 《羽庭集·闽中吟》卷四十。
② (宋)蔡襄:《蔡忠惠公法书》卷三。

北宋真宗天禧三年(1019年),就有福州商人卢煊等100人到高丽进行贸易。① 乾兴元年(1022年)福州人陈聚中等60多人,均带物品前往高丽,之后又不断有福州商人前往高丽。在日本,也有福州商人在从事中日贸易,如北宋仁宗时的"福州商客陈文佑"、神宗时的"福州商客潘怀清",天圣六年(1028年)九月,福州客商周文裔等往日本。他们所带往的物品有药品、纸笺和其他手工艺品等,换得其他珍罕物品而回销售取利。这些人当然不是城里人,而所带往的货物正是当时福州作坊所能产制的。

朝廷虽然多次严禁北上,但福州商人与日本的贸易往来并没有中断,咸丰五年(1002年)"建州海贾周世昌遭风飘至日本,凡七年得还,与其国人滕木吉至";万寿三年(1026年),福州商客陈文佑从日本回国,第二年再度航海到日本;长元六年(1026年)福州商人周文裔到日本,致书右大臣睦原实资,并献方物。元代的福州海外贸易事业同样兴盛,不仅仅商人,而且各种技术人员前往日本的也很多,如元朝著名雕工莆田人俞良甫,福州南台侨人陈孟千、陈伯寿就是由福州港渡海到达日本的。

也有福州商人往南洋做生意,如北宋真宗天禧三年(1019年),福州商人林振从南番购入香药而归。洪迈《夷坚志》记:"绍熙三年(1192年),福州人郑立之自番禺泛海还乡。舟次莆田境浮曦湾,未及出港,或有人来告。"

如北宋初,"占城、大食之民,岁航海而来,贾于中国者多矣,有父子同载至福州"。福州商人林振自南蕃买卖返航时,同船的还有不少外国商客。② 天圣三年(1025年),"审刑院大理寺言,监察御史朱谏上言,福州递年常有舶船三两只到钟门海口,其郡县官员多使人将钱物金银博买真珠、犀象、香药等,致公人、百姓接受博买,却违禁宝货不少"。可见福州商人从事海外活动之众。

四、小本合利经商

宋人廖刚曾说:"七闽地狭人稠,为生艰难,非他处可比。"③闽人为求生存,往往走向航海谋生之路。无资金者成为商船上的水手,有资金者成为海商。他们常常自聚资金,向造舰业者订造海舶以"兴贩牟利"。尤其在初期,中小商人占多数,拥有雄厚资金的大海商尚不太多。

封建社会中,权贵商人毕竟是少数,在重商政策之下,福州商帮中多数是中小商帮。中小商人往往数人共同出资合置一船,有些资金有限的小商人,则采取"以钱附搭其船,转相结托,以买蓄货而归"。④ 当时有记载,一男子"本福州人也,家于南台。向入海,失舟舶"⑤。还有"福州福清海商杨氏,父子三人",同舟出洋贩运。南宋末年也有关于所

---

① 《高丽史》卷四。
② (清)徐松:《宋会要辑稿·食货三八》,北京:中华书局,1957年。
③ 廖刚:《投省论和灵银扎子》,载《高峰文集》卷一,福州:海峡出版社,1999年。
④ 包恢:《敝帚稿略》卷一,《禁铜钱申省状》,北京:国家图书馆出版社,2011年。
⑤ (宋)洪迈:《夷坚志·夷坚乙志卷第八十三事》。

翁,姓陈氏,福州人,一尝以商舶越海贩之事。这些都是从事个体贩运的小海商。

在商业发达的宋元,这种合股买卖应当是相当盛行的。《数书九章》则列举了一个非常典型的例子,"问海舶赴务抽毕,除纳主家货物外,有沉香五千八十八两,胡椒一万四百三十包(包四十斤),象牙二百一十二合(以大小为合,斤两俱等),系甲乙丙丁四人合本博到,缘昨来凑本,互有假借,今合拨各借物归原主名下,为率均分上件货物,欲知金银、袋盐、度碟原价,及四人各合得香、椒、牙几何?"史载"钱附纲首商旅,过蕃买物",如果从海外归来,也要经过这样测算,才能均分利益。

这种"合本博易",按资本比例分配利润的资本联合形式已经具有某些合股企业经营方式的特点,即从个体经营、合伙经营到合股经营,体现了当时海上商人资本从个别资本到较小资本的联合,又过渡到更大资本的联合的趋势,这是符合资本发展的规律,显示了一种积极的发展方向。在合伙经营中,各海商资本虽然还是独立的,但彼此之间已有了某种程度的合作,在商业组织上也有初步的联合,显然要比个体经营进步很多,虽然这种合股经营属于较低级的资本联合,不能适应更大规模的海外贸易的发展,但这种资本发展方向是有意义的。

构成资本合股的,当然必须有一定的本金门槛。一些从小农细民转化来的从事海外商业贸易的人,绝大多数是资薄无势,小本经营。他们无力造船或租船,或者说他们无法纯凭资本博利,他们必须临时搭附大商之船,在商船之上租得一定舱位,然后自己带一些货物,出海贩易,以求一博。这种萍水相逢、临时凑集的散商一般称为"搭客"、"人伴"、"贴客"。对于当时散商的经营状况,《萍洲可谈》的作者朱彧曾有生动的描写:"海舶大者数百人,小者百余人……舶船深阔各数十丈,商人分占贮货,人得数尺许,下以贮物,夜卧其上。货多陶器,大小相套,无少隙地。"散商的经营规模小,条件如此恶劣,自然应付各种风险的能力差,经营十分不稳定,其中虽有少数人因偶然的机遇而发财致富,大多数人是难以有所发展的,只能勉为生计,其结果不是沦为大商的附庸,就是因经营破产而无以为生,或饿死沟壑,或沦为海寇。南宋洪适的《招安海贼札子》就指出:"汝辈多因商贩折本,无路得食,不得已求生。"元人张之翰也说道:"始则海运之夫,蕃船之商,终则因海运蕃船而为盗,皆由逐什一之利,终不免为盗贼之归。"

无论是合股经营还是小商"搭客"依附于大船出海经商,都是当时重商政策的产物。福州商帮凭借地处闽江下游入海口之优势,上通闽江上游,下通海潮,长袖善舞,成为独具特色的江、海转运贸易能手。宋元福州商帮的活动,带动了整个闽江流域社会经济的繁荣与发展,使福州成为一个开放与繁荣的都市。

第五节　宋元时期福州商人与海上贸易的发展

宋代是我国海外贸易开放的时代,也是我国重商主义的辉煌时期。宋元时期朝廷为鼓励发展商业采取加官晋爵政策,绍兴六年(1136年),"泉州知府连南夫奏请,诸市舶纲首能招诱舶舟,抽解物货,累价及五万贯、十万贯者,补官有差"。政府还规定:"闽广舶务监官抽买乳香,每及一百万两者,转一官,又招商入蕃兴贩,舟还,在罢任后,亦依此推赏。"① 元政府同样鼓励从事海外贸易活动,"每岁招集舶商,于番邦博易珠翠、香货等物,及次年回帆,依例抽解,然后听其货卖"。② 这一时期,福州社会经济获得全面的发展,人口增加、商品贸易兴盛,福州商人遍布海内外。

宋代的福州已是"百货随潮船入市,万家沽酒户垂帘"的繁华消费都市。当时福州水陆码头、港口,不仅仅有来自闽江上游的船舶,还有许多从东边海上来的船舶停靠。由于水上商贸活动的频繁,闽江沿岸直到闽江出海口周边的港口、港区、码头、渡口都有商旅活动。

一、促进了福州与近海周边的贸易

宋代,福州仍是福建路的首府,政治、经济和文化的中心。福州港有闽江流域广阔的经济腹地,工商之饶,利尽山海,已是"百货随潮船入市,万家沽酒户垂帘"的东南大都会。③ 北宋后期,由于随着社会经济的发展、闽江水系的上下疏通,福州至国内国外的海上航线已经相当繁荣。

福州港的国内沿海贸易也较为繁荣,其北自淮浙、南自海南的民间贸易航线得到较好的发展,如北宋元丰二年(1097年),海南"贾物自泉、福、两浙、湖广至者,皆金银物帛,直或至万余缗"④,可见贸易量之大。福州港出口江淮口岸的物资主要是土特产品,其中有铁、木材、白梅等。浙江不产铁,使用的铁器皆由商贩从海路贩自福州。江淮产盐,草席"舟运淮浙",以作盐袋用。木材产自罗源、连江山间,编扎成木筏出口,输往南北各地。闽侯产白梅,可制成乌梅,"贩至淮浙"。⑤ 产于福建南北部山区的腊茶也多由福州港出口,"辄装上海船而至于吴市"。至于福州与邻近的几个近海港口交往贸易就更为方便,"东南近海温(温州)、莆(莆田)、泉(泉州)、漳(漳州)诸船皆可至"。⑥

这时,福州商港的中心已移到水部门安泰桥一带,大量铁、木材、白梅、草席均由此运出,抵达江浙各港。同时,福州港与福建境内及邻近地区沿海港口也有船舶往来。福州港海外贸易仍相当繁荣,意大利人马可·波罗曾说:"此城为工商辐转之所","制糖甚多,而珍珠、宝石之交易甚大,盖有印度船舶数艘,常载下少贵重货物而来也"。⑦

靖康元年(1127年),金灭北宋,淮河以北属金人统治,登莱州与南方各港的关系隔绝,开辟于五代的福州至登莱州贸易航线遂告中断。但这一时期,福州与北自淮浙,南至

---

① 《宋史》卷一百八十五,《食货志》下。
② 《元史》,"食货二市舶"条。
③ 《舆地胜纪》卷一百二十八,《福州》,引龙昌期诗。
④ 《宋史·食货志下八》。
⑤ (宋)梁克家:《三山志》卷四十一,北京:方志出版社,2003年。
⑥ (宋)梁克家:《三山志》卷四,《地理》,北京:方志出版社,2003年。
⑦ 冯承钧译:《马可·波罗游记》,上海:上海书店出版社,1999年。

海南民间贸易航线得到发展。福州的土特产品,包括铁,罗源、连江的木材,闽侯的白梅、福建南北部山区的腊茶等都由福州港出口淮浙口岸。而福州与邻近几个港口交往贸易也更加便利,东南近海的温州、莆田、泉州、漳州皆可乘船而至。

南宋建都临安,迁掌管王族的西外宗司于福州。成为南宋政权的战略后方后,出于战备需要,福州与明州(宁波)等地海上往来频繁起来。建炎三年(1129年),高宗逃至明州,政府遣人往福州募船千只。福建产米有限,而广州是两广粮食集散中心,出于战时备粮需要,宋政府大举在福州等地屯粮,粮食自海道从广东押至福州。

元代,中国统一,南北对峙局面结束,为沿海海运发展创造条件。长期被宋政府所禁止的福州至登莱州海上交通恢复。元代的《登州府志·海运道经》详细记载福州至登州的海上航程。元代危素在《海运志》称:"若长乐港出福州,经崇明以北,自古未有之利也。"元末,福建割据者陈友定自福州运粮数十万至元大都(北京)。可见,元代福州近海海运在宋代基础上又有进一步发展。

二、福州与海外贸易的航线进一步开拓

宋元在唐五代的基础上,不仅海外贸易商路得到扩大,同时与海外贸易得到进一步加强。

当时,福州港进出海舶很多,所谓"海舶千艘浪,潮田万顷秋",就是宋代福州海外贸易发展的真实写照。北宋前期,福州商人从这里频繁地驾船北上日本、高丽,南下东南亚诸国,民间海外贸易十分活跃。

福州海上航线东行的多。当时,闽江下游的闽安镇,设有"把港及钟门巡检司一员。在海上封椿船舶"。此外,闽江下游马尾附近罗星山上,建有一座"罗星塔"(俗称"磨心塔"),塔身7层,8面刻有八方佛,檐角悬铃,塔尖有一块大铁球,圆周近7米。相传宋时一位盼夫归来的善良妇女柳七娘,倾资在这闽江滨海上建成一座宝塔,作为港湾标志,入夜燃灯,以指引归帆。她自己则天天登塔守望,最终还是盼不到夫君的归来,临死时,写了遗书放在塔顶。马尾港乡人同情她的身世,感怀她的功德,称这座塔为"罗星塔"。此种传说虽带有神话色彩,但反映了当时福州港的海外贸易之盛、道路之艰险。

北宋时期,宋辽两国长期军事对峙,为边防大计,宋朝政府曾严令禁止乘船自海路入界河,及通往北界高丽、新罗以及登莱。宋朝与朝鲜半岛高丽王朝的陆上交通,被从东北崛起的辽和金阻断后,只能靠海上往来。但北宋初期,为了防止海商往高丽"遂通契丹",泄露情况,在相当长时间内禁止往高丽、新罗贸易,庆历年间颁布的敕令规定"客旅于海路商贩者,不得往高丽、新罗及登、莱州界"。然而,一纸禁令并不能切断与高丽的贸易往来,从宋真宗大中祥符五年至南宋祥兴元年(1012—1278年),宋商人至高丽贸易活动共117次,人数达5000余人。

虽然宋朝廷严禁北上,但福州与日本的贸易往来并没有中断,咸丰五年(1002年)"建州海贾周世昌遭风飘至日本,凡七年得还,与其国人滕木吉至";万寿三年(1026年),福州商客陈文佑从日本回国,第二年再度航海到日本;长元六年(1026年)福州商人周文

裔到日本,致书右大臣睦原实资,并献方物。"为送遣本朝辨和尚(高辨明惠上人),禅庵令书之,彼和尚殊芳印度之风故也,沙门庆政记之",可以推断宋宁宗嘉定十年(1217年)庆政确在泉州,很可能又到福州东禅寺和开元寺,印制这部《大藏经》,带回日本。元朝,尽管发生忽必烈东征日本的战事,但日元之间的海上交通仍然继续进行,日本海船除到庆元之外,还驶向福建,如元德元年(1321年),为了迎接元僧明极楚俊而入元的日本文侍者,其所乘的海船就直接开到福州。兴国五年(1344年)日僧大拙祖能入元时,所乘的船也开到福州长乐县,虽然以上记载大多是两国僧人的活动情况,但如果没有海商的频繁往来,他们是无法漂洋过海的,所以,从僧人的往来也足以反映福建海商与日本的贸易航线仍然是十分活跃的。

元代的福州海外贸易事业兴盛,福州港不仅仅成为中国船舶进出口岸,而且外国船舶在福州停泊的也日益增多,外商的交易活动也很活跃。元代由福州港前往海外的商人和各种技术人员也很多,如元朝著名雕工莆田人俞良甫,福州南台侨人陈孟千、陈伯寿就是由福州港渡海到达日本的。宋元时期的福州港已成为福建仅次于泉州的第二大海外贸易港口。

三、扩大了福州商人的活动空间

宋元时期,随着社会经济的发展,福州已成为繁华的都会;商品经济的发达及商业贸易的往来,使福州商人活动的空间大大得以扩大。

北宋真宗天禧三年(1019年),就有福州商人虞瑄等100人到高丽进行贸易,之后又不断有福州商人前往高丽。在日本,也有福州商人在从事中日贸易,如北宋仁宗时的"福州商客陈文佑"、神宗时的"福州商客潘怀清"等。也有福州商人往南洋做生意,如北宋真宗天禧三年(1019年),福州商人林振从南番购入香药而归。洪迈《夷坚志》记:"绍熙三年(1192年),福州人郑立之,自番禺泛海还乡。舟次莆田境浮曦湾,未及出港,或有人来告。"

在元祐五年(1090年)以前,至高丽的宋商中,有姓名可考的福建商人有18起,其中福州商人2起,泉州商人16起,大大超过了广州(3起)、台州(3起)和明州(3起),自元祐五年(1090年)以后,赴高丽的中国海商虽不注明籍贯,统称宋商,但我们从前期的贸易情况可以推断其中必有很多是福建商人,可见当时福建与高丽的贸易是很频繁的。[①] 所以苏轼在《论高丽进奉状》中说:"自二圣嗣位,高丽数年不至,淮、浙、京东吏民有息肩之喜。惟福建一路多以海商为业,其间凶险之人,犹敢交通引惹,以希厚利。"他还说:"福建狡商,专擅交通高丽,引惹牟利,如徐戬者甚众。"

在南宋时期,江淮阻隔,但是福州民间海上商人活动如故,"滨海之民"建造舟船,"自备财力,兴贩牟利"如故,仍常由此泛海贸易。如绍兴时,有一男子"本福州人也,家于南

---

① 林仁川:《福建对外贸易与海关史》,厦门:鹭江出版社,1991年,第38页。

台。向入海,失舟舶"。还有"福州福清海商杨氏,父子三人",同舟出洋贩运。南宋末年也有"所翁,姓陈氏,福州人,一尝以商舶越海贩"。福州商人扬帆海外,元末还有"海贾林氏,尝驾大舶行诸蕃间",竟发展成拥有数百人之众的大海商集团。

据《高丽史》统计,福建海商占中国海商首位。福州商人还远渡日本经商,北宋天圣六年(1028年),福州客商周文裔前往日本,赠右大臣藤原实资方物多种。同时,福州土特产也随着舟行新罗、日本、琉球、大食的商船开始流行于海外,或由外商长途贩运,或为中国商人购销异域。可见宋代福州港民间贸易已经相当活跃。

在北宋前期,福建商人从这里频繁地驾船北上日本、高丽,南下东南亚诸国,十分活跃。其主要活动地区有日本,"咸平五年(1002年),建州海贾周世昌遭风飘到日本,凡七年得还,与其国人滕木吉至,士皆召见之"①。日本方面也记载,福州商人陈文佑于天圣四年(1026年)和五年(1027年)两渡日本为商;还有福州商客周文裔在天圣四年(1026年)和六年(1028年)到日本献丝绸、麝香、南海香药等物。福州商人频至日本,尽管其中某些人也许是从两浙转海而到日本,但福州对日本海上交通之兴旺亦由此可略见一斑。高丽,在泉州设立市舶司之前,福州是福建与高丽交通的主要港口,从此前往高丽贸易的商人很多。仅据《高丽史》记载,天禧三年(1019年)就有"宋福州虞瑄等百余人来献香药";乾兴元年(1022年),又有"宋福州人陈象中等来献土物"②。熙宁元年(1068年),宋神宗命福建转运使罗拯招募海商通高丽,罗拯因之派遣商人黄真、洪万等到高丽致意。翌年高丽"礼宾省移牒福建转运使罗拯"表达了与宋朝修好的愿望。当时福州是福建转运使的驻所,双方的往来是通过福州港而进行的,盖无疑义。此后福建转运使又多次派遣海商通高丽。

东南亚诸国,北宋初年,"建溪主舶大毛旭者"多次到阇婆(今印尼爪哇),并由于他的引导,阇婆国王还派遣使者前来中国朝贡。毛旭应是从福州出发前往阇婆的,天禧三年(1019年),又有"马亮言,福州商旅林振自南蕃贩香药回"。熙宁年间,由于交趾屡犯边,朝臣建议加强福州的守备,交趾"泛海便风或有出其不意",窜扰福建;当时宋朝廷与交趾发生战争也多征募福州海船出征。正是福州与交趾之间存在着固定航线,福州的船户对中南半岛的海上交通轻车熟路,宋朝廷征船出征,才征派福州商船。另据北宋曾任福州太守的蔡襄记载,当时福州所产的荔枝,就是通过福州商人"东南舟行,不仅运往新罗、日本、流求"等邻近国家,而且远销"大食之属',即阿拉伯国家。由此可知,从福州起航的海船可以远航至西亚进行海上商业贸易活动。

四、在贸易基础上促进了与海外各国的交流

除了福建海商以福州为活动基地外,福州也是海外商舶经常问津之地。宋元时期,

---

① 《宋史》卷四百九十一,《列传第二百五十》。
② 《高丽史》卷四,"真宗乾兴元年(1022年)"条。

福州的对外交通发达,海外贸易拓展,海外各国的使者、商人、学者往来络绎不绝,其中不乏定居成为侨民之人。据记载外国人士也时常来到福州,中唐开元寺就有印度僧人居住,讲授佛经和梵文,中印度僧人般恒也曾经来福州传授佛法。日本学僧也曾经慕名而来。《入唐五家传》引载:咸通六年(865年),日本空海和尚入闽,定居福州;乾道三年(1167年),日僧重源来华,住有一年,曾到福州开元寺;嘉定七年(1214年),日僧法忍净业来华,亦至福州开元寺,回国时还带回经文。

到元代,福州港又呈现了向外发展、欣欣向荣的势头,海外商舶频频直抵福州城下。如泰定元年(1324年),日本为了迎接元僧明极楚俊而入元的文侍者,所乘海船就直接抵达福州,"此船一去,明年即便又来,但随意耳"。泰定三年(1326年),日本"镰仓净妙寺之太平妙准使其徒安禅人入元,求福州版大藏经"。至正四年(1344年),日僧大拙祖能与同伴数十人共同入元时所乘的船,也是开到福州的。

元代,从南线来的阿拉伯人、波斯人到福州经商传教的也不少,在今天福州市西北郊井边亭附近,就发现有元代的圣人墓亭,根据碑文的记载,可以肯定这是阿拉伯伊斯兰教徒伊本·玛尔贾德·艾末尔·阿慕丁的墓亭。他于回历705年(即元大德十年,1306年)10月20日死于中国。在今福州市清真寺中,还发现有元至正二十五年(1365年)伊斯兰教徒墓碑石,墓主为伊本·艾米尔哈桑、伊本·莫哈纂拉丁·胡阿吉,很可能是来自波斯或中亚的穆斯林。这碑刻的形状,与在泉州仁凤门外色膺美村出土的外国穆斯林的墓碑几乎是一模一样的。这些外来侨民众多,应当在唐代就已经开始。由于侨民甚多,唐政府还在福州专门设置了"都番长"一职,以管理侨民事务,可见福州当时对外贸易之繁盛。当时阿拉伯人除了到泉州之外,也有沿途北上到福州从事经商、传教等活动,死后就长眠在这块土地上,再也没有回到自己的故乡。

综上所述,经唐至宋元时期,在重商政策推动下,福州商帮大大扩展了商业活动空间,这一时期福州港的国内外航线也相继得到开辟,港口已由三国两晋南北朝时以军事活动为主要目的的军运型港口,逐渐转变成为地方经济服务的贸易港口。在福州商人商业贸易的推动下,福州与各国的经济、文化交流也逐渐频繁起来,真正进入一个繁荣的时期。

第四章

明清时期福州的商人与商业发展

明清时期,随着人口的增加、社会经济的发展,国内的商业贸易有了很大的发展,城市功能的划分越来越明晰,商业分工也越来越细。手工业的发展、商品经济的发达促成了福州商业城市中心的形成。

虽然由于实行严厉的海禁政策,海外贸易的发展受到限制,相对于宋元时期繁荣的市舶自由贸易,逐渐地改变成为朝贡而推行的所谓"贡舶贸易"。但是由于福州占据了天时、地利,反而在全面推行海禁政策之下,获得了与琉球王国贸易的权利。这种贸易一时带动了地区商业的发展与繁荣。清代在台湾收归统一之后,闽海关的设立,也对福州商业经济的发展起了很大的影响。

第一节 福州商业中心城市的形成与周边经济联系

明清时期福州社会经济获得长足的发展。在统一安定的社会环境中,商业、对外贸易都在稳步地向前迈进。随着社会经济的发展,福州作为区域商业中心城市开始逐步形成。商业中心城市是指在一定区域范围内组织商品流通的枢纽地带,广义上讲,商业中心城市是指主要行使商业职能的城市;狭义上讲,商业中心是指一个城市商业比较集中的地区。

明清时期南台转运贸易对福州形成区域性商业中心城市,起了不可估量的作用。明清时期福州商业中心城市的形成,对整个地区商品经济发展的推动作用表现在如下几个方面。

一、城市规模扩大,商业街市形成

明清时期,福州城市发展规模基本定型。明洪武四年(1371年),福州城垣又有一次较大规模的重建,即为福州府城。府城北跨屏山,南绕乌石山、于山,东至东大路、晋安桥西,西至鼓西路西门兜。此后历明及清,城郭未有多大的变迁,清顺治、康熙、雍正、乾隆年间都有增修处。

到清末，福州的城墙周围长15里，由炼瓦及石头叠成，高约4间，顶上约2间。城门有7座，分别是南门、北门、西门、东门及东北门间的汤门、东南门间的水部门等。明代的福州城，是用高大坚实的砖墙砌成的。晚明来访的西方人说："城市极壮丽，特别靠近城门，大得出奇。城门用铁包着。门屋和楼塔建在高处，其较低部分用砖和石筑成，和城墙相称。城墙上面的建筑物用木头构造，一层又一层，有许多层。他们的城池坚固，是因为有高大的城墙和壕堑。"①

历代福州人利用"环山沃野、派江吻海"的地理优势，自北向南逐步扩展，城市布局顺应自然环境形态，以屏山为屏障，于山、乌山相对峙，以今天八一七路为中轴，适应起伏的地形，蜿蜒向南拓展城市的规模。城内坊巷里弄格局，既讲究对称之美，又充分表达了中国文化"居中为正"的传统观念。福州的三山两塔是城内的最高点，与坐落在城内的钟鼓楼、坛庙、府衙形成城市中心，三坊七巷、名宅大院与街坊民居错落有致。结合城外的浩荡闽江和城池周围万亩平畴的低轮廓，构成高、中、低层次丰富，富有韵律的空间轮廓。整个城市以今天八一七路为中轴线，从北到南经茶亭街到台江与仓山相连，形成"三山鼎立，两塔对峙。一街贯穿，西湖独秀，闽江横陈"的城市空间格局。

大体来说，福州城内是政治机构的中心与达官贵人的居所，城市内的商业主要是提供消费。明清时期形成的以三坊七巷为中心的官宦住宅区和城区内的商业满足了城内达官显贵的生活需要。城市外居住了相当多的从事转口商业贸易为生的居民。

应当说，到了明清，作为区域商业中心城市，已经悄然形成。明代的诗人王恭曾经咏福州："七闽重镇旧繁华，九陌三衢十万家。"②何乔远在《闽书》卷一《方域志》里说："西望郡城，列雉数千，市廛阛阓，杂沓鳞次，丽谯浮屠，台门府寺，释老之宫，挥霍崇丽，斗出其间。"其中，东街为福州最繁华之地，"东街，达于东门，通衢数里，为城中冠"。

随着城市人口聚集，城区内商业集市、商业街区、手工业商行也逐步成熟。明清时期的商业之市，已经不再是存在于坊巷中的市了，几乎在人口聚集的地方都可以成市。明中叶弘治年间，福州城里只有侯官市，迄至晚明，福州城内增加了还珠门市、安泰桥市、土街市、闽县前市、相桥市、怀德坊市等6个市。到万历时有9个市，其中城内6个，城郊3个。③

随着隋唐坊巷格局解体，到明清时期，街市已经浑然一体。万历《福州府志》记载街市合一。市是系于街之下，当时记载福州城中街有宣政街、南街、新街、后街、西门大街、北街、北门后街、东街、仙塔街、井楼门街、汤门街、馆前街。

福州商业区域不断向城郊发展。当时除了城内的市之外，城外的三个市就是中亭市、潭尾市、洪塘市。最主要的是城门外的南台与西郊的洪塘。这些集市，应当都是在城、郊结合处。据《八闽通志·坊市》载，"闽县有南台市，在府城南门外崇嘉里"。又载，

---

① （葡萄牙）伯来拉、克路士等：《南明行纪》，北京：工人出版社，2000年，第67页。
② 王恭：《南楼奇观为朱孔周赋》，引自（明）王应山：《闽都记》卷三，福州：海风出版社，2001年，第17页。
③ 万历《福州府志》卷十二，《街市》。

侯官县有"侯官市,在府城西南十都,旧县治也","洪塘市,在府城西二都"。沿海市镇也开始发达,福清龙田"阛阓栉比,列肆如林,渔盐谷粟、珍鲜缟纻之利,衣被一邑"。①

由于消费需求增加,集市贸易繁荣,各类商行组成市区内商业的网络。据《闽产录异》一书记载,福州的皮革、角器、骨器都有自己的商行。"福州南台牛皮为一行、鞍鼓为一行、马革为一行、皮箱为一行、角器为一行、牛骨为一行、骨货为一行。"这些商行以统一价格批发各种产品,福州行商将它们运销各地。与牛皮行相关的行业,就是牛角梳,当时人们说牛角梳"盘运最广",推销面涉及相当大。

当时福州的制烟业也十分有名,《闽县乡土志》记载:"太原王,明季时有王朋兄,自莆田贩烟来,遂以创售炒烟为世业,族聚最盛。""朋兄姓王,莆田人,贩烟到此,逢霉以油炒之,转变芳美。销售最广,今兴义境王大盛炒烟庄是也。"郑丽生的《闽广记》也有记载:"朋兄烟,福州特别烟丝有二种,一为厚烟,一为炒烟,皆以管吸之。炒烟俗呼朋兄烟,创自清初。相传太原有王朋兄者,因避流寇之乱,于顺治七年(1650年),辗转入闽。时菸叶方从海外输入,嗜者少,价甚贱。朋兄从泉州、兴化转贩烟丝来榕,糊其口,一日天雨,烟丝为屋漏所湿,极懊丧如。置釜中焙干。不意香味倍佳,大利市,遂设肆于下渡,标榜曰:王大盛炒烟。……其烟吸时易燃,而烟灰弃地即灭。无引火之虞。最为农工及船户所喜,畅销于沿海各县,亦远至北京,渐起家。"

随着福州商业中心城市的形成,城区手工业也获得进一步发展。明清时期,福州的手工业也出现了进一步上升的势头。福州纺织手工业作坊已开始发达,集中生产的作坊称为机房,每一机房均拥有相当数量的织机和机匠,许多街巷因此命名,至今福州一些街巷还保持和沿用着"机里"、"织缎巷"、"锦巷"、"横锦巷"等地名。当时纺织业、造纸业等都有较大发展。明代福州纺织工林洪在弘治年间发明一种四层织机,名为"改机",其织出的改机锦超过江南一带同类产品的水平。从保存至今的改机锦看,这种锦缎的特点是双面有花,色彩丰富,图案富于变化,称得上名贵产品。

明代福州织绢也很发达,基本分布在河东、河西街一带。到了清代乾隆年间,福州双经绢也是非常有名的特产。浙人杭世骏游闽期间曾作《福州竹枝词》,云:"费尽冬机碧玉梭,夜长纤手耐寒呵。辛勤一匹双经绢,抵换番钱得几何。"可见当时的福州双经绢不仅仅满足城内达官需求,而且可以外销换得不少外币。

清代乾隆中叶,有一个叫沈绍安的福州人掌握了深漆技巧,领悟到泥塑佛像的类纷制法,创造了脱胎漆器,一经问世,便名闻天下。除漆器之外,还有制花、皮箱、角梳、纸伞诸项。制皮箱多在杨桥巷,制角梳多在洋头口中亭街,中亭街制伞的最多,其产品轻巧雅观,人言虽苏、杭犹不及,可见福州手工业产品之精美。

二、区域商业中心城市与周边经济联系

明清时期福州商人的活动,推动了区域商业中心城市的形成。

---

① (明)叶向高:《苍霞余草》卷三。

福州位于闽江下游,是闽东、闽北以及闽南部分地区的商品集散中心,福州东临大海,交通便利,历来为东南名城之一。明代《福州府志》记载,福州"在八闽为闽中,地平衍,西北控瓯、剑,注众溪之流,东南负大海,环以崇山,带以长江,气恒燠少寒。厥土黑壤,厥田中下宜稻,亩岁再获,其高田间种麦,土瘠。民勤于治生,田则夫妇并作,居市廛者,作器用精巧,鱼、盐、果实、绩纺之利颇饶。七郡辐辏,闽越一都会也"。

何乔远《闽书》说:"长乐滨海有渔盐之利,山出果实贩四方;泉州园有荔枝、龙眼(桂圆)之利,焙而干之行天下。附山之民,垦辟硗确,植蔗煮糖,黑白之糖行天下。"① 桂圆有更大销路,"寄远广贩,坐贾行商,利反倍于荔支"②。明至清初,福建各地的土特产,大多由内河船运,一部分再通过海港转销于国内外各地;一部分则通过内陆路线与邻省江浙一带互通有无。正如王世懋《闽部疏》中说:"凡福之绸丝、漳之纱绢、泉之蓝、福延之铁、福漳之橘、福兴之荔枝、泉漳之糖、顺昌之纸,无日不走分水岭及浦城小关,下吴越如流水。其航大海而去者,尤不可计⋯⋯"这说明明代福建河海、水陆紧密结合的水运网络已经形成。

八闽物产以茶、木、纸为大宗,这些皆非产自福州市。然大商巨贾其营运所集必以福州为中心。"其出口货有在省买定,须放船至外府县载者,如宁德、罗源纸、碗是也。"可见明清时期,福州已经成为八闽货物的集散地。福州商业中心城市的形成,推动并影响了周边地区的商品经济发展。

(一)闽江上游农产品迅速商品化

闽江上游具有广阔的经济腹地。从农业来说,溯闽江而上的浦城、建瓯、光泽、建宁一直是福建省有影响的水稻产地,明人董应举就曾说"吾郡米粟多出上府"。明代福州地区所需粮食绝大部分依赖于上述闽北各县的供应。

明代福州已是相当发达的商业城市,人口有几十万,粮食消费量很大,然而上四府的商品粮不仅足以供应福州城区,还可供应连江、长乐、福清等县。③ 浦城县阡陌纵横,良田千里,素有闽北粮仓之称,当地所产的粮食常年通过商人的转运,沿闽江而下,供应给福州等闽江下游地区。当地民间谚语说"广丰(江西广丰县)收三收,无米过中秋,浦城收一收,有米下福州"。

根据当时巡抚高其倬雍正四年(1726年)的一份奏折,可以看出当时福州粮食对闽北山区的依赖。他讲到丰年福州产米足供本府七八个月之需,雍正六年(1728年)高其倬又在另一份奏折中提到,福州常年所需之米半数依赖外粮。根据同治《福建通志》卷四十八所提供的道光九年(1829年)的数据,两个首邑(闽县和侯官)的人口加起来占全府人口的35%。由于福清县所缺粮食可以从本府北部两个余粮县即罗源、连江的外运和当地生产的杂粮(主要是番薯)得到解决,则只有闽县和侯官这两个首府44万~49万人

---

① 何乔远:《闽书》卷三十八,《风俗》。
② 宋玉:《荔枝谱·荔奴第七》,见《说郛正续编》第四十二卷。
③ (明)董应举:《崇相集·议米籴》。

仍然依赖府外的供应。由于所需之粮有1/2或2/3可由本县供应,所以这两个县每年缺粮在37.8万~63.7万石之间,约为50万石。

明清时期,福州地区人口不断增长,对粮食需求不断增加,闽北各地不断改进水稻生产技术。建阳等地实行水稻连作、水稻育种取得成绩,仅据《闽产录异》的统计,建宁水稻品种有早稻"六十日翻"等12种、晚稻犁木赤等11种;崇安水稻品种有早稻"裸平"等15种、晚稻"鹤鸰班"等17种。可见福州商业中心城市的发展对闽北粮食商品化的影响。

明清时期,闽北山区经济作物生产比宋元时期更为发展。"闽山所产松杉而外有竹、茶、乌桕之饶。"其中,杉木为最大宗。"杉木出上府",主要产地为闽西北的延、建、邵、汀及福宁诸郡。杉木多生长于沿涧向阳山地,既易于生产又易于利用水运。"大者用锯解,各方板货之四方……土人自运,或外商行贩,道途搬木,相离不绝。"其次为毛竹。毛竹是建筑、手工业材料。毛竹或以竹为器,或以竹制纸。建宁府"竹之产为盛,幽箕翠筱,无论千亩,回塘广阜,郁乎苍然。若崇安建阳诸邑,尤擅萌捧之利,至以贾巨值,为富家翁州"。将乐县的碧竹产量很大。"捆束船载,货于省会。"①明清时期,福州城内的木材商,依靠木材业发家的,不在少数。这与闽北山区的木材业的发达,有着不可分割的联系。

蓝靛也是闽北山区的一大特产,宋应星《天工开物》称"闽人种山皆种蓝,其数倍于诸蓝"。另一种染料姜黄出邵武,"客商多贩往汴梁、南京以供染及和诸香作线香"。

此外,还有笋干、香菇等土特产品,产量也很大。"闽中延平属邑,新笋出土经尺者,皆伐之,曝为明笋(笋干),岁万金,贩行天下,其利无算,又制为纸,利皆以万计。"

茶叶是福建省重要的经济作物。在茶叶方面明清两代,福、延、建三府各县均有出产,而以龙凤、武夷两山茶最有名,称为绝品的建宁的"探春、先春、次春、紫笋及荐新等号",堪称茶之上品。徐愉《茶考》云:武夷山"山中上气宜茶,环九曲之内不下数百家,皆以种茶为业,岁所产数十万斤,水浮陆转,鬻之四方,而武夷之名甲于海内矣"。

明代闽江上游各县都产纸,产纸最多的县是顺昌。《闽书·风俗志》说:"顺昌,一煮竹为纸,纸曰界首、曰牌,行天下。"到了清代福建造纸业进一步发展,许多人都以造纸为生。与顺昌相临近的将乐县造纸,其切边和鼓连不用傅粉,白色如雪,经久不蛀,深受欢迎。

福州商业的发展、商品集散地的形成,不仅仅加速了闽北山区农产品的商品化,也加速了福州及周边产品向闽北山区转移,扩大了福州作为商业中心城市的辐射范围。

除了粮食生产之外,在经济作物方面,到了明清时期,通过商人的活动,源源不断的农产品沿着闽江顺流而下,而福州的手工业品与其他消费品不断逆流而上,促进了两地的经济交流。

福建沿海一带的货物如盐、蔗糖、海味也经过福州港口溯流而上,卖到上游各县。明代海盐先在沿海各盐场装上盐船,经过海路运至福州闽安镇批验,然后改装河船或溪船,采用河运或溪运的办法,通过闽江及沿江各溪流运往闽北、闽东、闽西各地。官府将福建

---

① 乾隆《将乐县志》卷五,《土产》。

海商运盐路线分为东路、西路、南路3支。"西路帮设水口以通上四郡"①。西路包括延平、邵武、建宁3府,共15县,是福建官盐最重要销售地,盐利收入亦大多仰赖此路。年销食盐327733担,系由沿海船舶运至福州,与闽江河船对接,转运到各县。该路贸易、航运也是相当兴盛的。明弘治十五年(1502年),仅闽江上游的富屯溪、金溪两条支流就有大小船舶498艘。这些船舶上行运盐,下行运米,频繁往来于福州与南平之间。

此外,惠安县盛产海鱼,"贾人常捕而市之,或由海道以达于三山(福州)及延、建诸郡"。②

(二)带动福州周边区县经济发展

作为区域商业中心的福州,除了带动闽北山区经济腹地的发展之外,福州经济的发展,也带动了福州周边地区五区八县的开发。

人口增加,粮食供应不足,通过商人的引进,替代粮食的农产品解决了基本的生存问题。甘薯是明万历年间从吕宋引进来的,《长乐县志》称"邑人陈振龙经商吕宋带回薯种,后经其子经纶、巡抚金学曾等人相继推广,岁大获。民赖"。甘薯的引进,改变了福州地区农业生产结构,缓和了水稻生产的不足。至嘉庆年间,连江县粮食生产,薯米常占一半,故家家有薯粉。

福州盛产水果,"由福之南门出,至南台江……行数十里间,荔枝、龙眼夹道交荫"③。明清时期,福州荔枝品种比宋代蔡襄《荔枝谱》所记多出27种。荔枝、龙眼"焙而干之行天下"。桂圆(龙眼干)有更大销路,"寄远广贩,坐贾行商,利反倍于荔子"。每年白露节,新桂圆出口,一到宁波、上海,江浙人士争相购买。福橘多产自闽江下游南岸闽县的阳崎、螺洲、长乐坑田一带。叶大庄《阳崎杂事》第二十一首《咏桔诗》自注下面就写道:"江上人家,种桔者多。冬至节近,捆载至沪上鬻之。"④清人王潭亦赞曰:"闽桔之美,达于京师。"⑤

福建在明代出产全国闻名的蓝靛,并随省内外纺织业的发展种植益多。建宁府8县均产蓝靛,福州府"诸县皆有,闽侯、长乐尤多"⑥。明中叶以后,闽西南有很多贫苦农民,成群结队,陆续到闽东的宁德、福安诸县,垦荒种靛。《天工开物》云:"闽人种山皆茶蓝。"可见经济作物之丰。《闽大纪》说:"靛出山谷……利布四方,谓之'福建青'。"⑦《闽部疏》说:"福州西南,蓝甲天下。"就经济作物而言,"产繁闽广间,他方合并,得其什……而已"。⑧ 可见,福建在明代为经济作物发达的区域。此外"福州西南,蓝甲天下",主要产

---

① (明)董应举:《崇相集·与卜立斋》。
② 嘉靖《惠安县志》卷四,《风俗》。
③ (明)王世懋:《闽部疏》。
④ (清)叶大庄:《写经斋续集》。
⑤ (清)王潭:《闽游纪略》。
⑥ 《八闽通志》卷二十五。
⑦ (明)王应山:《闽大记》卷十一,北京:中国社会科学出版社,2005年。
⑧ (明)宋应星:《天工开物》卷上,《甘嗜第四·蔗种》。

区在闽侯县、永福县（今永泰县）。种蓝之人"居万山之中……引水不及之处种菁种蔗,伐山采木,其利乃倍于田"。福州菁靛曾畅销于江浙一带,影响了江浙一带的染印业。

福州西门各乡至清末,已有100多年的种蔗历史,其中以新洲为盛,年产糖二三万担,马洲、官洲、甘洲次之,"运往浙江的宁波、江西铅山等地出售以博厚利"。

据清代《乾隆福州府志》记载,永福县民"种菁种蔗,伐山采木,其利乃倍于田"。据记载明嘉靖、万历以前,原产巴西的花生传入我国,称"香芋",初从海路至闽广。花生传入后,很快传播于闽东南沿海地区。清乾隆时（1736—1795年）,沿海的福清、长乐至漳浦等县已种植,同时产生"碾而撞之"的油坊,压榨花生油出售。

（三）加强了与省外经贸联系

明代,本省内、外贸易也因交通改善而进一步发展。北上内河航运开通,福州往北京的商路可溯闽江北上,经分水关到杭州,然后由运河北上扬州、天津,至登州登岸。

闽、广商道因凿通汀江险滩,自是士商往来也赖无恐。闽、浙、赣间的陆路,也有杉关、仙霞岭、分水关三条商路;省内周贯的驿道,已联结城乡大小通道,使商品集散交流更为畅通。李鼎说:"燕、赵、秦、晋、齐、梁、江淮之货,日夜商贩而南;蛮海、闽广、豫章、楚、瓯越、新安之货,日夜商贩而北。"① 张翰《松窗梦语》中称:"今天下之货聚于京师,而半产于江南,福建之输出尤多。"

明代闽赣山区的铅山河口镇已成为"舟车四出,货镪所兴"的货物流通中心市场。汇集铅山河口镇的货物,其中就有福州之黑白砂糖。② 可见福州下游的产品通过商人的转运已经到达江西省内。

《明季北略》载,崇祯时,浙江巡抚张延登《请申海禁疏》云:"福建延、建、邵、汀四府出产杉木,其地木商,将木沿溪放至洪塘、南台,装船至宁波等处发卖,外载杉木,内装丝绵,驾海出洋,每赁兴化大海船一只,价至八十余两,其取利不赀。"③

（四）扩大海外贸易

福州作为省会城市,又是福建省的商业中心,经过历代的开发,福州城市建设自有自身的特点。福州城是坐北朝南,背靠大山,南向面江,东向入海,福建省主要的河流——闽江,从福建北部而下,经流西部从福州城南面而过,福州城内形成消费中心,而福州城外,就自然形成贯穿闽江水系和海上贸易的商品集散地。福州城外这片地区,就成为福州与北部及周边经济联系的重要地。

---

① 《李长卿集》卷十九。
② （清）杨光辅:《淞南乐府》。
③ 《明季北略》卷五,《台湾文献丛刊》第275种。

第二节　福州商人的商业网络与商路

明清时期,福州作为商业中心都市已经形成。福州倚江面海,具有富饶的山海资源,随着商品经济的进一步发展,手工业、商业的发达,加上港口、航运路线的形成,对商业中转贸易的全面发展提供了重要的基础。

明清时期,福州城区内作为重要的消费城区与城垣外的以转运贸易为业的商业区间分工已经日益加强。

城内各市场,均以城内消费为主,货物来源于城外的南台地区。城外的商人以闽江水道为主,承接闽江上、下游的土特产贸易,一方面可以供给城区内达官居民消费,一方面可以利用发达的水道,转运到各地,形成非常有特色的转运贸易。

明清时期随着商业贸易的发展、商人活动的频繁,城垣外的商业空间进一步开拓,福州南台的商业中心区域日趋繁荣。由于消费的增长、商业的发达,功能性商业区域已经截然形成。

一、南台区域商品集散地的扩展

明清时期,南面的城墙就在现在南门兜,至今南门兜外还保留有一段明代古城墙。南门之外,就是城外。从南门到现在的台江,还有一段艰险的路要走。

福州城南门至洋头口之间,是福州城内通往台江汛的必经之路。五代时期,城外仍然是一片田泽。只有一条南北贯通的狭窄古道,提供给行人或骑马、乘轿、进城的驿道。因为有一僧人在此人来人往的过道亭上,煮茶以饮来往行人,供行人歇脚驻足,茶亭街由此得名。明王应山《闽都记》记载:"昔有僧以暑月醵金煮茗饮行者,因名。"

穿越茶亭街,翻过横山(吉祥山)之后,进入南台商业的繁盛之地。西有双杭,面临闽江的就是台江汛,中间南北穿行的是中亭街。

中亭街靠近闽江,又是交通要道,至明清时已经形成商业街市。至少在明中叶时中亭街已繁盛于福州的南部,"中亭街,自扬威坊至万寿桥数里,居民鳞次"①。明清时中亭街的商业也相当兴盛,由于人来人往,当地自然形成一个"中亭市";在中亭街的南边穿行过万寿桥,桥的对岸就是仓山,又名藤山,藤山之下有下渡街,"恒数里皆民居"②。

仓山商业始于明洪武年间。清康熙二十三年(1684年),解除"海禁",境内贸易渐趋活跃,乾隆、嘉庆年间,下渡、观井、仓前等地形成街市。至民国时期,仓山已发展为福州货物集散地,观井路是当时最繁荣地段之一,到1949年有食盐、木材、茶叶、糕饼、酱油、

---

① (明)王世懋:《闽部疏》。
② (明)王世懋:《闽部疏》。

京果等行业500多个网点。

经过明清的开发,南门到仓山一线已经形成十里长街,南门—茶亭街—中亭街—南台街—下渡街,所以晚明王世懋说:"由福之南门出,至南台江,十里而遥,居民不断。"① 可见,这段路程已成为重要的商业街区。

二、双杭——闽江上下游商品集散地的成熟

福州城西南面这一带最高的山就是大庙山。大庙山的钓龙台是古代福州河船转驳的一个重要码头,也是通过闽江溯流北上而与中原相联结的重要渠道。相传汉代来自朝廷的大臣,就是沿闽江而下,封闽越王无诸,就是在此下船来到钓龙台的。到了唐代翁承赞入闽封闽王王审知,也是由闽江而下,到钓龙台附近进入福州内河,然后转到安泰桥一带。

由于宋元时期这一带沙洲浮起,形成上、下杭水道,随着商业往来人口增加,上杭路、上杭街逐步形成,接着在上杭街、下杭街为主干道的基础上,慢慢形成连接南北走向的隆平路、大庙路(前),东西走向的延平路、潭尾街等支路与20多条小巷的道路网。据《闽县乡土志》载:"自上巷南行数里,转而西为上杭街,东接上巷,西至塔仔兜,皆属上杭。""自水巷道折而西,曰下杭街。""由街向北行,曰汤房同,相传下有温泉,而安乐铺、潭尾街、苍霞洲等路即于此通焉。"

由于闽江上游水流的长期冲积,这一带在明清时期逐渐开始形成后洲、义洲、帮洲、赢洲。帮洲一向是福州通过闽江流域与闽北地区进行贸易的一个重要节点。明代初期闽江上游、闽北的商人经常溯流而下聚集于此,形成现在说的上航街(今名上杭街)与下航街(今名下杭街,当时又名南台街),"俗名潭尾,委巷甚多"。据万历《福州府志》的记载,潭尾街有潭尾市,显然这里已经形成一个商业集中的市集。

这完全是凭借闽江上下游的货物转运,形成商品集散地的。明清时期双杭商业中心的兴起、福州转运商业的发达,由此可见一斑。

三、河口——海上贸易集散地发展

河口的商业发达,与福州城所处的地理位置有关。河口可以通过闽江水流直接入海,河口市的形成,与这里长期与海上贸易相关联。

河口位置在福州东南部,离南门二三里路,即在今天的国货路以南。河口以南,有较宽的河道直通闽江,并可以通行海船,因而,河口自然成为福州的码头。早在宋代,官府即在这里设置"临河务",对往来商船进行抽税。当时经过这里下海的商人,一定是不少的。

---

① (明)王世懋:《闽部疏》。

河口有这样的便利,到明成化十年(1474年),市舶司从泉州移置福州,朝廷规定福州为唯一的对琉球贸易口岸。河口很自然被确定为安置琉球使者的所在地,并设置柔远驿,招待使者、商人。福州东部的内河一线,自然成为海外贸易的主要干线。

弘治十一年(1498年),市舶太监府设在福州柏衙前(今东大路)。市舶提举司设在乌石之北(今道山路)。但是,却在河口这里设有"进贡厂"与柔远驿。因河口临近宽广河道,这样设进贡厂可以直接收贮从琉球来的贡物,柔远驿则专供贡使及番商食宿。贡使在琉球馆等待进京,而随着贡船携带来的舶货,明朝政府是允许就地买卖的。场地也就在宋元东市基础上,作为交易的中心。琉球贡船来者一次约有200人,其中只有正副使以下20人左右可以赴京,其余的皆留在本地,由官设牙行作为媒介,从中经纪买卖带来的货物,当时河口一带自然成为交易的中心。所谓"华夷杂处,商贾云集"。

按当时规定,贡使附带的货物除大部分运抵京城外,其中一部分可以在福州的市舶司内交易,但不能直接与中国商人见面,必须是由官设牙行作为媒介,从中经纪。当时福建市舶司设有官牙24名。这些牙人均选有抵业人户充任,由"官给印信文簿,附写客商船户住贯姓名、路引字号、货物数目,每月赴官查照"。① 每当琉球贡船的货物运入进贡厂后,在当地官员的监督下,会同行匠验看货物成色,评估货价,介绍与中国商人交易,从中提取佣金。

官方的贡物,有中琉贸易的重要机构"评价司"进行。"评价司,掌评定物价上下、分买支给等事。"②

因外国人不能同中国商人直接交易,官方牙人经常与官府勾结,乘机从中渔利,以致明朝政府不得不加以限制。贡物除在福建市舶司及京城会同馆互市外,沿途严禁擅自交易。

由于海外贸易的发展,这一带的河道都显得狭窄,所以"明弘治间,督舶邓内监始凿新港,以通大江,便夷船往来,土人因而为市"③。开凿拓宽之后,东部的大船可以直接进入福州城内。随着东部内河的修复,贡船、商船可在市区停泊。人们把这条位于河口尾人工新辟的港道称为"新港",由此而衍出的"新港路"、"新港道"、"新港里"和"新港庵"等地名,这些都是随着商业发达人口聚焦而产生的。明代成化、弘治年间,新港的繁荣殷盛曾为全城之冠。

到了清代,这里仍然是与琉球进行朝贡入港的地方。只是朝贡事务略与明代不同,琉球贡船抵达福州,先到海防衙门报到。贡使一行拜会地方督抚,赠礼物。照例宴请后,限定20人进京朝贡。朝贡毕,方可开市交易。顺治初,规定外国贡使到京领赏后,在会同馆开市或三日,或五日。朝鲜、琉球享受优惠待遇,可不拘日期,但仍在会馆,以便监视。

康熙十年(1671年),清政府正式批准琉球使臣不必带货物到北京会同馆交易,一切

---

① (明)高岐:《福建市舶提举司志》。
② (清)徐葆光:《中山传信录》。
③ 陈衍:《福建通志》总卷六,《河渠志》卷一,《福州府》。

销售购买都在福州琉球馆办理。自此,福州河口一带自然成为中琉贸易的主要场所,促进了福州这一地区的商业繁荣。

清政府对琉球馆的管理是十分严格的。和明代管理一样,一般闲杂人员不能随意进馆,只能由居住在附近的官许中琉贸易经纪人。专理与琉球的贸易事宜比较著名的经纪人有卞、李、郑、林、杨、赵、马、丁、宋9家,他们还担任翻译。此外,住在福州城内的刘家,自清代乾隆以后,也专做琉球的生意。

清代专门设置有所谓"十家排",就像广州的"十三行",介入与外方的买卖。"十家排"是福州清代专门经营对琉球贸易的行会组织,由七姓十家联合组成,这是官方控制对外贸易的一种形式,犹如广州的十三行。据郑祖庚《闽县乡土志》记载:"李姓四户,郑、宋、丁、卞、吴、赵各一户,代售球商之货。"按规定琉球贡船贸易商品要委托他们代售,不能私下与老百姓直接交易;琉球人所需要的货物也由十家承办,这样"十家排"几乎垄断了中琉贸易。

这"十家排"商人组织于道光三年(1823年)合资建立"琼水会馆",该会馆坐落于台江太保境和状元街之中的旧水闸口,东靠琼河,与东南面琉球人居住地柔远驿,以及球贡船停泊处的小万寿桥相距很近,便于他们经营生意。据老人回忆:"迄于清代,河口仍为琉球商人集居之地,故老相传,当贡船来闽时,其地的繁华殷盛,曾为全城之冠。"①

由于市舶司设置以及与琉球贸易的影响,这一带有大量的海外贸易机会,河口的"市"当然就更加兴盛起来。加上这一带与海外贸易紧密相连,而后又成为制造册封琉球大舟的工场所在地,所以在这里云集了大量官员、工匠、士兵、外商,形成福州城市东部地区商业发展的又一个区域。

综上所述,明清时期福州商业的发展,已经突破了城市发展地理局限,福州特色的转运贸易反而有了快速的发展。福州转运商业的发展,拓展了福州的商业发展空间,使福州的区域商业中心发展有了更广阔的空间。

四、福州的内港与外港

宋元时期,福州开始从消费型城市向转口贸易型商业中心都市转变,福州形成河、海兼具的转运中心。到了明清时期,随着商业的发达、商品货物的增加,河海商业转运中心所需要的港口分工也越来越明确了,内港与外港的功能划分已经非常明确了。

第一,福州外港的出海港口,主要遍布于南台以下闽江出海口的周边。根据历史不同时期,出海港口位置重要性不断变化。

太平港又名吴航头,位于长乐县西隅,面对台湾海峡,周围山峰环抱,是一个良好的避风港。明朝"永乐中遣内臣郑和使西洋,海舟皆泊于此,因改名太平港"。② 永乐三年

---

① 傅衣凌:《福州琉球通商史迹调查记》,见《福建对外贸易史研究》,艺声图书印刷所,1948年,第59页。

② 《明成祖永乐实录》卷四十六。

至宣德八年(1405—1433年)间,郑和率领庞大船队出使西洋,泛海至福建,然后自五虎门(在闽江口)起帆,其间曾累次在太平港驻泊一段时间,以补充给养,装载货物,修造船舶,征招水手、杂役人等,然后祭祀海神,伺风开洋。史载郑和驻军的"十洋街",当时各色人物聚集如市,可见此港当年盛况。

梅花在长乐县东北10余里,与连江小埕为犄角。此港上通江浙,下通广东,东通大海,西通福清县城。史载:"舟上通江浙,下通广东,古琉球入贡由梅江入口,虽上邑之边疆,实闽省之咽喉。"①明清时期,梅花建梅花千户所,明清两代册封使均在此祭海神,登册封舟,赴琉球行册封之事。

梅花西南为滋涣江,当时,广东、浙江许多客船也都在此靠泊。"分东西南北四涣以停舟焉,中有天后宫,东通大海,西通福清县城,广、浙往来客船皆泊此。""长乐二十都……曰御国山,山插海,高出云汉,有捍卫中国之势,夷船入贡者视此准。"②

连江有玉楼山,"商船在海中,望此山以入港"。③

邢港位于闽江口北岸闽安镇,古称回港。闽安镇"距省城八十里,有两口,一东出双龟门,外绕壶江、五虎,一南出琅岐门,外绕广石、梅花,为江海之锁匙、会城之门户,扼福州进出大门"④。

五虎门和闽安镇设有巡检司。两巡检司扼福州进出大门。古时进出闽江的海船均在此停泊,"客旅、鱼贩……广浙往夫必经"⑤。明清两代,琉球贡船到达福州,按规定必须在闽安镇靠泊,由闽安镇巡检司申报各衙门,经过检查,验明批照,封钉船舱,然后在军船护卫下才能进入直渎港,再转道进入柔远驿进贡厂。

第二,承接闽江上游货物的港口。

水口市是古田县位于闽江边上的一个重要货物集散地,水口市集距离县南九十里,旧名水口镇。下通白沙,上接黄田,其溪自县南流,与嵩溪会,故名水口。盖水势至此稍缓,溪滨地亦渐宽,下无滩石,上下舟航毕集焉。

闽江下游,闽江水系经过淮安时,分成两道。一道经洪山桥到南台,一道过洪塘,到马尾直接出海。这就形成重要的三个内港:洪塘、南台、洪山。

闽江船运的发展促进洪塘、南台码头的繁荣。洪塘市、南台市成为福州重要的转口贸易和集市贸易区。明万历年间,地处闽江下游南北港分流处的怀安县由于泥沙冲积,水流东移,其码头商业地位逐渐为洪塘乡取代。

洪塘在福州西郊,是福州城外围重要集镇,宋代曾在此设怀安县治。闽江中、上游各郡县粮食、木材等都在此集散。洪塘是上游闽江水系通向海洋的转接口。据《八闽通志·坊市》载:"洪塘市,在府城西二都。"是上游货物船只进入福州登陆的重要码头,也是

---

① 道光《长乐梅花志》。
② 彭光藻、杨希闵:《长乐县志》卷三,《山川》。
③ 孟昭涵:《长乐县志》卷三,《山川》。
④ 邱景雍:《连江县志》卷四,《山川》。
⑤ (明)何乔远:《闽书》。

上游与沿海商品交换之地,董应举说:"上府粟聚于洪塘。"就是说,上游来的粮食都在洪塘集中贸易。洪塘,闽江中、上游各郡县粮食、木材、山区土特产品均运到这里,再分销沿海各县。洪塘也是福州及沿海各县的盐、鱼货也经过这里运往上游各郡县,因此洪塘市"民居鳞次,舟航上下云集"。清代中叶之前,洪塘是重要商业中心码头,随着台江港区迅速发展,各地货船直接顺流而下靠泊,洪塘港才日趋冷落,不如往昔。

洪塘本身也是一个大镇,"沿江居民裹数里",它也是福州往西驿道的起点,从洪塘往下是下坞街,下坞街的延伸,又是芋原街。到了晚明,这里的驿路已发展为数里长街了。

可以说,洪塘是连接闽江上游货物转接入海的重要口岸,同时也是转接海上货物进入闽北的重要中转地。当然,说到洪塘时,必然会提到洪山桥。明人谈到洪山桥时说,洪山桥"以通洪塘名。商舶北自江至者,南自海至者,咸聚于斯,盖数千家云"①。清代孟超然咏洪山桥亦有"桥下千帆落影齐"的诗句。洪山桥,是闽江上游水系进入福州城的必经之路。

清初,洪塘港沙积,各处船只直往台江,清中叶以后,港区的中心逐渐移至上下杭等滨江一带。这里客商云集,会馆林立,为"海口之大镇,百货会集之所"②。清乾隆时人潘思榘《江南桥记》云:"南台为福之贾区,鱼盐百货之辏,万室若栉,人烟浩穰,赤马余皇估艑,商舶鱼蜒之艇,交维于其下,而别部司马之治,榷吏之廨,舌人象胥蕃客之馆在焉。日往来二桥者,大波汪然,绾縠其口,肩靡趾错,利涉并赖。"沿海各地的货物都集中在这里,以待分配。闽江中、上游各县的木材、粮食也集中在这里,然后再分销沿海各地。

总之,明清时期的商业发展、商人活动,已经使福州形成典型的转口贸易城市。在此基础上,形成明显的商贸网络与江、海转口贸易的特征。

第三节　福州商人资本形态

商业资本,又称"商人资本",按马克思说法,一般可以分为两个部分。一个就是专门经营商品买卖的资本,可以叫商品经营资本;一个是货币经营资本。通常在讨论我国封建社会的商业资本时,指的是前一种商业资本,即专门经营商品买卖,以获取商业利润为目的的资本。

商业资本是古老的、历史悠久的资本之一,远在奴隶社会初期,随着商品货币关系的发展,第三次社会大分工的出现,商业资本就已产生。封建社会商业资本,依附于奴隶制和封建制的生产关系而存在。它以贱卖贵买、进行不等价交换为主要特点。其商业利润的来源:一是掠夺小生产者(个体农民、手工业者等)的剩余产品甚至一部分必要产品,二是瓜分奴隶主和封建主剥削奴隶和农奴所获得的剩余产品。封建社会商业资本,主要从

---

① 道光《重纂福建通志》卷二十九,《津梁》。
② (清)吴振臣:《闽游偶记》,见《小方壶斋舆地丛钞》第九帙。

简单商品中产生,并活动于简单商品流动领域,为买卖双方的直接消费服务。它促进了商品经济的发展和各地区间的经济联系,并加速了小商品生产者的分化,对封建经济的瓦解和资本主义生产方式的产生起着重要作用。

资本形态,即用于实现增值并获取剩余价值的资本的各种物质形态,包括货币资本的形态、生产资本的形态、商品资本的形态。在研究商人活动中,我们还要关注商人的类型,如坐贾、客商、牙侩,与货币金融相关的有塌房、廊房、堆垛房、柜坊、钱铺、金银铺、兑房、寄附铺、交引铺、批局。在这一节里,我们将讨论明清时期福州这个沿海城市里的有关商人资本形态。

第一,中转贸易商人。福州作为中转贸易的城市,由于对商品销售与货物产地的价格差异非常明晰,在明清时期,出现了大批的福州商人周转闽北、闽西各地。例如《闽都别记》记载,樊凤鸣虽然发了财,仍将几个儿子打发去外地经商,"次子、三子去泉州开店"。

当时,福州与闽江上游的贸易最为兴盛,由建宁府、邵武府、延平府及汀州府北部运来的各类山货都在福州南台囤积,然后转卖到沿海各地,所以,福州人常以到闽西北经商为生。《闽都别记》第31回记载,福州人俞百均和莫姓朋友到建州开药店,另有徐得兴到邵武府建宁县药材店做生意。实际上,闽北各地都有福州人开的会馆,而且"三山会馆"往往是当地最大的会馆,在浦城县、邵武县、建瓯县等都有三山会馆,最令人惊奇的是:在邵武和坪镇、顺昌洋口镇及武夷山市的下梅村与星村镇这样偏僻的乡镇,也都有规模不小的三山会馆。由此可以说明当时福州商人活动范围之广。

清代,垄断闽江流域盐业贸易的是福州城的丁、谢、萨等家族,据称每家财产都在10万以上。盐商的活动范围更加广泛,只要有人烟的地方,就有盐商的足迹。

《闽都别记》第266回记载,刘鹤龄的乃兄亦是专跑苏州做买卖的。《闽都别记》还记载了台江的大行商吴光,他从国外输入无数的珍宝,仅一条船上即载有"奇楠香五百斤、人参六百斤、燕窝一千斤、珍珠大小三解、珊瑚长短二十四树,其余珍奇珠宝无数"。这么多的珍宝,当然不是福建本省市场所能消费得了的,于是他一年跑国外进货,一年跑国内各码头推销。在国内各个大城市中,他特别重视淮、扬各城市,因为市场大,他派了"次子鸿济、三子鸿韬、四子鸿略在淮安坐庄,料理十六间行务",投入了家族的主要力量。

第二,木材商人。贩卖木材是福州重要的商业行当。因为有闽江上游的山林资源,福州稳坐下游收贮,然后转运全国各地。因为商人的活动,福州甚至形成全国三大木材基地。福建运往江南的木材大都要在宁波转站,所以,有些福州商人还到宁波去开木行,然后批销江南各地。《闽都别记》记载了比较多这样的事例,如福州人危而亨"在浙江宁波与人合伙开杉木行",他曾"带三千馀银来福州盘贩杉木"①。由于上述的各种原因,古代福州和江南之间的贸易特别盛行,福州有不少商人专跑这条线路。《闽都别记》中的重要角色之一林保,原为木匠,后来"得工资回来,遂与妻计议改图别业,帮搭乡人行商船往

---

① 《闽都别记》上,第208页。

苏州作客"。他"往来江苏贸易十余年,积有万贯家资"。又如《闽都别记》第331回记载,某人的母舅"手中做有数千家当",其侄说他"舅自失明后,苏州不能去,生意去若干",可见,他也是个专跑苏州的商人。

南台的木材商人与沿海各省关系密切。《闽都别记》记载南台的支家,"为杉木行牙侬,家道颇丰",常有商人找他购买木材,"支翁曰:前月才被宁波客尽贩去,一条亦无,待有运至来看"①。说明福州南台与宁波之间贩运木材是很频繁的。

第三,海外经商。自明清以来,福州人到海外经商已经成为习惯。"闾巷少年,仰机利,泛溟渤,危身取给,不避刀锯之诛,走死地如鹜者,徼重获也。""福清僻在海隅,户口最繁。食土之毛,十才给二三,故其民半逐工商为生。……"当时有人将福清商人与徽商相比,如谢肇制说:"吴之新安,闽之福唐,地狭而人众,四民之业,无远不届,即遐陬穷发,人迹不到之处,往往有之,诚有不可解者。盖地狭则无田以自食,而人众则射利之途愈广故也。"②《闽都别记》中也记载了不少福州商人在海外活动的情况。如林仁翰、吴云程等人出海远航历经十几个国家,备尝艰险,在海上漂流十几年后,才得以返回家乡;又如该书第216回所载的郝元等六人,在海上遇暴风漂至异乡,在异国生活了四五十年,子孙繁衍至六十四人,后造大船,衣锦返乡。通过《闽都别记》的故事,我们可以了解明清时期福州商人在海外活动的状况。长期的海外冒险使福州商人视四海为家,《闽都别记》主角之一铁麻姑在远航前对亲人说道:"万里不为远,三年不算迟。总在乾坤内,何须叹别离。"③这首诗所包含的辛酸与无奈,反映了福州商人的内心世界。

明代,福州人往日本经商者越来越多,主要集中去日本长崎贸易。有刘凤岐者,言"自万历三十六年(1608年)至长崎,明商仅二十人,后不及十年,约有二三万人矣"④。长崎港外商人数不断上升,长崎成为许多福州人的居留地。崇祯二年(1629年),福州人王引、何高财、魏元瑛等集资在长崎建崇福寺,亦称福州寺,内祀天后、关羽。他们久居长崎,世袭通事之职,死后还葬在长崎。在长崎崇福寺后,立有墓碑记载当时经商来日本长崎的商人,现今可考者计277人,上载姓名、籍贯、职业、生卒年月,其中属于闽县籍者有39人,侯官籍者有13人。经学者查证王引又名王心渠(1594—1678),是闽县贸易商,另有薛八官(1597—1678)一人,也是闽县贸易商,成为"唐船清人"(长崎港负责管理港务的联络官)。⑤王引和薛八官,都是闽县人,即今天福州人,又是贸易商。他们在长崎娶妻生子,成为日籍华裔。

不仅如此,许多官宦人家也都从事商业,"有闽县学在官生员李章与伊在官父李三,住居省城温泉铺,家资巨万,开铺卖米。伊父子平昔嗜利,与人交易,算至丝毫不让,又执

---

① 《闽都别记》下,第532页。
② 谢肇制:《五杂俎》卷四,地部二。
③ 《闽都别记》中,第582页。
④ (明)朱国祯:《涌幢小品》卷三十。
⑤ 童家洲:《明末清初日本长崎福建籍华侨述略》,《福建师范大学学报:哲学社会科学版》1990年第4期。

泥不肯零沽"。至于官僚致仕后经商,则是明代普遍的现象,谢肇淛说:"盖吾郡缙绅多以盐策起家,虽致政家居,犹亲估客之事。"又如,福州许天放是翰林,他与亲家商量合伙做生意:"现接开东街一间当店,本钱一万,汝来合伙,一人出银五千,汝再对三千,得息均分。"

第四,金融资本。民间传统的金融行业,如典当、钱庄在福州发展得比较早,比较发达,究其原因,是和福州转口贸易的兴盛有密切关系。转口贸易往往需要资金的周转,但资金使用周期又可以掌握,所以传统民间借贷就很盛行。在近代银行尚未出现之前,钱庄是当时主要的金融机构,一切信用之周转,几乎依靠其为枢纽。

福建钱庄业有悠久的历史,清乾嘉时期,福州的钱庄业即由当时资本最雄厚的盐商和当商担保,发行了钱票。乾嘉以前多为兼业店(米、布、茶或兼管货币业务),以后专业经营,并日趋普遍。在调剂商业金融方面,有重要地位。钱庄业的发展,与当时福建地方经济的进一步发展是相适应的,它随着城市工商业的发展而兴盛,尤其与当时福建特产木材、茶叶的大量出口有一定关联。据外国人在福州开埠初期的调查,当时已有钱庄100多家,且大部分有巨额资本,每一家都收受存款,并发行销票。五口通商后,福州成为茶叶出口的枢纽中心。许多钱庄与洋行有一定的联系,在全盛时期,福州分布有四五十家钱庄,如福州之公裕、天吉、爽余,厦门之建源、捷顺、豫丰等。

钱庄以钱东个人财产为信用基础。其经营方式于银钱兑换、存放款业务外,初以发行钱票为主,后有番票的发行。道光年间,钱铺、钱庄办理兑换。那时发行钱票以代钱,又存放银款、借贷银款、发行银票和会票,这种钱、银票和会票,在一定条件下可以换成钱银。这显然就是早期的银行业。五口通商后,英商来闽贸易者增多,输入其本国铸造的银圆以充贸易,当时称为番钱或佛头番。福州南台的钱商,在钱票之外,就发行了番票,以适应对外贸易的需要。后来外贸输入日多,于是番票渐渐成为这些外国货币的代货。从事传统金融行业的大多是有钱有势的官宦之家。

第五,前店后坊的手工业资本。福州手工业历来发达,当时福州城大街小巷分布着许多商店,福州的古代评话说道:"横洋巷口酒米店,惠泽境内选棕毛","洋楼口店铸铜锣,茶亭粉店多热闹","斗中街一派制头梳,月片池中铜钻店"。这些商店不少是亦工亦商,前门卖货,内厅加工。这是福州具有特色的商业资本。《闽都别记》第359回记载了一个油烛店,一日有一自称为老板娘表兄的人"闻表妹店中十分兴旺,欲来帮伙,带有些许银来帮搭店中,只学作烛手艺"。可见,这家店在买油烛的同时,还兼制油烛。又如该书第287回的安泰桥玉器古玩店,除卖玉器古玩之外,店内也制造各种玉器。这种类型的店很多,清代梁章钜说:"省会之铜器店以百计。"郭柏苍《闽产录异》也写道:"福州有纸房三四十所,以扣纸染花笺,砑蜡则成蜡笺。"这类店都是亦工亦商的店铺。

因为有前店后坊,所以许多福州人往往先从商店的学徒、伙计做起,而后渐渐熟悉行当门道,自己开始经营商业,成为商人。如《闽都别记》中的徐得兴、俞百均"二人都是十五六岁时,并在福州鼓楼前药材店学艺",后来俞百均得了一千两银子,即与故友徐得兴做伙计,"在福州鼓楼前开药材店"。可见,普通市民将儿子送去当学徒,是一条最常见的谋生之路。在这种风气影响下,普通福州人将成为大商人当作自己的理想,许多人因经营得当而成为巨商。

综上所述,明清以来商业的发展,使福州成长为一个仅次于广州的沿海大都市,市内工商业极为繁荣。福州商业资本与福州区域商业中心城市与转口贸易城市是紧密关联的。传统金融资本的发达,与江、海贸易,中转贸易,木材贸易,都是紧密联系在一起的。从福州金融资本的形态上,也大致可以了解福州商业的发展特征。

第四节　明清的海外贸易

明清时期实行严厉的海禁政策,所谓"片板不许下海"。严禁私人海上商业的活动,只允许海外各国以朝贡的名义来进行贸易,由此造成明清两朝海外贸易出现畸形的状况。明代又曾经出现一个历史上史无前例的由官方主导的派赴远洋的贸易船队,制造了空前的海外贸易交流盛况。

在盛大的官方版本的海外贸易下,明清时期还有一个民间版本的番薯贸易,极为深刻地反映了在官方贸易下民间贸易的交往与存在情况。

一、福州港口与郑和下西洋

明代一方面实行严峻的海禁政策,但另一方面又创造了历史上重大的一项官方推行的海上贸易活动,这就是郑和下西洋。郑和下西洋是福州港口密切相关的。

永乐三年(1405年)七月十一日,明成祖命太监郑和率领240多海船、27400名船员的庞大船队远航,拜访了30多个在西太平洋和印度洋的国家和地区,到明宣德八年(1433年),一共远航了有7次之多。郑和曾到达过爪哇、苏门答腊、苏禄、彭亨、真腊、古里、暹罗、榜葛剌、阿丹、天方、左法尔、忽鲁谟斯、木骨都束等30多个国家,最远曾达非洲东部、红海、麦加,并有可能到过澳大利亚、美洲和新西兰。郑和的航行之举远远超过将近一个世纪后的葡萄牙、西班牙等国的航海家,如麦哲伦、哥伦布、达伽马等人,堪称是"大航海时代"的先驱,也是唯一的东方人。

郑和下西洋曾多次驻泊在福州长乐的外港——太平港。据弘治《长乐县志》卷一《地理》记载:"太平港,在县治西半里许,旧名马江。本朝永乐中,遣内臣郑和使西洋,海舟皆泊于此,因改今名。"民国《长乐县志》卷之五《水利志》记载:"太平港,在县西半里许,旧名马江。明永乐七年(1409年),内侍郑和使西洋,海舟皆泊于此,因改今名。"1935年冯承钧《瀛涯胜览校注》序说:"考《明史·郑和传》,永乐、宣德间,郑和等通使西洋……自苏州刘家河泛至福建,复自福建五虎门扬帆首达占城,以次遍历诸番国。"至今长乐一带还保存着不少当年郑和舟师驻泊时留下来的珍贵文物和遗址,流传着许多父老抵掌而谈的逸闻轶事。

据《明史·郑和传》记载,郑和航海宝船共63艘,最大的长44丈4尺、宽18丈,是当时世界上最大的海船,折合现今长度为151.18米、宽61.6米。船有4层,船上9桅可挂

12张帆,锚重有几千斤,要动用200人才能起航,一艘船可容纳有千人。《明史·兵志》又记:"宝船高大如楼,底尖上阔,可容千人。"

在郑和下西洋的船队中,有五种类型的船舶。第一种类型叫"宝船"。最大的宝船长44丈4尺、宽18丈,载重量800吨。这种船可容纳上千人,是当时世界上最大的船只。它的体式巍然,巨无匹敌,它的铁舵需要二三百人才能举动。第二种类型叫"马船",长37丈、宽15丈。第三种类型叫"粮船",长28丈、宽12丈。第四种类型叫"坐船",长24丈、宽9丈4尺。第五种叫"战船",长18丈、宽6丈8尺。郑和所率领船队的这些船只,有的用于载货,有的用于运粮,有的用于作战,有的用于居住。分工极其细致,种类较多。我们可以说,郑和是以宝船为主体,配合以协助船只组成的规模宏大的舰队。而这些造船技术与船队,都与福州有关。

福州具有悠久的造船历史。《闽中记》云:"吴王夫差尝略地至此,作战舰,称吴航云。"《八闽通志》卷四《山川志》也载:"春秋吴王夫差尝于此(吴航头)造战舰。"《闽书》卷四《方域志》记载:"西汉吴王濞反,独东瓯王摇从之,故濞于此(吴航)造舰。"三国时期吴国在福州沿海建立造船基地。《重纂福建通志》卷八十四《船政》说:"朝廷在今福州开元寺东设威武营,置典船校尉,造船于此。"西晋时,在福州设典船都尉,并置温麻屯。《唐会要》卷八十七称,唐代福州造的船,"船身大,容积广,可运米数千石"。《宣和奉使高丽图经》卷三十四载:宋代的"福船"早已著称于世,"其制皆以全木巨枋搀垒而成,上平如衡,下侧如刃,贵其可以破浪而行之"。王象之《舆地纪胜》卷一百二十八载:南宋高宗绍兴十年(1140年),命张浚在福州"大治海舟至千艘",可见当时福州的造船水平和生产能力之高。

《八闽通志》卷四十载,明朝洪武年间,朱元璋为有效防御倭寇,在福州设立左、中、右三个卫,各卫建立一个造船厂,左卫在庙前,中卫在象桥,右卫在河口。造船厂制造战船供沿海卫所和水寨使用。《重纂福建通志》卷八十四《船政》说:"洪武五年(1372年),诏浙江、福建濒海九卫造海船六百六十艘;又诏造多橹快船,以备倭寇。"《明史》卷九十二《兵志》还说:"福船耐风涛,且御火……底尖上阔,首昂尾高,柁楼三重,帆樯二,傍护以板,上设木女墙及炮床。中为四层:最下实土石;次寝息所;次左右六门,中置水柜,扬帆炊爨皆在是;最上如露台,穴梯而登,傍设翼板,可凭以战。矢石火器皆俯发,可顺风行。"顾炎武《天下郡国利病书》卷二十二《江南》也说:大福船"乘风下压,如车辗螳螂,斗船力不斗人力,每每取胜"。据学者考证,郑和下西洋的宝船就是仿效福船建造的。

正由于福建造船技术的优势,朱棣登位后,多次下令福建为郑和下西洋建造海船。据《明成祖实录》记载:永乐元年(1403年)五月辛巳,令福建都司造船百三十七。永乐二年(1404年)正月癸亥,将遣使西洋诸国,命福建建造海船五艘。永乐五年(1407年)九月乙卯,命都指挥王浩改造海运船二百四十九艘,备使西洋诸国。永乐六年(1408年)正月乙卯,命工部造宝船四十八艘。其中当然包括在福州造船。

有明确记载的《重纂福建通志》卷二百七十一《祥异》云:"永乐七年(1409年)春正月,太监郑和自福建航海通西南,造巨舰于长乐。"《闽都记》卷二十六《太平卷》载:"永乐十一年(1413年),太监郑和通西洋造舟于此。""古谶云:'十洋成市状元来。'和时造舟,贸易如云。"

郑和船队历次驻泊福州港,更为大量的维修船舶和添置船上设备都依靠福州。据记载,每次停泊福州港的船只最少48艘,多至249艘,每艘海船岁维修费用达五六百金,需用大量杉木、杂木、株木、榆木、栗木、橹坯、丁线、桐油、石灰、舱麻,同样需要大批技术人才。

郑和下西洋之所以在这里造船、修船,首先是因为福州造船业的发达。早在明初,琉球国来进贡的海船就都是福建都司制造赠送的。此后,福州造船厂经常替琉球修船,还帮他们建造新船。而使琉册封使的座舟更多是由福州打造。明嘉靖十三年(1534年),陈侃、高澄出使琉球所乘的封舟;清康熙二年(1662年),张学礼、王垓等赴琉的封舟,也都是由福州打造的福船。

夏子阳《使琉球录》还说:"船厂设在闽江边上南台地方,造船工匠皆福建籍工人:在河口者能知尺寸、守成规,而不能斟酌时宜;在漳州者善用料、务坚致,而不能委曲细腻,皆各有长短。"

郑和下西洋的舟师,规模庞大,人数众多。据《瀛涯胜览校注》记载,第四次下西洋"宝船六十三号","官校、旗军、勇士、通事、长梢、买办、书手,通计二万七千六百七十员名。官八百六十八员,军二万六千八百员名",其中不少是专业技术人员,如阴阳官、通事、医官、火长,以及铁锚、木舱、搭材匠人等。每次舟师人数平均以27000人计算,七次总数可达189000人次。

七下西洋既然每次都在福州港驻泊,而其任务之一又是招募水手、增添兵员,所以,随舟师出发的福州人必然不少。诸多史志都提到的阴阳官福清人林贵和,就是掌管日月星辰、风云气色的能手。吴宪《封文林郎广东道监察御史林公墓表》说:"贵和通易,善卜筮之说,国朝永乐间,五从中贵人泛西海,入诸夷邦……往返辄数年,竟无恙,考终于家。"

《重纂福建通志》卷二百七十一《祥异》云:永乐"七年(1409年)春正月,太监郑和自福建航海通西南夷,造巨舰于长乐。时称郑和为三宝,下西洋师还,闽中从征将士,升赏有差"。其中就有长乐人黄参。《长乐六里志》卷七《人物》载:"长乐人黄参,字求我,至德里黄李人。明永乐七年(1409年),太监郑和驻长乐,造舰下西洋。参从征有功,授忠武尉,累迁游击定远将军,及和总管府中军。""在其举荐下,从之者众,随师远航。"闽侯世美《吴氏族谱》载:"吴兴,永乐二年(1404年)三月,奉令随钦差太监郑进征西洋等国。"福州城门《林氏支谱》也载其先人随郑和往番邦的史实。

查史志资料可见,当时福建都司和福建行都司所辖的16个卫所大都选派官兵参与下西洋的活动。《闽书》卷六十八《武军志》载,从征西洋有功而升官的将士22人,其中原籍福州的3人,即闽侯人严观,连江人王通保、陈连生,都因功升试百户;又在22人中,福州中卫17人,万安千户所1人。而万历二十一年(1593年)兵部主修《选簿》所记"从征将士,升赏有差"的还有福州右卫13人,其中李进保为闽县人,因两次下西洋有功,升试百户。此外,福州府各县还有相当部分富有航海经验的人员,作为使节参加远航的。

郑和下西洋,使明王朝在南洋、印度洋的声威远播,也大大地增进了中国人对这些国家的了解,发展了中国与各国的友好交往,扩大了对外贸易,为国人特别是福建人、福州人出外谋生创造了有利条件。因此,15—17世纪,南洋华侨之多、分布范围之广,是历代所不能比拟的。

徐继畬《瀛环志略》卷二《南洋群岛》称:"中国之南洋,万岛环列,星罗棋布","明初,遣太监等航海招致之,来从益众","迨至中叶以后,欧罗巴诸国东来,据各岛口岸建立埠头,流通百货,于是诸岛之物,充溢中华。而闽、广之民,造舟涉海,趋之若鹜,或竟有买田娶妇,留而不归者。如吕宋、噶罗巴诸岛,闽、广流寓,殆不下数万人"。

《明史·婆罗传》说:婆罗(今文莱)"万历时,为王者闽人也。或言郑和使婆罗,有闽人从之,因居其地。其后人竟据其国而王之。邸旁有中国牌。王有金印一,篆文,上作兽形,言永乐朝所赐。民间嫁娶必请此印,皆以此为荣"。故17世纪中叶,在文莱贸易和经营种植业的闽人日益增多。现在华侨、华人中,福州十邑籍的有3000余人。

福州长乐港口能够承担郑和七下西洋的停泊地,与福州港的造船技术与航海人才的具备是密切相关的。郑和七下西洋,对福州的经济、对外贸易、造船技术的推进,是不可言喻的。

长乐人的出洋下海是史不绝书的。明末清初,为避战乱,福州长乐各地商人、船主、士大夫及船员,移居日本长崎、鹿儿岛等地。据日本学者宫田安调查统计,至今遗存在长崎崇福寺后山的唐人(华人)墓,有碑者计277人,其中长乐59人。其孙郑怀德于乾隆五十三年(1788年)在安南(今越南)应举,官至户部、礼部尚书。

二、番薯贸易

明清时期福建人口迅速发展,在人口压力之下,必然出现替代水稻的其他粮食作物。番薯的引入,见证了这一过程,也同时说明了福州商人在其中的重要作用。

明代引入的蕃薯是不同于福建、广东等地原有的本地山薯。明代著名科学家徐光启对此做过考证,他在《甘薯疏》中说:"薯有二种:一名山薯,闽、广故有之;其一名蕃薯,则土人传云。近年有人在海外得此种。盖中土诸书所言薯者,皆山薯也。"

关于番薯引进福建的问题,据说在明万历二十一年(1593年)旅居吕宋(今菲律宾)的长乐青桥人陈振龙,看到福州所属各县常常闹旱灾、遭虫害,稻谷无收,百姓吃糠咽菜,生活十分困苦。陈振龙不顾判刑坐牢的危险,冲破道道关卡和艰难险阻,从菲律宾引进番薯种,并推广栽种技术,经其子孙五代人,历时170多年,到了清乾隆年间,番薯已遍布全国各地。

《明史·吕宋传》:"吕宋居南海中……先是,闽人以其地近且富饶,商贩者至数万人,往往久居不返,至长子孙。"《闽书》卷之三十九《版籍志》:"成化八年(1472年),市舶司移置福州,而比岁人民往往入番商吕宋国矣。……民初贩吕宋,得利数倍。"明万历间,长乐县秀才陈振龙,因外贸有利,弃儒就商,前往吕宋。后见其番薯遍地,可充粮食,遂潜带薯种回福州,经引种成功,得到推广,以济荒年,利国利民。

陈振龙五世孙陈世元著有《金薯传习录》。据《金薯传习录》中记载:万历二十一年(1593年)五月,长乐人陈振龙,"历年贸易吕宋(菲律宾),久驻东夷,目睹彼土产朱薯被野,生、熟可茹……功同五谷,利益民生。是以捐资买种,并得岛夷传授法则,由舟而归"。六月,他在福建巡抚金学曾的支持下,开始在"本屋后门纱帽池旁隙地试栽。甫及四月,启土开掘,子母钩连,小者如臂。大者如拳,味同梨、枣,食可充饥……"试种获得成功,其子陈经纶"以父所得种,陈'六益八利'及种法献之;巡抚金学曾征所属郡如法栽种。岁大获,民赖之,名曰:金薯"。《古今图书集成》的《职方典》中也记载"郡本无此种,自万历甲午(1594年)荒后,都御史金学曾抚闽,从外番觅种归。教民种植以当谷食,荒不为灾"。何乔远在《番薯颂》中也说:"其初入吾闽时,值吾闽饥,得是而人足一岁。其种也,不与五谷争地,凡瘠卤沙冈,皆可以长。粪治之则加大,天雨根益丰满。即大旱不粪治,亦不失径寸围。泉人鬻之,斤不值一钱,二斤而可饱矣。"

由此可见,番薯刚刚传入福建,即起了度荒救灾的功能,所以后来福州人民在乌石山建立先薯祠来纪念他们引进及推广种植番薯的历史功绩。

和福州陈振龙引进番薯相类似的,还有闽南一带引进番薯说。清代龚显曾的《亦园脞牍》第六卷记载晋江地区情况:"万历间,侍御苏公琰有《朱茹疏》。其略曰:甲申、乙酉(万历十二至十三年)间,漳潮之交,有岛曰南澳,温陵(泉州)洋舶道之,携其种归晋江五都。乡曰灵水,种之园斋,苗叶仅供玩而已。至丁亥、戊子(万历十五至十六年),乃稍及旁乡,然亦置之硗确,视为异物。"漳州地区据《漳州府志》载:"甘薯俗名番薯,种出吕宋,故以番名。漳人初得此种,私以为秘,后种类日盛。上而温、台,东而台湾,皆切片晒干。航海而至即山东路上,亦闻见之……"

可见明末万历年间,随着福建人口增加,地少人多问题已经开始显现。粮食问题,成为一个大问题。所以才相继有福州、闽南地区在万历年间从吕宋引进番薯栽培之说。福州因为是十邑省会所在地,加上巡抚大力推广,所以影响很大。

番薯是一种稳产高产的粮食作物,它抗逆性强,适应性广,耐旱、耐风、耐雨、耐瘠,山地、坡地、沙地均可栽种,不与稻、麦争地。它除了作为粮食之外,还有酿酒、熬糖、制作粉丝和淀粉等多种用途;其茎叶柔嫩多汁,糖分和粗蛋白含量也比较高,是农村喂猪、牛、羊等的好饲料。因此,福建省从沿海到山区普遍种植番薯,大大缓解了粮食严重不足的局面。清施鸿保在《闽杂记》中写道:"漳、泉各处,富室大家,亦皆和米炊饭,日供一餐。"福州沿海农民在番薯收成时,或锉为丝,叫"番薯丝",或切成片,叫"番薯钱",晒干后储存起来,作为日常的主粮。所以福建有"一季番薯半年粮,坏了番薯饿断肠"的谚语。

从番薯的引进,也可以看到,在强大的海禁政策下,民间的私人下海是无时不在的。福州商人在海外艰难创业并引进番薯,解决福建人的粮食问题,确实是大功无量。

番薯传入福建有一个中间环节,就是台湾。番薯传入台湾的具体时间无考。早于明万历三十年(1602年),福建连江县人陈第随从沈有容入台,就看到台湾种植番薯,以充粮饷。陈第写的有关台湾的书虽已失传,但在张燮《东西洋考》、伺乔远《闽书》及杜臻《粤闽巡视纪略》等书中,还有不少的存录。它离番薯传入福州仅晚9年。清顺治八年(1661年)郑成功率大军收复台湾。驱逐荷夷时,因军粮接济不上,当地番薯成为他们的重要兵粮。据《先王实录》记载:"是年三月十四日,郑成功大军进驻澎湖,曾向民间征集粮食,各澳长回称:'各屿并无田园可种禾粟。惟番薯、大麦、黍稷,升斗凑斛,合有百余石,不足当大师一餐之用。'"于是郑成功急令部下进军台湾。

同年七月"藩驾驻承天府。户官运粮船不至,官兵乏粮,每乡斗价至四五钱不等。令民间输纳杂子番薯,发给兵粮"。由此可见,明末澎湖和台湾栽种番薯已经相当普遍。

康熙二十二年(1683年)清朝统一台湾。翌年,在台湾设台湾府,隶于福建管辖,原泉州府知府蒋毓英调往台湾为首任台湾府知府。他于康熙二十四年(1684年)首纂《台湾府志》,该志《物产》中记载:"番薯,皮有红有白,蔓生,多结根,一亩地有数十石之获。地生薯,力省而获多,有贫者赖以克腹,味甘,亦可生食。"乾隆二十五年(1760年)余文仪续修《台湾府志》,对台湾番薯由来做了考证,他根据《台海采风图》记载说:"番薯,结实于土,生、熟皆可噉。有金姓者,自文莱携回种之,故亦名金薯。闽、粤沿海田园栽植甚广,农民咸借以为半岁粮。"

澎湖栽种番薯情况,《澎湖厅志》亦有详细记载:"地瓜,俗名番薯,蔓生,瘠土、沙地皆可种。有文莱薯、朱薯、黄栀薯、金薯。澎人遍地皆种,获而切片,或鑢成细丝晒干,谓之薯米。近多植新种,皮白味淡,取其繁衍多获而已。其藤可饲牛羊,可为薪,利亦溥哉。""澎人以地瓜为终岁粮,故入于谷类。"《赤嵌笔谈》云:"薯长而色白者是旧种,圆而黄赤者得自文莱国是金薯、文莱薯,而众说不同,存以备考。"

从以上诸多名称来看,番薯传入台湾和澎湖的途径,除了福州和闽南之外,也不排除从吕宋直接传播过去的可能性。因为自从宋代开始,福建人就开辟了从福建到台湾经过吕宋到南海的航线。番薯从文莱到吕宋到台湾到福建的途径,进一步说明了民间海外贸易的存在。

如果说番薯引入,是民间海外贸易的一大功劳,那么番薯传入琉球,则是民间贸易的成果通过官方贸易进一步传播。明清两朝,福州作为中琉通交的重要港口,每年都有不少琉球人在这里进行商业贸易和文化交流。他们住在福州水部柔远驿,俗称琉球馆,出入方便,与附近农民结下深厚的友谊。他们在这里学习了甘蔗栽培、制糖方法、茶叶种植、线面制作以及酿酒等技术。万历三十二年(1604年),野国总官随琉球国进贡船来闽,在榕期间,他敏感地发现,福州粮食作物生产出现了新品种——番薯。他欣喜若狂,认为这可以解救琉球人民常临饥馑的威胁,于是认真观察,虚心请教,采用"钵植"移苗法,于翌年公务完成后随贡船从福州带回琉球国。

《球阳》做如下详细叙述:

(尚宁)十七年(万历三十三年,1605年),总官野国自华带来番薯,以播于国。

总官野国,野国邑人。自中华番薯植于盆上而带来,麻平衡(仪间亲方真常)闻之,往乞其苗,且问栽培之法。野国告之曰:"番薯条为圈,埋之于地;已当实熟之时,掘以食之。"平衡如其言,以为栽植,历乎数年,番薯繁多。一年凶荒,五谷未登,民人饥馑,平衡掘用番薯赈济人民。时念番薯以补五谷,本国珍宝莫大于此焉。即切番薯条,播之于野,历至十五年间,人皆知番薯以充饭食,广敷国中矣。

显然,这是一次有计划、有组织地推广番薯栽种的举措,对琉球农业生产发展产生巨大的推动作用。到明天启六年(1620年),番薯种植遍及琉球全国各地,改变了民间饥馑期间靠苏铁果实磨粉充饥的状况,番薯一跃成为民间的主粮。老百姓对他的感激之情,自不待言;而琉球国王亦令仪间真常在野国港西地洞中,建造石堂,安放总官神骸,每年祭祀两次。另外,野国、野里、砂边、小禄、仪间等村的村民,每年于二三月间也要选择吉日前往祭祀,"以祈丰年","以报野国之恩也"。

番薯种植在琉球迅速推广,与册封使的关心和宣传分不开。万历三十四年(1606年),册封正使夏子阳在《使琉球录》卷下中写道:"谷则稻、秋、黍、稷、麦、菽。蔬则瓜、茄、姜、蒜、葱、韭、菔、芋;更有波菱、山药、冬瓜、薯、瓠之属,皆闽中种,而味实不逮。"

这是《使琉球录》中第一次出现"薯"字,应即番薯为野国总官引入栽种第二年。从番薯的引入与传播,可以反映这一时期福州对外贸易及福州商人的活动状况。

第五节　海外贸易管理机构

明清时期,福建对外贸易口岸的地位已经上升到国家层面的一个高度关注。明清实行海禁政策时期,由于地理位置的优势,福建的对外贸易港口显得尤其重要起来。主要表现:一个是福建市舶司设立,专门管理与琉球的朝贡贸易;一个是在西方势力东进时期设立的闽海关,专门负责海外贸易的管理。下面分别叙述之。

一、福建市舶司

在明代,与琉球的贸易关系,使福州港口的地位突然显得重要起来。甚至为了保证与琉球的贡舶贸易顺利进行,专门在福建福州设立琉球馆,供来贸易的琉球商人停息,还专门设立市舶仓库,储存货物。

明代管理海外贸易的机构,承袭宋元做法,也叫市舶司。明朝在广东、福建、浙江都设有市舶司管理。但是,明代的市舶司管理,是建立在朝贡贸易基础上的市舶管理。市舶司的主要职权是"掌海外诸番朝贡市易之事,辨其使人、表文、勘合之真伪,禁通番,征私货,平交易,阇其出入而慎馆毂之"[1]。明代是中央集权专制制度不断强化的时代。在海外贸易方面,明代实行的是贡舶制度,所谓贡舶,就是明代把与明王朝进行贸易的国家都看作是来朝贡的,"凡外夷贡者,我朝皆设市舶司以领之……许带他物,官设牙行,与民贸易,谓之互市。是有贡舶即有互市,非入贡即不许其互市矣"[2]。换言之,只有在朝贡的名义下,才能来进行贸易。

简而言之,宋元的海外贸易管理,从对象来说,是不分公、私商人,是管理一切进行海外贸易活动的。在管理的类型上,不仅仅包括出口,同时对进口也一并征税。但是,明代

---

[1] 《明史·职官》。
[2] 《续文献通考》卷三十一,《市籴考》。

的朝贡贸易管理,性质是完全不同的。明代明确指出,有朝贡才有贸易,换句话说,贸易是建立在朝贡基础上的。首先,就是要求海外诸国,必须承认作为明朝的附属国前提下,才能以朝贡宗主国的名义来进行贸易。

也正是在这种国策下,一个小小的四无之地的琉球,成为最享受明朝贸易政策带来的利益的国家。也正是由于琉球国朝贡贸易的需要,福州对外贸易港在明清两代才突显重要。

明代以前,琉球是一个贫穷的地方,"地无货殖,故商贾不通"①。明初朱元璋驱逐元朝统治者之后,开始要在海外建立华夏正统,希望海外诸国承认。洪武五年(1372年),朱元璋命行人杨载出使琉球,诏告即位建元一事,琉球中山王察度即遣弟弟泰期前来朝贡,琉球成为明朝的藩属国。琉球小国正是充分了解了朱明王朝的本意,积极称臣自称属国。为增进与明朝的贸易往来,琉球国小资源缺乏,贡品大多买自日本、东南亚各国,入贡目的在于"欲贸中国之货以专外夷之利"②,琉球国经济高度依赖于对明朝的朝贡贸易。

为了便于琉球国人来朝贡贸易,洪武二十五年(1392年)朱元璋赐闽人三十六姓给琉球国,因为"闽人三十六姓善操舟者,令往来朝贡"③。一说是赐三十六户。这些人多有手工技艺,以行船舟工为多,其中就有福州的林喜。到现在,林喜的直系子孙有3万多人,组织成立了"门中会",该会于1986年还派人回榕寻根。在有关部门协助下,依据始祖留下对家乡的描述:家乡在福州南乡,村口有林桥,村以姓为名,终于在福州南台岛林浦寻到了根。此后,"门中会"常组团回闽祭祖,并到世宫保尚书林公家庙进香。他们还敬献石狮一对,现竖立在家庙门口两旁。

由于琉球造船技术不如中国,明朝还赐海舟给琉球国,便于海上往来。在明朝统治者的大力扶植下,琉球与中国的交往超过了同时期与明朝交往的任何一个国家。在明朝长达268年的统治期间,明朝共向琉球派遣使者20余次,而琉球仅入明朝贡的航次就达300余次,其中还不包括以其他名义入明的船只。

明代是实行海禁的闭关锁国的国家,对于海外贸易是采取敌视态度的。虽然有朝贡贸易,但也是在严格限制之下进行的。所以,福建市舶司的设置,开始是设置在远离省会的泉州,福州仅仅作为行政管理的中心。明代市舶司隶属布政司,最早福建市舶司虽然设在泉州,但是福建布政司设在省府福州,而代表皇帝来征收舶物的市舶太监也时常驻节福州。这样就造成"朝使贡蕃络绎往来,宿顿省垣,供亿无已"④的状况。管理机构分别两地,既糜费钱财又不便管理。

此外,从琉球方来说,琉球贡船从那霸开航到福州是相当便捷的,旅途也近,这是地理位置所决定的。再则参加明王朝册封的琉球通译,大多数是福州人。从乡土观念讲,

---

① (明)严从简:《殊域周咨录》卷四,《琉球国》,《明神宗实录》卷四百三十八。
② 《明宪宗成化实录》卷一百七十七。
③ 《明史》卷三百二十三,《琉球传》。
④ 《闽县乡土志·政绩录》。

他们更希望贡船直接到福州,以便就地探亲,避免奔忙之劳。加之布政司税所也设在福州,琉球贡船当然不愿意舍近求远,避简就繁。再则,福建官员也不愿意泉州地方官来染指贡舶这份"肥肉"。所以福州各方纷纷要求把市舶司设置管理权,收回到福州来。

从市舶管理方面来讲,事实上,早在迁移市舶司之前琉球贡船就已经不是全部都往泉州停泊了。贡船由于受风向影响往往就地靠泊。如宣德年间就有1/3的琉球贡船泊于浙江瑞安。其原因是"风势使然",就地停泊。又如正统年间,福建监察御史向明英宗报告接待琉球贡使的开支、费用时指出:"琉球往来使臣俱于福州停往。"①琉球贡船从那霸港启程往福建,先往长乐五虎门驻泊,然后再到福州城南河口;返回时也是由福州闽江出长乐,出海后直航那霸港。这些都说明市舶司设在泉州已不能适应中、琉朝贡贸易的需要,日益失去其职能作用,名存实亡。

在多次的争议后,福建市舶司终于在明成化十年(1474年)从泉州迁往福州。明朝为了与琉球发展友好往来和进贡贸易,便在福州河口尾建进贡厂,为贮存贡品之用;在福州水部门外设置柔远驿,为贡使馆寓之所,琉球贡船大多驻泊于此。当时福州的海运贸易,在市舶司未移置之前,就已相当发达。至市舶司移置以后,则更加繁盛。

福建市舶司衙址则设于当时的福建布政司,即福州西南面乌石山之北、澳门河之南(今道山路澳门路口),这是由旧都指挥王胜宅第改建的,下设两个附属机构:一是进贡厂,一个是柔远驿。市舶主管为市舶提举。据高岐《福建市舶提举司志》记载:市舶司设提举1名,从五品;副提举1名,从六品;吏1员,从九品;牙人5名;另有通晓番文、精通礼法的土通事及门子、弓兵等若干人。此外,又由于海外舶来品,是皇帝的奢侈品所在,舶货收入对皇帝内廷是至关重要的,所以明朝皇帝又"命内臣提督市舶",提督市舶太监为皇帝钦命之臣,实际上是代表皇帝意志来舶商停泊地收取皇帝所需要的舶来品。这是和唐代市舶使一样的专命特使。由皇帝派往福州的市舶太监设衙门在市舶太监府(或称市舶府),设置在柏衙前(今省立医院前面)。而市舶提举司则负责海外贸易管理,其人员的各种关系如下:

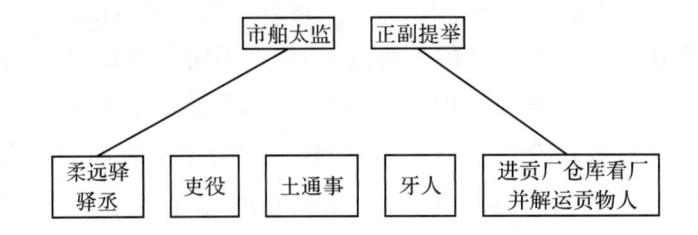

```
        市舶太监      正副提举
           |_____|
    _____|_____|_____|_____
    |       |       |       |       |
  柔远驿   吏役   土通事   牙人  进贡厂仓库看厂
   驿丞                         并解运贡物人
```

市舶司对琉球贡船人等的管理有一套完整的程序和制度。每当琉球贡船到达闽江口外闽安巡检处时,就由巡检司先申报各衙门,知会把总指挥,即差千百户一员,坐驾军船,率领军士防范进港,到指定地点停泊,等候检查。第二天,由都、布、按三司官员各一员,同市舶提举司掌印官一员,带领土通事及合用匠作人等,前往贡船停泊处,查验"彼国符文执照",一面让匠作将船舱封钉,一面将过程黔报,上司巡检司即派出官员充作向导,

---

① 《明英宗实录》卷五十八。

引贡船,进入闽江口到达福州市内,在市舶官员的监督下,将贡物存入进贡厂。然后,进贡人员住在柔远驿,听候会盘。①

根据高岐《福建市舶提举司志》记载,进贡厂规模很大,建在今天福州水部门外河口一带,其中有会盘贡物的锡贡堂3间、察院三司会宴贡使的承恩堂3间,此外还有贮存货物的香料仓库3间、椒锡仓库1间、苏木仓库3间、硫黄仓库3间及宿舍、厨房、更楼等附设建筑物。柔远驿在水部门外,进贡厂之南,是贡使、水梢居住的地方,有前厅3间、两边卧房6间、后厅5间、两边水梢卧房27间、贰门3间,此外还有守把千户房两边共10间、军士房2间、大门1间。

会盘根据贡使的申请,经都察院批准,通知布政司,择日在进贡厂易贡堂进行。会盘日,各大小衙门派员到厂参加,先由原经办官员验封开舱,提举司与闽、侯、怀三县查照旧规,备办箩桶、扛索,指拨役夫将贡物搬运至锡贡堂。各大小衙门官员到齐后,贡使参见行礼,递上贡物名册,然后由行匠将贡物一一验明。

待会盘事毕,察院并都、布、按三司先差人递本赴京走报,再由布、按两司官员各1员同提举司官员共同进贡厂开库,将原进草包、生硫黄等贡物,会同拆开,督匠验看成色,做有关处理,重新装箱,逐箱钉封。最后由都、布、按三司会委千、百户2员,护送贡使、贡物,自柔远驿起程,乘船溯闽江而上,经延平(今福建南平市)、建宁(今福建建瓯),到崇安,越武夷山,进入浙江,然后顺着大运河经杭州、苏州、扬州、淮安等运河城市,抵达北京。② 琉球的贡使到福州以后,再从福州送贡品至北京的路线,一般是走陆路和河道,大致路线是自福州—浦城—清湖—杭州—苏州—扬州—淮安—张家湾—北京。

琉球王国与明朝的朝贡关系,本质上是一种贸易关系。从明代与琉球贸易的物品看,从琉球带来的商品主要是海产品,少量为工艺品及原料,大体有如下10多个品种:海带菜、海参、鱼翅、鲍鱼、目鱼干、佳苏鱼、鲍鱼、薯粉、烧酒、酱油、茶油、铜器、金纸围屏、棉纸、白纸扇、木耳、夏布、刀石等。

福州出口的商品,有纺织品、药材、瓷品、日用品、工艺品、食品等,大体如下:上给纱、中花绸、毯条、虫丝、苎麻、粗夏布、粗药材、沉香、洗香、木香、线香、砂仁、洋参、细茶叶、粗瓷品、细瓷品、毛边纸、甲纸、大油纸、油伞、油纸扇、土油纸粗扇、铁针、器锡、土漆、茶盘、蓖箕、漆箱、土墨、胭脂、白糖、冰糖橘饼等。

琉球人向明朝贡,"贡有苏木、胡椒、黄熟、降檀诸香,并非所产,产饶硫黄、海贝"。一些非琉球产的苏木、胡椒、香料等即为东南亚地区所产;还有玛瑙、象牙,也并非是产自琉球。这些产品,是琉球通过购买其他国家的商品来与中国贸易的。

从琉球船航行的时间,可以看出福州—琉球—海外诸国之间的贸易关系。如正德十四年(1519年)八月十七日,以正使马勃度率领的贸易船,"装载瓷器等货,前往佛太泥出产地面收买苏木、胡椒等物"。后于正德十五年(1520年)四月,又立即入明朝贡。未几,

---

① 高岐:《福建市舶提举司志·宾贡》。
② 高岐:《福建市舶提举司·属役》。

于正德十五年(1520年)八月,再次前往佛太泥进行新的贸易活动。从以正使马勃度率领的贸易船只的航程来看,除去贸易及等候季风需要的时间,可以肯定琉球船的航程乃是往返于福州与佛太泥之间的贸易。因而这种贸易尽可看成是中国与佛太泥之间的贸易,所不同的是这一贸易关系以琉球船为中介。这种情形也同样出现在琉球船与之往来的其他国家和地区。史籍记载也可以充分说明这一贸易的关系。史载:"先是琉球国遣人往满剌加国收买贡物,遭风未回,致失二年一贡之期,至是遣人补贡。福建等臣以闻,命如例纳之。"何以往满剌加的船未回,琉球国就派不出贡船了?只因所有在东南亚诸国收买的货物,要利用进贡中国的机会在中国进行又一次贸易以获利。显而易见,这一时期琉球与福州的贸易关系,乃是福州与海外诸国的贸易关系。

从琉球往中国的贸易人员来看,出没福州港的琉球船多是从东南亚贸易回来就原船原货地驶向中国。正德八年(1513年)八月初七日,琉球往退罗使船人员有马三鲁、吾剌每、也奇钱,火长是红瑞。而同年十二月五日往中国的使船人员,也有上述相同的人,火长也是红瑞。又如正德十年(1515年)四月十三日,琉球往中国的贡船人员有毛是、吴实、马参鲁、郑昊、南比诸人,而同年八月十二日往佛太泥使船人员仍是上述相同的人员。据此可知,以琉球贸易船只为中介,在福州港所进行的中琉贸易,乃是明代中国与东南亚诸国贸易的翻版。

清朝实行更加严厉海禁政策,顺治十八年(1661年)清政府实行迁界政策,"下令迁沿海三十里于界内,不许商舟一舻下海"①。这一时期,只允许福建与琉球进行官方朝贡贸易。清代琉球朝贡事务略与明代不同,琉球贡船抵达福州,先到海防衙门报到。康熙十年(1671年),清政府正式批准琉球使臣不必带货物到北京会同馆交易,一切销售购买都在福州琉球馆办理。

1875年,日本强迫琉球王国停止向清朝朝贡、关闭福州琉球馆,中琉断交,福州柔远驿作为琉球使者驻地的功能消失。1879年日本正式吞并琉球后,日方曾提出日本接替琉球国继承柔远驿作为日本的财产,但被中国方面拒绝。尽管如此,此后直到1937年中日之间爆发战争,前往福州的琉球人(实际上包括很多日本人)仍继续使用该馆作为在榕的居所。显然,明清两朝的市舶司管理,实际上就是管理福州与琉球的贸易机构。

二、闽海关

清初实行严厉的海禁政策,作为对外贸易的管理机构,福州的市舶司即行废止。

康熙二十二年(1683年)六月,清政府消灭了据守台湾的郑氏政权后,于同年九月,正式谕令沿海各省,先前所定海禁条例尽行停止,准行开海贸易。清政府开海贸易后,原拟在江苏云台山、浙江宁波、福建漳州、广东黄埔设立江、浙、闽、粤四海关,分别管理辖内的航运贸易事宜。

---

① (清)魏源:《圣武记》卷八,《东海靖海记》。

康熙二十三年(1684年)十月,清政府派户部官员吴世把、张浚两人在福州闽安镇对商船征税。次年四月,抽税郎中吴世把,请于台湾、厦门建立衙门抽税等因,仍准行。吴世把在奏折中称,福建地域辽阔,海口众多,如果让各处商人都到一口岸纳税,有些商人就得长途远涉,甚至影响远航汛期,势必使从事海外贸易的商人越来越少。他还特别提出"江西等省客贾并土著商人,俱将各货物运至汀、漳装舡,由同安、海澄等口驾出口,在厦泊舡,经外番各国贸易","厦门、闽安镇为咽喉必由之地",因此须于"二口各设衙署一处"①。康熙皇帝接受了吴世把的建议,将闽海关分设在福州、厦门两地,分而治之,形成闽海关体系有两个衙署分设的局面。福州、厦门两口,则由户部委派满、汉两名监督分别驻福州南台与厦门,而满族的监督则驻省会福州。

福州衙署设在台江中洲岛上。康熙年间,在闽海关设立初期,南台是其行政管理中心所在。康熙二十九年(1690年)后,闽海关只设一名满洲监督驻在福州,而厦门则不派监督,全凭福州遥控,但这种情况很快就发生了变化。由于厦门港在明末清初奠定了良好的海外贸易基础,开禁后发展很快,因此到雍正年间,闽海关的行政管理中心位置逐渐移到厦门。雍正元年(1723年),闽海关业务改由福建巡抚兼理。雍正六年(1728年),闽海关设子口33处。雍正七年(1729年),恢复由中央直派海关监督制,当时,因厦门地方偏僻,耳目难周,南台近在省会,为沿海口岸适中地,故闽海关监督则常驻福州南台。乾隆元年(1736年),闽海关事务改由闽浙总督兼理。乾隆三年(1738年),福州驻防将军(镇闽将军)被授命"兼管闽海关事"。乾隆十一年(1746年)。经清廷确认,闽海关设有厦门、南台、泉州、铜山(东山)、宁德、涵江六总口及分口等31处。至此,福建海关体系渐臻完备。

在中国海关史上,非常重要的一个转折,就是咸丰八年(1858年)外籍税务司制度在中国确立。鸦片战争之后,中国海关税务管理权丧失。咸丰十一年(1861年)六月初七日,闽海关税务司署设立并正式对外办公。关址原来设在鸭姆州,后改设在福州市仓山区泛船浦,并于长乐营前设置办事处。泛船浦一带是明末对外贸易港口基地,其后这里一直是闽海关关址所在。外籍税务司的闽海关税务司署和厦门关税署设立的关,统称洋关。洋关负责管理轮船,征收关税;常关只管理民船和内地贸易。洋关的设立标志着中国海关和对外贸易的管理权落入帝国主义列强手中。光绪二十七年(1901年)签订《辛丑条约》,清政府被迫偿付巨额赔款,因海关关税不足用以抵押,条约规定将洋关50里内的常关划归洋关管辖,这样,中国关税自主权丧失殆尽。进出口贸易成为近代帝国主义掠夺中国资源和向中国市场倾销商品的一种手段。

闽海关(洋关)的设立在国内是比较早的。早在《天津条约》以前,英国驻福州领事就屡次要求设立新关(洋关),但未能成功。《天津条约》规定了英国"帮办"中国税务的体制后,咸丰十一年(1861年)福州就设立了新关,同时开始找地建屋,次年建成办公楼,再隔一年建成验货厂,其后又陆续兴建了大批建筑。

---

① 《宫中档案正朝奏折》第十六辑,第146页。

光绪二十四年闰三月初八日(1898年5月8日),清政府在宁德县三都澳设立福海关。其时,总税务司署明确规定,其行政上受总税务司署和闽海关税务司双重领导,由闽海关税务司就近指导工作,经费由闽海关账内支出。

光绪二十七年(1901年),根据《辛丑条约》,洋关周围50里内常关归税务司兼管,50里外常关在全省只剩泉州、涵江、铜山、沙埕等4个。福州常关有分局卡9个,即仓后、洲头、新港、闽安、箱头、东岱、海山、明岐、乌龙江;东冲常关有分局卡10个,即飞鸾、白石、宁德、八都、七星、盐田、罗源、可矿、北岭、三都澳。

关于福建洋、常二关的隶属关系如下:

福州将军(兼管闽海关事)——五外常关(泉州、涵江、铜山、沙埕);

总税务司——税务司——闽海关(洋关、福海关、厦门关)。

光绪三十二年(1906年),闽海关下设关务处,福州、厦门也相应于光绪三十三年(1907年)设立关务分处,作为闽海关的直辖机构,督理福州、厦门关、常关。

宣统三年(1911年)一月,福建军政府成立。闽海50里内外常关监理机构遂暂归闽都督。次年一月,下移于闽都督府财政司;三月又改归闽都督政务院关务处。

南台作为闽海关属的一个主要分口,其基本职能是检查进出口商品,征收船税防止走私漏税。此外,还负责监督民间造船及管理海外贸易的事务,但是对出洋贸易的海船,却只能由厦门口管理,即"凡海船越省及往外洋贸易者",均须集中到厦门挂验。① 闽海关南台分关的管理,先是由满族监督担任,雍正二年(1724年)改由福建巡抚兼管。雍正七年(1729年)又恢复了海关监督职位,由内务府官员准泰担任。乾隆元年(1736年),由闽浙总督兼任闽海关监督。乾隆三年(1738年),福州驻防大臣被授权与总督共同管理海关,后因总督两省行政事务过重,被免去共同管理之权。此后,福州驻防大臣(即福州将军)才单独兼管闽海关事宜。

从闽海关的设置来看,说明清代,福州海关仍然是属于近海贸易管理,出洋大海船的管理是由厦门来负责的。在省会中心只设置衙门管理近海贸易,边远的港口则管理出洋大船,这是封建保守思想的反映。

---

① 乾隆《鹭江志》卷一。

第五章

近代福州商帮的发展与转型

近代福州商人与商业资本的发展,由于鸦片战争的影响,受到极大的冲击。在西方商业势力面前,福州商人资本出现了关键的转型。在福州开辟为五口通商口岸后,他们积极地开始从商业资本向产业资本的转变尝试。辛亥革命之后,福州的商业资本迅速地在商业、工业、金融业方面,进行有力的转变,对福州社会经济的发展,起到了积极的作用。

第一节 鸦片战争对福州工商业的影响

1840年鸦片战争之后,福州成为对外开放的五口通商口岸之一。中国大门被帝国主义列强强行打开,从此洋商长驱直入,所谓五口通商口岸,成为帝国主义进行经济侵略的自由进出门户。随着西方资本主义势力侵入,福州迅速成为一个典型的半封建半殖民地畸形消费性的手工业、商业城市。

一、开五口通商后的福州社会经济状况

福州是省会中心,又是相对保守的城市,长期以来虽然与外界多有贸易行为,但贸易的对象多是近海与南洋各国,与世界发展的潮流总是隔绝的。鸦片战争后成为五口通商的口岸之一,深刻地影响了福州的社会经济。

(一)洋行、公馆遍布福州

鸦片战争后,中国被迫打开大门,开放了五口通商口岸。西方列强不仅控制福州海关,夺取沿海港务权,而且还在福州纷纷设立洋行,操纵福建进出口贸易的经营权。从此,各国洋行、公馆竞相出现在仓前山和泛船浦一带。

1845年10月英国商人纪连第一个在福州设立洋行。1853年美国旗昌洋行在福州开办后,接着其他洋行也纷纷建立,相继而来的有英国怡和洋行和宝顺洋行。1888年德国的禅臣洋行也在福州设立分行,从事茶叶的输出贸易。

这一时期,在福州设立的洋行前后有英国的裕昌洋行、协和洋行、怡和洋行,美国的美孚洋油公司、德士古(壳牌)石油公司,日本的三井洋行、三日洋行,德国的禅臣洋行、东亨洋行等,这些均为规模较大的外国洋行。这些洋行在福州倾销洋货,廉价收购地方土特产。

五口通商开放后,西方资本主义国家纷至沓来。它们通过控制海关,制定子口税,建立洋行,开办银行和轮船公司等一系列活动,完全控制了福州的经济命脉,控制了进出口贸易。

在福州,外国人可以拥有土地房屋并在那里居住,外国商船可以在那里装卸货物,外国和中国商品可以在交纳一定的关税后进出口,外国货物可以由这些口岸送往内地,土产也可以根据某些规定装运到外国。"在这些口岸有洋关征收关税,洋关的人员全部为欧洲人,而且直接由北京领导,因此完全不受地方政府管辖。所有轮船及洋式船只,无论国籍,甚至是悬挂中国旗的船只,洋关也有权监督。这些船上所载的一切货物,无论其货主属于任何国籍,一经进入口岸,都要接受这个机关即所谓洋关的管辖。"[①]这样,福州对外贸易的主权完全丧失,使原来独立自主的封建对外贸易变成半殖民地性质的对外贸易。

(二)洋货直接冲击福州市场

洋行在福州,最为主要的是协助倾销洋货。随着通商口岸的开放,大量洋货开始直接冲击了福州的市场。根据统计,1842年输华货物总值为96万英镑,1843年达106万英镑,1844年又增加到230万英镑,1845年再上升到239万英镑。[②] 短短的两三年中洋货增加了1.5倍以上。

从全省直接对外贸易进口货值的变化情况来看,1867年进口货值为826万海关两,1881年增加972万海关两,1885年第一次突破1000万海关两,达1040万海关两。如果以通商口岸而论,福州口直接对外贸易进口货值,1867年为348万海关两,1894年达441万海关两。[③] 洋货大大冲击了福州的市场,在洋货的冲击下,传统的中国手工业纷纷倒闭。

在进口洋货当中,以棉纺织品为最多,根据清光绪末年福州海关的统计,当时资本主义国家向福州港进口的"洋布"和"洋纱",每年有4万多担,价值100万两以上,海关的报告中说:"民间之买洋布洋棉者,十室而九。"[④]福州的洋纱进口到1892年,"洋纱(从孟买运来的)进口增至四倍"。[⑤] 由此可见,鸦片战争以后,福州传统的纺织工业,在帝国主义

---

① 《中国近代贸易史资料》第2册,第735页。
② 《英中条约》,《马克思恩格斯全集》第12卷,北京:人民出版社,1960年,第601页。
③ 姚贤镐:《各通商口岸对外贸易的消长》,《前揭书》第3册,第1612页。
④ 姚贤镐:《中国近代对外贸易史资料(1840—1895)》第3册,北京:中华书局,1962年。
⑤ 《1892年福州商业报告》(英文),转引自林仁川:《福建对外贸易与海关史》,厦门:鹭江出版社,1991年。

洋布倾销之下，一蹶不振了。以至近百年来，直至福州解放为止，在其市场上从未见过当地出产的丝绸纺织品。清光绪二十七年(1901年)，全福州仅存小型的家庭缫丝厂三家，且只出品一些丝线，其惨景可见。

其次是各种轻工制品，以及大米、面粉等。帝国主义洋货的倾销，据《福州地方志》记载以光绪末年发展为最高峰。海关在光绪末年统计的外国进口货物的主要平均数字如下：洋米，年350万石，价值8.5万两左右；各类印花棉布、棉纱，年4万担左右，价值100万两以上；洋油，年约450万加仑，价值50万两以上；洋糖，年为50万两左右。

此外，进口货物中主要还有面粉、火柴、肥皂、玻璃、钢、铜、铅、锡、纽扣、蜡烛、钟表、纸烟、水果、参、茸、燕窝、水泥、煤、呢、布、哔叽、鞋帽服装、电器器材、罐头果品、海味鱼货、钻石珠宝、矿山器具、造船材料、化工品、洋油、硝磺、印刷材料、照相器材，甚至缝衣的针、洋伞、香水、洋酒等。因进口商品之多，当时人称之为"39洋"。

在洋货倾销最高峰的年代，全年进口货物的总产值在1600万两左右。在上述进口货物中，可以明显地看出，最多是米和布，也就是说在人民生活中最主要的吃饭和穿着问题都控制在外国商人手中。

在外国进口货物中最初以英国货最多，其次是美国、德国，而日本后来居上，逐渐占了上风，控制了大部分的福州市场。

(三)农副产品迅速商品化

在中外贸易的刺激下，本地农产品加速商品化，主要表现在以茶叶出口带动了福州的土货出口。

西方资本主义国家用武力迫使福州港对外开放，其目的除了想通过福州港倾销其工业品之外，同时还以港口为基地，千方百计地收购福州周边经济腹地内土特产品及其廉价原料。因此，早在五口通商初期，他们就十分注意调查福州一带土特产的生产和销售情况。

福州开埠以前，武夷山红茶已经在国际上享有盛誉，当时英国人就很喜爱"中国之茶叶，而崇安所产尤为该夷所醉心"[①]。但是，由于清政府实行茶叶海运封锁政策，武夷山茶不能沿闽江从福州出口，而要走陆路经江西运至广州出口。武夷山茶通过陆上运输，运往广州、上海销售，不但路途遥远，而且税卡林立、运费昂贵。如从星村运茶至广州，全程长达2800余华里，至上海全程也有1800多华里。这样长途贩运的结果，使得武夷茶在上海、广州两地价高而利薄。如武夷山茶在上海的售价，一般每担在11～12两上下，而成本却要9.773两，因此"普通茶叶的利润看来就很微薄了"。与上海、广州相比，福州离武夷山要近得多，水路交通也比较方便，从星村装船沿闽江顺流而下，用4天时间就可抵达福州。据郭士立等人的调查，福州茶叶的价钱要比广州低30%。仅就广州与福州

---

① 葛士浚：《皇朝经世文编续》卷一百一十二。

之间的运费来说,一年每担可节省4两,那么每年15万担,就是节省60万两。① 因此,西方列强梦寐以求要开辟一条由福州出口茶叶的新茶路。

1853年是一个重要年份。由于一家美国公司的努力,"福州一举成为重要的红茶市场。而在此之前,没有一箱茶叶经此港运往国外。这年春天,上述这家公司特派其在上海的中国代理商来到位于福州西边和西北边的茶区,大量收购茶叶,而后用小船沿闽江而下,运到福州港。此时福州港已做好了外轮运输的准备,把收购的茶叶运往国外。1853年有14艘船到达福州。1856年这个数字变成148艘"②。1854年,福州装运茶叶出口的船舶增加到55艘,出口量达13万担。1855年茶叶出口量增加到27万担。1856年为37万多担。③

进入19世纪60年代,福州茶叶出口突破6000万磅大关,1866年达6500万磅,与1856年相比增长了59.97%。1869年苏伊士运河开通后,轮船逐渐取代茶叶飞剪船,到英国航程也大为缩短,原来绕道南非好望角,需要100天左右的时间,通过苏伊士运河仅需55~60日,使运抵英国等地的茶叶较新鲜,因此进一步刺激了福州港茶叶出口贸易的发展。据统计,1855年福州港的茶叶出口量尚比不上广州,仅为上海港的1/5,次年,福州港的茶叶出口量便超过广州港,1859年又首次超过上海港。④ 自1866年起至19世纪80年代中期,福州港的茶叶出口不仅呈上升趋势,而且年年超过广州、上海,成为全国最大的茶叶出口地,每年的货物出口总量占全国茶叶箱出量的1/3以上。其间的1880年,福州港茶叶箱出量更高达1.0692亿磅,折合802113担,创下福州茶叶输出的最高纪录。

洋行在福州,一方面是帮助倾销洋货,另一方面是廉价收购福建土特产。他们在充分调查研究的基础上,做好了掠夺福州土特产的准备。1853年起,随着茶禁的开放,茶叶出口量大增,福州港掀起了土货出口贸易的高潮。这一时期,福州港的出口土货品种有茶叶、木材、各种等级的纸张、竹笋、中药、干果、鲜果等。

土货输出的价值总是无法与茶叶相比。茶叶出口一枝独秀,他项土货出口价值不能望其项背。茶叶出口历年都占土货出口总值的绝大部分,如1874—1877年茶叶出口货值,平均占土货出口总值的55%。由于茶叶大多数出口国外,使得这一时期土货出口货值中,占外贸出口货值所占的比重相当大。1867—1894年间,外贸出口货值在土货出口总值中所占的比重每年都在54%以上。19世纪80年代,外贸直接出口所占的比重除1889年外,其余年份均在80%以上。由此可见,农产品商品化的倾向相当严重。

当年的台江是我省农副土特产的集散地,因此也是争夺的重点。当时台江的上下杭街和沙洲地带,出现了畸形的繁荣景象,买办洋行、各种商业帮派纷纷成立,楼堂馆舍也陆续兴建。洋行的买办阶级把台江商情动态作为他们的议事日程,被称为"马千"的洋经

---

① 福州地方史研究室编:《鸦片战争在闽台史料选编》,福州:福建人民出版社,1982年。
② Justus Doolittle, "Introduction", *Social Life of The Chinese*, Vol. 1, New York: Harper & Bros, 1865, pp.19-22.
③ (美)马士:《中华帝国对外关系史》第1册,上海:上海书店出版社,2000年,第360页。
④ (美)马士:《中华帝国对外关系史》第1册,上海:上海书店出版社,2000年,第413页。

纪人不断出现于市场。

自从鸦片战争以后,从福州港出口的土特产,也超过了历史上的任何时期。据《福州地方志》记载,福州市场(台江市场为主)以出口最多的光绪末年统计:茶叶类最高出口数年约20万担,价值450万两左右;土纸类:最高出口数年约4万担,价值40万两左右;木材类:最高出口数总额150万两左右;竹笋类:最高出口数总额40余万两。还有其他水果如福橘、橄榄、桂圆、荔枝等,也是重要的出口土货。

当年由福州港输出的货物总计为700多万两。若与外国进口货物总额1600万两的价值相比,将近有1000万两的贸易逆差。在进口货物中,几乎都是工业产品,而在出口货物中,则几乎都是农业产品(其中小部分是手工艺品),这种半殖民地性质的对外贸易,对福州地方经济是一个致命的打击,使其长期停留在落后的农业社会阶段。

(四)鸦片走私盛行

福州开埠前,就有鸦片通过泉州等沿海口岸流入福州。1845年年底起,鸦片就直接由福州港进口。在港口开放的初期,虽然外国人在福州开展他项贸易的尝试连连失败,但鸦片贸易却十分顺利。"在当时鸦片是外国输入中国最重要又是最值钱的货物,在名义上中国政府对鸦片买卖是禁止的,但由于官吏的纵容,这个贸易几乎完全是免税的。单在福州地区一年的消耗量估计约二千至三千箱之间,大约有半数以上的成年男子染上了烟瘾。"①此外,一部分鸦片还通过福州转销内地县市广大乡村。据闽海关设立后的统计,1862年福州港进口的鸦片达7292箱,价值570万余元。尽管从《天津条约》生效后,鸦片进口已合法化,但是仍有一定限制,即"惟该商品止准在口销卖,一经离口,即属中国货物……其如何征税,听中国办理",也就是说运往内地的鸦片要负担沉重的厘税。据此,福州当局对通过福州口的鸦片每担征收厘金84两银子,内地税34两银子。这样的厘金和内地税远比其他口岸高,结果使许多鸦片商转而从香港、汕头和宁波等地陆运鸦片,原从福州口进口鸦片的江西人亦转向从杭州等地购买。这样在福州港的鸦片进口量上,自1866年后逐年减少,1874年进口3267担,仅为1866年的55.16%。这种减少只是表面现象,实际上,鸦片是通过其他渠道进入中国的。1876年中英《烟台条约》规定,鸦片输入的进口税与内地厘金一并交纳洋关。福州港的鸦片输入量在此后数年才又有所恢复,数量保持在4000担以上。

上述事实说明,洋关、洋行、洋货,对于西方资本主义扩大对华的商品输出,无疑提供了非常重要的作用,再加上各国资本主义的空前发展,"机器日益降低了工业品的价格",外国商品的成本显著降低,使得中国农家的家庭手工业日益无法与之竞争。中国以小农经济和家庭手工业为核心的经济结构已逐渐失去了抵抗外国商品输入的能力,这就为资本主义国家工业品在中国的销售打开了较为广阔的市场。

---

① F. E. Wilkinson,"The early das of the treaty port of foochou",转引自林仁川:《福建对外贸易与海关史》,厦门:鹭江出版社,1991年,第225页。

五口通商以后，福州成为全省商品集散的总枢纽。福州贸易的总值，约占全省贸易总值的35%以上。在全国来说，福州也是一个重要的外贸港口。福州成为五口通商口岸之后，关闭了两个多世纪的中国大门被迫对外"开放"，福州社会从表面上看，确实也出现了一度的繁荣局面，但是实际上，福州逐渐开始沦为殖民地性质的以消费、娱乐为主的港口城市。

二、洋务运动与商业资本转型的尝试

福州商人资本的转型，是伴随着我国近代化的过程同时进行的。

鸦片战争之后，外国资本的全面进入改变了中国经济构成，清朝内部的一些有识官员，也开始打着"自强"、"求富"的旗号，开始学术西方技术，创办近代工业与新式学堂。民间商业资本也在外国资本的挤压下开始真正萌生建立产业资本的尝试。门户开放之后，在西方坚船利炮面前，闽浙总督左宗棠于同治五年（1866年）开始在福州马尾创办马尾船政学堂，可以说标志着福州近代化的起点和工业化的开始，对福州近代工业的发展起着举足轻重的地位。

马尾地处福建闽江下游出海口，与台湾仅一水之隔，自古是福州母城的水上门户，近代被辟为五口通商口岸。当时洋务派在福建船政学堂，轰轰烈烈地开展了建船厂、造兵舰、制飞机、办学堂、引人才、派学童出洋留学等一系列"富国强兵"活动，培养和造就了一批优秀的中国近代工业技术人才和杰出的海军将士。这些人先后活跃在近代中国的军事、文化、科技、外交、经济等各个领域，紧跟当时世界先进国家的步伐，推动了中国造船、电灯、电信、铁路交通、飞机制造等近代工业的诞生与发展。他们引进西方先进科技，传播中西文化，促进了中国近代化进程。福州马尾船政局不仅为中国海防做出了贡献，而且在中国近代工业史上也具有举足轻重的地位。

首先，福建船政局采用动力机器进行生产，这些机器带给工厂的劳动生产率是以往的手工劳动所无法比拟的。左宗棠通过日意格从法国引进了全套机器设备，并在此基础上逐步向自行制造各类设备的方向发展，在这里诞生了我国最早的机器造船工业。福建船政局下设捶铁厂（锻造车间）、拉铁厂（轧材车间）、水缸铸铜厂（动力车间）、轮机厂（制造锅炉车间）、合拢厂（安装车间）、铸铁厂（翻砂车间）、钟表厂（制造仪表车间）、打铁厂（小锻造车间）、锯厂（锯木车间）等。这种具有近代工业生产的设备与规模在当时全国都是屈指可数的。下设机构有工程处、绘事院、模子厂、铸铁厂、船厂、铁胁厂、拉铁厂、锅炉厂、帆缆厂、砖灰厂、合拢厂、轮机厂、储炮厂、船坞处、电灯厂、广储所、飞机工程处、起重机水坪等。

船政局由造木壳轮船发展为造铁胁兵轮，然后是造铁船兼碰快船，又发展为造钢质海防舰，并逐步发展成具备了制造3000吨以下的钢质穿甲快船的能力。

从1866年开始建厂造船到1907年，40年间共制造了大小兵、商轮船44艘。船政局规模之大、设备之完善、工人人数之多，是当时国内首屈一指的，就是19世纪60年代日本的横滨、横须贺船厂，也无法与之相比。从数量上看，它制造兵商轮船总吨位达47964

吨,所造军舰在民国后仍在海军中占重要地位。马尾船政的固定资产有近百万英镑,在汉阳铁厂兴起之前的20多年间,在规模上与技术手段上,能与其相比的工业企业只有江南制造总局一家。

其次,福建马尾船政局创办的思想理念,深刻影响了福州近代工业的发展。初期就有工人2000多名,这些来自城乡各地的工人集中在一个工厂进行劳动,互相协作,有利于克服农民小生产者和手工作坊劳动者的涣散性和封闭性。

再次,船政局在管理制度上也有创新,建立了质量管理、仓库管理和财务管理等。近代企业的管理水平、决策能力大大超过了传统手工业时期的家长制和行会制。福建船政局虽然仍然存在封建衙门的作风和现象,但它毕竟是一个现代化的大规模工厂,设有十几个工厂(车间),有具体的生产部门分工。船政大臣沈葆桢主张"士绅商民可用之才"均"随时搜访札调入局"。他认为人才"必取资于学堂","船政替人,似当于通西学者求之"。这在以科举为正途,用人论资排辈的传统制度下,是很大胆的用人主张。船政前后学堂历届毕业生中,有一部分直接被船政局录用。船政局中也有不少人在接触西学过程中,自学成为科技人员。通过造船工业的实践,船政管理人员的结构发生很大变化。1875年以前,全厂行政管理人员总数167名,其中船政学堂毕业生8名,具有近代科技知识的知识分子3名,占总数的6%。到1886年,精通洋务的知识分子占全厂管理和科技人员总数207名的24.1%。其中留欧学生19名,船政毕业生19名,其他具有近代科学知识的人员12名。

船政局中掌握一定近代工业技术和管理知识的人员比例大为增加。船政局高薪聘请洋员法国人日意格等,创办培养技术人才的船政学堂,引进西方的动力造船技术,这在传统时期是无法想象的。

如果说福建船政局初期生产的主要是军舰,和福州本地关系还没有那么直接的关系,而到后期,企业开始改变经营方向,扩大经营范围,除了继续制造军舰,还兼营民航、船坞经营修理以及制造商船。如1895年替山东修理"泰安"轮船,1902年为闽海关制造一艘巡视标识浮桩的船只以为替换,修理美、法等国的船舶。这种面向当地市场的趋势,到民国以后更加明显。

1872年11月29日,招商局购买一艘英国轮船"伊敦"号,载重1万担,核准可装漕米7000石(约500吨),时速11海里。由上海装载客货,开往福州、汕头,试行贸易。① 这是招商局发轫之始,也是福建沿海第一次出现挂着中国国旗的轮船。

招商局创立第二年,虽然仅有4艘轮船,但已引起外商的戒心。他们感到"中国商人的轮船将会增强,而不是削弱"。② 招商局为了充实各口岸力量,加强业务联系,便于与外轮竞争,在1873—1876年间,先后在各口设立办事处。1884年,福州招商分局向英商隆顺洋行购得大岭顶办公室1座、仓库4座及基地6亩8分余,后历年投资增建,渐渐形

---

① 聂宝璋:《中国近代航运史资料》第1辑下册,上海:上海人民出版社,1983年,第790页。
② 聂宝璋:《中国近代航运史资料》第1辑下册,上海:上海人民出版社,1983年,第280页

成规模。①

马尾船政局是军用造船工业,招商局是民用轮船航运企业,两者都是在洋务运动中创立起来的重要航运事业。招商局因运输需要船舶,船政局则为造船求经费。"官轮商雇"由此而生,由此可以反映民族航运业这一时期的艰难发展。

光绪七年(1881年),船政局的"永保"、"深航"两艘商轮,拨交招商局运米后,是年十二月,福建巡抚岑毓英视察台湾,以台岛孤悬海外,非舟莫属,经船政大臣黎兆棠同意,拨用"永保"、"深航"两轮行驶闽台之间,运客载货,维持交通;同时开辟福州至基隆和厦门至安平(今台南)两条航班,均按5日一往返,循环运行,商旅称便。光绪八年(1882年)九月,船政局又增拨"海镜"、"万年清"两艘商轮参加航行,除维持闽台交通外,还载运台湾的煤至福州及上海等地。②

在官营近代企业发展的同时,一些民族资本家报着"实业救国"的志向,兴办民族工业,也开始从商业资本向产业资本转型尝试。

水上运输是福建的一大商业特色,闽江近代航运业开发方面,先是从闽江下游,然后到闽江中游,再到闽江上游。1875年,连江人林长松就购买蒸汽外燃机轮船,船身长28.2米、宽5.2米,安装双汽缸蒸汽机,总吨位54.5吨,取名"宝远轮"。在福州到连江馆头间航行,搞客货运输。③ 1876年,英国商人与华商合资承揽从洪山桥到水口间的航线,承揽客货运输。1880年,辜姓商人买了一艘小轮船,在闽江下游接运客货。④ 1884年,一艘名称叫"福星泰"的货轮往来福州到浙江温州之间,中途在沙埕港停靠。这是闽浙民间货轮运营的开始。⑤ 1896年长乐县计有"台龙"、"万安"、"江甲"、"台南"、"万茂"5艘民营轮船先后航行在福州—长乐等航线上。⑥ 同时,永泰县也有民营货轮航行在永泰县塘前—福州南台航线上。⑦ 1903年,闽侯县厚美乡人张元奇与刘鸿寿合资,先置一艘名"江甲"(与长乐县江甲同名)轮,后又续置"江乙"、"江丙"、"江丁"和"江己"四艘轮船,航行福州至马尾、营前、长乐、潭头、闽安、琅头、塘前等航线。至此,闽江下游民营轮船已相当兴盛。

一些民族资本,甚至航行到闽江上游航线上。1895年,福州商人陈某创办小轮船公司,置有小轮数艘,航行在福州至水口之间,专搭客不载货。⑧ 1907年,闽侯县人张元奇、刘鸿寿两人继闽江下游航线开发之后,又购置"江庚"、"江申"两艘蒸汽外燃机轮船,航行闽江洪山、水口之间,也是专搭客不载货⑨。当时早期的轮船,使用蒸汽外燃机,因而烟

---

① 陈宣:《招商局各地产业简报》,第35页。
② 连横:《台湾通史》下册,上海:华东师范大学出版社,2006年,第374页。
③ 福建省档案馆馆藏档案资料,36—13—2490。
④ 《益闻录》,光绪七年(1881年)二月二十五日。
⑤ 《益闻录》第14册,第358页,光绪十八年(1892年)六月十四日。
⑥ 民国《长乐县志》卷五,第61页。
⑦ 民国《永泰县志》卷七,《交通》。
⑧ 樊百川:《中国轮船航运业的兴起》,成都:四川人民出版社,1985年,第327页。
⑨ 吴高荣:《闽江私营轮船业小史》,福州:福建人民出版社,1962年,第327页。

囱伸出船顶,不易通过洪山桥孔,乘客须用小船盘转,非常不便。后来随着内燃机轮船的发展,轮船由于没有烟囱不受洪山桥孔之阻,均可直达福州,由此也直接影响了福州转运中心的转移。

光绪十年(1884年),先有一艘"福星泰"号轮船,往来于福州至浙江温州间,中途在闽东沙埕港停靠。① 这是闽浙沿海民营近代轮船航行之始。光绪三十年(1904年),又有闽东福安县商人王太和等,集资2.5万元,在福州创办"大安轮船公司"。② 该公司先往香港购买一艘"江门"号轮船,总吨位237.29吨,行驶福州、三都之间,载运闽东一带茶叶到福州加工。茶季过后,则行驶福州至上海及台湾基隆等地。③ 该公司自"江门"轮船行驶之后,营业兴旺,获利甚厚,随之又增置"福兴"、"建康"和"安宁"3艘轮船,并租用"丁江"、"建新"和"福利"3艘轮船,共7艘轮船,分别行驶闽浙沿海及上海、台湾各线。大安公司在清末时期,是福州港稍具规模的一家民营近代航运企业。

最有名的就是刘氏家族。19世纪80年代以后,外国资本在中国经营工业有了较快的发展,洋务派发展实业也有了一定成绩。曾在洋务派头面人物张之洞主办的企业工作过的刘学恂萌生了将资金投向工业企业的念头。1890年,刘学恂利用管理家产之便,除自己出资部分和向外挪借款项外,还用公房款项凑集创办了一家糖厂,但因技术落后、管理不善,不久便停办。1893年,刘学恂将厂房改为仓库,囤放纸张,经营纸行,不幸又遭火灾而失败。短暂几年的两次失败无疑打击了对工业发展充满梦想的刘学恂。从那以后,这个勇于冒险的先行者似乎安静了许多,不再继续他的尝试了,但这并不妨碍他的孩子在这条充满诱惑的路上前行。他的失败经历则成为一次伟大尝试,拉开了刘家工商业发展史的序幕。不久,陆续留洋回国的刘家子弟开始商量投资电气行业。在他们看来,没有电就谈不上民族工业的立足和发展。

宣统二年(1910年),刘家5兄弟与陈之麟、林徽因父亲林长民等人,将一年前刚开办就因资金不足、设备残缺而难以为继的耀华电灯公司买下,创建福州电气股份有限公司。开办时股本定为12万元,刘家出资4万元,占股本1/3,由刘学恂次子刘崇伟(字健庵)为发起人,担任公司董事兼经理,五子刘崇伦(字雅扶)为技师长(总工程师),刘家一开始就掌握了公司的经营和技术管理权。

这些民族资本,他们创办的一些近代工厂企业虽然大多失败了,尤其工厂企业几乎不能存活,但他们对福州民族工商业的发展做出非常重要的贡献。这是福州商业资本向产业资本转型的有益尝试。

---

① 《益闻录》第14册,第358页,光绪十八年(1892年)六月十四日。
② 《福安县交通志》,第126页。
③ 福建省航运管理局:《私改资料·沿海轮船部分》,第1~2页。

第二节　辛亥革命后商业资本的活跃

辛亥革命后的民国政府,颁布了一系列法令和措施,对于发展民族资本主义经济,起了积极的作用。辛亥革命后民族资本力量兴起,民族资产阶级进入经济领域,发展近代工业,推动社会经济的发展,中国社会经济发生了不可逆转的变化。福州商人在这个时代变革的时期,积极地投入其中,推动了社会经济的发展。

一、参与近代城市市政建设事业

(一)供水事业

福州供水事业起步较晚。福州的居民长期以内河的水来做生活所需。城外南台濒临闽江,区域内河道纵横,历史上居民饮水多取之江河,部分地区则取之于水井。

1926年福建省政府建设厅倡议筹建自来水。1935年省建设厅成立省会自来水工程筹备处。1936年编就初步计划,计划日供水1.35万吨规模,总投资额为174.37万元。取水地点就设在龙潭角,净水厂建在山上,出水最大管径600毫米,主干管由仓前路经江南桥中洲、万寿桥、中亭街、吉祥山、茶亭街直达东街口。第二级管径450毫米,以下逐级缩小,总投资90.30万元。后来改成铺设管网最大管径450毫米,配水管道总长度44.55千米。经省会自来水筹备处审核后,总额减为60万元。由于政府资金短缺,工商界一时无力筹措资金投资,最后才由省政府决定由中国银行发行建设公债。①

方案确定后,先由中国银行垫付30万元,工程及材料均由日本商人承揽。供水厂于1937年4月开工,但是,仅过了三个月,终因抗战爆发而停工。直到抗战结束后的1945年,福州市国民政府及有关部门购置新式滤清消毒抽水机7台用以过滤浑浊河水。先后设置在南门、小桥、舍人庙、台江第一码头、南公园、恒昌埕、总管庙等7个饮水供应站。每站均设置有抽水机、沉淀池、过滤口、清水地、浑浊度检定器、含抓量检定器、含酸碱量检定器等设备,并配备有消毒药品等,每站每日最低供水量可达1250公斤,7站总计8750公斤,可供城区8万余人饮用,对居民饮水卫生起了一定的作用。

(二)参与城市电力、发电建设

1908年,福州人林友庆创办福州耀华电灯公司,厂址就设在福州城南七里(今台江区苍霞街道河境街),当时装有10匹马力的柴油机牵动。这是英国制造发电机组,外线栽杆18根,架线850米,供周边地区用电,灯泡200余盏。1910年由福州绅商刘健庵出

---

① 陈文忠:《台江自来水事业发展纪实》,载《台江文史资料》第9辑。

面集资8000元(清币银圆)承接耀华电灯公司。同年10月成立福州电气股份有限公司，股东有刘健庵、陈云麟、林长眠、余建庭、林熔卿、林伯开、吴述记等8人，股本扩大为银圆12万元，刘出资4万元，占股本1/3，控制着整个公司，厂址迁移到南台新港。1911年3月，安装2台150千瓦英国制造的汽轮发电机组，到8月竣工，10月11日正式投产发电。

1917年，电厂扩建，购买美国GE公司制造的1000千瓦汽轮发电机组1台，1800千伏安三相主变1台，拔拍葛公司制造50顿/时锅炉2台，当年投产发电。1921年又增购GE公司制造1000千瓦汽轮发电机组1台和拔拍葛公司制造5顿/时锅炉2台，1922年建成投产发电。1927年因新港发电机厂前河床淤塞，循环水温太高，影响发电。于是另外筹备在排尾设发电所，筹资银圆150万元。1929年，向上海斯可达工厂定购捷克造300千瓦汽轮发电机组1台和16顿、8寸锅炉1台及德国西门子工厂制造的1750千伏安三相变压器2台。1930年12月29日动工，1934年投产发电，发电容量5900千瓦。

1948年由于燃料昂贵，社会窃电和欠缴电费严重，经营处于困境。同年7月16日，公司与国民政府资源委员会、台湾电力公司合股经营。直到1949年福州解放前夕，福州电力股份发电总装机容量5000千瓦，职工480人，发电能力不达50%，日供电仅数小时，供电量664万千瓦，电压不稳。由于维护管理不善，倒杆断线事故不断。

当时的耀华电灯公司，不仅发电，还进行供电、变压器输电、电杆架设等。1908年，私人创建的耀华电灯公司，架设18根电杆，以100伏电压供电。1909年由福州电气公司接办后，以3条馈线、1497根电杆、86台变压器开始向福州南台及城区送电。

1935年，福州电气股份有限公司扩大营业，架设了全省第一条由福州新港至长乐莲柄港的30千伏、23千米长输电线，供5万亩农田灌溉用电。日本侵入福州时，那些还没有送到长乐的送电电杆、电线几乎被窃殆尽。福州市内配电线路有木杆4016根，使用10年腐烂80%，水泥杆600根，至1949年也损坏25%。

不仅仅家庭、官府用电，城区内的道路照明、路灯，当时也有铺设电灯、电杆。一直延续到明清时期，中国人都坚持着"日出而作，日入而息"的习惯，不设路灯，夜间也很少有人出门，有急事而必须出门的，则多自带灯笼或火把，以作照明。官府则在衙门所在悬挂书有衔名的灯笼(门头灯)，派有衙役看守，表示官府重地。一般商户，夜晚多闭门停市，只有菜馆、酒楼、戏园、旅馆、妓院、书寓等，才把书有店名的灯笼点上蜡烛，悬挂在门前，既做商店标记，招徕顾客，也供店前道路照明。

1840年，鸦片战争后，煤油从西方输入，南台街巷出现煤油的四方形玻璃灯笼吊在5~6尺高的木杆上，俗称"天灯"。到1908年，福州耀华电灯公司——福州电气股份有限公司，道路照明才用上电灯泡的路灯。路灯的安装维护也是由公司负责，经费则由政府拨给。1949年台江、小桥区路灯由于当时电力不足，所以实行分区轮流供电，路灯供电规定只从晚上7时至10时。

清代路灯灯型是四方形玻璃灯笼，而1940年出现路灯，把灯头直接焊在导线上。1945年抗日战争胜利后，在电杆5米处加装紧固铁器支撑架，将灯头安装在铁架上，称"鸟架灯"。1947年，"鸟架灯"经不起风吹雨淋，又易断丝，先在琼东路(五一路扩建前的马路)的路灯支撑架上安装高帽形搪瓷灯罩，而后，陆续从上海购进盒型平灯罩，以代替主干道上的"鸟架灯"。

当时的路灯电杆开始时为木杆,高 6 米、10 米、12 米不等。民国时期,路灯没有专用电杆;而且,路灯线路与地区用电线路同杆架设,这样只要一个方面出问题,就会出现整片断电。1945 年,福州电气公司开始在主干道埋设方型 12 米水泥杆和木杆并存。1911 年至福州解放后的 1955 年,路灯电源变压器与地区变压器共用。1955 年,由福州市建设局拨款,设路灯高压专用线路、专用单相变压器,路灯变电站设在台江地区义洲,专门控制市内路灯送电。

(三)市政交通建设

民国以前,台江区无公路,最宽的是一条石块铺成的宽丈余,只能走马行轿,不能通车的马路。这条马路从南门兜至大桥头,沿途经过板桥、斗中街、洗马桥、六柱桥、茶亭、河口嘴、横山铺、铺前顶、夏街铺、安民崎、沙合境、中亭街、万寿桥。在南门兜、茶亭、河口嘴、横山铺(今横街)、沙合(今小桥头)、大桥头(今解放大桥)有竹轿和马车停放,供行人租用。当时台江汛和大桥头,日夜都停放着竹轿,供顾客乘坐。

到 1911 年开始筹建福州马路,特设省会市政委员会(后来改称为省会市政局),开始拆除部分城墙,决定修筑福州的第一条马路。这条马路从现在的水部门经南公园(耿王村)、中选,到达台江汛(天华剧院)。1919 年拆除福州城墙时,当局开始修筑环城马路。1920 年从南门到大桥头的马路已可行驶车辆了。

1928 年,又辟通吉祥山,拓宽大桥头至南门兜的线路,使之与鼓楼前连接成为一条公路(即今之八一七路),北起鼓楼前南至大桥头,全长 5120 米,是福州南北主干道之一。南门兜至小桥头(今八一七中路)、小桥头至大桥头(今八一七南路),在台江区辖内长 3893 米。至此,福州南北主干道与东西道路初步形成。

马路修好后,就要开始通行公共交通。1918 年 4 月出现了官方和商人黄瞻鸿集资合办的"延福泉汽车路股份有限公司"。实际上当时也只有通行市区水部至台江 6 千米的客运线路。这是市区内的交通,也是福州市公共交通的开始。由于车费昂贵,不久官商合办即告停业。1920 年,最后由商人再次组织"延福泉汽车公司",从上海购回 8 辆旧车拼装成 4 辆公共汽车,营运路线也只有南门至大桥一线,经营 10 年,数度停业,1929 年终因资金短缺宣布倒闭。①

城内公路于 1928 年以后才开始兴建。首先从鼓楼起向南直伸至南台,途经双门楼、南街、南门兜、茶亭、铺前、小桥成为直线,不要再走国货路了,直接过万寿桥、仓前桥而至仓前山作为干线。从此,台江区由河口嘴出铺前顶至安民崎顶这条旧官街大道就变成为小街支路了。

1930 年由绅商陈培琨、黄瞻鸿等联合组织了"复兴汽车公司",承办本市公共汽车事业。最盛时期有客车 24 辆,辟有大桥至西门、西门至洪山桥、万寿桥至马尾三条线路,他

---

① 福州市交通局编:《福州交通志》,福州:福建人民出版社,1988 年,第 236 页。

们征集股份后,又改名为"福州复兴第一公共汽车股份有限公司",还添购了新车,修整了旧车,车辆增至20多辆。这些车分别行驶于西门至大桥、西门至洪山桥和大桥至马尾三线。此外,还有"闽西长途汽车公司",经营南门至洪山桥的交通业务(经理黄育西)。该公司业务不佳,不久便被"复兴公共汽车公司"兼并。

1931年商人又组织了福峡汽车公司,经营福州至峡兜、湾边两条线。到抗日战争爆发,福峡公司的房屋、车库被炸,疏散到闽清,于1939年5月停业,复兴汽车公司的经理郑劈山被日军杀害,公司亦于1941年4月福州第一次沦陷时停业。抗战胜利后,1946年3月,福峡、复兴两公司又重新组成联营处,拼凑了10余辆旧车,1947年又增加了旧车10辆,勉强恢复了大桥至鼓楼、西门,大桥至水部,大桥至峡兜,仓前至湾边四条线的营运。

1924—1930年间,归国华侨郑崇瑞等与本地人士拟筹办福州至泉州长途汽车业务。因人事变动,未果。接着他们又计划先办些短途客运,行车线路是由三叉街到峡兜,他们还与当时政府订立了《福峡路垫款筑路合约》,开始造路,于1931年间建成,正式通车。公司定名为"福峡汽车公司",由郑淑麟任经理。其通行路线以大桥头(万寿桥)为起点,以乌龙江边峡兜为终点。

1932年莆田籍商人蔡友兰投资建立"福兴泉货运公司"。

1931—1932年间,"复兴公司"与台湾商人合作并由台湾商人高树发任经理,承办本市交通业务。他们增购了车辆,还把所有公共汽车车身油漆一新,全部车辆一律呈银色红条的花纹而行驶市面。从此,该公司业务稍有起色。但过不久,因日军在东北挑起中日事件,台湾商人全部退出这个公司,并将全部业务交给"复兴公司"办理。到1933年10月间,经董事会议决定,由常务董事张顺凡、薛天恩和经理郑劈山三人与公司订立协议,承办并整理公司业务。张、薛、郑三人决定"福建汽车公司"和"厦门太原汽车公司",由"福州交通汽车公司"代理,各购买汽车10辆,车款分期付。同时,他们向福州交通银行及商业银行贷了一笔款,该款除抵付部分车款外,还为改建和修整旧车之用。他们先将原设在南门的汽车修理工场全部迁到中平路"福建汽车公司"内,接着把全部旧车进行大修,并且装上新造车身。这样,在当时已有崭新的40多辆公共汽车在各线行驶,兼承协助当时军警维持秩序,业务日见发展与好转。

1928年,市政部门对此石板古道进行了拓宽改造。从鼓楼向南直伸至南台,中经双门楼、南街、南门兜、茶亭、铺前、小桥、中亭街、万寿桥、仓前桥至仓前山为干线,成为继1914年创筑的福州第一条从水部门经中选至万寿桥公路后的第二条公路。60多年来,一直是进出城区的主干道。设在中洲的"福湾汽车公司",由于参与修建仓前桥到湾边一线公路,因而获得交通线。

当时商人不仅仅参与长途、短途、市内公共汽车的运营,还经营出租汽车公司,如"银车租用公司"。该公司有汽车10辆(包括高级轿车)专供出租。公司即设在中平路福达汽车公司内。共设4个站,分别在中平路、南门、虎节河及温泉路,日夜营业,电话随叫随到,在市区内车费一律1元。此外,尚有个人开设的租车行也有营业,每家有汽车1~3

辆,分布在东街、安泰桥和中平路等处。①

二、参与近代航空、航运事业

辛亥革命到抗日战争前,就福建整个交通状况而言,航空正在起步,公路开始筹建,铁路尚未兴建,水运在流通领域仍起着十分重要的作用。本省复杂的自然地理环境特征,使沿海或内河在近代轮船日益发展的同时,木帆船仍能继续发挥其重要作用,且在运输活动中亦渐趋繁忙。

福州的航空运输,实际上在1933年就已经开辟。当时民国政府交通部与美国"泛美航空公司"合作经营"中国民航公司",开辟温州、福州、厦门、汕头到广州的水上航空客运航线,定名为沪粤线。虽然说是官办性质,但福州站点完全是由民营的"福达汽车公司"代理。这也是民间商人参与航空事业的开始。

当时主要利用海面或内河作为水上飞机的跑道,并在水面建造浮站为飞机停泊之用。福州、厦门两地,积极筹建水上浮站。开始,先由中国航空公司和泛讯公司联合派出工程人员沿途选择水上飞机的停泊站点,再由当地海关协助勘测水位,最后确定建造水上浮站的地点。

福州浮站,先设在峡兜水面,随后改设在鼓山脚魁岐水面。继之,除了原有水上浮站的设备外,经由当时政府在福马路另建一座双层的候机室(楼上当作候机室,楼下为贮油库和工人宿舍)。福州浮站是利用竹排依次垒成,上面盖一层木板,状如方舟,浮站两旁分设候机室、贮存室和厕所,外向四面走廊绕,浮站两旁系以铁链抛锚水底,使浮站泊在一个固定位置,方便飞机停泊。②

民国时期福州商人,开始大量集资筹办轮船公司。1913年,福州商人李匹野联合13家茶商,集资组织"乾泰轮船公司",购买两艘轮船(一名"海邹",达149.49吨位。一名"镇波",达430.94吨位)。行驶在福州、三都线,以载运闽东茶叶为主,茶季过后则行驶在福州至沙堤及浙江温州、宁波等航线,装运客货。1914年,福州丝线业商人张常灿与人合资创办"和安轮船公司",购置一艘"中兴"号轮船,行驶于福州、泉州、厦门航线。1929年,张常灿又与同乡人李鸿翔合资组织"共和轮船公司",先后置有3艘轮船。其中,一艘"同济"轮,达236.81吨位,航行福州至泉州线;一艘"同和"轮,达332.08吨位,航行福州至三都、宁波线;一艘"同利"轮,达461.35吨位,航行闽南一带,装运木材、水果等货物。③ 至此,轮船增加、航线扩展,福州港沿海轮运呈现出初步繁荣的景象。

1918年,福州商人王梅惠(曾任闽侯县商会会长),经营陶瓷、木材、面粉及土特产等业务,在上海、天津均设有行庄。他在第一次世界大战结束时,购置了一艘"华安"号轮(载重1789吨),行驶在福州至上海的航线,并设立"常安轮船公司",兼营海运业。这是

---

① 张顺凡:《解放前福州市区公共汽车简史》,载《台江文史资料》第1—12合辑。
② 张顺凡:《福建航空运输回顾》,载《台江文史资料》第1—12合辑。
③ 福建省航运管理局:《私改资料·沿海轮船部分》,第1~2页。

福州港最早出现的民营钢质海船。该公司又租用其他轮船,川走福州、上海、天津之间,并在天津建置码头。① 抗战开始后,该公司退回租用的轮船,"华安"号轮船也在上海被政府征用,作为填塞封锁线用,业务随之结束。

1924年,商人刘浩广造船厂承造"安宁"号轮船,航行于福州至南平航线上。② 1925年永泰篙口人郑坤官创办福州市第一家民营轮船公司,开航永泰塘前至福州三保客货班轮。8月,闽江上游经营木船的船主江依书、江书发俩兄弟,建造"建宁"号轮船,试航福州至南平成功。这是在闽江险滩河段行驶的第一艘民营轮船。③

1927年,闽江内河轮船增至30多艘,由福州可以到达上下游十几个县的主要码头。闽江轮船航运业日益发展。

1927年,福州电气公司刘家兄弟,为了装运台湾煤炭供电厂燃料之用,合资组织了"刘正记轮船公司",购置一艘千吨级轮船,取名"建新",达2246吨位,专运台煤,目的是解决了电厂燃料问题。1930年,刘正记公司增资扩充,租用"大新"、"东新"两艘轮船,连同"建新",共达4300吨位左右。航行在台湾、上海、营口等地,后来先后触礁,轮船搁浅,终于在1933年在上海以不及2万元的价格卖给折卸局,刘正记轮船公司也随之结束。④

1929年,福州丝线业商人张常灿与李鸿翔合资在福州设立"共和轮船公司"。以1万元从上海购买了"同济轮",达235吨位,航行在福州、泉州一线;第二年,又购"同和轮",达332.08吨位,航行在三都、宁波。

在抗日战争前,福州港除了太安、乾泰、和安、共和、常安、刘正记等几家轮船航业公司外,还有其他民营航商也纷纷制造木质小型海船,行驶于闽浙沿海及台湾各线。据1930年初步调查,福州港民营沿海大小轮船共有34艘9135吨位,到了抗战前夕增加至79艘12736吨位。其中,除了6艘千吨级钢质大船外,其余多是300吨级左右的木质小船。⑤

当时商人经营的轮船公司,还经营福州至周边沿海区域的航线。当时,从泉州运出的,主要是糖、桂圆干;由上海、宁波、温州运来的,则是面粉、纱布、土产、洋货等。当时就有福州商人刘放甫、王太和等合资组织的"泉水轮船公司",向福州马尾海军部门承购两艘旧艇(一改名"建新",载重700~800吨;一改名"建康",载重300余吨,航行在涵江、泉州、福州、上海之间)。

1927年,闽东福安县坦洋村茶商胡修诚,投资6万银圆,在福州创办"裕通轮船公

---

① 王鸿藩:《王梅惠家族兴衰简介》,载福州市工商业联合会编:《福州工商史料》第2辑,福州:福州市工商业联合会,1985年,第31页。
② 福州市工商业联合会编:《福州工商史料·会史专辑》,福州:福州市工商业联合会,1989年,第45页。
③ 福州市交通局编:《福州交通志》,福州:福建人民出版社,1988年,第28页。
④ 王东子:《福州刘家企业的兴衰》,载福州市工商业联合会编:《福州工商史料》第1辑,福州:福州市工商业联合会,1985年,第126、133页。
⑤ 福建省航运管理局:《私改资料·沿海轮船部分》,第1~3页。

司",从日本购进一艘700吨位钢质轮船,经营赛岐至上海、青岛、广州、台湾等地海运业务。[1] 1932年霞浦县后港海运开通,当地商人罗雨川与陈克桂合资购买一艘"福兴"号轮船,航行于后港至福州、温州之间。1937年7月抗战前夕停航。[2]

1933年,福安县商人王隆泰,从江苏购进两艘木质货船,一名"福兴",一名"福利",载重各325吨,航行于赛岐至温州之间,有时也行驶上海、福州等地。[3]

福州商人同时开辟的航线,还延伸到闽江上游的经济腹地。

1924年,一向经营闽江上游"鸿尾"(因船尾翘起而得名)木帆船的船主江依书、江书发两兄弟,因受外商轮船的争夺与威胁,以及沿江不安的骚扰,深感上游木帆船运输困难重重,前途黯淡,乃决计改营轮船,以替代木帆船。是年春天,兄弟二人同往香港,购买两部煤油内燃机,并在福州民营造船厂制造船体,先后建成为"安宁"和"安平"两艘轮船,从福州试航南平,均获成功,随即进行营业,载运客货。由于轮船显示了在险滩河段仍可畅通的优越性,此后仿效者日益增多,闽江上游的民营轮船乃有较快的发展。

闽江轮船业的发展,尤其上游河段的民营轮船,起步虽迟,而发展较快,有后来居上之势。这首先是因为当时辛亥革命胜利后福建省政府正式成立,地方稍趋安定,水陆交通建设陆续开展起来,海运畅通,河道修浚,便利了航运事业的发展。其次,闽江上游地处闽西北交通要冲,水路航线长,经济腹地广,随着经济的发展迫切需要有新航线的开发。再次,全国统一后,各地港口航运业的轮船,纷纷行驶到闽海航线,福州口岸中外商轮的进出日益增多,又为闽江轮船业的发展,开拓了更加广泛的业务前景。

闽江上行驶的轮船,开头都是整条船向国外买进,后来只购买轮机部分,船体由民营轮船厂制造。抗日战争时期,轮机进口也发生困难,民营机器厂商开始制造轮机。如仿制进口"莲钴内燃机",使马力从53提升到80,显示了民间企业的创造性。[4]

河海近代民营轮船产生之后,福州为轮船修造和技术更新服务的民间机器业应运而兴。为了适应这种新的形势,1928年,福州商人杨世忠在福州开设一家"华捷"号进口机器代理行。于是,各种类型轮用机器源源而来,购者免涉重洋,可就地自由选购。这为闽江轮船业的扩充和技术更新提供了方便条件。

福州地区的民间机器业最早出现于1911年,即设于福州鸭姆州的民营"广成"机器店。该店置有4台机械车床、钳床,多为闽江中、下游蒸汽机轮船修理机器。1914年,刘家经营的"福州电气公司"也附设机器修理厂(简称"福电铁工厂"),先为电气公司本身修理机件,后制造工作母机及车床,对外营业。1919年,原在广成机器店当学徒(后为技工)的薛玉官,出而开设"广福利"号机器厂,能自制柴油机,并为河海民营轮船修理机件。

---

[1] 《福安县交通志》,第126页。
[2] 《霞浦县交通志》,第145页。
[3] 《福安县交通志》下册,第128页。
[4] 福州市工商业联合会编:《福州工商史料·会史专辑》,福州:福州市工商业联合会,1989年,第62页。

这是一家稍具规模的民间机器厂商。① 接着,原在船政马尾造船厂当技工的孙亨祀,也在福州开设"得仁"号机器厂,修造兼营。继此之后,福州民间机器业又有发展,以致分布在福州台江两岸的民间机器厂店有20多家。其中,雇用工匠10人以上的厂店,则有大中、闽德兴、林福华、广捷兴、广福兴、广福利、得仁、华坤、亚光等9家。② 由于机器厂店修造业务日趋繁忙,故同业之间也随之开始分工。有的侧重于制造工作母机、各种车床及小型柴油机等;有的专为轮用机器修造零部件;还有的则制造锅炉、打模、翻砂、冷作、铸锻及推进器等。它们分别为河海轮船和其他机械厂的机器维修保养与技术更新而服务。由于种种有利因素,吸引了更多的商人投资经营轮船业,闽江民营轮船业犹如雨后春笋,应时而兴。

抗战开始,福州较大的几家民营机器厂,均内迁至南平西芹一带营业,后为国民党官营的福建省企业公司所收购。抗战胜利后,这几家民营机器厂商又在福州重起炉灶,恢复旧业。

清末民初,福建省所创办的民营蒸汽机轮船的船体,都要向外地购买。到了20世纪30年代,福州民间造船厂商已能自制300吨级左右航海轮船的船体。至于内河轮船的船体,也是由小到大。1935年,福建省建设厅验船处规定造船的主尺度为:中、下游轮船,船身长1.5米,船宽4.267米,吃水0.914米。③

就轮机而言,在清末民初,轮用机器全靠外国进口,计有两种类型:一是"蒸汽外燃机",这类轮机要配装锅炉,以松柴或煤炭为燃料,功率约30马力,推进翼口径大,机身笨重,占用较多舱容,仅适于闽江下游或近海各航线行驶;二是"内燃机"。这类机器又分为煤油内燃机和柴油内燃机两种。前者功率小、成本高、经济效益低,后者功率大、耗油省、成本低、经济效益高。由于柴油内燃机在轮船上广泛应用,蒸汽外燃机和煤油内燃机遂逐渐被淘汰。抗战发生后,轮用机器进口来源告断,福州民间机器厂商,如亚光、广福利、得仁等,与船上轮机人员密切配合,按照进口柴油内燃机模式,自行仿制,并加以改进,取得成功。其功率从原来的36马力、53马力增大至80马力,质量良好,购用者日多,从而改变了轮用机器依赖外国进口的落后局面。④

在近代,华侨也积极地向福州投资建厂。华侨甚至投资建设仓库、厂房。1929年福州南台扩辟马路以后,菲律宾华侨许文麻(惠安人)看到万寿桥以东,闽江北岸退潮后露出一片沙滩,可以兴建码头和仓库,于是以60万银圆独资兴办这一工程。

1929年华侨陈希庆在福州成立福建造纸厂。它的资本占全部工业投资额1/3,是当时华侨投资企业中规模最大、最有代表性的一个厂。纸厂的规模相当大,是当时全国十

---

① 薛玉官:《福州广福利机器厂史略》,载福州市工商业联合会编:《福州工商史料》第1辑,福州:福州市工商业联合会,1985年,第88页。
② 福州市工商业联合会编:《福州工商史料·会史专辑》,福州:福州市工商业联合会,1989年,第90页。
③ 福建省建设厅编:《福建建设报告》第2册。
④ 林开明主编:《福建航运史》(古近代部分),北京:人民交通出版社,1994年,第371页。

大化学工厂之一。开工时有职工 229 人,造纸机器设备大部分向德国和瑞士定造。并向菲律宾华侨募股,原定股额 1 亿元(银圆),分为 1 万股,华侨占有股额 80%。①

辛亥革命后,福州资本的活跃超过以往的任何时期。他们参与的商业活动,也大大超过以往的转运、贩卖、短期的赢利行为,在城市建设、市政建设、交通运输领域都有他们活跃的身影。

第三节 商人资本转型之一——商业资本的转型

辛亥革命推翻了专制主义的清朝,一系列发展工商经济的政策激发了民族工业发展的热情。福州社会的商业发展进入了一个崭新的时期。

一、近代商业街区形成

近代社会经济的繁荣带来了福州城市的拓展,城市商业中心的不断南移,使福州城市格局出现了一个大变化。

鼓楼区是福州的旧城区,自古以来就是政府机构的所在地,是政治文化的中心,这里集中了历代的书香门第和官宦之家。因此,城区内形成许多以消费为主体的特色街市。

福州鼓楼南街一带商业街区的历史甚至可追溯到唐代以前。到了近代南街一带已经形成以文化消费为主体的商业街区,南街商业街区位于福州旧城区的西南部,依托三坊七巷等居民区,形成南街、南后街、澳门路等各具特色又互相依存的商业街巷系统。虽然受近代西式文化影响,但南街街区由于处在传统文化占统治地位的旧城区,外来文化的影响仍然十分有限,基本上属于福州旧城区内传统的商业活动中心。

所谓"三坊七巷","三坊"为衣锦坊、文儒坊、光禄坊,"七巷"为杨桥巷、郎官巷、塔巷、黄巷、安民巷、宫巷和吉庇巷。这是历代士大夫、官僚群居的地方。由于这一带多分布许多官宦人家,这里的商业活动多以文化为特征,以消费为主体。街区的东面为南街,南街分上南街与下南街两部分,上南街以餐饮为主,下南街则分布着各式名店。与南街平行的南后街贯穿三坊七巷,将街区分为东西两部分,西面为"三坊",东面是"七巷"。南后街的经营活动主要涉及花灯等扎纸等传统工艺品,以及旧书摊和字画装裱行业,是当时一条重要的商业街市。除了南街和南后街,还有一些专门经营某一种商品的商业街,主要以奢侈品为主。比如,杨桥巷里遍布了手工作坊,制造并销售皮箱;杨桥巷以北旧时官衙附近,称为总督后,是有名的古玩字画一条街,著名的沈绍安脱胎漆器店也坐落于此;文儒坊内的水流湾处是加工家具之处;光禄坊西北一带的仓角头则专营头饰。其他街道如澳门路、吉庇巷、津泰路等,则分布着经营日用生活品的小店。

---

① 林金枝:《近代华侨投资企业史研究》,福州:福建人民出版社,1988 年,第 85 页。

台江区临近闽江港口,航运便利,自古以来,是闽江上下游货物的集散地,又是货物转运中心。清初,福州地区的自然寄泊港,由洪塘移至台江双杭地区所在地的闽江北岸,由于上、下杭水陆交通的方便,这里又成为闽北木材、土特产、农副产品及下游沿海水产品以及省外商品的中转集散地。

五口通商后,台江地区的商业更加繁荣。不少民族资本家纷纷在双杭地区购宅办厂,开设商行,这一带成为福州最重要的商业街区之一。省内外商贾云集,各商业行栈、商店鳞次栉比,聚行成市,形成众多各具特色的商业街市。内外商贸、水陆运输、金融服务等行业都在这里扎下了根,经营土产、茶叶、绸布、药材、糖烟、颜料以及小百货数十门类,商品达上百品种,对内辐射全国各地,对外远销东南亚各国。各地商贾还在台江纷纷设立商业帮会,先后建立宁德、福安、闽清、古田等24个商会会馆。1905年上杭街设立福州市商务总会,以协调福州各帮会之间的关系。因此,双杭地区也是福州商业会馆最集中的地区。

随着福州商业的发展,福州的旧城区——鼓楼区与台江商业区形成一北一南、"城"与"市"分离的局面。老城区居北,是福州的政治、行政中心;台江区居南靠江,是福州的商业集散中心。两者之间以一条十里长街——茶亭街相连。

茶亭街介于城区和南台之间。茶亭街北起福州南门,南接台江汛,是联系鼓楼区与台江地区的交通要道。茶亭街的名称最早源于茶亭,原先这条道路只是一条田野之间的小道,有僧人选在道路的中心地点搭盖一亭,作为出入福州城南行人提供小憩或避雨歇凉的所在,并供应茶水。到了清末,茶亭一带逐渐形成街市,原先的小路改为石板路。福州的街道都是狭窄的石板小路,最大的城内南街,宽也不过一二丈。交通工具主要靠马和轿。南方人骑马毕竟不多,经常的代步工具就是竹轿了。除官僚豪绅自备轿子外,一般人临时需要乘轿的必须租用"野轿"。

从茶亭到南台,有好几里地。古时候从南台万寿桥(即今解放大桥)进城的,或由城里去南台的,如过往、上任、赴考、行商、邮递等,都要经过这里。当时这里榕树成荫,是过往行人乘凉、歇脚的好地方。因此茶馆林立,这些茶亭是供行人饮茶、盥洗、稍事歇息后,再继续前行的。

近代还保留有座茶亭桥,桥两边开设有好几家的茶馆,东侧有"一团轩"、"第一亭"、"茗一春"等。其中以"一团轩"最闻名。该茶馆盖在茶亭河上,面积有三四百平方米,三向全面开窗,光线充足,空气流通。茶座都有百几十位,盛极一时。随着城市公路的开辟,现代交通工具马车、人力车(俗称东洋车)、自行车、汽车取代了马和竹轿,步行跑路的日见减少,因此,"第一亭"、"茗一春"等数家茶馆纷纷倒闭,仅余"一团轩"一家,但也渐见萧条。1950年春,洪水暴涨,泛滥成灾,"一团轩"茶室也被洪水冲毁了。

1914年,福州新修了从南门,经茶亭、洋头口,抵达南公园的马路。到了1928年,因为修建鼓楼前至大桥头的马路,茶亭街被拓宽,改建为15米宽的水泥马路,连接横街、中亭街,直达万寿桥。马路的修成使茶亭街的街市更为热闹,街道两旁主要分布着手工业作坊与经营各种工艺品的商店。许多商品已成为福州的名牌,如天华斋的乐器、谢太的剪刀、增金利的厨刀、润光厚记的角梳等。除主街外,茶亭街的街道两旁还形成各配套的专业经营手工艺品的弄巷,有专糊各式纸扇的扇弄、专制大小钓鱼钩的鱼钩弄、专铸铜锣的铸锣巷、专裱各色灯笼的灯笼弄、专打银器首饰的银店弄等。由于地理位置不如中亭街、台江路等地带,茶亭街的商铺一直都以手工业作坊为主,其规模也比较小。

在台江区的南面,与台江区一水之隔,位于台江南岸的是仓山地区,这里原本只是福州的食盐贮运中心。1685年清政府设闽海关(常关)南台分口于仓山中洲岛后,仓山地区的商贸活动渐趋活跃。乾隆年间,下渡、观井等地已形成街市,主要从事木材和食盐交易。福州被辟为通商口岸后,由于地理位置和自然条件优越,仓山地区被外国势力占据,逐步形成福州的领事馆区、外贸基地及航运中心。清道光二十五年(1845年),英国在仓山首设领事馆,至20世纪初,境内共有英、美、法、德、俄、日、荷兰、葡萄牙等17个国家的领事馆或代办处。1853年清政府开放福建茶叶贸易后,外商在泛船浦至中洲一带兴办洋行。

1861年英国建闽海关(洋关)于泛船浦。到光绪年间,仓山已有外国商行30多家,它们在2000多米的江岸线上建有连片的仓库及10多个码头,从事进出口贸易、航运、邮电、金融、加工等业务。除领事馆和洋行,他们还在仓山一带兴建银行、教堂、医院以及跑马场等公共设施,仓山地区的商业活动就多以进出口贸易为主,其商业街市也大多与此有关。闽江南岸的沿江地带如泛船浦、观井路、观海路、临江路等都有洋行分布,其中以泛船浦最为集中。仓山成为最有洋人味道的,独立于福州传统老城区之外的一个新区。

马尾街是随着船政创办而兴起的。马尾船政及其学堂初建时,马尾沿江村落不多,零星分散在江岸附近。船政的兴起促进了马尾街的形成和繁荣。当时这条街主要由商店、旅社和手工作坊组成。1930年一场大火,烧毁了马尾整条街,1931—1933年,整条大街分批重建。重建的马尾街分为前街和后街两段,前街店铺主要经营批发业务,包括干鲜果、水产品等,后街商店以零售的居多,有中西药品、南北京果等。

福州城市功能街区的形成与商业的发展,标志了福州城市经济的发展。

二、商品区域分布

从大的方面讨论过福州从北到南的城市功能街区之后,就要讨论商业街区的商品构成。

(一)土特产品集散地

近代福州商业集散中心都集中在上下杭与三保、义洲、帮洲一带,靠近闽江的上杭街、下杭街、潭尾街、三保街、苍霞洲、义洲、帮洲一带,为土特产品茶、木、笋、纸、纱、布、粮、油、豆、糖、中药材、各类杂货,以及农副产品的集散地。

1853年后,福建各地茶叶多集中福州出口,有红茶、绿茶、青茶、白茶、砖茶等,品种齐全。在出口茶叶中,早期以红茶为大宗。19世纪80年代,每年出口常达70万担,远销英、俄、德、荷等国。每届春末,各类茶叶多集中于台江苍霞洲一带。福州茶业(本地茶),有巨元堂毛茶帮,其毛茶栈(即茅茶栈)均开设于台江的上杭街和下杭街一带,有十几家。

还有在横街(现文化宫门口)的福安会馆"福安帮",经营闽东的茶叶,如生顺、明兴、宏春、富磨等。而下杭街的"生顺"可称为茅茶帮之王,据说生顺茶在高峰批售量可以达到2万担以上,可见营业额之巨。

福州的花茶也相当有名。以茉莉窨制为主,亦有以珠兰、水圭、柚花、木兰、白玉兰等花窨制者。大部分均分布于苍霞洲、福全社和荔枝村下一带。较大的只有两家:一在台江汛灰炉下,二在后洲圣庙。那里地近闽江码头,起卸便利。较出名的茶行有福茂春、庆林春、协顺隆等。当时最大的三家则是洪吟和、福胜春、洪春生,是南帮洪家开的,为苍霞洲茶帮之首。当时北口茶客有句口头语"刀牌烟仔,洪字茶",说明了洪家茶帮的知名度。还有上杭街油巷下的张德生,这家外运茶量也相当大。而且自置锚缆船,上走山东等处,经营船头货棉、布纱,还兼钱庄等,为上下杭工商界的佼佼者。

福建省是我国重要林区之一,木材是其主要产品。闽江上游木客(又称山客)将木排放入闽江,顺流至福州出售。福州的木行(又名木牙)是专门代山客转手销售,从中抽取一定抽成的经纪商。木客(又名木商),多为江浙等外省商帮向福州木行购买木材后,运销到省外的行商。木客,有福州人,也有外地人,不少是上海和宁波等地商人。他们自己或派人深入山区产地采购,在当地编成木排,从上游沿江放排,运到福州,多要先停泊在"水坞"。当年福州较大的水坞有两个:一是上渡的"水坞",1949年后成贮木场;二是台江的义洲白马桥"水坞"。由于义洲水坞条件好,因此在这一带,最盛时期有几十家木客、木商、木牙。木材业由于抗战期间闽江口封锁,海上交通断绝而一蹶不振,对福州木材集散地的作用,也有很大影响。

笋、纸是福建的土特产,由闽北当地商人(称为山客)就地向生产者廉价收购后运来福州交给货行售卖,这类行栈简称"溪行"。溪行又称"九八行",早先多集中于帮洲一带及后田、河下、宫前社、万侯街(主要闽清帮)、石狮兜、下杭街等处。五口通商后,由于蒸气轮船的使用,才逐渐移至下杭街、潭尾街以及苍霞洲等地段。

民国时期,闽江中游沿岸山村出现汽船运输,台江小码头开始逐渐兴建。当时在大桥以北台江范围的码头道就有26个,如小桥道、水巷道、下道、路通道、中亭道、天义道、菜浦道、马祖遭、大阳道、攀龙道等。台江这一带成为物资集散地和商品交易中心,适应水陆交通,便于装卸、囤放。

经营南北货、杂货、糖等商行多集中在小桥头至下杭街一带,较有声望的有德发、元隆、新隆、万隆、蔡大生、义美、义成、源泰等家。后起的尚有建东、华南(郭兆梅)、捷兴等家。糖行有何元记、唐华兴、周元通等20多家。上杭街至油巷下一带,以中药材、纱布行、洋颜料行为主。药材业,大户有怡兴、怡茂隆、乾泰、裕亨、德隆、如农、致远、德生祥、中孚(后起),在隆平路还有中药材批发兼有接方者咸康、广芝林、元昌三家。其中元昌和怡兴,早年都是大户中的大户,资金雄厚。

义洲从前为南台海防汛锣夫挂名占有,所以又叫"锣夫洲";又因福州方言"外"与"义"同音,又称"义洲"。义洲地处闽江下游北岸,这里水流湍急,泥沙冲积成洲。因此,上游木排到达福州时多停泊在这里的水坞。随着货运来往的频繁,它也逐渐成为福州的木材集散地。洲上的居民多半是以看管木排为生,因此这一带木行也应运而兴。

(二)福州"粮市"

福州是福建的政治、经济、文化和工商业中心。城市人口密集,市场粮食主要依赖省内调剂和省外输入,绝大部分供本市消费,不再转销外地。福州是福建最大的粮食消费市场。

当年万侯街和坞尾里是台江很大的粮食市场。坞尾里以售本洋米为主,如岭木、沪竹、黄尖、七里尖和琅岐早米等。以后台江汛沙洲填平建路,坞尾里的粮市移到北仔街(现在台江百货至江滨旅社附近)和台江的江中路。万侯街粮市多售溪米,如浦城红等。从前三保和万侯街一带有好多家粮行(包括酒米店行),当时粮行较大的有和记、兴记,义记、新兴、懋源、樟春、裕春、森记等家。坞尾里比较大的粮行有蒋丰裕、潘协和等家。

福州粮食市场的组成及交易方法主要是:(1)米贩。多是产地米商或代理商,把食米运到福州后,大都委托米牙代卖。闽东米贩为防海运船舱进水食米受浸,多运稻谷到福州出售。(2)米牙。多属代理商性质,既代理卖方出售米谷,也代理买方买米谷,收取牙佣。有的还兼营门市销售。米牙一般只有少量资本和简单的衡器等设备。规模大的米牙有八九人,小的只有一二人。福州米牙有六七十家。除米牙外,还有经纪性质的牙人,他们仅凭个人与买卖方的关系在米市上活动,充当说合交易的中间人。(3)米行。米行在福州是粮食批发商,有的还兼营米牙。米行的资本比较雄厚,少者几万元,多者百万元,除在福州买进米谷外,有的还向上海、香港等地采买运入大米。福州米行有30多家,多数拥有成套碾米机器设备,规模大小不一,有的日夜加工最多出米400包(每包160市斤),一般在100包左右。

福州水道密布,闽北来的粮船多集中于万寿桥西三保一带;闽东及省外、国外来的粮船多停靠在桥东台江一带。米谷交易时,买方多由米牙经纪人带到船上看货论价成交,或由粮贩、船户自带货样到米牙或米行,由米牙经纪人居中说合成交,收取牙佣。米牙所取牙佣,各路米谷不尽相同。零售店主要向本市米行或粮贩购进,转售予消费者。米行向上海、香港等地办米,多委托驻地办庄代办。米运来后,多先存仓库,待价出售。福州米谷交易季节,旺淡不明显。闽北来的米交易季节为农历十月至翌年二月,邻县及闽东来的米谷交易季节为七月至翌年三月,省外及国外来的米交易季节则为一月至六月。

(三)批发、零售的商业街——中亭街

中亭街靠近闽江码头,又是交通要道,四通八达,一向被人称为黄金地。商业以批发兼零售为主,巨商辐辏,顾客云集,热闹繁荣。

中亭街的棉苎业在最兴时期有20多家。如华丰(浙江老板)、厚康益(浙帮)、乾丰、泰和、仁和、恒安、复兴、光裕、天样、大经、合兴、泰兴、和诚、二宜、福兰、复和祥、福丰、新兴、同和等。它们都是批零兼营,专营棉苎,兼营夏布,其中福兰和复和祥两家还兼售兰州的水烟。

近代福州市金铺有50多家。设在中亭街的有祥慎、廉益、慎余、宝和章、荣聚、恒康、祥聚、益聚、九如、久泰、老天宝、老凤祥、紫金山等。

(四)商业宝地——"金三角"

大桥头、台江汛、田垱(现在的中平路)是经商人营业的金三角。在大桥头十字路口有百龄百货棉布店,先后经营有苏广百货、鞋帽、绸缎、棉布等,老板是尤德铃、尤德锜等。大桥头左边是虎标"永安堂",是星系华侨胡文虎开设的离店,右边是福州中国国货公司综合性营业楼,这三家均在大桥头的十字路口,成三角相峙。中亭街、大桥头、台江汛这一带,在当时是福州靠近码头的最热闹地方,因而高档绸缎店有好多家。较大的有:新奇春、鸿记、光中、平安(方芬藩分行)、百吉、美美、五纹、云章、一文、有福、大盛、华盛、泰来聚、台江汛的"云章"(绸毅)、苏广百货综合商场。

(五)道街"四牙"——水果、花生、猪仔、番薯牙

小桥头东侧有一条街叫下道街,这里有四个行业集市。水果牙主要代销邻县近乡,如闽侯、闽清、永秦等地青果,以及福橘、枇杷、龙眼、柿、橄榄、甘蔗等。有的还装运上海等地,最旺盛时期有30多家,其中以黄合和、黄福记、李义记三户最大。花生及豆类牙,老板多数系长乐人,还有牙栈兼竹"豆籽",有大和、益和、同和等七八家。猪仔牙是当年各乡农民均在此选购"猪苗"形成的。番薯牙就在下道街的戏坪前附近临江,这里是专门为番薯船代售番薯的牙栈。在这里随时都有番薯从各地运到,他们多数就在船头自售。因这里靠近透龙桥,上下船便利,所以福州商贩多来此盘市。

(六)江中路——"北仔街"、锡锖

台江码头地区,交通便利,历来都是经商的黄金宝地。特别是江中路,西起南园旅社,东至新新旅社(即现闽江旅社)这一段,长约400米街区,俗称"北仔街"。

1922年直皖战争爆发,皖系失败,进入福建,当年曾随李厚基入闽的部分官兵,由于长期生活在福州,有的娶了福州籍女子为妻,不愿北返,就在这一条街上摆摊设点经商,形成集贸一条街。他们最初销售旧军装、旧衣服以及经营北方风味小吃。福州人因而称之为"北仔街"。同时,连江、长乐、罗源等"下江客"也将油、豆粉、京果、海产品等运至街区出售。下游地区运来的白菜、萝卜等农产品在街边或在船上交易,就自然形成福州最早集贸街区,当时约有150家商店。[①]

锡锖行业在福州都集中于台江区,具体又集中于保福山、吉祥山(包括状元墓)、太平山(包括山仔里)三处。纸箔行业则不同,大箔集中上下杭,小箔则散处全市及郊区和农村。它兼营香烛日杂等。

福州锡锖行业,乃传自闽南晋江县。当年有人请打锡师傅来福州传艺并开设锡锖作坊,买了原料纯锡,开始一家男女自己做工打制,后来才有专业工人。当时老板和工人都

---

① 林祥彩、王国维:《回忆"北仔街"》,载《台江文史资料》第9辑。

是闽南人。① 后来高品禧才在福州雇佣闽南师傅开始制作。

锡锖即是锡箔,福州通称"锡锖"。它不是纸箔,而是纸箔的原料。在广东潮汕及东亚南洋一带,又称"锡页"。目前许多人没见过锡锖,有时错把锡锖当成纸箔,一并混成迷信品。其实锡锖(锡箔)不能直接焚烧,还须再经一道工序,把锡锖揩于纸上,一半刷上黄色,做成金银纸箔,才真正成为迷信品。锡锖主要用来制作纸箔,但也有极少量的半成品用于艺术装饰品。

锡锖行业的历史比较悠久。在福州,是在200多年前的17世纪初叶,随着人们迷信的盛行而兴起的,全盛于18世纪末。

(七)以产品命名的街道

福州许多商业街区,由于常年销售某一商品,以致形成商业街名。虽然,时过境迁,商品销售不再,但商业街区的名称也反映当时商业的状况。

以产品或行业取名的,如桶街(后洲)、碗弄(潭尾街)、扇弄(洋中崎顶)、线面埕(茶亭河口嘴附近)、铸鼎环(双杭)、打索埕(苍霞洲)、炉仔墘(茶亭下淡村)、造船弄(新港中选)、造炉埕(秋龙巷附近)、纸房里(茶亭)、铸锣巷(洋中铺前)、船厂下(义洲浦东)、垓埕里(苍霞中平路)、切面弄(下杭路)、纸道街(义洲河下)、灯笼弄(洋中金斗)、石厝里(帮洲)、灯笼弄(洋中)、酒库弄(义洲)、皮厂里(新港达东)、轮船巷(义洲)、布局弄(洋中横巷)、粉干道(茶亭)。

典型的有桶街、碗弄。桶街由后洲巷进去便是,曾是制造和销售各式木制用桶的一条专业街。桶街的桶店,都是前店后坊。新中国成立前,台江手工业产品多采用前店后坊的产销形式。碗弄在潭尾街,是专门零售和批发各种瓷制碗碟的一条弄。

此外,在今天八一七中路两侧的扇弄、银店弄、铸锣巷、鱼钩弄、铁线弄、灯笼弄,分别是糊纸扇、打银饰、铸铜锣、打鱼钩、拉铁线、裱灯笼的一条弄。

鸟弄和鹅仔弄:洋中街的鸟弄出卖各种可供观赏的鸟类及鸟饲料、鸟笼等。义洲的鹅仔弄是零售和批发小鹅的一条弄。

造船弄和破船街:今天台江广场附近瀛洲河西岸有造船一弄和二弄,是修造小船的地方;破船街今叫广场里,是出售破船板的地方。②

"三埕":秋龙巷附近的造炉埕是专门制造民用小炉子的集聚地;河口嘴附近的线面埕是晾晒线面的集聚地;苍霞洲的打索埕则是制造棕绳的集聚地。

【附福州名牌手工业】

【增金利厨刀】增金利打铁店于1848年开设于茶亭街。该店打制的"掌桃牌"厨刀,由于烧得红,打得狠,硬度强,不易损,式样好,刀身轻重匀称,枕厚口薄,锋利有力,故经

---

① 高振云:《台江区独有的锡锖行业》,载《台江文史资料》第1—12合辑。
② 王国维:《台江部分地名小考》,载《台江文史资料》第6辑。

久耐用,为"福建三把刀"之一。百年来一直行销国内外,负有盛名。合作化高潮时,并入生产合作社,以后改地方国营,现在为福州小刀厂。

【宝剑牌小刀】福州小刀厂生产的"宝剑牌小刀",原系李松皋于1946年,在南门外六柱桥(八一七中路)的小刀作坊产制。宝剑牌小刀选料精细、制作讲究,具有构造精细、电镀光滑、不易生锈、样式美观、造型新颖、小巧玲珑、愈磨愈利、经久耐用等特色。有单开至六开计20多种个品,外面镶有赛璐珞、有机玻璃,并装饰有各种花纹图案。部件计有刀片、剪刀、瓶盖刀、罐头刀、食品叉、钻子、镊子、指甲锉、螺丝起子、小钢锯、小钢尺等,用途很广,可作日常生活或旅游中良好用具。例如削水果、开启瓶盖、开罐头、叉取食物、剪指甲、修指甲和书籍装订、打洞等。质量优异,一物多用,深受使用者欢迎。

【恭字小刀】许公义于1896年,在台江斗中街开设剃刀作坊,后传子许大雄。1930年,由许友枝产制小刀,以"时代轮"为标志,行销省内外,享有声誉。新中国成立后,改商标为"恭字",由于"恭字小刀"外形美观,刀口锋利,久不生锈,故为群众所喜用。后来在上海、广州交流会上,成为热门货。

【永字号剃刀】永字号剃刀铺,开设于1836年,原店址在台江六柱桥,后迁八一七中路74b号。三代相传,所制的剃刀,以钢硬、耐用、轻快、锐利闻名于市,产品畅销本省各县。

【谢太剪刀】谢太剪刀店,开设于1848年,店址在台江茶亭街(八一七中路)。它选用精良工具钢为原料,精心产制各种剪刀,主要是缝紧而均匀,刀口锋利,耐用易磨,剪布不歪斜,深受使用者赞美。早在1915年,该店根据侨胞植胶的需要,研制出一种"植胶剪",运销南洋群岛,作为剪树胶的主要工具之一,得到产胶工人欢迎,声誉卓著。

【样泰镰刀】1893年郑恩庆在台汀六柱桥(八一七中路)开设铁器店,产制"观音头牌"镰刀。因打制精巧,刀板厚薄匀称,使用锋利轻快,深受本省及江西农民所喜爱,享誉百余年。新中国成立后,曾获江西省物产展览会甲等奖。合作化高潮时,加入为市镰刀生产合作社。

【王彩桶刀】台江茶亭街王彩号桶刀作坊,始创于清乾隆年间,有两百多年历史。它选料精,工艺高,所制桶刀铁硬而脆,嘴厚而锋利,使用时省力轻快、易磨难钝、经久耐用,深受用户好评,畅销本省各界及台湾等地区。

【犁剪】犁剪又称理发剪。福州用的理发剪,本由日本进口,后由李和记铁店仿制成功。店东李文溪,店址在台江区洋头口。产品灵活锋利,使用者拈来应手,经久耐用,一般可用五年,行销本省各地,以及山东、广西、广东、浙江、江西等省区。以后通过改革,把钢柄改为铁柄更为耐用,曾获江西省物产展览会甲等奖。

【观岐巷斧头】陈慈慈和陈熹两兄弟,在南台中亭街观岐巷开建"慈利"打铁店,专门打制各种木工用具,特别是斧头、凿仔等,驰名全市。陈氏兄弟选用优质钢上刃嘴,必在火候准确时下淬,使刃嘴硬度适宜,锻炼均匀,锋利耐用,轻重匀称,式样好看,不粘柴,不软缺,深受木匠欢迎。20世纪初就深得我市和附近各县顾客赞誉,产品还远销南洋各地。

【利一斩锯】福州人林朝官的伯祖父,于1846年在台江区茶亭街(八一七中路)开设制锯作坊。它选料精良,烧得红、打得狠、硬度强、锯齿齐,锋利耐用,深受使用者欢迎,驰名本省和江西、浙江等省。以后,由于后代分业,故在新中国成立前夕,福州就有九家"利一"锯铺。但斩锯的质量"利一旧"特优,最享声誉,曾获江西省物产展览会甲等奖。

【梁锯】"利一老铺"所制的梁锯,有百年历史。选用上等好铁打制而成,具有分齿均匀、齿口锋利、不易钝损、容易整修、经久耐用等优点,锯木板快、平、直,为闽东、闽北林区使用者欢迎。

【广和兴钢锉】该店于1885年,由徐支美开创。制造各种型号钢锉,钢质硬,锐利耐锉,用久的废锉还可回炉再制。畅销本省各县和汀西、沈阳、天津、广州、上海等省市,还外销南洋群岛。

【鱼钩】台江区小桥头,迎兴号陈吓知所制的鱼钩,钢丝好,钩尖倒钩适宜,故钓鱼不易脱钩,享誉数十年,行销本省沿海各县。

【响器店】【皮鼓店】集中开设在茶亭街一带的响器店,主要制造大小钢锣、铜钹和佛道两教用的法器——钟、铃、滴水和香炉、烛斗等,还制造金锣、大锣(就是大官员出巡时鸣锣开道的大锣,又号"旗锣")以及鼎锣(木帆船开航用)。皮鼓店,主要制造大小皮鼓、大小木鱼、狼帐等,用于寺庙的法器,也用于演戏时指挥音乐唱词击节,以及迎神赛会与赛龙舟时鼓舞士气之用。

【杨常利雨伞】福州纸伞历史悠久,闻名中外。一般具有坚实、耐用的特点,是福州对外贸易的传统手工业产品。旧时伞家多集中在洋中亭这条街,最盛时期雨伞作坊牌号数以百计,但以杨常利的"双喜牌"纸伞为名牌。1808年,其祖先福州台江人杨大坤,筛选各种上等原料,试制成功优质纸伞。初创时,产量较少,销售对象主要是本市各商行、货栈,以后流入近县农村。杨常利(由福州人世荫继祖业开设门市部于台江中亭街)"双喜牌"纸伞,始终保持优良质量,并在1933年于美国芝加哥百年进步博览会上荣获优秀奖状,被誉为福州手工业品的三宝之一。"双喜牌"纸伞的造型及整个工艺,体现了中国工艺品的优良传统、美观与实用的高度结合。只要把纸伞拿到手打开一看,就觉得既美观又实用。这种伞晴雨咸宜。三伏气候烈日当空,伞面能阻挡炎阳而不发脆爆裂;倾盆大雨时用来遮雨。伞面绘画色泽不变,油多光滑。伞身粗大,耐风、耐雨、耐热,一把伞可用好几年。有的伞面还绘有国画风格的花鸟、山水、人物等以及各种图案。撑着这种橘红色的纸伞,漫步于丛林之中,具有"万绿丛中一点红"之美。旅游时带上苹果绿纸伞,使人好像处于丛林之下,顿觉凉爽。据说前几年英国女皇到香港,打开"四〇四"油画伞,雍容华贵,别有一番风度,十分引人注目,真是"女皇之伞",妙不可言。1955年,杨常利等伞店并入地方国营福州伞厂后,不但保持名牌纸伞的特点,而且质量有所提高,产量不断增加。现在福州伞厂的产品,还保持有数十种牌号和品种,除供应省内外的需要,还销售到日本和南洋各地。

【富贵花伞】当福州开展"抵制洋货,提倡使用国货"运动时,便开始产制比较美观实用的花伞。以绸布制成的叫绸伞,以绵纸印花图案制成的称"纸花伞"。当时由公私合营的中国国货公司设专柜经营。1941年由该公司职员刘棣生承接后,在中亭街观岐巷口复和祥棉茶店(即今福州华侨物资收购站)帮柜销售。花伞的伞面画有山水、花鸟和人物等图案,形质兼优,美丽雅观,既能遮雨,又可蔽日,轻便耐用,颇受欢迎。曾获江西省物产展览会奖励,运销国内主要城市和台湾及南洋群岛等地,新中国成立后,并入福州雨伞厂。

【锡锖业】福州手工的"锡锖业"全部集中在吉祥山、保福山、太平山一带,打制锡锖箔,销售海内外。锡锖箔大部分用来制造迷信品纸箔,有福州帮太平山(现洋中亭山仔里)与闽南帮保福山(现洋中福山居委会)之分。旺盛时期,这一带集聚锡锖行90多家,坊内工人达2000余人,店外加工的也有数百人,极一时之盛。自从福州列为沿海对外开放城市之一后,福州市工商联的建联企业与市劳动服务公司的联合公司,为了国家创汇,也办了一家建联打锡锖厂并附设出口锡箔加工厂。

【泥塑玩具】洋头口斜左转"河口嘴"街口,曾集聚好多家泥塑玩具店,多是前店后坊。这些艺人平时塑造儿童玩具,有泥塑人物、各种鸟兽、小孩骑牛、太平景象、扑满等,还有纸坯制的神像、小孩"脸相"(俗称"花面壳")等。临近中秋节,则塑造展售福州习俗"排塔"和"排鳌山"用的各种泥塑人物像,如四大金刚、弥勒佛、十八罗汉、观音送子、渔樵耕读以及民间传统故事人物等,有单一的,有成套的,不胜枚举。冬至节前,则塑赤身、满脸喜笑的"孩儿姆"塑像,成双成对地放在千家万户祖先神主前充作烛台,造型惟妙惟肖,工艺精巧。昔日评话老艺人黄天天,家在崎顶,他一生所赚的钱,大部分用于购集当地产制和各地旧存的各式各样泥塑人物像和小神像,保存有不同造型的成百箱,数以万计。新中国成立后文化部门曾给他举办"土偶展览会"。可惜这些工艺品在"文革"中全部被毁。

【矾皮、车只、算盘】从斗中街至洋头口,聚集有数量相当多的矾皮、车只、算盘、制笔、制墨、牙刷、木画、棉纱只的带仔、髻钱、打线、打髻髻铁钉、拉铜线、鸡毛掸子等手工业作坊,以及洋头街的小商品和小百货商店等,多数都是前店后坊,虽然没有什么特点,但也都是人民生活的必需品。后来由于受洋货倾销影响而逐渐衰落。

【糊"纸搭"】夏体园,有个特技是糊"纸搭"的艺人叶天赐(他和霞浦街的"番道二",民间合称为台江特技二杰),他所糊出的龙灯、出海龙船、百货橱窗广告"纸搭",惟妙惟肖,栩栩如生。曾经为后洲、沧洲庵"普渡大堂"糊制三十六间店的纸马路,糊裱出曾经在台江马路上经常流动的"四怪"(即看眼睛的疯婆林克风,看相的陈庚白,后墙里头顶面包盘的"两个声",本名"臭瓜")和虎标永安堂的推销员"马仔"、真名"湾九"的形象活灵活现,轰动全市,一时把后洲街挤得水泄不通。后由上海帮林楚卿等向沧洲庵大堂把这些纸搭租来,由海轮运沪,在上海西郊展出,名噪一时。

【榕绣】福州刺绣又称"榕绣"。历史悠久,工艺精巧,品种繁多,色彩鲜艳,针法多样,所绣的山水风景、鸟兽花卉和人物等,生动逼真,装饰性强,具有浓厚的地方色彩。有丝绒绣、金钱绣和机绣之分。产品有服装、手帕、鞋面、被面、枕套、帐眉等日用品;也有绣衣、彩牌、伞、屏障、挂幅等神像迷信奢华品;还有戏剧服装道具和艺术作品。新中国成立前,就有华成、庆城、聚成、彩华等十几家有名绣铺。尤其南台中选路陈隐南父子,于1916年开业加工戏衣,名扬榕城。1941年福州曾明女士所绣的绒马,工艺精湛,线条清晰,有立体感,在巴拿马万国博览会上荣获金牌奖。新中国成立后,并入福州刺绣厂。

【陈永盛漆枕】陈永盛漆枕创始人陈耀春,于清光绪六年(1894年),在南平市延福门开业(旧称延平城),故有"延平枕"之称。后来从南平迁来福州台江小桥头(旧称崎下)营业。悬挂在二进厅堂横梁中间,一块长方形厚赤金底浮刻着"陈永盛"黑字大楷书的牌板,是清朝光绪年间,官授内阁中书十三省钦差大臣的族人陈璧所书,显示出"陈永盛老铺"的名牌标志。该店生产的漆皮枕,选料考究,工艺操作严谨,漆色鲜艳,永不变色,经久耐用,品种规格多样,适应老、中、青年人使用,寒暑咸宜,特别在夏天使用,更为凉爽舒适,它具有硬中带软的特性。头枕其上,枕身平坦不凹,故能保持原有发型,妇女使用尤为理想。以前男女结婚,多要购买陈永盛产制的"龙凤枕",产品远销省内外及港澳、东南亚一带。新中国成立后,产品又有创新,1954 年参加全市手工业产品评选,获得名牌产品称号。

【蒸笼】蒸笼据说是由 300 多年前一兴化(今莆田市)人根据"竹蔽"炊具的功能与原理仿制的,以竹片为底,木片为框墙(圆形),后改进用蒸剥的褚木做原料,市民多喜购用。后来有一青年人入赘于宁德县,亦以产制蒸笼为生。他对制蒸笼有钻研,改用松溪、泰宁的"水杉树"(怪树)为原料,其优点是有香味,经久不腐,故蒸熟的食品有特种香味,适人口胃,产品坚实牢固,不易损坏。规格大小不一,可各凭需要任意选购,极受用户欢迎。在福州,该业全盛时期,全市有数十家之多,主要集中在台江坞尾一带,以"元昌"和"元全兴"两家最为闻名。

【木桶】木桶又称"圆木"制品。相传早在明朝就很有名,产制地点集中于台江后洲一带,该地因有"桶街"之名。以"恩利"号产品较有名声,它采用木料干而老,成品质坚缝密,美观耐用,深受用户欢迎,主要产品有水桶、吊桶、胶桶、面桶和粪桶等,畅销本市及闽清、闽侯、连江、福清、长乐、平潭等沿海各县。

【镜箱】镜箱就是旧式梳妆台。台江小桥华兴号产制的镜箱,式样大方,坚固耐用。箱面用退光漆释漆,色泽光亮美观,产品名闻全市。1953 年新创制的"稠式镜箱",畅销闽南一带。还有"单书式"和"双书式"镜箱,销售上海、天津等城市,还远销到内蒙古、西藏等地。

【竹筷】福州竹筷系用毛竹削制而成,是福州特产之一,历史悠久,为台江苍霞洲一带居民的家庭副业生产。新中国成立后,组织生产合作社,产品有白坯竹筷和各色漆筷,如甲等双原、特等光头、光头白坯、时庄四方、特等珊瑚、珊瑚光须、特等双原、青光头、青四方、特等白牙等,品种繁多,盛销省内外及香港、南洋一带。

【魏南林皮鞋】开设在台江中选路的"南林"皮鞋店,原来是日本人经营的。在日俄战争爆发后,日本人回国,将该店折价让给职工魏冠洪接办,于是在牌号前加上其姓,称"魏南林"。其制作的皮鞋不但选料讲究,采用上等牛皮,且做工细致,每道工序都有一定规格和质量标准。其特点:皮鞋的型号与众不同,可以依脚裁样,量脚定制,故做的皮鞋底实、面宽,穿起来极为舒适,可走远路,久不变样,闻名全市。

【马德顺布鞋】马德顺鞋店设于上杭街水巷口,有百余年历史,是以车胎为底,国贡为面,密针缝制,底厚而牢,质优耐穿,深为沿海渔民和山区农民所欢迎。

【义和永染纸】1916 年,唐其杰合伙开设"义和永"染纸店于台江洋头口,后迁新庙路。该号所染的"黄里红",系供妇女剪花之用,质纯无沙,剪光美丽。还有"榜珠",是写春联用的纸,质纯而薄,红艳光润,备受用户喜欢。运销福清、莆田、仙游、惠安等县。

【华南服装】华南服装店,开设于1931年,负责人陈文生,曾在台湾当学徒,出艺后回榕,先在仓山梅坞开店营业,后迁大桥头,现在台江路。该店缝制的中山衣、西装等,工艺较好,特别是加工呢羽哔叽的女秋衣、大衣,式样新颖大方,艺精工细,深受顾客赞扬,为本市有名的服装店,不少妇女慕名专程来店定制。1952年公私合营后,扩大为国营华南服装厂。

【大同北烛】大同北烛的创业人翁学钦,浙江平阳金乡人,于清初在福州台江中亭街,开设"大同烛行",所制北烛,色质兼优,选用上等洁白的皮油、川蜡,烛面调色,均用优等草红,烛心用隔年特制的灯芯,并以金箔在烛面粘贴成龙凤等图案,各道操作工序严谨细致,制成后还要陈贮于地洞内,使质坚难溶,色泽鲜艳,久存不变形,深得顾客信任。每盒(两支)产品由半斤至二十斤不等。过去鼓山涌泉寺传统习惯,每年都要向"大同烛行"定购一盒二十斤重的大北烛,于正月初一日点在大雄宝殿上。福州及近县男女结婚,必用大同的"龙凤烛",老年人过生日必用大同的"红寿烛",尤其沿海渔民更喜购用。因"大同北烛"不漏油,享誉200余年,至今尚有人查问北烛的生产情况,得以久享盛名而不衰。

【蔡大生鞭炮】蔡大生鞭炮行创于清末,行栈开设在台江下杭路。原名"福晋春",系合股经营。1924年起,由蔡友兰独资经营,改名"蔡大生",并在湖南省刘阳县设庄产制。由于原料足,质量好,加以操作认真,每道工序检查严格,故所产鞭炮,燃放时特别响亮,每挂连续爆放,从不中断,深受用户欢迎。特别是喜庆节日,人们都要求爆竹声声连响,象征吉祥,因此必选购蔡大生鞭炮。这种鞭炮,不但名闻全市,还远销本省各县及台湾、南洋等地。品种有百子、五十子、千子和团炮等。每个品种尚有各种规格,保持质量,信守店誉,风行榕城。

【宽裕成毛边纸】宽裕成毛边纸是长兴愈溪行的名牌货。起初为曾家与黄家合伙经营,行设南台潭尾街,曾文乾经理业务。不久黄家折股,改名为"曾长兴",以海纸为主体,发家致富,资金雄厚,在溪纸业中首屈一指,有第一家称号,在上游产区负有盛名。该行收购闽西、闽北各地产制的毛边纸,雇工剔除其中的次劣品,在优质纸上加盖"宽裕成"字号,成为与众不同的优质毛边纸,博得用户赞扬,因而驰名各埠。

【邱德康黄条烟】邱德康烟店负责人邱书霖,仙游人,1934年升业于台江区中平路38号。所产制"黄条烟",香味浓厚,操作精细,独树一帜,闻名全市,特别为长乐、连江、罗源、霞浦等沿海渔民喜爱。1956年公私合营后,合并为邱德康烟厂。

【雀舌毫、茉莉花茶】雀舌毫、茉莉花茶"鲜明香色凝云液,清彻神情敌病魔",这是人们对福州花茶之一的茉莉花茶的赞美。在福建许多地方的习俗中,往往把福州花茶用来招待贵宾、馈赠亲友,以示尊贵。"良友茶庄",由福州人程梅惠于1937年在南台台江汛开设。以精选春分风毛茶,拣剔纯净熏窨茉莉花,经"四容一提"制成,外形紧秀细嫩,甚显锋毫,芽尖细如雀舌,故称"雀舌毫",亦称"茉莉雀舌"。此茶内质纯正,茶色清澈,持久耐泡。饮用可以生津止渴,消倦提神,利尿去烦,收敛消炎,去腻益思和预防坏血病、龋齿及感冒等疾病。因此誉满省内外,甚至海外侨胞中。1979年,在全国茉莉花茶评比会上被评为最优茉莉花茶,名列前茅,远销香港、台湾各地。①

【美且有糕饼厂】美且有糕饼厂是福州市糕饼行业中的百年老厂,创办于清咸丰年间,至今已有百余年的历史。该厂原系前清秀才陈鸿昌(别名佑弼)与浙江省绍兴县人吴某以及堂弟陈鉴泉的岳父洪庆云三人集资3000银圆合伙开办的。早期店址在福州市双门前(现东街口新华书店旧址)一间面积200多平方米的店面,店呈蝴蝶形,半边开糕饼、京果绍兴栈,半边开春光怡茶庄,店后设工场,聘请技术精湛的老师傅制作各种糕点。陈鸿昌有五个儿子,四子陈吟飖(别名海秋),善于经营管理,且有胆识,能了解市场行情变化。而后,陈鉴泉的岳父洪庆云因年纪大,其后代对做生意不感兴趣,就把三家业务全部交陈吟飖承接独股经营,将美且有糕饼店合并在大桥头集中经营,并将春光怡茶庄迁到中亭街营业。1911年前后,陈吟飖根据历年经营管理经验,明确分工,分别选聘专人管理产销工作。② 1958年,以半机械化操作代替手工操作,并用电炉烤代替木炭烧烤。从此,美且有糕饼店生产蒸蒸日上,向前发展。以后改名"美且有糕饼厂"。

三、道头、码头的发达

福州不仅仅是消费中心、区域商品集散地,也是重要的商业转运中心。闽江是闽北等地区对外交通命脉。闽北主要土特产,如大米、木材、茶、纸、笋、竹等都是靠闽江输送出口,而沿海的食盐、海产及日用百货等也均由闽江上运。因此,闽江对于该流域的经济发展和人民生活影响甚大。

清中叶以后,台江港的中心逐渐移至上下杭等滨江一带。这里客商云集,会馆林立,为"海口之大镇,百货会集之所"。沿海各地的货物都集中在这里,然后再通过船只分送到闽江中、上游各县;上游各县的木材、粮食也都集中在这里,然后再分销沿海各地。乾隆十六年(1751年),南台为"福之贾区,鱼盐百货之辏,万室若栉,人烟浩穰,赤马余皇估舻,商舶鱼蜑之艇,交维于其下,而别部司马之治,榷吏之廨,舌人象胥蕃客之馆在焉。日往来二桥者,大江浩然!"③随着近代福州商业的发展、轮船航运的起步,转运中心开始集中到台江码头一带,由此促进了这一带码头的兴起与发展。

正是因为如此,福州南台建有许多小码头,方便客货轮停靠、转驳。当地人俗称这种小码头为道头。万寿桥(今福州解放大桥)下游的有太阳道,南道,泗佛道,潘公道,第一码头,尚书庙道,第二码头,半片道,婆婆道,第三、四、五、六码头。据记载,仓山区范围大桥以南有户部道、常关道、妈祖上道、妈祖下道等25道,台江区范围大桥以北有小桥道、水巷道、滚洲道、尾透下道等24道。福州市的大小道(码)头有70余个,多分布在万寿桥北(从桥头至鸭姆洲的亚细亚油仓)和仓前桥南(从上渡龙潭角至泛船浦)的沿江一带。城市内河虽然也有不少道头,但都居于次要地位。如台江内河的有小桥道、水巷道、马祖

---

① 林祥彩、李益清:《台江传统特艺名牌货拾锦》,载《台江文史资料》第1—12合辑。
② 李益清:《美且有糕饼厂今昔》,载《台江文史资料》第12辑。
③ 潘思榘:《江南桥记》。

道、大义道、太和道、洪武道、酒陈道,等等。道头附近逐渐形成集市,台江汛是个大集。这些道头实际上承担了福州转运贸易的中转功能。

近代轮船航运起步,而闽江下游(福州万寿桥以下)由于航道久未整治,泥沙淤积,浅滩毕露。因而,所有外海船舶的航行都只能以马尾罗星塔为福州航程的终点。货物和旅客到达马尾后,只能再雇吃水4～8英尺的小船逆流而上,送到福州南台。大船来港需停靠在罗星塔附近的江面上,依靠小船盘驳,然后再运往与闽江相通的内河码头,既费搬运水脚工资,又很不方便。

1842年清政府在英军炮口威逼下,与英国签订了《南京条约》。根据条约中五口通商的规定,福州于1844年7月3日对英开埠。英国商船可以自由进出闽江口,接着侵入闽江内河。福州通商后,各国洋行云集,洋行专驶的小轮船进入闽江口,输入洋货,运走茶叶等商品。为了便于停靠和装卸,遂于1862年在台江对岸的泛船浦建成第一座码头。

光绪二十六年(1900年),驻福州日本领事企图在万寿桥右岸从港头至江边乡长达20余里地段上建筑码头,因乡里人反对,最后只好放弃。这些因素大大影响了福州进入近代发展的进程。

进入民国之后,1916年福州市政府和闽海关税务司的负责人费妥玛为使来往福州的海轮可以直达南台,决定修浚闽江,设立了闽江修浚局,并于1917年1月聘瑞典工程师海德生到闽江考察。整治闽江下游(台马段)航道,先由海德生推荐北洋大学教授美国人韦斯德来闽担任总工程师,帮助设计施工。按其修浚方案,采用筑堤之法泄水刷沙,自南台万寿桥至马尾,全程16.4千米分为3段进行:由万寿桥至魁岐乡靠北湾,即上段;由魁岐乡至壁头乡靠南湾,即中段;由壁头乡至马尾靠北湾,即下段。至1935年航程完全疏浚成功。

与马尾—台江河道疏浚同时进行,台江轮船码头也开始修建。1931年万寿桥改造后,台江一带用沙石填塞,建设新码头16处。第五、第七、第十、第十二各码头建有冶船,其余设有浮船的码头仍旧须用趸船载运。

1934—1935年是福州码头建设较有成就时期。福州港的轮船码头是继闽江下游航道疏浚完成之后,才开始有计划兴建的。

1935年福建省建设厅所属的省会工务处在福州台江(今江滨路),利用闽江下游航道束窄工程,引鳌峰洲新填陆地,建筑了6座相连的埕岸码头,即今第一至第六码头。其中,第一至第四码头各设置一条引桥与浮船,供内河轮船停靠。1934年9月,省会工务处招上海明昌铁器公司承造第五、六码头,建造两艘长80尺(合26.6米)、宽21尺(合7米)、高6尺(合2米)铁浮船及两条长40尺(合13.3米)、宽1尺(合4米)的铁引桥,以供海轮靠泊,造价2.82余万元,1935年3月竣工。同时还建立相应的仓库与储藏空间。

台江汛第四、五码头建造完工,茶仓也于1936年4月建成。至此,福建省政府建设厅发表训令,规定茶轮一律靠泊指定码头起卸。

当时,台江中洲岛至海关埕还设置了浮筒4只,提供给驶进台江的海轮系泊使用。此后,又在福州万寿桥的上段北岸恒昌埕地方,建造了一座简易码头,设置木质的引桥及浮船两艘,以供闽江上中游的轮船停靠上下、装卸客货。

随着海运业的发展,20世纪30年代福州码头数量的增长是迅速的,仅1930—1935年5年时间就增长了1倍多。① 这充分地说明了福州航运经济的发展、船舶的增多,带动滞后的码头建设迅速发展。由于海运的发展,甚至当时的商行、工厂因自身业务的发展,也纷纷建设起自己的大小码头,充分显示当时福州商业经济的发展。

总之,应当看到民国时期的福州商人资本的艰难转型,商业资本的转型在这一时期,表现为不是简单地从事贱买贵卖,依靠地区的差价来赢取利润。原来独立发展的商人资本已开始进入生产领域。他们通过订购、预买、包买等形式逐渐支配了小生产者,以至把他们变为自己的工资劳动者。虽然这种状况仍然很微弱,但应当看到民国时期,资本主义生产方式建立以后,传统的独立的依据地区差价进行贱买贵卖的商人资本已经逐步失去了它的独立性,而且逐步地变成产业资本的"附庸",前店后坊的作业方式流行于福州,就是一个证明。这种商业资本开始服务于产业资本的运动了。只是由于近代外国势力的强大,中国资本主义的发展艰难,导致了这一过程的曲折。如果资本主义生产方式顺利进展,福州的商人资本形态,一定会有一番作为。这也是历史的进步。

第四节　商人资本转型之一——产业资本的兴起

辛亥革命后,福州近代民族工业获得了长足的发展。辛亥革命对中国经济的发展产生了积极而深远的影响,为中国民族资本的发展创造了有利条件。

首先,辛亥革命推翻封建专制制度,建立资产阶级共和国,从而在一定程度上解放了社会生产力,解除了束缚民族资本主义发展的一些封建桎梏。同时,新成立的共和国政府无疑将会制定和实施一系列有利于资本主义经济发展的举措。辛亥革命还使得人们的思想观念发生了很大转变,民主共和、发展实业、竞胜争存,成为社会思想热潮。所有这些,都为中国民族资本主义工业的发展创造出一个更有利的生存、发展空间。

其次,民国初年政府推行了一系列有利于民营工业发展的措施。正如恩格斯所说:"国家权利对于经济发展的反作用可能有三种:它可以沿着同一方向起作用,在这种情况下就会发展得比较快;它可以沿着相反方向起作用,在这种情况下它现在在每个大民族中经过一定的时期就都要遭到崩溃;或者是它可以阻碍经济发展沿着某些方面走,而推动它沿着另一方向走,这第三种情况归根到底还是归结为前两种情况的。"②

再次,民初政府实施了一些有利于资本主义发展的经济政策,进一步完善工业法规,扶持和奖励民营工业的发展。辛亥革命后的四年中,民国政府先后颁布《暂行工艺品奖励章程》、《公司保息条例》、《商人通例》、《公司条例》、《矿业条例》、《审查矿商资格细则》、《公司注册规则》、《矿业注册规则》、《农商部奖章规则》、《保护华侨条例》等,同时颁布的

---

① 《中国水运史丛书·福州港史》,北京:人民交通出版社,1996年,第185页。
② 《致康拉德·施米特》1890年10月27日,《马克思恩格斯全集》第37卷,北京:人民出版社,1960年。

还有这些条例、规则的施行细则。这些工业法规虽不够完善,有的因时局多变未能付诸实行,但它们终究解除了封建专制政体所存在的若干束缚民族资本主义工业发展的障碍,为资本主义工业的发展提供了初步的法律保障。

一、官办工业

晚清时期洋务运动创办的福建船政局,是官办工业的典型。但当时主要是生产军舰和枪炮,和福州本地的工业关系似乎还没有那么直接的关系,到了辛亥革命之后,企业开始改变经营方向,扩大经营范围。除了继续制造军舰,还兼营民航、船坞经营修理以及制造商船。这种面向当地市场的趋势到民国以后更加明显。1928 年为福州浚河局承造挖泥船 1 艘,1929 年承造福州浚河局码头船 3 艘。1934 年为福建水上警察局造成两艘警艇,为福州港头造纸厂造原式仿制全套造纸机。1935 年,为福州浚河局修造浮筒、浮槽,以及该局所需的零部件。抗日战争中,为马江要塞司令部制造水雷。偶尔也制造小型船舶,修理来往于福州和琯头之间的小轮。

为解决经费困难,1903 年,船政局决定创办铜元局。1905 年 7 月正式开工。和福建机器局附设的"西局"、南台的"南局"成为福州三大铸币厂。到 1907 年,铸当十铜币 33701952 枚。1925 年,船政局正式投产铸币。最初铸造双角银币 10 万枚,后增加至二三十万枚。据说当时每铸 1 元,利润为 2 角。所铸银币由海军小汽轮运至中洲海军军饷汇兑处,批售给工商业界及小钱庄。当时,经营上游柴、茶、笋、纸、香菇等商人,也大多以这些辅币作为交易媒介。由于货币便利商贩所需,销路极广,从福州迅速扩大至闽北和沿海各县。对当地货币供应和闽江流域的商品流通发挥了重要作用。此外,1927 年,马尾造船所成立海军长乐莲柄港灌田局,造币厂拨款 40 多万元,向江南造船所借款 20 余万元,向私人银行、钱庄借贷 30 万元,还向私人借贷,工程费共达 105.7 万元。其主要工程于 1929 年 3 月完工,安装两部抽水机。莲柄港工程对解决干旱问题,促进长乐水利发展起了十分重要的作用,至今莲柄港工程仍在使用。该工程是以现代企业为依托进行的,它的意义不仅仅在于灌溉田亩,而是把现代农业机器引入了农村,把当时先进的生产技术介绍推广到农村,对于促进农村现代化都具有极其重要的意义。

二、福州民营近代工业

福州民营近代工业在 1912—1919 年间较之民国以后有较大发展。首先,企业的数量、资本总量明显增多。1912—1918 年的 7 年时间里,福建新设资本 1 万元以上的民营近代工业企业有 29 家,福州就占了 9 家。

从工业部门来看,本阶段的发展主要体现在食品、电力、航运等方面。

(一)福州电力、电气、电话

福州民营电力工业产生于 20 世纪初。1909 年,林友庆等创办耀华电灯公司,安装 1

台 10 马力（约 7.35 千瓦）直流发电机，供应 200 盏电灯用电，但因技术落后和经营管理不善，营业不佳。① 1910 年，刘崇伦、林长民等集资创办福州电气股份有限公司（以下简称福电），由刘崇伟任董事长兼总经理。福电以 8000 元价格买下耀华公司资产，在台江南台新港另建新厂，安装 2 台英国造的 150 千瓦汽轮发电机组，次年 11 月建成，供城内和万寿桥两岸 575 户照明用电。

公司开办初期，法定股本为 12 万元，实收仅 113080 元，到 1918 年 3 月第七届结算时，法定股本增至 120 万元，实收 85 万元。福电成立后，年有盈利。据统计，1912 年 3 月公司第一次结算时，纯益为 9900 元，以后逐年增加，至 1917 年 3 月第六届结算时，纯益已增至 152000 多元。②

在这一时期民族工业发展中，电光刘是一个非常典型的事件。

电光刘的刘家，是福州近代工商史上重要家族。刘家是明代从北方迁来福州的，此前一直从政，明亡后转而从商。清末，作为巡抚的刘齐衔生有七个儿子，次子刘学恂育有八个儿子。其中刘崇伟和刘崇佑致力于发展近代工业，主持企业的实际工作，而刘崇伦则在日本东京高等工业学校留学，专攻电气技术，学习商科的刘崇侃则负责企业财务等。

1910 年，刘崇伦从日本留学回来后，刘家集资 8000 元，收购了当时开办不久，却因资金紧张无法继续开办下去的耀华电灯公司，改名为福州电气公司。1911 年开始，电气公司开始向福州市民供电。随着企业越做越大，1920 年开始，电气公司开始向工矿企业供电，成为当时福州民族资本中最大的企业。

正是因为刘家开创了福州电气时代，所以福州人称之为"电光刘"。"电光刘"以该公司为中心，先后创办了包括厂矿、航运、商业等企业十数家，并曾向农村推广电力灌溉。当时刘家在福州较早设立的企业还有：1914 年开办的"福电铁工厂"；1917 年创设的"精米厂"、"炼糖厂"；1919 年创办的"福州冰厂"、"福州油厂"；1922 年电气公司设立了分支机构——"连琅电灯公司"与"福清电灯公司"；1926 年承办日本、台湾银行转让之"建兴锯木厂"。

刘家的电气公司于 1934 年还增装 30 千伏发电机，从而实现了向长乐县莲柄港溉田局的供电计划。1941 年福州第一次沦陷，莲柄港抽水设备全部被抢，输电线路全部炸毁，对莲柄港输电从此也就终止了。1946—1949 年间，由于内战，引起社会剧烈的通货膨胀，更使公司无法支撑，只得请求并入国民党资源委员会，刘家仅作为一般股东领取股息，管理权全归资委会，名为合营，实质上是官僚资本吞并了电气公司。

福州的民营电信业有福建电话股份有限公司，前身为清朝官商合办的福州电话公司，1912 年由刘崇伟承办，原始资本为 45000 银圆，在福州城内塔巷、南台中平路及仓前山麦园路设交换所，总装机容量为 300 门，实装话机 200 余架。全年电话月租费收入为 18600 多元，营业尚可。开办后业务发展趋势尚佳，但到 1917 年以后，便走向下坡。

---

① 《福建省志·电力工业志》，北京：方志出版社，1998 年，第 108 页。
② 福州市工商业联合会编：《福州工商史料》第 1 辑，福州：福州市工商业联合会，1985 年，第 124～125 页。

1941年开始出现营业亏损,从此一蹶不振。

刘永业虽于1949年集资经营"众兴面粉厂",但也仅能勉强维持。至于其他企业多已停办,唯冰厂、铁厂尚苟延残喘。刘家对于发展近代工矿企业,在当时来说,颇有远大眼光与雄心壮志。除前述曾创办的企业外,还于1912年派员勘察古田溪和仙游鲤湖水力发电量,计划建立水电站。赴建瓯东游勘察金矿,赴永泰勘察铜矿,赴安溪勘察铁矿,计划为开发矿产做出贡献,终因时局动荡不安、资金技术不足等原因而不能实现。

1916年福州电气公司附设玻璃厂,专门生产电灯罩和电灯泡,1918年停办。

(二)食品、罐头企业

较早的颐康罐头厂1914年设于福州,资本1万元。主要生产各种肉类及素食罐头。当时罐头食品行业在福州的巨商是张秋舫。他不仅仅开办罐头食品还设有厚坤、厚馀钱庄,仁馀、德馀当铺,西来百货行,宜华照相馆,南北京果行及家具店等20余家,当时与福州罗氏家族(罗勉侯)齐名。社会上曾有"南山有鸟,北山张(张家)罗(罗家)"之称。

叶国瑞牛乳公司,1898年由叶国瑞创办于福州,1912年更为此名,资本2万元,职工约50人。公司自设牧场,养奶牛百余头,每年销售纯净牛乳膏、杏仁牛乳膏及豆精牛乳膏等25000箱。产品质量好,很受社会欢迎,曾在巴拿马博览会上获奖。产品在国内及新加坡等地销售。

当时随着福州社会经济恢复,福州巨商张秋舫于1910年创设"迈罗"罐头厂,因产制荔枝、龙眼、鲜笋等货源在福建,厂址迁到福州苍霞洲,上海设门市部。① 继后尚有"宝承"、"永唐"、"万有胜"等多家罐头公司的设立,但规模均小。

到1949年2月,开始组织成立"福州市罐头食品商业同业公会"。1949年4月16日,公会在中亭街三合弄嘉康罐头厂召开会员大会进行改组,选出吴秀深、陈培国、黄梦周、郭奇观、郭依腾、王炎藩、郭荣铿、王寿椿、应照元等9人为理事;王庆宝、潘温妹、黄依细为监事;吴秀深任公司理事长;王庆宝为常务监事。会员有"嘉康"、"福丰"、"合众"、"闽丰"、"元昌"、"月美园"、"福泰裕"等13家。

(三)民营造船工业

近代轮船航运业的兴起推动了民营造船工业的发展。福建地处东南沿海,盛产木材,具有悠久的造船历史,但长期以来只能生产各种木壳船。福建船政局马尾造船厂创立后,才开始向制造轮船过渡。民营轮船制造业开始产生与发展。

据福州船政局档案记载,民国初期福州鸭姆洲、泛船浦、三县洲、帮洲等处的民营轮船造船厂商共计59家。其中,能制造轮船船体的有李元记、刘浩浩、潘三妹、林平安、林金铨、杨中本、林火炳、林企仰、王济根、林依福、三利号等11家。②

---

① 李益清:《解放前台江区的工业》,载《台江文史资料》第6辑。
② 林开明主编:《福建航运史》(古近代部分),北京:人民交通出版社,1994年,第368页。

私营的造船厂,数十年来只能制造大小木壳船只及修造大小汽船、机帆船等。当时能制造蒸汽机轮船船体的,首推鸭姆洲李元记造船厂(厂长李家福)。能制造内燃机轮船船体的,则以三县洲刘浩广造船厂为最早。此外,能制造上下游轮船船体的计有潘三妹、林平安、林金铨、王济根、林依福、三利号等9家为发展福州闽江河流轮船运输做出贡献,并生产上海、宁波各地近海货轮造船。

当时造船企业,原先分为桥上与桥下两大帮派。台江一区属桥下帮,小桥三县洲地区属桥上帮。当时制造宁波货船之南北船厂十余家,组织成"南北造船厂公帮"。1943年在当时政府督促下,统一组织成立了"福州市造船工业同业公会",选出王济根为公会理事长,潘三妹、陈明伦为常务理事,林平安、李家福、林火炳等为理事;潘绿记为常务监事;陈木仁、林道承为监事。会址设南台胜兴救火会隔壁,由会员集资盖起公会会所。1947年公会进行改选,理事长仍由王济根蝉联。

这类造船企业除专门承接修造大小汽船外,还修造洋驳、煤驳、盐驳、舢板、渔船、双桨、圆底、小驳、雀船、溪船、货船、上游快艇和各种木壳船只。企业会员在1949年大小共有50余家,各厂厂址多设江滨,便利拖拉上下船只。台江区各造船厂在老药洲、排尾、竹排埕、鳌峰洲等处。小桥区在帮洲、坞尾、福龙社等处。造船厂东多为工人出身,厂主多自兼技师。资金不多,系包头工性质,向顾主包来造船工程,先收工料费五成至七成,以发工资并购买原料。若无顾主,即无资格充任包工。一般无固定工资工人,均按日按件计资。

(四)机械制造业

民国时期福建的机械制造企业多为负责维修机器的工厂,只有少数能制造机器。近代工业的发展推动了民营机器修造业的兴起和发展。1911年鸭姆洲出现了一家民营广成机器店,置有四台机械车床、钳床,主要业务是为闽江中下游轮船修理机器。此外,1913年即开始制造车床的广福机器店,后改名为广福利机器厂,能生产车床、手摇袜机、一百匹马力的柴油机等,并承修机帆船、碾米机、锯木机等业务。当时福州其他各家机器厂店,都只有修理机件或配制一些零件及铸铜铁、翻砂等能力,广福利机器厂算是比较有全面的技术。1914年"电光刘"设立的"福电铁工厂"颇具规模。1914年,福州电气公司为保证发电零配件,附设修理厂,为公司修理机件,后陆续添置机械设备,也能生产各种工作母机及车床,并对外营业,1934年实行独立核算,定名为福电铁工厂。1919年,原在广成机器店当学徒技工的薛玉官,自立门户,开办广福利机器厂,能制造柴油机,也兼营修理业务。继之又有得仁机器厂开办,台江两岸的机器厂店一下子发展到20多家,其中雇有员工10人以上的有大中、闽德兴、林福华、广捷兴、广福利、得仁、华坤及亚光9家。

(五)木材加工业

木材是福建的大宗出口产品,但历史上木材加工多以手工操作,个体或作坊式经营。直到1898年,日本大阪商船公司购买的福州英商天祥洋行的一家锯木场,改名"建兴"锯木场,装备蒸汽机,福建才有了木材机械加工。后来前后又有英商"义昌慎"、"祥泰",德商"禅臣"等10余家,利用蒸汽机为动力,以松木锯板为三分厚为主,生产洋油箱外包装之用。其次八分厚及二英寸厚,多运售于上海、天津等码头。松木之边皮,多化锯为四分、四分半、五分之松木分板,亦运销上海,供制箱装香烟之用,俗称为"南洋箱"。1913年林秉祥、林秉懋兄弟创办石码华泰公司,用电力锯木。1918年福州协记私营锯木场创立,该厂规模较大,设备较全。拥有立式及卧式蒸汽机、排锯、自动修锯机、起委机、皮革锯、断木机、切边机、刨木机等,厂房二座,有工人300余名。

第一次世界大战开始,外商工厂大部分停业回国。随着锯木业务的发展,本市工商业者亦先后设厂营业。至1930年前后大量化锯杉木。其中,义洲兴记厂从台湾学习锯木技术回到福州设厂化锯,大多用作本市的建筑加工材料。有的工厂锯杉板、杉条运销上海,不在本地销售。这是以"笔通"锯木厂为最早。当时的各厂多以电气为动力。抗日战争胜利后,全市已经有大小锯木厂五六十家。锯木厂业务的兴衰与木材板出口商的营业兴衰有密切的关系,出口贸易增长时期,木材需求量增加。

福州锯木业公会成立于1937年,时值抗日战争初期,首任公会主席为吴琅藩,1941年4月福州第一次沦陷,吴琅藩堕落当汉奸(伪福州市商会会长),改由孙文宝担任公会主席。由于日寇疯狂掠夺木材板料,全市几乎被搜刮一空,各锯木厂商多停业躲避。公会无形解散。1942年锯木业公会撤销,并入木福州商业公会。1945年抗日战争胜利后,各厂陆续迁回恢复营业。战后各地建设急需木材,锯木厂业务相应发展。当时,福州市与闽侯县锯木厂商合计有111家。

1946年6月5日恢复锯木业公会组织,正式成立了"福州锯木工业同业公会",选出理监事12人由庄哲生任公会理事长。1948年7月福建省工业会成立锯木工会,依照当时规定受省工业会领导。至1949年新中国成立前夕,海运中断,锯木业务大为衰落,公会已成虽有若无状态。

锯木厂多开设在接近台江江边及河埠处所,如台江区派洲、排尾、鳌峰洲、中选、义洲、帮洲等处。新中国成立前锯木厂大户有"协记"、"百胜津"、"笔通"、"建新"、"联华"、"森兴"、"振华"、"茂森"等家。

(六)机器碾米厂

辛亥革命以前,福建没有机器碾米厂,粮食加工靠人力、畜力等。1917年,福州电气公司为推销电力,附设炼糖厂和碾米工厂。除"电光刘"家精米厂外,先后有利用电动加工粮食的小型碾米厂,至1949年(包括郊区)有数十家。

福州粮食加工业,原始组织为米商公帮,分为城、台两帮,城帮定名为"琼水米商公帮",公所设水部三官堂。台帮称"米商联兴堂",所址设坞尾街万寿祖庙境内,所属米商有20余户。城帮亦有10余家。当时城台公帮为防止米商盲目竞争,围购或倒闭,特规定于每日下午收账后,集本帮各商号于公所汇报了解账额一次,以防万一。1910年间城台米帮合并组织碾米业公会,会址设在原台帮公所,推林瑞元为第一届会长。历届改选继任会长的有潘耀生、潘诗镐等人,名称亦改为"闽侯县碾米业同业公会",福州市政府成立后改称"福州市粮食加工业同业公会",相继任公会理事长的有陈忠端、林瑞元,至

1948年12月21日后改选李治奎为公会理事长。米业属于大户的有晋江、祥和、建民、长泰以及牙行双兴、宝源等。1948年以后货币不断贬值,各业商行均以金、米为支付结算工具,经营者稍有余款,就购储大米,社会相当动乱不安定。

(七)火柴业

火柴,俗称"自来火"、"洋火",最初输进省内的为瑞典的产品,质量虽优,而数量较少,使用并不普遍。后来随着日本火柴的大量输入,才开始普遍使用。日本火柴为"三井"及"丸一"两家的产品,由台湾输送到福州的,由日商广贯堂与公隆洋行,以及中国的新太记、义兴茂、天泉、聚记等商铺代为包销,并由此数家分别批发给城内各处的云章、新奇春、寿人氏、恒升、泰森、宏昌等商铺,再由其转销闽北各地。① 日本火柴的旺销,引发了其他英美国家在福州设工厂的热潮。

福州设厂生产火柴,开始于1898年,即清光绪二十四年。福州开放成五口通商口岸之一后,英国资本就在福州创办了"耀华火柴公司",投资很多,但成绩不好,只好停业。后来由英国资本与中国资本合资,业务仍不能发展,同样失败。1916年2月刘以琳等集资5000元在福州苍霞洲创办国光火柴股份有限公司。每日生产安全火柴3万盒,全年可达1080万盒,每年盈利约16200元。② 后几经易主,改名为"大中火柴厂"。1920年,日本侨商在港头开办火柴工厂。由于日本火柴倾销,大中火柴厂又以失败告终。后又由长乐人"协利锯木厂"老板林弥钜接办,易厂名为"建华火柴厂",生产出建华、白象、二桥、洋琴等火柴。因要打开产品销路,模仿大中华火柴厂"渔、樵"商标图案,仿制"耕、读",图案一切图面色彩都和"渔、樵"牌一样,只在人物形象上把捕鱼和砍柴的改为种田和读书的。

当时全省火柴仍然靠省外供应,闽南销汕头火柴,闽东销温州火柴,闽北、福州销上海火柴,抗日战争期间建华火柴厂迁厂南平,省外火柴运输受阻,政府鼓励林弥钜增加火柴生产,1938年,林在南平西芹、光泽,三明沙县、大田,龙岩和江西的吉安等地遍建分厂,同时林还收购了南平西芹贸易公司办的协力火柴工厂,生产"民光"牌、"福橘"牌火柴,成为全国仅有的"全能火柴厂"。抗战胜利后迁回福州。当时号称"火柴大王"的刘鸿生还慕名特地从上海乘飞机来福州,到建华火柴厂参观。

但是,随着通货膨胀的影响,以及同业竞争的增多,福州前后相继出现了"南光"、"光中"等中小火柴厂七八家,在现实处境中,为了突破困境,建华火柴厂找到锦顺商行来协办。最后双方协定由锦顺商行代建华火柴厂组织各种火柴原料,建华火柴厂所生产的火柴归由锦顺商行包销。因为锦顺商行可以利用售出英美烟草公司香烟的机会来推销火柴,这样双方各自发挥自己的优势,扩大了生产。当建华火柴厂投入生产时,只有排列机两架,生产工人20多人,资金不多,只是赊进原料流转。但由于与锦顺商行协作,药料充

---

① 王国维:《清代福建火柴的输入与生产》,载《台江文史资料》第1—12合辑。
② 《福州及厦门》,第40、47页。

足,生产的建华火柴和"耕、读"火柴质量较好,大大扩大了销路。

(八)印刷业

宋朝,福建已列为全国三大印刷业中心之一,清朝福州已使用金属材料制造活字。五口通商以后,日本人和美国人先后在福州开办印刷厂数家。至清朝末,国人相继而起创办,如苍霞洲番钱仔局对面"启明印务局"、施含雨等三兄弟在剑池后创设的"福州印刷公司"和李杏农创办于南里巷的"利福印刷所",以及仓前的"华美印刷厂"等,多以手摇或脚踏机操作。当时福州印刷活版公会不分劳资,双方均可参加。公会无固定会址,于每年五六月间举行庆贺一次,地点在盐仓前邹奶店。1928年间,公会经改组成立"福州活版印刷业商民协会",先后由刘宝置、刘宝深充任会长。协会很少活动,开会多因与工方发生纠葛而集会讨论,地点多在茶亭"一团轩"茶店。此时资方与工方已分开组织协会与工会。1931年改选刘汝庵为会长,并组织互助会"百寿轩",劳资双方均可参加,每人每月交款三角。1937年组织成立"闽侯县印刷业同业公会",由陈梓藩任理事长,当时状态下,既无固定会址亦无工作人员,也很少进行活动,是一个挂名的组织。1949年公会进行调整,并将铅印、石印合并,改名"福州市印刷工业同业公会",推选郑桂生为公会理事长。1946年6月改选,由罗丹任理事长,陈梓藩、官长荣、陈德钦、黄乐观、郑新汉、郑鸿基、郑铣等为理事;黄志仁、陈世德、林建中为监事。同年9月罗丹辞职,选陈德钦为理事长。1949年陈德钦辞职,由郑铣代理理事长。自福州市印刷工业公会成立以后,历届公会均聘请陈霖英律师为印刷业公会法律顾问。印刷业是工业,不是手工业;是加工性质,不是产销性质。它需要顾客托印加工,方能进行生产。生产工具设备在新中国成立前亦甚简陋,全业只有平板铅印20多台,脚踏铅印30架左右,手机铅印数十台,手工石印二三台。由于业务日益增多,才改用动力机操作进行生产。

(九)肥皂业

福州肥皂业开始于1902年。由于设备落后,营业不振。民国初年有建瓯人叶云腾在鼓楼前开设肥皂厂,生产北忌、久大肥皂,日产约14箱,销往闽北各县。① 1912年"美利肥皂厂"李伯伟、姚香如发起组织皂业公帮。当时肥皂业只有五家,每月集会两次,地点无定,多在菜馆开会。1937年组织成立"闽侯县皂业公会",由姚仲石任理事长。1942年2月,当时的福州市政筹备处命令改组,筹组"福州市皂工业公会筹备会"。经过三个月筹备,筹备员有姚仲石、王则礼、林逸云、尤恩官、董志棵、王宜琛、郑荫鲁、陈鹤藩等8人。同年7月正式成立"福州市皂业工业同业公会",理事长姚仲石,设常务理事2人,常务监事1人,理事6人,监事2人。

当时,福州肥皂生产技术陈旧,除创办于1945年的"松茂"化工厂,制皂部门设备有点近代工业性质,实际上大部分仍然是手工业生产。原料来源方面,从前有的向福州洋

---

① 《建瓯县志》,北京:中华书局,1994年,第218页。

行采购,以后均由福州私商采办后转售到本行业。销售地区除应销本市外并销售到本省的闽东、闽北、闽南以及省外的赣南、湘南地区。新中国成立前,福州肥皂厂只有10余家,代理商六七家。相对大的有"维中"、"华川"、"美打"、"建德"皂厂。由于福州市各肥皂厂出品的肥皂大部分为手工制成,成本较之外地进口的各种肥皂为贵,因此外地肥皂频来占领市场,本地肥皂业销量受到较大影响。

(十)铁路方面

1911年10月,华侨黄怡益集资200万元,设立福馆路埠公司。领办福州至连江县馆头的铁路,并申请开采沿线30千米范围之内的矿山,但后来并未办成。

(十一)轮船航运业

自从福州、厦门被迫对外通商后,外国轮船开始大量进入福建海域,侵占福建航海主权,如海关及港口管理、引水权等,与民营木帆船争夺客货运输业务,严重冲击着木帆船业。据统计,1911年福建民营轮船航运企业,拥有百吨以上轮船的福州有太安、泉安、济美三家公司,不满百吨的福州有15家,厦门有约25家,合计40家。而至1921年,福州及闽江沿海地区每艘轮船都在百吨以上的航运企业有9家,不满百吨的有20家。

(十二)机制茶厂

茶是福建的大宗特产之一,然而茶叶的精制长期以来都是沿袭旧法,由各茶庄、茶号等手工制茶。福建的机制茶厂最早出现在19世纪60年代,俄国商人在福州开办砖茶厂,其产量1875年为36403担,1878年为52024担。民营机制茶厂最早出现于1875年,福州先后开办了三家砖茶厂,但不久即倒闭。因无力与实力雄厚的俄商砖茶厂竞争,翌年即有两厂停办,余下一家也没维持多久。这三家民营机器制茶厂虽然历时不长,却开创了福建民营资本经营近代工业的先河。

致和砖茶股份有限公司原为俄商茶厂,停办后,由民族资本家盘进,增资至20万元。厂址设在南台,主要生产红茶砖和青茶砖。

(十三)造纸

由早年留学美国的造纸专家陈希庆工程师筹办的福建造纸厂,于1932年正式投产机制纸,以天鹅牌为商标,品质优良。品种有新闻纸、加白报纸(凸版纸)、道林纸(胶版纸)、打字纸、牛皮纸、包装纸等,行销津、沪、杭、穗等地,并畅销菲律宾、泰国、印尼、马来亚等东南亚国家。

此外,制革及酒精生产方面。1918年福州官僚林炳章等人集资设立福建皮革酒精制造公司,资本1万元。[①]

[①] 《福州州文史资料选辑》第7辑,第36页。

辛亥革命之后,应当看到福州的民族工业确实获得了长足的发展,他们在各个领域都进行了有益的尝试,商业资本开始向产业资本转型,但是他们的规模又是偏小的,据统计,看到抗日战争前,福州只有工厂2565家(主要是手工业工厂),资本有670万元(伪法币),其中1万~10万元工厂只有75家。① 因此对于这一时期的发展,虽然看到资本的转型,但也不能进行过高估计。

表5-1 附近代福州民族资本经营的主要企业

创办时间	企业名称	所在地	创办人
1874年	悦兴隆砖茶厂	福州	不详
1885年	福州糖厂	福州	丁秋
1886年	福州机器面粉厂	福州	不详
1890年	福州纱厂	福州	不详
1896年	福州新法制茶公司	福州	不详
1898年	建兴锯木厂	福州	冯大年
1903年	福建火柴厂	福州	不详
1905年	耀华电灯厂	福建	
1906年	福州电灯厂	福州	林惠亭
1907年	福建商办矿务总局	福州	胡国廉
1908年	谦祥春记玻璃厂	福州	台湾籍商人
1909年	文明电灯厂	福州	邱希仁
1910年	耀华电灯厂	福州	林友良
1910年	政和砖茶有限公司	福州	广东商人
1910年	迈罗罐头食品有限公司	福州	张秋舫
1910年	华川制皂厂	福州	不详
1911年	福州电气公司	福州	刘崇伟
1913年	叶国瑞牛乳膏厂	闽侯	叶国瑞
1914年	颐康罐头公司	福州	不详
1916年	启新袜厂	福州	
1916年	华兴机器制糖公司	福州	施景琛、张梁懋
1918年	福建酒精制造公司	福州	杨和锵、凌绍明
1919年	福建实业股份有限公司	福州	
1919年	福福清电灯公司	福清	

资料来源:①孙毓棠主编:《中国近代工业史资料》第1辑上册、第2辑下册,北京:中华书局,1962年;②汪敬虞编:《中国近代工业史资料》第2辑下册,北京:科学出版社,1957年;③林庆元主编:《福建近代经济史》,福州:福建教育出版社,2001年;④张文绮:《福建民族资本经营的近代工业》,《中国社会经济史研究》1987年第2期;⑤《近代史资料》总第58号,北京:中国社会科学出版社,1985年。转引自徐晓望主编:《福建通史》第7卷(近代部分),福州:福建人民出版社,2006年,第241~243页。

---

① 林金枝:《近代华侨投资研究国内企业史研究》,福州:福建人民出版社,1983年,第26页。

第五节 商人资本转型之三——金融资本的兴起

金融业在福州近代史上属于较发达的行业之一,辛亥革命也促进了金融业的繁荣。辛亥革命是近代中国民族资产阶级为摆脱政治压迫和经济束缚而发动的一场民主革命运动。它推翻了清王朝的腐朽统治,结束了在中国延续2000多年的封建君主专制制度,在中国近代史上写下了光辉的一页。

然而由于中国资本主义发展面临强大的外国势力的压制,辛亥革命并未能改变中国半殖民地半封建社会的性质,各种社会经济制度没有发生根本的变化。这一时期的福州金融业仍旧延续了鸦片战争以来金融业发展的格局,依然带有明显的半殖民地半封建社会色彩。帝国主义外资银行仍然把持福州金融市场,福州的金融资本仍然处于艰难的转型之中。这是这一时期福州金融业发展的最为显著特点。

当时的金融业机构类型大致可以分为外国资本、华人资本、传统私人金融机构三种。

一、外资金融机构

鸦片战争后,福州被迫开放,成为近代最早对外开放的5个通商口岸之一。帝国主义列强凭借一系列不平等条约,纷纷来榕开设金融机构,扩张势力,进行经济侵略。1850年英国商人开办的"丽如银行"(Oriental Banking Corporation)在福州设立分行,这是最早的外资银行。1861年英国、印度合营的"印度商业银行"(又称"汇隆银行",Commercial Bank of India)首先在福州设立代理处。1882年有7家外资银行在福州设立分支机构。[①] 近代在福州设立分支机构营运时间最长、影响最大的外资银行是"汇丰银行"、"麦加利银行"这两家世界性大银行。"汇丰银行"(全称"香港上海银行",Hongkong & Shanghai Banking Corporation),最初由在华的英、美、德籍商人合股经营,后权力独归英商,1864年8月创立于香港,1866年在福州设立代理处,1868年升格为福州分行,行址设在南台大岭顶汇丰弄。经营近一个世纪,直至福州解放,1949年10月才正式停业。"麦加利银行"(全称"印度、澳洲和中国特许银行",音译"渣打银行"),是英国政府特许组建的殖民地银行,代表英国资本利益专营东方业务,1858年成立,1868年就到福州设立分行,其实力与地位仅次于汇丰银行。

五口通商以后,福州门户开放,外国资本大量输入,纷纷在仓前山开设外资银行。这些外国银行不但是洋行贸易商业的票柜,有的甚至公开发行钞票,控制福州的经济和金融。

---

① 《闽海关十年报(1882—1891)》,载中国人民政治协商会议福建省委文史资料研究会编:《福建文史资料》第10辑,福州:福建人民出版社,1985年,第87页。

二、华资金融机构

福建最早的地方官办金融机构,是始建于清咸丰三年(1853年)设立的"永丰官局"。接着光绪二十六年(1900年)设立"福建官钱局"(后改称福建银行)。

近代福州出现的第一家华资金融机构,是中国通商银行福州分行。中国通商银行是中国人自办的第一家银行,于清光绪二十三年四月(1897年5月)在上海成立,创办人是盛宣怀。该行成立的第二年(1898年)就到福州设立分行,行址在南台中亭街,但不久就撤销了。随后,大清银行亦进入福州。大清银行前身是清政府户部银行,总行在北京,光绪三十一年(1905年)成立。同年十月总行派总办许汝棻到福州筹设分行,宣统元年(1909年)三月初三日正式开业,行址在仓前山泛船浦。该行行使中央银行职能,代理国库,代收税款,经办一切收付,代表国家发行钞票、代发公债和各种证券,办理银行存款、放款、汇兑及信托、保管、仓库业务,负责调剂和管理金融市场等。辛亥革命后,随总行停业清理。辛亥革命福建光复后,福建军政府在福州创设"中华福建银号"(1914年更名为"福建银行"),发行钞票,代征税款,后来成为军阀李厚基的"提款机器"。1914年,官商合办的中国银行也在福州设立了分行。几年后交通银行也来福州开设分行。[①] 到了民国时期,控制福州经济命脉的官僚资本也先后在福州设立分支机构,当时在福州国内银行机构就达30余家之多。

第一次世界大战期间及战后的一段时间,帝国主义列强无暇东顾,对中国的商品和资本输出有所减少,民族资本主义工商业获得迅速发展。民族资本主义工商业的发展及其对资金的需求,自然给华资银行业的发展创造了极好的机遇。加之一向控制金融市场的外国银行势力,这时由于失去各国经济力量的支援,资金实力大受影响,一度放松了对福州金融市场的操纵,华资银行业也有了较快的发展。这时福州相继出现的华资银行有华南商业储蓄银行(1921年)、福州颐远商业银行(1926年)、福建东南银行(1928年)、中国实业银行福州支行(1934年)、福州惠南银行(1934年)、辛泰银行福州分行(1934年)、福州商业银行(1935年)、福建省银行(1935年)、交通银行福州支行(1935年)等。

在这一时期,保险公司在福州的也不少。清光绪三十四年(1908年),上海英商中国合众人寿保险水火保险总公司首先在福州南台设代理处。英商永明人寿保险公司,也在福州观音井洋行设代理处。清宣统二年(1910年),乡民办华通水火险公司福州分公司和延年益寿保险公司福州分公司也同时在福州观音井成立,两块牌子、一套人马。20世纪20年代,美商美亚保险公司在福州设立分公司,地址在福州梅坞。20世纪30年代,上海泰山保险公司在福州中洲设总经理处,上海日商公安水火保险总行在福州泛船浦设福州分行。这一时期的保险业务集中在水火险种上。20世纪40年代,本省保险业以银行

[①] 黄秉祺:《福建金融建设与工业化》,载福建省政府建设厅经济研究室编:《福建经济问题研究》第1辑,福州:福建省政府建设厅经济研究室,1947年。

参股成立的私营保险公司为主;1943年,福建省银行、福建省企业公司、总公司设南平;1945福建省贸易公司、福建省运输公司参与私股成立中南保险公司,原来设置在南平,1945年迁福州中洲;1947年3月成立太平洋保险公司福州分公司,地址在中亭街交通银行二楼,承保水、火险及盐运险业务。福州分公司为争取台湾省水火险业务,派员常驻台湾省保险股份有限公司,成为业务跨越二省的分公司。

1917年,福州地区兴起简易人寿保险,俗称小保险。市民踊跃投保,人数达6万人,共20多万份。当时福州政治、经济、金融都比较稳定;对外贸易发展带来市景繁荣,小商人、职工生活有所提高,需要社会福利保障;小保险办法简单,适合市民需要;特别是建起一支几百人的保险经纪人队伍,走街串巷,深入千家万户,宣传保险,招揽业务。这些都是小保险业务兴盛的原因。

这些金融机构以经营存款、放款、进出口押汇、信托和保险等业务,加大了对民族工商业的贷款支持,逐渐取代钱庄,成为民族工商业资金的主要供应商,对调剂地方金融、抑制高利贷剥削、促进地方经济发展起到一定作用。但因时局动荡、币制紊乱,加上有的银行管理不善,没有取得更大发展。

三、传统私人金融机构

金融业在福州近代史上属于较发达的行业之一,传统的金融机构在福州仍然有较大的市场。福州较早发展的金融机构有典当和钱庄。

(一)典当业

典当,历代名称不一,有"质库"、"押店"、"典铺"、"当铺"、"抵当库"等。福建典当业始自唐代由寺院所设立的"质库"经营。南宋时,莆田名士刘克庄的《后村诗话》一书中记载:"僧贷而取其息,自唐末已然矣。"及至清代渐趋发达和完善。

福州典当,始于清道光年间(1821—1851年),及至1933年有当铺37家。其中以陈宝琛、刘健庵、龚易图、罗勉侯、黄占鳌等官绅家族所开设的当铺为最大。城内的当铺多是官宦和大商人所开,而在周围郊县的当铺则叫"代当",规模相对小。[1] 清代,连江有当铺30余家。因质物评估低,放款利息高,发展缓慢。清至民国初先后有85家。连江典当行业多称"当铺",也称"押当"。经营时间最长的是定海黄光涛当铺,从清嘉庆十三年至宣统三年(1809—1911年),历百年之久,后遭匪劫而关闭。规模较大的是城关"敦善"当铺,由福州人叶心耿独资创办于清道光二十七年(1847年),有职员16人。

康熙三年(1644年)开始设立当税,户部规定每家当铺年征银2.5~4两。雍正六年(1728年)还订定典当行贴规则,凡经营典当业者,须呈报知县转呈藩司请贴,按年纳税。

---

[1] 福州市金融志编纂委员会:《福州金融志》,福州:福州市金融志编纂委员会,1995年,第78~79页。

乾隆年间,根据当铺木银多寡,划分大小当户,500两以上叫"大典",以下叫"小典"。清代规定,官绅开设当铺,可向当地藩司申请库银充本,所以当铺又有"朝廷税典"之称。清代全省当铺最多时达425家,全年解贴银2.1万两。此外,在福州郊县还开设有铺面很小的当铺,俗称"代当",与福州大的当铺均有联系,资金周转有困难,可将押品转当融通。

民国初期,典当业仍相当发达,几乎各县都有当铺,尤以福州、厦门两个重要商埠为最。连江在民国时期当铺不少。知名的有县城的敦善、敬盛、宜友、谦益,琯头的久生、德利、椿铺、东盛,壶江的成兴,后沙的恒如,塘头的通裕,东岸的元如,龙沙的祥春,黄岐的永美,奇达的同成,筱埕的源成、宏裕,东岱的慎和,透堡的慎得,官坂的珍怡,厦宫的长风,马鼻的同宜,丹阳的宜成,以及定海、官坂、琇琅、蓼沿等当铺。但规模均不大,清末民初资本总额多为2000～6000银两。抗日战争前后,资本2万～6万元法币。抗日战争开始,社会经济日见凋敝,当业也趋衰落,这些当铺以后均于当地解放前夕先后关闭。

典当的当铺内部组织较为严密,设有盆友(俗称掌盘)、看当、写票、取赎、号友等职,职责分明。其中"盆友"又分为"内盆"、"外盆"。"内盆"主要经管高档押品,如金银珠宝和古董字画等物,这多为东家的亲信所担任;"外盆"则经管一般业务。"看当",也叫"站柜使",又分"正看"与"帮看"。"写票"负责开票、登记文号、付款及整理账目。"取赎"担任收取赎物和利息。"号友",即管库人员,又分"号长"(一般也是东家的亲信)、"号二"、"号三"、"号弟"(即学徒)。学徒逐级晋升,不能越级。当业当规极严,由"内盆"掌管的金银珠宝内库,即使"外盆"也无权进入。

当铺业务手续严密,当物收进时,须按字号登簿开票,并附以竹签和内票,交给管库人员,经点明无误后才能收库放架,庄架按字号顺序排列,每月使用《千字文》书中的一个字,用完千字需时83年4个月,满千字后再更换招牌。当时福州刘氏家族开设的"福成"当铺,用满千字后更换牌号为"即成",并将旧招牌迎回家里,以示荣耀。

当铺对收进当物,每年三伏天都由"号长"负责组织曝晒,以防潮防蛀,并十分注意安全,当铺四周都筑有风火墙,店内还有天井,放几口大水缸,以防火患。当铺还经营"寄当"业务,以当为寄。如当时民间盛行土葬,为安全计,有的老年人将准备临终时穿着的寿衣、寿鞋帽以及做棺材用的"寿板"等都寄存当铺,当铺收取利息,代为看管。当时福州有些学校的学生寒暑假回家探亲,由于行李携带不便,也常寄存在附近的当铺代管,等上学时再赎回。

20世纪20年代末30年代初,世界经济不景气,贫民有当无赎,当铺当物堆积如山。有些当铺为此不得不在店面附设拍卖场,但弃赎之物又多系"退时货",贱卖也难以收回典本,当商经不起亏损,陆续倒闭。1930年,福州民政局开设一家当铺,称"贫民贷用所",办理5元、10元2种抵押贷款,分期还款。1936年,中国农民银行福州分行以"农民抵押贷款"为名,在城内仙塔街设"农民抵押贷款所",当价限制更加严格。抗日战争后,在福州的日籍台民为招揽生意,乘机开设"私当",最多时达30多家,挂洋行招牌,不受政府管理,不缴纳税款。"私当"没有牌号,只在门屏上写一个"质"字,当息高达月利五分至三四角不等,有的甚至以日计息,每口三分,叫作"日割",并在贷款时先扣。贫民明知饮鸩止渴,由于生活所迫,仍趋之若鹜。当物除衣服器皿外,大当的当票也可受质,票面1

元,只押1角,并限期20天,过期不赎。"私当"不论时间早晚,都可入内议押,所以往往成为贼赃的消纳场所。

1945年抗日战争胜利后,因受通货膨胀影响,典当业不堪冲击,遂于1949年2月7日,召开同业会员大会,议决实行"贷实还实"措施,不论当物当入还是取赎,均按黄金时价折合收付。福州解放前夕,当铺陆续倒闭。解放后,一些游资又重新整合,张罗开业。1952年鼓楼还有10家典当业,公私合营为公和、协余、胜康隆记等三家。1956年实行利用、限制、改造政策,当铺又改为小额质押贷款处。1967年"文革"时彻底消失。[①]

当商为牟取更多利润,在业务经营中常常使用以下几种盘剥伎俩:

1. 巧立名目,提高当息

1922年以前,当铺月息20‰,以后便提高为24‰,此外每元当价还另加申水6‰,叫作"抵补",这样实际月息为30‰。典期届满还有"五日余",超过5日不来入息转票,就算满期。期满后,只宽限5日内来取赎,并按当价每元加收额外利息2角,叫作"加贯"。如不来取赎,可继续入息。当时贫民所当的大多属日常不可缺少的衣服物品,无力取赎时,又舍不得丢弃,因此,有的只好长年累月纳息,长的甚至达10年之久,所付利息比当时高出几倍。

2. 缩短满当期限

典当期限早先为30个月,后改为18个月,而后又因币值经常波动,一再缩短为12个月、6个月、2个月乃至1个月。穷人家无长物,有的向亲友借"当头"。由于押期短,常常无力赎回而被发卖,叫苦不迭,有的甚至将当票出让,饮鸩止渴。

3. 压低当物价值

当铺收当的质押品种类繁多,如绸缎纱罗、衣服被帽、金银首饰、古董珠宝、名人字画、陶瓷、刺绣制品以及"房里红"家具和棺材板等,不一而足。而当铺对质押品的估价标准,往往只是原价值的1~4成。有的当铺甚至还自定当价限额,超过限额者,即予辞当。

4. 玩弄当票字体

当票是当铺给予用户的质押凭证,有其特殊的形式。票上除金额和时间可以看清以外,其余有关物品名称、质量、件数的字体都写得十分潦草,非从业人员难以辨认,俗话说"当店字有头无耳",意即在此。从业人员常在当票上对当物乱加贬词,如衣服冠以"破"字,皮毛哔叽加以"原蛀"等,其目的在于一旦当物受到损坏时,当铺可以有所借口,推卸责任。

(二)钱庄

福州钱庄于18世纪末叶开始建立,早期以经营银钱兑换为主,资本微薄、规模甚小,最简陋的连铺面都没有。清代乾隆年间就有摆钱桌在沿街设点,悬挂一二串木制铜钱作

[①] 吴煊卿:《鼓楼区典当业》,载《鼓楼文史》第1辑。林祥彩、吴香钦:《南台当铺》,载《台江文史资料》第16辑。

为幌子。

清代福州钱庄有了缓慢的发展。清代中期以后,山西商人创办的票号也到福州开设分支机构,经营存放款汇兑业务。因其业务范围狭窄,对象多为地方官绅商号,经营方式落后,发展缓慢。

福州周边钱庄也在发展。清光绪二十五年(1899年),由闽侯人张思高和连江李业康合资在筱埕镇设立宏裕钱庄,继后有百胜的恒源,奇达的宣成、双林和琯头东岸的同康,幕浦的厚裕等钱庄。民国初期,钱庄开始旺盛,相继开立的有琯头街的承昌、太元、咸元、资康、宜昌,后沙的恒如、台兴,东岸的泰源、厚光,塘头的天元,阳岐的健利,壶江的成兴、永康,奇达的贤昌、泰美、泰康、大成、仁财,黄岐的福盛、大成、乾泰,浦口的仁和、裕源、公和、公元、久余、益本、裕和、祥和、瑞泰、谦裕、明兴、厚康、恒春、元亨、民生、公余、双丰,东岱的利民、裕康、通成,筱埕的宏太、宏裕,马鼻的通美,透堡的如昌,官坂的珍怡、信馀,晓澳的利民、益源、宏生、会源,道澳的恒生,幕浦的董荣,蓼沿的太裕,小沧的聚康,厦宫的广春、日来,厦一的长丰,贵安的荣元、天泉,百胜的德记。

辛亥革命武昌起义后政局动荡,民间金融机构钱庄、票号多受影响,停歇关闭不少。辛亥革命后,外来票号无力恢复,而福州本地钱庄依附外资银行和洋行,直接间接地为其经济掠夺活动服务,得以继续发展。自1912年民国成立至1935年国民政府"废两改元"、推行法币及福建省银行成立止,为福州钱庄发展的鼎盛时期。至1933年,福州大小钱庄发展到179家,主要大钱庄多集中于南台下杭街,下杭街因此成为近代福州的金融中心。

民国初年,军阀混战,币制紊乱,市面资金紧张,大小钱庄应运而生,除以兑换银钱牟利外,还擅发"白条"票币、辅币。1926年北伐前后,闽南侨汇涌进,侨资钱庄日益增多。1933年福建事变发生后,福州钱庄由于营业不振,大部收盘或改为钱样店,到抗日战争开始,福州先后两次沦陷,仅余数家钱庄,在金融市场上已不再起作用。1941年4月,福州沦陷期间,资本较雄厚的钱庄都迁往南平、建瓯、永安等地继续营业。抗战胜利后,国民政府一面公布经济紧急措施方案,一面颁布收复区银钱行庄复员办法,对钱庄进行重新登记,加强管理。其间有春源、利亨、天源、新康等4家钱庄经财政部依照管理银行办法之规定勒令停业,并各处以罚金50万元,由省、市政府责成福州市警察局和中央银行福州分行会同办理。福州地方法院对天源钱庄查出之银币、美钞等判决没收充公,不予起诉。当时经过核准注册的,只有升和、厚余两家,并改为股份有限公司。1948年通货膨胀,币制贬值,钱庄无法生存,1949年8月11日,厚余钱庄停业,至此福州钱庄均告倒闭。

钱庄以其经营范围可分发票店(规模较大,有发行纸币)、钱样店(以钱票兑换为主要业务,亦有发行纸币,但只限于与其有订立契约的出票钱庄代为支付,不能在市面自由流通)及排钱桌(专门经营银钱兑换的小商)三种。[①]

---

① 李益清:《南台钱庄》,载《台江文史资料》第16辑。

1. 钱样店

当时钱样店遍布福州城内和南台各处，1933年共有48家。各家钱样店资本数千元至一二万元不等，主要办理钱币兑换和银圆鉴别，商店多与其订约代看钱票，每月给予一定报酬。间有发行2元、5元、10元3种面额的"白条"票币，流通使用于往来钱庄之间。

2. 发票店

按发票店开设地段及规模大小，又分为直路店（今八一七南路）、横路店（今南台三保潭尾街、延平路、大庙路一带）、城内店（今八一七北路）、桥南店（今仓前山、观音井、大岭顶一带）等4路。当时南台下杭路是福州金融中心，设在这里的钱庄，叫本街店。各店资本多寡不一，少者数万元，多者10余万元，发行有各种面额的票币。1929年年底，出票店中实力较为雄厚的有21家，其中以详康、泉裕、厚余、隆慎、升和、新春、恒宜、天泉等8家为最著名。到1930年为福州钱庄全盛时期，达70多家，主要业务是办理存款、放款、汇兑和票据等。

福州钱庄的组织形式大部分为合资，股东负无限责任，一般都有官绅富商做其后台老板，股东一般不参与管理。内部组织设"掌盘"总揽一切，下分协理（副掌盘）、出街（业务）、司账（出纳，设正副帮二人）、内账（会计记账兼理汇兑等业务）、印水（鉴别现洋及台伏票的真假）、打票、票友及学徒、管栈等一班人，等级分明，待遇悬殊。

钱庄主要是办理存款、放款、汇兑业务。放款资金来源主要靠吸收存款，多以信用为主，对象主要为经营茶、木、纸、糖等土特产品的商行。放款方式有两种：一种叫"放积子沙"，另一种叫"期票贴现"，时间30～90天不等，预扣利息，款额有50元、1000元、3000元、5000元及1万元不等，视铺户信誉而定。汇兑业务主要办理申汇、津汇。汇率根据福州、上海、天津三地银根松紧而定，贴水或平价，由钱庄公议挂牌。

钱庄在业务经营中最突出的特点是靠发行不兑换的庄票充实资金，作为其经济支柱。由于庄票发行无度，加上福州商户当时又主要依靠钱庄贷款周转，全市商业、金融业建立在滥发不兑现庄票的基础上，一遇风吹草动，恐慌迭起。

庄票发行期间，同业往来实行"行坪"制度。1922年，钱业公会设一总坪，并于城内、横路、桥南、大街设分坪。除星期日和例假外，每日分路行坪互兑一次，各家将收入他家庄票换回本庄庄票，少者以现洋归还，如出票过多，不能全部换回，须向持票庄缴纳息金，名曰"贴番水"，也叫"旧拆息"。1931年，由于钱庄减少，行坪改为隔日一次，并集中在下杭路的恒和、祥康、隆慎、泉裕4家本街店进行。以后随着钱业日趋衰落，至1938年已无发行庄票，只有贷给商号的转账划洋支票，"行坪"也改为每星期一、星期四两次进行，地点改在福建省银行，相互差额均由省银行调剂，各钱庄订立连环保证契约。

钱庄随着国内外贸易的日益发展，经营范围逐步扩大，逐渐成为专门办理存款、放款、汇兑、买卖生金银等业务的金融机构。钱庄多为官绅富商独资或合资筹设，资本多寡不一。业务经营范围，也视各家资本厚薄而定。福州、厦门为本省商业、金融中心，银钱业较发达。其他沿海地区也很兴盛。钱庄业的兴起，对调剂地方金融、促进地方经济的发展起了积极的作用。

(三)票号

票号,又称票庄或汇票庄,最早多为山西人所开设。总号大多设在山西,有的在上海,属股份制性质,其主要业务为办理汇兑。分号遍及全国各地。但因其业务范围狭窄,对象又多为地方官绅钱庄,经营方式落后,所以受局势和经济影响较大,先后倒闭歇业。

福州票号,早在清乾隆年间(1736—1795年)开设的有新泰厚1家,资本40万两,号主姓吴。清咸丰年间(1851—1861年)成立的有蔚长厚、蔚泰厚2家分号,资本各40万两,号主前者姓王,后者姓侯。以上3家分号都是山西平遥商人开设。分号内部组织简单,设正副掌柜,下设跑街(外勤)、账房(会计)、信房(文书)。初期业务,主要办理汇兑,以后逐步扩大到存款和放款。存款对象多是官僚,放款对象多是钱庄、官银号和股实可靠的商号。

分号业务虽简,但制度严密,高度集中。每天须向总号汇报业务状况,每月终了要将总账寄往总号查阅。"掌柜"任期一到,须向总号述职。

1911年辛亥革命爆发,清政府被推翻,分号存款纷纷被提走,原先放出款项无法收回,"掌柜"携款潜逃,票号先后宣告倒闭。

(四)侨批、侨汇业(民信局)

鸦片战争后,福州沦为五口通商口岸之一,本省沿海人民前往海外谋生者日益增多。由于当时航运不便,国内邮局、银行尚未设立,华侨递信寄款,主要依靠"水客"递送。水客一般指老洋客,这些人时常往返于南洋与国内乡里,顺便为乡亲携带银钱及书信,并招收华工,引带新客出国,贩运侨批。亲情是侨批业生产与发展的基础,传统社会中,人脉与信用远比文字重要。个人的熟人关系与人脉网络是侨批经营的最基本要素。① 随着邮电、银行的兴起,专门为华侨递信寄款服务的民信局应运而生。

有关福建早期侨汇的记录,参之史志,可以查知明清两代各地都已有不少的记载,但那时还仅仅是海商们的作业,确切来说还只是附属于海上商业往来的一种现象,尚不足以称之为一种商业化运作的成熟商业之业态。及至清代中后期,随着海外华人的剧增,这种海内外驿递的需求在不断提高,一部分海商们注意到了这个需求,因此,就有一些长期从事"水客"与"客头"者,开始兼揽这种家信传带暨赡家汇款。福建省民信局始于清代,系从批局、批馆、汇兑信局逐步演变而来。民信局都设有总局及分支局,总局设于南洋,分局设于国内汇款集中的地区。它的发展是从国外到国内,先是在较大的华侨聚居地,为华侨办理与国内乡里通信及汇款事务。

福建省开办较早的民信局是晋江安海镇的郑顺荣批馆,成立于同治十年(1871年);光绪二十九年(1903年),福州有"福泰和"等民信局设立。

---

① 黄清海:《闽商侨批业务网络发展初探》,《华侨大学学报(哲学社会科学版)》2012年第4期。

光绪三十一年到民国九年(1905—1920年),全省民信局已发展到 70 家左右。组织机构日趋完善。1931—1932 年,福建邮政管理局颁发执照的民信局全省有 240～250 家之多,形成以厦门为中心的侨汇网络,其分布呈四大派系,为福州系、兴化系、厦门系、闽西系。福州系设于福州,兴化系设于涵江,闽西系因势力小,汇款大多由汕头转解,只在国内华侨家乡所在地或附近地点设立支局或代理店。

由于福州下南洋的人日益增加,在"福泰和"民信局之后,新加坡的"郭福成有限公司"、"彩珍轩饼商"、"振华兴京果商"三家,联合在下杭街组织"彩兴汇庄"。1927 年改组,由郭福成独家经营,改号为"郭福成汇庄",由于信誉良好,服务周到,业务发展很快。此后新加坡商人还在福州相继还成立"民兴汇庄"、"如意汇庄"、"南丰汇庄"、"建隆汇庄"、"恒兴汇庄"、"兴利汇庄"等。印尼侨商也先后在福州设立"集大"、"永声"、"南华"、"联丰"等四家汇庄。①

福州系汇款范围包括闽侯、长乐、福清、永泰、闽清、福安、福鼎等县及宁德的三都澳。

截至 1936 年,据统计本省民信局头、二盘局共计 110 家。到 1937 年抗日战争爆发,民信局业务萎缩。翌年全省民信局减为 67 家,1940 年又减为 50 家。1945 年抗日战争胜利后侨胞赡家汇款激增,民信局又开始复苏。1946 年上半年,福州、厦门、泉州、涵江 4 地复业的民信局已达 71 家。1948 年福建省登记的头、二盘局达 173 家,福州有 18 家。其他主要集中在闽南。②

由于当时经济不景气,通货膨胀,货币一再贬值,侨汇受到严重影响,迫使民信局不得不改变经营方式,接受金银外币实物汇款的要求,其组织机构也发生了变化。海外民信局为便于经营,纷纷在国内设立机构。

总之,福州近代金融业发展有如下特点:

第一,钱庄等旧式金融机构因其业务经营能适应外资在华经济活动的需要,很快受到帝国主义列强的注意,不断得到扶持利用,还有所发展。这是这一时期福州金融业的一个特点。

第二,帝国主义外资银行仍然把持福州金融市场,此为这一时期福州金融业发展的最显著特点。

第三,华资金融机构也已经出现,但实力弱小,无力与外资银行竞争,发展缓慢。

第四,市面通货混乱,五花八门的各种货币并行流通使用,是这一时期金融业的一个重要特点。

金融资本的转型,虽然有一些兴起的苗头,但仍然道路漫长。

---

① 福州市工商业联合会编:《福州工商史料·会史专辑》,福州:福州市工商业联合会,1989 年,第 59 页。

② 中国人民银行福建省分行国外业务处编:《福建省侨汇业社会主义改造史料(1949—1958)》,中国银行福建省分行国际金融研究所,1996 年,第 4 页。

【附　　货币种类：台伏票和大洋票】
一、台伏票

早在清朝道光年间，福州钱庄就发行有以铜钱为本位的铜钱票，有100文、200文、400文、600文、800文、1000文等多种面额，与铜钱相辅使用。鸦片战争后，银圆流通渐盛，市场交易多以银圆计价。

光绪三十年（1904年），福州市场银圆紧缺，主要是由钱庄发行的"台伏票"代替银圆使用。1906年，福州钱庄开始发行以银圆为本位的"台伏票"（又称银圆票）。"台伏票"盛极一时，当时福州商品的标价，1元以上的都以"台伏票"定价，不足1元的则以铜钱定价，"台伏票"俨然成为福州市面的本位货币。"台伏票"原先仅在南台及城内使用，后流通范围逐渐扩大，马尾、连江、长乐、琯头等郊县乡镇也见其踪迹。

"台伏票"名称的来历：相传"台"是福州南台地名的简称；"伏"和"佛"同音，指当时外国流入的佛头银圆。"台伏票"为直式大票，是福州地区的银圆票。"台伏票"是虚银本位，没有实币，仅是一种以票换票、不能兑现的票币。

"台伏票"的面额有1元、2元、3元、5元、10元、20元、50元、100元、200元、1000元等。其比价原定和银圆同值，"台伏票"1元折合库平银7.2钱，折合"台捧"为7钱。

在"台伏票"行用期间，钱庄同业往来实行"行坪"制度，类似于今日银行间的票据交换。除星期日和节假日外，每日上午"行坪"一次，各钱庄以收进他家钱庄发行的"台伏票"换回本庄台伏票，短者以现洋归还，否则须向持票庄缴纳利息。当时在钱业公会内设立总坪，在大街（今下杭路）、南街、直街、横路、桥南设立五个分坪负责此事。这种行坪制度约束了出票庄的出票行为，保证全市台伏票发行量控制在400万元左右，基本满足了市面流通的货币需求，又防止了纸币滥发的风险。

到1927年，钱业任意抬高"台伏票"价格，抑低银圆比价，从中牟取厚利。银圆1元原值"台伏票"1.06元，后被抑低为0.81元，差价越来越大，商民深受其害。次年，省政府勒令废止"台伏票"。1904—1928年，"台伏票"在福州流通使用历时25年之久。

二、大洋票

福州"台伏票"废止后，钱庄改发行十足兑换银圆的"大洋票"，这是以银圆为本位的票币。当时省政府明令："大洋票须十足兑换银圆。"但市场上兑换银圆都须贴水，且贴水逐步提高，省政府为此严令查禁，钱庄才不敢再收贴水，但所兑出的银圆，都是杂洋或剪边、凿字的银圆，只能在福州市区使用。因钱庄发行"大洋票"缺乏管理监督，没有限度，无法兑现，遭人们拒收。至1933年废止"大洋票"。

第六节　福州的对外贸易

福州历来有进行海外贸易的传统，辛亥革命之后，福州商人参与对外贸易热情增加，海外贸易也一度出现喜人的景象。

福州是闽江的入海口,马尾一带主航道港阔水深,河床没有暗礁,万吨级轮船可以通行无阻。一方面,它的经济腹地深入闽中、闽北,山岭起伏,雨量充沛,是山林资源和各种土特产的主要产地;另一方面,闽江又是福建最大的内河航线,福州城市又是闽江出海口。闽江上游各种土特产源源不断地运到福州,再由福州转运至海外或其他城市,因此福州历代都是福建的重要对外贸易港口。

辛亥革命后福州光复,成立临时政府,推选孙道仁为福建都督。孙道仁上台后,立即通知闽海关"本都督奉中华民国军政府命令继起义师,拯救同胞,挣脱清政府之虐待,改建共和……但各关所征之关税仍要在厦领事团所指定之中人的名义汇缴厦门汇丰银行统一保存"。[1] 由此可见,辛亥革命初始,南北矛盾仍然交织。因而海关性质并没有改变,关税大权仍然掌握在洋人手中。次年,1913年3月才开始在福州设立"闽海关监督公署"与厦门分置,正式划分闽、厦两关所管常税各口地界权限。三都澳海关仍归闽海关兼管。福州新、常各关暨直辖之涵江、沙埕二总关,三沙一分关及所属分关哨卡20处并福州关务分处,北岭验卡、闽安税局、马尾查验局等处仍归闽海关就近管理。1915年总税务司通令统一海关机构名称,不再用"新关"、"洋关"和"户关"、"钞关",而统一改用"海关"和"常关"。从此,福州的税关才真正进入统一管理。

辛亥革命之后,福州出口货物的总值迅速增加了近2倍。1899年为2700多万元,1936年为5100多万元,增加达2400多万元。最高的年份1929年达1.09亿元。

民国时期,福州对外贸易虽然在前期有一个短暂的发展阶段,然而受到抗日战争与解放战争影响,很快地走向衰落。民国政府定都南京,设立交通部后,交通部即开始积极在各省筹设航务局,以此来加强对沿海各对外通商口岸有关航政、港务及涉外事项的管理。1934—1936年,福州港轮船码头建设迎来了较有成就的时期。民族航运业也利用第一次世界大战给西方资本主义国家带来的影响,迅速蓬勃发展。当时福州港海运按航线可分为外海、内海两大类。外海航线有3条:一称南班,自福州至厦门、汕头、香港;二称北班,自福州至宁波、上海、杭州、长江各口、烟台、大连、牛庄;三称台班,自福州至台湾之基隆、淡水。而内海航运有5条,除一条是温州线外,其余全是省内航线。[2] 航线的发达大大促进了对外贸易的发展。

辛亥革命后到中华人民共和国建立,福州进出口贸易可以说呈现一波三折的现象。从总的进出口形势分析来说,民国初年呈现为升降平稳状态,每年的货物输出入总值变化波动不大。如果以1912年为基期,前后变化比基期最低的只减少20%,起落波动可以说并不显著,进出口相对平稳。

但是进行详细的分析,可以看出其中的变化规律。从1912年起,一直到1917年这一时期,进出口总值呈现逐步上升的趋势。到了1917年,福州进出口突然下降,成为民国初年以来的最低点。这显然与第一次世界大战爆发,世界主要国家均卷入战争旋涡,

---

[1] 档案《1911年农历九月二十五日中华民国军政府闽都督孙答行厦关税司》。
[2] 《中国水运史丛书·福州港史》,北京:人民交通出版社,1996年。

影响我国进出口贸易有关。同时因为福州工业体系不完整,无法及时针对市场变化,调整产品生产,再加上商业组织并不发达,对外贸易经营权又控制在外国商人手中,因而无法利用这样的时机,大力发展福州的出口贸易,反而使福州进出口贸易在这一时期完全处于被动地位,以致1917—1918年货物的进出口出现大为下降的局面。

1919—1931年是福州进出口迅速增长的时期。在这段黄金发展时期内,根据福州港统计的进出口总值来看,这一时期进出口值逐年迅速增长,仅1919—1921年前后的3年,就从4900万元上升至6800万元,上升了将近39%,平均每年上升近1000万元。此后,每年的进出口总值呈现跳跃式上升,到1929年达到历史以来的最高水平,为1912年的2.4倍。这是福州进出口的鼎盛时期。

1932—1936年是福州进出口的衰落期。这一时期的进出口总值开始呈现下降趋势,进出口总值一直在5000万元左右徘徊。1932年为5600万元左右,比1931年下降36%。1935年比1931年又下降了59%,下降的幅度极大。1931年的进出口总值降为第一次世界大战后的最低值。这一阶段因为政局动荡,广大农村人民生活贫困,购买能力大大下降,经济衰退不景气,与此相关的进出口贸易也深受影响,形成一战后进出口总值由盛而衰的局面。

在这样的3个阶段中,福州港口统计贸易值仍占全省对外贸易总值的50%以上。而且1912—1936年的25年中,除1932年和1933年较厦门港口所占百分比略低外,其他各年均在厦门之上。可见福州港在全省对外贸易的重要地位。

福州作为福建省重要港口,又是本省土特产的最大输出港。其中以茶、纸、木材等土特产为大宗,占了出口大多数。[①] 以茶来说,福州曾与汉口、九江相提并论,称为国内三大茶市。在木材方面,则与汉口、安东同称为我国三大木材市场。此外,闽江流域各县的物产,如永安、沙县、南平等地所产的土纸、香菇、笋干、烟叶,建宁、泰宁等县所产的莲子,古田所产的红曲,连江、长乐等地所产的海味及红糖、鲜干果品等,都是通过福州源源不断输送到外地。据《福建近代民生地理志》记载,福州港输出的主要货物有茶、杉、竹(竿、蔑、叶)、纸、笋、樟脑、鸭毛、漆器、乌烟、桂圆、药材、香菇、茶油、鲜干橄榄、橘子、荔枝干、锡箔、干梅、卤梅、莲子、乱丝、轻木板、纸伞。

福州地处闽江出海口,闽江上游因为有丰富的土特产品,使福州在对外贸易中占有绝对优势。福州土特产每年均占出口总额的90%左右。福州是福建省最大的土特产出口港。

由于福州是福建土特产的最大输出港,因此在进出口值的比较上,一直是一个出超港,尤其是开关的早期,出超的现象很突出,出超值最高达1500余万元,出口值占全省出口总值的70%左右。1912—1929年,除1913年、1917年、1926年以外,其他年份均为出超,其中1923年出超最多,达1300余万元。如果从1898—1936年38年间看,入超年有14年,而出超年则有24年,出超年数大大超过入超年数。

---

① 周浩等编:《二十八年来福建海关贸易统计》,福建省政府统计处,1941年,第50~51页。

1932—1936年，为福州进出口贸易的衰落期。此时的进出口开始呈现下降趋势，贸易顺差地位动摇了，出现了逆差。这是因为1930年以后，政局不稳，福州发生福建事变，使省会福州与闽江上游的交通经常断绝，再加上主要输出货物之一的木材"骤呈衰退之象，益自民二十年后更一蹶不振。林产既减，输出亦少，木商相继停闭，景况至形萧条"，"由此衡之，可见福建木材输出之衰落"。①

福州也是福建的主要输入港之一。在进口货中，以棉布纺织品为最多，其次是大米、面粉，以及各种工业品和杂货，如火柴、肥皂、玻璃、钢铁、煤、水泥、钟表、电气、器材、印刷材料、照相材料、造船材料、海参、燕窝、图书、纽扣、纸烟、染料、象牙、洋参、犀角、鱼胶、洋针、洋纸、洋笔、洋伞、洋酒等。在上述进口货中，起初以英国货最多，其次是美国、德国，而日本后来居上，逐渐占了上风。英国等国家货物主要经过香港转运福州，日本货则多由台湾转运，或由日本直接进口。

随着对外贸易的发展，福州涌现出一批专门经营进出口贸易的商行，如纸行、油行、木材行、茶行、锡行、石油行、糖行、面行、棉纱行等，这些商行从内地客商接受土货特产，代为转售，从中营利，或者把进口洋货批发给内地商人，进行中间获利。福州各种商行最多时达到200多个，全市商店约1500号。

由于民国时期，我国的工业体系仍然不健全，经济发展仍然十分依赖国外的轻工业品。进出口出超一直依赖土特产的地位也开始迅速改变。自1930年以后，出超港地位完全动摇，自此以后，年年入超，到1946年12月份，福州进口货总值83.0369亿元（折合战前币值223万元），出口货值45亿元（折合116万元），进出口对比，计入超49亿元，"创福州口胜利后入超最高纪录"。1948年1月，永龄在《福州市政透视》中指出："战时而至战后，据闽海关报告，几乎都在贸易逆差状态中，虽然今年六七月一度出超，但贸易情况并不扭转。"②

从上面分析可以看出这一时期福州对外贸易的特点：

第一，外国资本控制进出口贸易。辛亥革命后，外国资本继续通过各种渠道控制福州的进出口业务。老洋行不断扩大规模，新洋行纷纷成立。"对外贸易之经营，悉操诸洋商之手，己则完全处于被动地位。"③如英国老牌怡和洋行在福州不断扩大业务，经营范围从进出口贸易到保险、轮船、码头、房地产等无所不包。在福州南台当时还有英商的太古洋行、永昌洋行、太平洋行等11家洋行，俄商的顺丰洋行、阜昌洋行，德商的禅臣洋行，日商的三井物产会社、丸一洋行、日东洋行等。特别是日本利用第一次世界大战期间，欧洲列强无暇东顾的机会，迅速扩大了在福州的商业势力，继三井、大阪洋行之后，又增设柏源、广贯堂、日龙、志信、菊元、文光等多家洋行。

---

① 张来仪：《福建特产工业》，载《社会科学》第2卷第3—4期。
② 永龄：《福州市政透视》（《公理报》1948年1月6日）。1946年物入商品屯售指数为1937年上半年物价指数3763倍，输出品为3851倍。
③ 张果为、杜俊东：《福建历年对外贸易概况》，载福建省政府秘书处统计室编：《福建经济研究》下册，福建省政府秘书处统计室，1940年。

第二,外国资本通过金融业、操纵外汇市场并且资助洋行,以控制进出口贸易。如英商汇丰银行成为垄断国际汇兑的主角,外汇的升降都受这家银行控制,升降比率由其首先开盘决定。外资银行掌握内外金融行情,更便于操纵市场,它们把吸收到的资金,对各洋行专门办理押汇和放款业务,以利于洋行进行各种经济掠夺。

第三,外国资本垄断内河和远洋航线,直接操纵进出口商品的运销。远洋航线方面,在福州、厦门两港口经营者,有英商太古洋行、德忌利士洋行,航行于上海、天津及东南亚各大商埠。

第四,福州工业体系与金融体系发展不完整,再加上商业组织并不发达,无法及时针对市场变化调整出口产品生产,扩大出口,而是一直被动地依赖市场需求而生产。

由此,导致民国时期福州对外贸易优势的全面丧失。

第七节　光复后福州商人活动的艰难复苏

抗日战争时期,1941—1944年,福州有两次沦陷。在沦陷期间,福州政府和一些工商业企业也都迁移到闽北与闽西。直到1945年日本投降后,才陆续迁移回来。近代中国外国势力的强大,加上日本的侵华战争,全面破坏了中国安定发展经济的环境,使中国工商业的发展难上加难。

由于日本的侵略,福州民族工商业受到严重的打击,据市商会当年不完全统计,在两度沦陷期间,仅仅木材、茶、绸布、百货、土特产等36个较为重要的行业中,就有800多家工商户受日寇及伪组织勒索、摊派、强征,造成经济损失达631000064元(每元约含银圆47％)。① 战前福州原有商铺9328户,第二次沦陷中完全关闭者达到4500户,收复后开业的仅仅6100户。② 在这样艰难的情况下,福州工商业开始战后的复苏。

一、交通、轮船海运业

抗战胜利后,福州、厦门两港仍是海运业的中心,海运恢复较快。

1946年,福州港已有海运联营处、中南旅运社、福建垦殖公司、合和汽船局,以及华丰、建南、建新、公隆、建航、联华等10家航业公司或船务行,各自建造200吨级左右的海轮,总共12艘1397.46吨位,分别行驶于闽、浙、沪、台各线。③ 随后,福州轮船海运业又有发展。1947年4月间交通调查:福州方面已经登记经营榕沪、榕台、榕厦航线之航商及公司,计7家,共有轮船51艘6900吨位。

---

① 福州市工商业联合会编:《福州工商史料·会史专辑》,福州:福州市工商业联合会,1989年,第16页。
② 福建省政府编:《福建省福州市等十二市县沦陷损失调查》,1946年。
③ 吴雅纯:《厦门大观》,第123~127页。见福建省档案局,卷号2.2.57。

1946年,招商局在厦门接收了日伪轮船10艘和汽艇3艘,开辟了厦门至福州、厦门至台湾和厦门至涵江、温州、上海等航线。①

抗战胜利,闽轮三公司在恢复闽江内河轮运的同时,即致力于创办海运。三公司设立"闽江、平水、下游三公司海运联营处"(以下简称"海联处")。三公司各推举股东代表3人,组成理事会,在上海设立海联处分处,并由福建省建设厅转咨国民政府交通部核准登记注册。② 1947年,海联处租用的"华陛"号轮船,由福州开往上海,触礁。

"海联处"有3艘海轮,专门开辟福州至厦门、至三都、至沙埕等3条航线的交通班轮。

抗战胜利后,华侨投资海运业十分踊跃,如福州的建南轮船公、华侨实业公司、南洋总社等。闽东南沿海中小港口的海运轮船,也相继复兴。

1946年间,闽东赛岐镇商人李松康等,合资创办"利宁轮船公司",置有"新同安"、"华安"和"建安"3艘轮船(载重量最大者260吨),兼营客货运。赛岐镇商人李赞成等,也合资创办"福泰轮船公司",置有"福康"、"福泰"两艘轮船,航行于福州、厦门、广州、台湾及浙江温州、沈家门等地。③

二、战后民营工业各部门发展情况

(一)食品工业

由于开办机器碾米厂所需资金不多、技术要求不高,碾米业又是与民生息息相关的工业部门,因而本省的机器碾米业发展较快,全省大多数市县都有机械碾米厂商。战后,沿海地区内迁、停业的碾米厂纷纷复业。至1947年5月,福州市区有37家机器碾米厂,已基本恢复到战前水平(1938年6月全市有34家机器碾米厂)。全省合于工厂法规定的碾米厂并不多,绝大多数是仅有数名员工的小厂,没有形成规模经营。随着物价急剧上涨,食米价格一天数变,成倍增长,不法奸商囤积居奇,致使许多碾米厂纷纷倒闭。1948年6月,"榕市碾米厂因故先后宣告停业",1949年7月福州又有"吴航"、"五福"等11家加工厂倒闭。

除机器碾米外,糖果饼干、面粉、罐头、非酒精饮料等食品工业战后亦有所恢复。

(二)纺织工业

抗战胜利后,由于进口洋布及国产机织棉大量涌入省内,民营纺织工业受到冲击,显示继续衰退。1946年年底全省合于工厂法规定的官民营纺织厂仅4家,福州、南平、永

---

① 中国航海学会编:《中国航海史——近代航海史》,北京:人民交通出版社,1989年,第421页。
② 福建省档案局,全宗20,《福建省公路船舶管理局档案》案卷第1310号。
③ 《福安县交通志》下册,第128页。

春、龙岩各一家。战时一度兴盛的手工纺织业衰落更甚。机织布的大量倾销夺去了土布的大部分市场。1946年福建进出口货品中,棉布、棉纱、棉制品分居前三位,总值达3158万多元,其中棉布、棉制品约占70%,计2209万多元。

由于棉纱来源紧缺,也是民营纺织工业衰落的一个重要原因。物价暴涨后,黑市棉纱价格奇昂,多数民营纺织厂不堪亏累,宣告倒闭。"福州全市操纺织的有数万人,每月需要棉纱700件。最近因中纺公司配售有限,纱商大都趋入黑市交易,有不胜负荷的纺织业打烊停市,过去的札札声,今日已不复再闻。纺织男女,均告失业。"①从1948年开始,纱布价格更是飞涨,报端充斥着"纱布趾高气扬,'涨声'、"纱布市场涨风大起"等语。1949年实施纱布限制南运政策后,"此形更糟。林森县江口乡战时拥有手工纺织木机数万架……后门趋坍塌,纱布限制南运实施以前,开工者仅有千架左右……棉纱来源断绝,市上供应稀少,该业势必流于停工乃至半停工状态"。②

(三)制皂业

制皂业恢复较快,战后厦门新设4家肥皂厂,福州至1946年12月底,有11家制皂厂。福州肥皂业开始于1912年。由于设备落后,受到摧残,营业不振。其间虽有倡议组设公帮,以资研究改进,但旋设旋散,未收良效。1912年由"美利肥皂厂"李伯伟、姚香如发起组织皂业公帮。当时肥皂业只有五家,每月集会两次,地点无定,多在菜馆开会。1937年组织成立"闽侯县皂业公会",由姚仲石任理事长。1942年2月,当时的福州市政筹备处命令改组,筹组"福州市皂工业公会筹备会"。经过花个月筹备,筹备员有姚仲石、王则礼、林逸云、尤恩官、董志棵、王宜琛、郑荫鲁、陈鹤藩等8人。同年7月正式成立"福州市皂业工业同业公会",理事长姚仲石,设常务理事2人,常务监事1人,理事6人,监事2人。会址设在江滨路美美皂厂第三楼,1944年3月会址迁移到横山救火会内,后因该处发生火灾,公会所有案卷及器具等全部焚毁。1945年6月会址迁移于茶亭救火会内,旋又移设于苍霞洲胜兴救火会内。公会理事长职务一直由姚仲石担任。新中国成立前,福州肥皂生产技术陈旧,除创办于1945年的"松茂"化工厂制皂部门设备比较好外,虽说是工业性质,实际上大部分是手工业生产。原料来源从前有的向福州洋行采购,以后均由福州私商采办转售本业。销售地区除应销本市外,并销售到本省的闽东、闽北、闽南以及省外的赣南、湘南地区。新中国成立前,福州肥皂厂只有10余家,代理商六七家。大户有"美打"、"建德"皂厂。由于福州市各皂厂出品的肥皂,大部分为手工制成,成本较之外地进口的各种肥皂为贵,因此外皂频来占销市场,本地皂业销量受到较大影响。③

(四)电池工业

电池工业集中在厦门,因生产电池所需原料、机器设备大部分依赖进口。福州规模

---

① 《福建时报》1948年10月25日。
② 《福建时报》1949年3月31日。
③ 《解放前台江区工业》,载《台江文史资料》第6辑。

较大的电池厂为福建电池厂。

(五)火柴业

抗战胜利后,建华火柴厂迁回福州,留在南平的部分机器、厂房转给原该厂职工,开办了生产火柴原料的南平建生合片厂。此时,火柴专卖制度业已取消,生产火柴所需原料亦不缺乏,加上受战时建华火柴厂取得高额利润的吸引,战后工商界人士纷纷投资火柴业,建华火柴厂垄断省内火柴生产的历史宣告结束。

在福州,经营纱布起家的黄青松,开办了南光火柴厂。该厂火柴原料充足,建华火柴厂有时也要向其商借原料,而且不惜以高价雇用技术工人,成为建华火柴厂的强劲对手。此外福州还有光中等大小七八家火柴厂,"有如雨后春笋,纷纷投入生产"。[①] 全国有名的火柴企业,上海大中华火柴厂也进军福建市场,在福州市郊洪山桥设立分厂,并在1948年年初购并南平建生合片厂。

(六)福建造纸厂

福建造纸厂于抗战期间被迫停产疏散,所幸重要的机器设备保存完好。但因缺乏资金,而复工所需费用甚巨,致使迟迟不能复业。后经多方努力,于1946年8月开始筹备复工,1948年4月正式投产。而此时已是国民政府统治末期,"通货膨胀极为厉害,物价波动,商业大都趋于投机,社会不安,加以官僚资本的排挤摧残、外国洋纸的打击,致使该厂处于瘫痪状态",平均每月产纸45吨,仅及战前月产量的40%。至1949年5月,该厂动力部分引擎和总轴轮皮革盘出了事故,直到新中国成立后才又恢复生产。

(七)印刷业

战后福州、厦门等地的印刷企业纷纷复业,同时还开办了一些新的企业,截至1947年5月,仅福州就有51家印刷企业。但多数规模很小,缺乏像抗战时期的百城印务局那样具有全国影响的企业。百城印务局迁回福州后,业务逐渐衰落。闽西北地区战时开设的印刷厂、坊,由于内迁机关、企业、学校和人员先后迁走,业务紧缩,有的迁回原地,留下来的或者缩小生产规模或者关门。因此,战后的印刷业整体上处于不景气状态。

(八)锯木业

20世纪30年代,是福州锯木业发展的时期。当时称锯木为化木,就是把一棵树锯成规格板材。据1946年10月福州市锯木工业同业公会汇报,全市计有机器锯木厂66家,略少于1940年。福州市的机器锯木厂1947年5月减至52家。自1947年开始木材出现滞销,锯木厂随之减少。机器锯木业短暂复苏而后重归衰败,原因在于木材的生产、

---

① 福州市工商业联合会编:《福州工商史料》第1辑,福州:福州市工商业联合会,1985年,第37页。

运输、销售三个环节都出现了问题。福建省森林资源虽然丰富,然而民国时期过度砍伐而不重视林木的培植和养护,木材的产量势必日益枯竭。洪灾、台风等的肆虐则给木材的运输带来困难,如1947年夏天的水灾,使"滞留福州洪山桥的木排价值约数百亿元之巨"。①市木商公会被迫筹组福兴木材运输公司,希望能够解决木材运输难题。随着内战范围的扩大,国统区经济的崩溃,木材的加工、运输成本激增,而销售市场却日益缩小,"大半个中国沦于战火之中,东北沦亡,华北风云紧急,战事一步步迫近京沪,作为闽省木材最大销售市场的天津和上海停止了建设,木材的去路断绝,外销呆滞","本市(指福州)已锯成之现货,数达5000万尺以上,无人问津,专业化之锯木厂停工者已十之八九"。②主要输出品木材,一直无人问津。"骤呈衰退之象,益自民二十年之后更一蹶不振,林产既减,输出亦少,木商相继停闭,景况至形萧条。"③国统区内大多数商品价格飞涨,而木材却"跌落了只剩四分之一的价钱,一根木材比不上一包上等香烟,从闽北到福州,运费超过了木材本身的市价",④以至于木商宁可不要木材,也不愿付运费,大量木材积存在福州码头,到1949年年初,积滞于福州的木材有4000余连(每连200余株)。木材的滞销及加工成本的提高,迫使许多木行和锯木厂亏损倒闭,福州190余家木行"已全部停歇,处于麻痹状态,其中已有90余家倒闭破产,残存者亦多面临不可振拔之危机","市内所有140余家锯木厂,拥有同样际遇中停工,已宣告破产者,不下十余家"。⑤

(九)电气业

福州电气公司在抗战期间元气大伤,抗战胜利后连年亏损,卖掉2台500千瓦的发电机组仍难以维持,被迫于1948年7月与资源委员会、台湾电力公司合营,改组为福州电力股份有限公司。改组后的电力公司官股占七成,原民营电气公司以资产入股占三成。因此名为官商合营,实则为国家资本所控制。福州电气公司作为民国时期省内发电能力最强的电力企业,其性质的转变极大地削弱了民营经济的实力,对民营电力工业的打击无疑是沉重的。

(十)造船业

1946年5—8月,福州市造船工业同业公会向交通部福州航政办事处申请登记的造船厂商会员,计有61家,其中能承制200吨级以上航海机动船的,有王永记、潘福记、林

---

① 《福建时报》1947年6月17日。
② 《福建时报》1948年12月8日,1949年2月20日。
③ 翁礼馨:《福建之木材》,福州:福建省政府秘书处统计室,1940年。
④ 《福建时报》1948年12月6日,1947年6月17日。《福建时报》1948年12月8日,1949年2月20日。翁礼馨:《福建之木材》,福州:福建省政府秘书处统计室,1940年。《福建时报》1948年12月6日。福建《中央日报》1948年12月13日。林开明主编:《福建航运史》(古近代部分),北京:人民交通出版社,1994年,第426、436页。
⑤ 福建《中央日报》1948年12月13日。

平安、朱祥利、林道枝、林大炳、林会记、林同惠、新同兴、林依堂、潘玉记、陈隆兴等 12 家。战后停业的闽江、平水、下游三家轮船公司附设的修造厂亦相继复工。恢复大生产,除了加紧抢修内河船舶外,在不到两年的时间里,先后制造出 200 吨级左右的海轮 13 艘(闽江公司 5 艘、平水公司 3 艘、下游公司 5 艘),为战后民营轮运业的复苏助了一臂之力。①

战后,企业公司业务衰退,福州地区原被合并的民营机器厂坊纷纷迁回福州,独立营业,为轮船安装机器及进行维修、保养服务。至 1949 年年初,福州市有大小民营机器厂坊 82 家。②

战后福州曾筹办过自来水公司,经过一段时间的酝酿,1948 年 10 月,福州自来水公司筹委会成立,公司资本定为 200 万元,其中胡文虎一人投资 100 万元。由于时局动荡,投资者徘徊观望,"且胡文虎未能筹足股款,台省机械迟未运榕",自来水公司最终没有开办成功。

电话公司在战后也相继恢复。当时计福州到福建各地的电话公司自动式交换机达 1300 门。

福州民族工商业在战后艰难的环境中,经过许多商人的努力,正在逐步地恢复元气。

第八节　近代福州商业组织与演变

近代福州商人的商业组织,随着时代的变迁,也有了极大的变化。从传统的行帮、行会、行业协会,进而发展到商会,这是时代变化的结果。

一、行会

行会,在我国古代就已经出现。这是指旧时代城市中同行业的手工业者或商人的联合组织。行,是对行业的称呼。行会,是从事同类行业的人的组织集合。福州早期商场上有"三十六行"、"七十二行"、"三百六十行"之说,这是因为福州完整的行业形成相对少。这种行,实际上就是对各种行业象征性的统称。实际上自明清以来,福州民间各类行业陆续有了发展,"行"已经不足以概其全。

由于商品经济的发展,不但行业增加,且每一行业所经营商品亦日益繁多。自福州辟为五口通商口岸之一后,商品就更加发达,各行各业为减少同业间的摩擦,促进团结互助,维护同业利益,纷纷组织"行帮",或称"堂会"。

对当时福州的行会,卢公明是这样记载的:"按惯例,属于某些行业的商家都必须加入行会,受规定约束并交罚金。如果某商家开始时拒绝加入行会或违规时拒绝付罚金,

---

① 林开明主编:《福建航运史》(古近代部分),北京:人民交通出版社,1994 年,第 436 页。
② 林开明主编:《福建航运史》(古近代部分),北京:人民交通出版社,1994 年,第 426 页。

那么他的经营会受影响,会被那些有利害关系的同行以各种方式'折磨',直到他屈服为止。"①可见,虽然行会是相同行业的联合体,但加入往往带有强迫的性质。

行帮组织不仅仅是一个行业才组成一个帮会,不少行业按地区或者业务性质组成行帮,在同一行业中甚至分有好几个帮会。帮会,有的以地域划帮,比如在民国时期,台江一带省外客帮有京帮(北京)、津帮(天津)、江西帮、徽帮(安徽)、江浙帮(江苏和浙江)和山东帮。省内帮有兴化、沙县、永安、建宁、闽侯、福安、延平、闽清51个商帮,而兴化帮在当时可算首屈一指有势力的;而航运业有的以船类划帮,有的以航线划帮,行帮组织不仅一业一个帮会,不少行业按地区或业务性质,在同一行业中分组几个帮会。早期有少数行帮用公会名称,有的行帮在初期号东与职工是混合的组织,借以冲淡劳资间的矛盾。再后来由于《商会法》和《商民协会组织章程》的公布实施,各行业才逐渐由行帮转而组织成立了同业公会,或商民协会,但仍有不少行帮不加入公会组织。1932年《工商同业公会法》公布,各行业组成商业公会更加普遍,到1948年年底,已增至80多个。但在这一过程中,同业公会组织不无增减,其中一部分公会或成立不久即告夭折;或组织涣散被停止活动,甚至解散;或全业业务变化,公会随之撤销;或行业性质接近而合并组织;也有因抗战期中会务长期停顿,复员期间又不向民国政府申请登记,被认为解散。根据国民党福州市政府社会科档案,关于1948年9月"福州社团一览表"所列福州各同业公会凡88个。② 自1948—1949年福州解放前夕,福州市各业同业公会续有增减。根据资料显示,1949年前福州实际存在的同业公会有74个。

下面把在福州各行业中,影响较大的几大行业组织做一简单介绍。

(一)杉行公帮、杉行公会

木材业是福州比较有实力的行业,与安东、汉口并列为全国三大木市。福州木材商业兴盛的原因,是由福州地理位置决定的。福州位于闽江下游,闽北多崇山峻岭,林区盛产木材,资源极为丰富。由于当时没有铁路,也没有公路,而且木材运输,水运比陆运便宜。闽北山区木材运输全利用山路、溪涧,把一根根木材砍下,拖到水边,然后沿溪放排顺流而下,直达福州,投入木行。

福州港口又可以通过水上运输,通达沿海各个城市。中国东部沿海城市没有像福州这样有丰富木材资源的闽北山区和非常便利木材交通运输的闽江水系。所以在明清,就有许多东部沿海城市的商人来福州转运木材。

在山区采伐树木,并组织水运到福州的人叫木客、山客。木客、山客把木材运到福州之后,一定要去投行,就是要找到专门在福州销售木材的商户。这些商户实力大小不等,他们要把山上运下来的木材,存在自己租来的水坞里。根据统计当时全市领有水坞执照的有66家。

---

① 林立强:《美国传教士卢公明与晚清福州社会》,福州:福建教育出版社,第179页。
② 福州市工商业联合会编:《福州工商史料·会史专辑》,福州:福州市工商业联合会,1989年,第75页。

山区运来的木材就这样放在统一的木材市场,待价而沽。在木材市场上进行交易时,木客是向来没有直接见面的机会的。木行根据成交额收取3%～5%的佣金。木行在木材市场上是起着沟通木材物资、调节市场价格的作用。

福州在木行全盛时期,大小不下几十家,因为木材价格大,数量多,每成交一笔少则几百元,多则几千元,所以从事木行要有一定的资本。福州人常说"杉柴火易燃也易灭",这就是说从事木行也要冒不小的风险。

木行业经营品种多、数量大,牵涉的上下游相关行业也多。在福州地面上,经营木行的,不仅仅是福州本地人,闽北山区的木客、福建沿海的江浙一带经营木材的商人也会来福州经营木行业。

明清时期江南经济发展,当时就有许多宁波、台州、温州的商人,到闽贩运杉木到浙江沿海贩售,甚至一部分商人开始在福州设立定点杉木收购。五口通商之后,上海、江浙等地杉木需求量日益增加,最为有名的就是设在仓前山的"安澜会馆",其是由上海木商设立的。还有成立于20世纪20年代的上海宁波木商驻闽采办庄客的组织,会址设在中洲岛吉祥街四号。

因而,福州的木行业比较复杂,帮口也多。在清末同治、光绪年间,福州最著名的"林太和木行"的发家就是在义洲。这一带是闽江上游木排顺水而下的集散地。行东是近郊浦西林宝璋兄弟,至今义洲还有沿用"太和埕"的地名。① 义洲地处闽江下游北岸,这里水流湍急,泥沙冲积成洲。它前面靠西河坡尾一带;内面有一条白马河,形成一个天然的避风防汛港湾。因此,上游木排到达福州时多停泊在这里的水坞里。随着货运来往的频繁,它也逐渐成为福州著名的出口木、茶、笋、纸四大宗之一的天然仓库——木材集散地。洲上的居民多半是以看管木材为生,木行也因此而生。

根据经营木行业的出身地域来分,可分为天津、闽南、江浙、台湾、福州、长江等七部分。这七部分商人,经营不同的种类,形成不同的公帮。最主要是五帮,人称"天南台北福"。如杉行公帮、杉木贩公帮、松木公帮,还有宁波帮、江浙帮。

杉行公帮是这其中经营最久、发展最大的一个组织。

杉木贩公帮,原来分在白马桥与酒道埕两口,主要经营贩运。1929年成立"福州杉木贩同业公会",1939年王惠梅为会长。1942年并入"福州市木商业同会公会"。

松木公帮,在1921年成立"福州松木业同业公会",以经营松林为主业。会址设在中洲岛。1942年也并入"福州市木商业同会公会"。

到了民国年间,这里的木行已有20多家。为了保护自己的利益,木商们便成立了公帮、行业公会。公会按各木行报批的排连投行数量,向木商抽收经费。公会主要负责调解客商之间纠纷,并应付北洋军阀政府和军队的派捐、派款等事项。

1921年,杉行公帮由福州有康记木行邱益生、恒记木行郑宝铭、信记木行林人谈以及永安、祥和、新康、永裕等15家杉行,组成"福州杉行公会"。会址设在海防后复池路。

---

① 张鼎:《福州木帮公会概述》,载《台江文史资料》第1—12合辑。

首届会长是林吉士,其后有郑百斗、邱益生、林筱庭、陈祖贻等。① 后来,其他的杉木行也陆续加入,如1933年"杉行研究所"就并入杉行公会。1942年与杉木贩同业公会合并,成立"福州市木商业同会公会",吴可珍为会长。1942年福州第一次光复,原福州锯木业公会的会长吴良藩被处决,福州锯木业公会亦撤销并入,1946年"松木公会"也并入。

1949年8月福州解放时,公会由林日茂、陈文钦等负责会务,林如愚为秘书,不久又联合了五甲街伙贩(零售商)、上渡寿板店、文藻山细木店等加入公会。随着形势的发展,木帮公会已不是单纯的杉行公会性质了,它是广泛性经营木材的商业团体。

这些木行同业者,也经常从事社会相关的公益活动。如早在清光绪年间,木商就组织民间消防,成立"嘉崇八铺木帮杉社救火会",同时他们选用大块花岗石建造义洲白马桥,在三保帮洲还修建杉德桥,在南禅山边彬社施医施药,木商会馆还创立彬文小学(现教工礼堂)。

(二)航业公会

福建水路交通历来发达,船只众多,分布面广,且流动性大。长久以来,从事航运业者均属个体经济,独自经营,无一定的组织。随着水上运输活动日益频繁,各地船民多按船籍、船类、航线自发地结成"船帮",作为运输活动中互相帮助、协调的群体。民国时期,航运业不断发展,为了保护航业权益,又有同业公会、航业公会和船员工会等各种组织相继出现,以谋求航运业同业的合法利益。

福州有河海船运,"帮"的组合在当时颇为盛行,尤其在木帆船行业为最多。在航运业来说,有的以地域划帮,有的以船类划帮,有的以航线划帮,形式不一,各自组合。诸如闽江水系,航行上游一带的船只,即按地域分为福州、永泰、闽清、尤溪、汀州和江西等船帮,其中闽清帮最大,船舶及船工均居多数。闽江中、下游一带船舶,则按航线与船的类型划帮,有平水、半溪(按航线)和柴荡、舣艘、五舱、驳船(按船类)等帮。

沿海木帆船则多按航线划帮,分为北帮船和南帮船。在北帮船中,又有上北、中北、下北之分。上北指至辽东半岛线,中北指至上海、青岛、天津线,下北指至浙江的温州、宁波线。

这些"帮"的产生,首先是由于水上船民长期备受歧视,在政治、经济、文化上都不能和陆上人民同日而语。其次,在运输活动中,逆水行舟,拉纤过滩,或海上航行,防御海盗,必须结帮航行,以便互相帮助。

近代轮船兴起之后,这种"帮"的组织又流行于轮船业中。民国时期,闽江上中游的轮船业中,即按航线分为南平、建瓯、沙县、洋口、尤溪、谷口、水口等7帮。各帮(属)均雇佣、推选出代表人物,以应付官方及"外交"事务。1940年,轮船业开始成立合股公司组织,帮(属)才告消失。但在较为落后的木帆船业里,这种"帮"的组织,至新中国成立前夕,痕迹犹存。

---

① 福州市工商业联合会编:《福州工商史料·会史专辑》,福州:福州市工商业联合会,1989年,第110页。

1901年,清政府颁布《护商法》和《商会组织规程》,通令全国各地商民组织商会。1927年,国民政府交通部颁布的《航业公会章程》规定:航业公会应设在航业繁盛的地方。会员包括经营航业者,曾任或现任航业公司或官商船舶重要职务者,经营船舶转运和造船业及其曾任或现任重要职务者。① 1932年,国民政府《工商同业公会法》颁布后,各行业开始组织"同业公会",均隶属于当地商会。按上列规定,航业公会的会员极为广泛,公私航商、造船商、转运商及其从业者,均可参加。而同业公会则注重于航商利益,只限船舶所有者参加。两者组织性质有很大的差别。航业公会组织较为困难,福建仅在闽江流域的永泰、建瓯等5处设立有此组织。到抗战开始,航业公会即无形解体。

1938年,福州地区的轮船业、民船业、造船业、机器业等,亦先后分别组织同业公会。在此期间,闽江流域的永安、沙县等17县的民船业同业公会,也相继成立。按规定参加轮船业或民船业同业公会的会员,均以拥有船舶的航运业者为限。这些组织,对于加强同业之间的合作和保持运输市场秩序,都起了良好的促进作用。

在轮船业以经营木材为主的江浙温州商人的代表,堪称华侨贸易公司、南强轮船公司的经理——王国桢。王国桢(1908—2011),浙江省温州市人,系福州、温州、香港三地知名企业家。他童年就读私塾、小学,少年当过学徒,青年从商,较长时间在温州、上海之间进行商贸活动。以后拓展福州、香港、台湾、日本等,经营木材、土特产、棉布、进出口和航运业等,发展十分顺利,积累了雄厚资金和经商取得丰富经验后,在福州相继开设南强实业公司、华南海运商行、侨联贸易公司等企业,抓住木材与轮船两业商机,思路敏锐,善于擘划。利用雄厚资金,由侨联贸易公司派得力职员到闽北林区采办大宗木材(闽省林源充足,且质坚韧、耐磨防蛀、用途广,当时东北林区未开发,其他地区材差、质低、量小)。由南强轮船公司万吨级货轮,每次装运木材达500万尺,船大又新,可常年航运,优于同业机帆船(其船身小船龄久,船速慢,常受季节、台风、气候变化等影响而停航)。利用福州区位优势,与台湾一水之隔,接近香港、日本,把福建木材和土特产品采办出口,进口购回棉布、呢羽哔叽及其他商品,几年间获利可观,生意越做越大,成为福州木材输出业、轮船业与进出口业大户,是在福州的温州商帮闻名人物。

王国桢倾向进步,向往党的民主革命事业,在新中国成立前夕于上海欣读许涤新著的《新民主主义工商业政策》一书,感到亲切,并到东北解放区大连瓦房店其妹(任纺织厂厂长)处探亲考察,看到解放区生机蓬勃,欣欣向荣。又学习党的七届二中全会的战略部署,看到党的伟大、正确、英明,于是将"希望寄托于中共",决定留福州迎接解放。新中国成立后,他积极投入各项政治活动,当选市人大代表,选任市工商联筹委。在抗美援朝爱国捐献中,他踊跃捐献与认购公债,并在工商界代表会上,与陈希仲、鲁明卿等倡议全市工商界超额捐献飞机2架,共完成8架任务时,得到与会代表热烈响应和当场完成认捐任务。在打击美蒋开展反封锁、反轰炸活动和支前工作中,他不顾本身企业多次遭受美蒋飞机扫射、轰炸、劫持等损失,仍为推动同业共同为打通海运献力,并对我市被美蒋飞

---

① 福建省建设厅编:《福建建设月刊》第3卷,第5、9页。

机滥炸的受灾户主动捐款救灾,受到同业赞扬。1952年选任福州市轮船业同业公会主委。在"广交会"举办开头几年里,受省外贸部门领导委派,他都以自费前往参加,与海外客商并港商洽谈业务,穿针引线为外贸部门打开出口业务做了卓有成效工作,受到省有关领导表扬。随后为外贸代进代出做了许多贡献,1956年公私合营时表现积极,先后被任命为福州市土产进出口公司、福建省土产进出口公司副经理,当选市人大代表,市人委委员,省、市政协委员。1958年调任福州市工商联副主委,分管全市工商界互助金工作达30年,他认真负责,当出现收入不敷支出时,多由他掏腰包了之。"文革"中,他受不公正对待,进学习班,受批斗,下放劳动等,后因脚疾,行动不便,申请赴港就医。

党的十一届三中全会以后,在改革开放中,积极报国,为"三引进"做了许多工作,受聘为福州华福公司副经理,并出任香港懋源公司董事长,为福州介绍招商引资窗口,联络接待省市商贸代表团,引介资金等做出了贡献。相继选任为省政协常委、市政协副主席、省工商联副主委、市民建常委等,每届省市政协、民建、工商联会议,他都由港返榕到会。他积极参政议政,在省市政协全会上,对"祖国和平统一"、"经济建设"、"招商引资"等,都坦诚建言献策。

王国桢关心教育和公益事业,出任福州市建联财经学校名誉董事长、温州大学副董事长,捐赠温州大学100万元、福州建联学校50万元,捐助教学设备与设置教育基金、奖励金等。并热心同乡会工作,聘任福州十邑旅港同乡会顾问、温州旅港同乡会会长等。

王国桢历任福建省、福州市工商联副主委、省政协常委、市政协副主席、省民建委员、市民建常委、市人大代表、市人委委员等。这位商界老前辈,于2011年在上海家中安然辞世,享年102岁。

(三)金融业同业公会

金融业同业公会,是金融业的同业联合组织,随着各个历史时期各金融行业的发展壮大而产生。福建省在清朝成立的有典业公会、钱业公会;在民国时期成立的有银信公会、银行公会、保险商业公会。金融业同业公会的成立,旨在协调同业经营活动,加强同业联系,增进团结协作。传统的金融机构,大致分为典当业、钱庄业等。

1. 典业公会

典业公会就是典当业的组织。据已知资料,福建省当时主要有福州、厦门两地设立。1929年,闽侯县典当公会组织成立,会址设城内吉庇路48号。1945年改为福州市典当同业公会。

2. 钱业公会

福州钱业公会,始于18世纪末叶,最初设有公帮性质的"钱业研究所"。凡开设钱庄的,都必须先到该所登记,如遇上钱庄发生挤兑,该所也可通过调查,根据实际情况,联系各钱庄互相收兑,平息风波。1931年10月,该所改组为"闽侯县钱业同业公会",会员17家,并订有公会章程,会址在福州下杭街圣君殿内。该会成立宗旨在于维护和增进同业之公益及矫正营业之弊害,兴办同业教育等。

1941年,钱庄组织成立"福州市钱业同业公会",选出陈梓端为公会理事长,陈永梓为常务理事,沈孝璋为理事,陈大瑞为监事,陈谓藩为候补理事,吴茂祥为候补监事。福州第一次沦陷后,公会停止活动。1947年7月组织重新成立(当时仅余"慎和"、"厚余"、"慎裕"三家钱庄),选举陈梓端任理事长,林志宏、陈永梓为常务理事,陈大瑞为常务监事。

二、会馆

会馆是明清时期都市中由同乡或同业组成的封建性团体,是超地域的行业组织,大多以同业公会的面目出现。在一定历史条件下,会馆对于保护工商业者的自身利益,起了某些保护作用。

早期的会馆主要以地域关系作为建馆的基础,是一种同乡组织,与工商业者绝少关系。到了明中叶以后,社会经济发展,工商业活跃,具有工商业性质的会馆才大量出现,会馆制度开始从单纯的同乡组织向工商业组织发展。明代后期,工商性质的会馆开始占很大比重,这些工商业会馆仍保持着浓厚的地域观念,绝大多数仍然是工商业者的同乡行帮会馆。

根据记载,福州历史上曾经有66所会馆。按现在行政区划,鼓楼区有32所,台江区有31所,仓山区有3所。按会馆所属划分,本省人设立的36所,外省人设立的29所。当时全国有18个省,省内有24县,在福州几乎都有设立会馆。如江西商人在福州鼓楼北角、鼓东路、台江都设有会馆。浙江商人在仓前桥头建有"上北馆",在泛船浦建有"浙船会馆",在鼓楼建"浙江会馆"、"浙绍会馆"、"闽浙会馆"。

清末民初,闽清帮开始沿闽江各地设立闽清会馆,多由该船帮中的头面人物来主持其事。如果发生争夺航线及其他纠纷,当地会馆就会出面加以支持。

福州会馆现在保存最多的是台江的上下杭。明清时期福州的上下杭,就已经是闽江上游重要的商品集散地,当时上下杭地区的商业就已经相当发达。鸦片战争后,福州作为"五口通商"口岸开埠,客商往来上下杭愈加频繁。民国时期,这一地区的商贾文化达到高潮。随着商业的兴盛,各地的商人纷纷在此设立同乡会馆。这时的会馆既有商业贸易的需求,也成为联络乡谊的纽带。据《福州双杭志》记载,双杭地区商业在清代中期至民国初年,已成为辐射全省、沟通海外的商品集散地,聚集了260多家商行,经营物资达500多种。

【附　　福州台江双杭所建的会馆】

建宁会馆(上杭街)　　　　泰宁会馆(上杭街)

浦城会馆(上杭街)　　　　周宁会馆(上杭街)

兴安会馆(下杭街)　　　　南郡会馆(下杭街)

泉美会馆(台江)　　　　　古田会馆(一保)

永福会馆(三保)　　　　　尤溪会馆(潭尾街)

永德会馆(亥垃里)　　　　延平会馆(霞浦街)
宁德会馆(铺前顶)　　　　三山会馆(春育亭一清庵)
福安会馆(横街)　　　　　建郡会馆(横街)
福鼎会馆(夏酸泉)　　　　霞浦会馆(台江)
闽清会馆(后田)　　　　　玉融会馆(台江汛)
汀州会馆(南禅寺)　　　　绥安会馆(上杭街)

三、商会

商会是市场经济发展到一定阶段的产物，是通过市场机制实现社会资源优化配置的重要媒介。近代福州商会从19世纪末开始酝酿，20世纪初正式诞生，经过逐步发展和完善，直至新中国成立后最终被工商业联合会取代。

福州商会是福州商业同仁的最高组织，是协调、组织、解决、发展商人问题的机构。在商会之下，又有各行业的同业公会，同业公会是福州商会的基层组织。同业公会的负责人基本参与福州商会的日常工作。商会团体会员的代表大多是同业组织的头面人物，一些较大的同业组织的代表往往参与商会的领导机构。商会作为同业公会的集合，代表同业公会在纵向上与政府及社会联系的过程中扮演着中介性的角色。各级商会多由同业公会组建，商会以同业公会为组织基础。同业公会是商会属下的横向组织。

中国商会组织兴起于近代，可以说这是在西方洋商商会的启示下产生的。长期以来，中国的封建专制主义是不允许商会存在的。近代在西方制度的冲击下，从商会的政治成本与收益计算来看，统治者才最后接受了商会组织这个形式。近代福州商会的成立，则是依靠在上海做生意的商人学习了上海商人商会组织回乡后创办的。

总结近代福州商会的成立与演变，大致有这样一些特点：

第一，辖地。虽然叫福州商会，实际所辖地址有的不止现在的福州地区，根据不同时期的商会组织，有不同的管辖范围。如晚清成立的"福州商务总会"，辖地就包括福州、兴化、福宁、延平、建宁、邵武、汀州7属各部为界。简而言之，除了厦门商会分管的漳州、泉州、龙岩、永春等四属各埠外，其余均为福州商会所管辖。

第二，名称。福州商会的名称，也并不统一，在晚清时叫"福州商务总会"，辛亥革命后叫"福州总商会"，民国时期又改叫"闽侯县商会"。国民党统治时期，福州设市后，又改称"福州总商会"。

第三，曾经两个商会并存。福州商会在日本沦陷时期，曾经迁移到南平，但在日本控制福州期间，曾经两次组织伪福州商会。这就形成两个福州商会并存的局面。

下面概述一下福州商会的演变情况与不同时期承担的工作内容。

(一)福州商会的演变

福州商会的成立，实际上是在全国经济形势影响下成立的。清朝末期，由于商品经济的发展、资产阶级力量的壮大，改变了当时的政治结构力量对比，商会得到政府的支持;以及资本主义意识形态发展,洋商会在中国起了示范作用等因素;再加上20世纪初,清政府推行新政,商部颁布《劝办商会章程》,上海、天津等大城市率先成立了商务总会。

光绪三十一年(1905年),旅沪商人张廷赞、罗金城、李郁斋等人自沪返回故里,于是联合福州商帮人士,按照商务部的定章,于是年冬成立"福州商务总会",作为各帮派商号的协调机关。福州商会辖福州、兴化、福宁、延平、建宁、邵武、汀州7埠的会馆,会址设上杭路100号。据此,则除漳州、泉州、龙岩、永春等四属各埠为厦门商会辖区外,其余均属福州商务总会领导,福州商会重要性可想而知。

商务总会组织属议董制,设总理、协理各一员,会计议董二员,庶务议董六员,各员由会员公开选举决定;总理、协理须经商部加札委派,任期均为一年,任满另行公推或留请续任。在商务总会初创时期,担任总理、协理职务的有张廷赞、罗金城、李郁斋等。首任总理张廷赞。按《更定福州商务总会章程附(件一)》规定,立会的宗旨为"联络同业,开通商智,和协商情,调查商业,提倡改良,兴革利弊;商家如有债务商业、纠葛,尽可赴会处决,等等"。①

张廷赞、李郁斋、罗金城等人创始福州商会令人景仰,功不可没。

张家先辈从四川入闽,经几代经商,到张春风之子张秋舫将张氏家族企业推向辉煌,成为福州富商。张秋舫(1840—1915),又名廷赞,字登朝。幼时读过私塾,精明能干,接手祖业后善于谋划,凡事躬亲,与弟张幼亭互相配合。苦心经营家业40余年,发展顺利,先开展榕沪之间贸易,采办福建土特产到上海,贩回南北货、京果、百货、棉布等,生意兴旺。积累日益增多后,拓展行业较广,先后经营开办典当业的仁馀、德馀当铺,钱庄业的厚坤、厚馀钱庄,发行"台伏票",为企业增加一笔流动资金,继之设立义记布行、彩文慎绸缎铺、西来百货店、南北货、京果栈、宜华照相馆、家具店、茶行、水果行等20多家。在第一次世界大战期间在沪创办迈罗罐头厂,因产制荔枝、龙眼、鲜笋等货源在福建,故移厂福州苍霞洲,上海设门市部。各商号多聘掌盘使(代理人),并将子侄中成年的都派往各地习商,参与经营管理,在张秋舫全力教导下其侄张伯敬成总管家业第一人,商绩颇佳,出任商会协理。由于张秋舫在商界中享有很高威望,社会上用《搜神记》"南山有鸟,北山张罗",赞誉张秋舫、罗金城两家。张秋舫先后捐封荣禄大夫、浩受资政大夫,赏戴花翎,户部郎中加五级,特请二品封典,荣封三代。

在维新变法推动下,各地商帮筹建商会热情很高,他同罗金城、李郁斋由沪返里,联络福州商界,商议建立福州商务总会,由清廷农工商部加札委派张为第一任总理,主持会务工作成绩卓著,蝉联两届。1905年同著名乡贤陈宝琛、林炳章等发起组建"福建去毒社",做好禁烟工作,并聘为福建省议会议员,成为商界名人,与京官陈璧结为姻亲,关系密切。

张秋舫热心公益与教育事业,为福州旅沪商帮筹建三山会馆,为福州布帮建造三山

---

① 福州市工商业联合会编:《福州工商史料·会史专辑》,福州:福州市工商业联合会,1989年,第4页。

会所,对福州总商会会址和商业学校(今福州第四中学)以及救火会等建设都出资捐助,特别对福州青年会出巨资5000元,青年会大会厅竖立了张公塑像,以示纪念,并被聘为上述一些单位的董事会董事长。对地方救灾赈济也大行义举,出任首届福州慈善社社长。同时,在张宅开办家塾,聘前清举人和名师教汉、英、数三科,对亲朋好友子女就读免费优待。

张秋舫为人爽直,交游甚广,崇尚商德,守信从商,热心公益,深孚众望。他生前发行大量台伏票,其后代遵循"守信为本"祖训,宁可自身损失,不使持票者有一人受损,候支工作达10年之久,市民赞誉不已。1915年逝世之日,福州各界名流、官绅、乡贤、商贾、戚友慕张品德,吊唁三天不停,出殡之时有三千之众徒步送灵。

李郁斋(1844—1935),又名馥南,号八爷。福州凤岗里(今建新)葛屿村人。幼年攻读经文,擅长古文,精通文书写作,青年时弃儒服贾,树立"勤奋经商、诚信办商、踏实务商、正当营商"的理念。在下杭路开"同泰"商行,企业由小到大,发展后在上海设庄,购置山东船,采办土特产品,对沪进行交易,贩回百货、棉布等,经营顺利,成为名商。1905年同旅沪闽商张秋舫、罗金城等,由沪返榕,联络福州商界同仁,发起创办福州商务总会,先后担任协理、总理等职,离任后仍关心商会工作,为商会出关、接待、联络、协调以及处理会务等做了许多工作。同时,也是福建去毒社发起人之一,对禁烟、提倡国货、抵制洋货等运动做出贡献。辛亥革命时期,倾向民主、共和,与革命党人林斯琛、林斯贤、郑祖荫等关系密切,参加一些活动。为了保境安民,他曾任闽侯县旗盘区团总。他乐善好施,为乡间建桥、铺路、办学、赈灾等捐献出力,受人好评,成为福州有名望的人物。1935年逝世,出葬之日沿途人山人海,水泄不通,省府专门派卫兵护送并维持秩序。

罗金城,字文基,号筱坡,又号迁藩,清道光二十三年(1843年)生于福州台江下杭街商人家庭。自幼聪明好学,13岁应童子试时,因父患眼疾,难以经商,金城继承父业,弃学从商。罗家经营商业,自始至终以金融业为重点,当时罗金城经营"恒和"、"昇和"、"均和"三家钱庄,分设于下杭街、上藤路、延平路。位于仓山上藤路的"昇和"钱庄是罗家唯一发行纸币(台伏票)的钱庄,面额有400文、600文等12种。因信誉好,家大业大,罗家发行的纸币市场流通量很大。金城还开设"允孚"、"恒孚"两家当铺,投资质押贷款业,并放宽典当期限,以济贫民之急。

金城还经营罗坤记进出口商行,购销花纱布、苎麻、烟叶、黄酒等南北土特产杂货。又开设恒记木行,业务远达上海、天津、营口、大连等口岸;并自备大型木帆船"金元和"、"银元和"号,运输商品,往返福州与沿海各大商埠之间,生意盛极一时。同时在台江、仓山两地区广置房地产业,以增强经济实力,巩固商业根基。

1905年和旅沪商人张廷赞、李郁斋等人自沪返回故里,成立"福州商务总会"。当时台江百货云集,商旅辐辏,同业子女进城求学诸多不便,罗金城与同行商议集资筹建商立小学。出巨资亲自规划,在大庙山钓龙台畔,创办福商小学,并兼任董事长。民国初年他又捐款5000元给福州青年会建社址。1915年,罗金城病逝,享年72岁。

辛亥革命后,商会仍然沿袭议董制,但总理改称为会长,任期为4年,并推举陈谓藩为会长,直至1915年《商会法》颁布改制时为止。

1912—1916年,袁世凯政府时期对全国政局及社会经济尚有一定的控制力,也是经济政策集中制定和实施的时期。经济方面,北洋集团继续了洋务派的做法,即将官办、官督商办的各项重大的近代工矿业控制在手,并以此初步垄断原料和市场,收获取高额利润,为其自身的壮大提高了经费来源,进而成为它夺取政权的部分经济基础。1914年6月,北洋政府参政院代行立法院职权,议定《商会法》,同年9月12日农商部公布了该项法律。其第一章第一条规定:"本法所谓商会者,指商会及商会联合会而言。"并且明确了"商会及商会联合会得为法人"。对于商会的设立范围,该法第二章第三条中规定:"各省城、各商埠及其他商务繁盛之区域,得设立商会。"第三章第十九条规定:"各省城得设立商会联合会。"1915年,参政院代行立法院职权,于第二期常会议定《商会法》,并于12月予以公布。次年2月,又颁布了《修正商会法施行细则》。第四十二条规定:"本法实施前,原有之各总商会,除设立地点不在地方长官所在地或工商业总汇之各大商埠者,应经农商部查核,改组为商会外,其余得依本法继续办理。"这实际上等于完全承认了已存在的各地总商会的合法性。

在这种制度环境的变化下,1915年,根据新颁商会法,闽侯事务所改制与福州合并,更名为福州总商会,改董事制为会长制,推福州闽侯义序乡巨商"黄恒盛"家族的黄瞻鸿任总商会会长。1917年,中央国民政府改农商部为工商部,各地商会废除会长制,改为委员制,会长改称主席,仍由黄瞻鸿任商会主席。[①] 五四运动在福州爆发后,福州工商界以黄瞻鸿已丧失商会长资格,要求罢其商会会长职,改选罗金城之子罗勉侯继任。罗勉侯因致力家业商务,实际会务多由李郁斋、柯洁如(商会坐办,后被以林寿昌为首的秘密组织"锄奸铁血团"所暗杀)掌握。

1928年南京国民政府成立后,实行高度集权的党国政治,对民族资产阶级采取各种手段实行控制。这一时期,国家政权几乎控制了商会的所有活动领域,使商会的政治地位日益边缘化,自上而下推行的各项工商业制度及新《商会法》和《同业公会法》,削弱了商会在市场经济活动中的主导作用。特别是在福州正式设市后,地方政府加强了对福州市商会的管理,使之成为地方政府管理商人和商业活动的行政工具。1927年,南京国民政府成立后,重新修订了《商会法》和《商会法实施细则》。1929年,工商部拟具《商会法》草案,同年8月15日公布施行。该《商会法》并未对商会的性质做重新定义。但就其宗旨做了新的规定,其称:"商会以图谋工商业及对外贸易之发展。增进工商业公共之福利为宗旨。"1929年《商会法》在有关商会的设立与会员资格方面较以前的《商会法》有所变化。根据这部《商会法》的规定,商会的设立必须由5家以上的工商同业公会发起。若无工商同业公会,则必须有50家以上的商业法人或商家发起。由此,中小商人获得权力,推举福州"兴化帮"四大金刚之一的林时霖出任主席。

1932年商部改为实业部,颁布了《工商同业公会法》,恢复了商会长制。林时霖出任

---

① 福州市工商业联合会编:《福州工商史料·会史专辑》,福州:福州市工商业联合会,1989年,第4页。

会长时间不长,就因大商家不予支持,经费发生困难,被迫下台。经当地政府指定,罗勉侯再度被推为商会长。①

在商会发展史上,历任两届商会会长的罗勉侯很值得留笔。罗勉侯(1868—1938),字领宪,系罗金城第七子,罗氏家族企业后任一位主持人。

罗氏祖业除恒和钱庄、罗坤记进出口商行分别由其兄长縠侯、梓侯管理外,余下统由勉侯总其成,企业顺利发展,还创办具有相当规模的云章百货商行、永春锯木行、建春茶行等,产制茗茶及采办木材、竹、笋、菇、纸等土特产,运销天津、青岛、营口、大连等地,购回棉布、百货、油豆等,获利尚佳,并投资南星澡堂与延福泉汽车公司等。

勉侯一生倾力钱庄业达20多年,呕心沥血做好"协调、监督"工作,当时官、民的钱庄铺发行台伏票约400万元(银圆)之多,他与福建银行(民办)的刘建庵都极为关切台伏票流通动态,倡议建立"行坪"制度,进行一日一结算,后改为两天一结,再则每周两结,结算时互换钱票,多还少补,短额贴水(付息),开展顺利。"行坪"由一个变四个,并成立"钱商研究所"(行业公会前身)。嗣因李厚基倒台,李在福建银行发行130万元台伏票无法兑现,发生"挤兑风"(又叫滚票风),金融市场纷乱,他与刘出面组建"福州金融维持会"作为私营钱庄"兑汇",每家出资3000元,以后(1928年)发行大洋票,各家交款1万元,作为储备金,这对钱庄业健康发展与钱票正常流通起了良好作用,在福州商界与钱庄业中威望很高,1919年选任为福州总商会主席,积极组织与发动福州商界投入五四运动。在"提倡使用国货,推制日货"行动中,日本帝国主义制造"台江事件",他以商会会长名义发动全市商号进行抗议、声援、支持、慰问以及罢市斗争。为了维护中、小商户利益,发起组织各行业"商民协会",并关心、支持其活动。1927年因家业商务繁重辞去会长职务,1932年又孚众望,再次出任商会长,就职典礼时,时任福建省主席陈仪到会监督,还参加"国大"竞选,成为全省商界知名人物。1937年抗战初期,他组织与动员商号疏散物资,为抗日军劳、捐输等做了不少工作,1938年当局为战时形势需要,指派任其为"商会整理员"。不久,他在上海病逝,享寿71岁。

罗家经商兴旺百余年,被日敌罪恶炮火破坏了,敌机炸沉其商船,东北沦敌中断经营,云章百货商号失火,勉侯兄弟相继辞世,福州两次沦陷损失惨重,特别是通胀币贬,几家钱庄支撑至1948年歇业。最后仅有建春茶行一家,由"郁"字辈郁坦主持。1956年公私合营时安排福州茶厂董事会为副董事长,其他子孙在国内外奋斗,事业有成,如罗郁铭曾任浙江绍兴银行董事长等。

1937年抗日战争开始时,福州市场已每况愈下,福州巨商如罗(罗勉侯)、尤(尤孟彪)、黄(黄恒盛)、王(王梅惠)以及以电气公司企业为主的刘家等各大家族所经营的茶、木、纸、棉布、航运等企业,多相继关门倒闭,或缩小经营规模,不少其他大户亦宣告停业或破产。罗勉侯看到市景萧条,就转到上海租界,久久不归。福州处在国民党政府党、

---

① 福州市工商业联合会编:《福州工商史料·会史专辑》,福州:福州市工商业联合会,1989年,第8页。

政、军、特各派系明争暗斗中,闽侯县商会也成为各方竞争的地盘。经国民党福建省特派员陈肇英的同意,以支前军需支应无人主持为由,于1938年11月,由国民党闽侯县党部令指派陈培锟、罗勉侯、王梅惠、林君扬、张盈科、林弥钜、叶国瑞为闽侯县商会整理员,以陈时恭为整理指导员,并指定陈培锟为整理主任委员。但商业不景气,一时也整不出什么名堂来。不久,罗勉侯病故上海。整理员之林君扬,有一定的政治力量,虽有心攫取商会宝座,终因在商界资望较浅,不获众望,而且自己也正致力于接办闽江轮船公司,计划组成一个庞大的福建航运组织,无暇及此。罗勉侯的亲戚王梅惠遂被推为选会长。[①]

由于抗日战争爆发,1938年4月,福建省政府迁移到永安。在抗日战争时期,福州经历两次沦陷,也因而出现了两套福州商会的牌子。

当时商会实际控制人是闽侯县尚干乡人林君扬,省府迁移到永安后,就在南平设立了闽侯县商会办事处,林君扬仍然是商会会长。

1941年4月21日,福州第一次沦陷,在日寇的授意下,一批官僚、流氓、地痞、奸商之流,如林赤民、林忠、林谦宜、萨福畴、郑贞藩、郭咏荣、陈几士等纷纷当起傀儡汉奸组织——"福州治安维持会"的委员、局长等伪职。由于林君扬退往南平,蔡友兰避居莆国老家,在威胁利诱"何同泰"茶行老板未果,"长兴"纸行曾文乾长子曾宜又无法胜任,最后委派福州锯木业首届公会理事长吴琅藩(系本市"建华"、"建昌"锯木厂老板,属福州铺前顶吴氏家族,序列十二,人称吴十二)为伪"福州总商会"会长。此人认贼作父,福州重光后,被判处死刑,执行枪决。

1944年10月4日,福州第二次沦陷。福州百货、钱庄业富商尤十五(尤庆桐)长子尤柳门(即尤德权,其父前已登报与其脱离关系)即向日寇大献殷勤。在台湾浪民、日寇爪牙张家成的牵引下,出面组织伪"福州商会",尤柳门任伪商会长。委员有何维馨、时心传、陈传珂、卢予藩、温仲铮、陈印可、许高人等;秘书陈公光,专员杨荫林、张秉寿(即张铁生),会务温仲铮(兼),庶务陈文治,供应组长卢予藩兼(该组专替日寇军队办公差,供送米、柴、蔬菜等副食品)。会址初期设在仓前山观井路福州邮政储金汇业局(即现在观井路邮电局)。张家成是伪"福州市商会"的"太上皇",时常到会监督群丑为日寇卖力。伪商会成立不久,为了便于进行压榨掠夺,又在城内北门增加一分支机构"福州商会分会",派饶筱权充当分会会长。伪商会为了替日寇洗劫物资,勒令全市工商户将所有的货物向伪商会办理登记,并从所登记的物资中抽取10%,充当伪商会经费。尤柳门同时还向张家成建议将所抽取得的物资运往上海发售,再换回上海工业产品,可从中多得利益。[②]

1945年8月至1949年8福州解放,是福州商会的衰亡期(1945—1949年)。在这一特定历史时期内,面对国民党强权政治的白色恐怖,及一系列变本加厉的疯狂经济掠夺,福州商会成为协助福建省国民政府进行统治的有力工具。在这种情况下,地方政府决定

---

① 福州市工商业联合会编:《福州工商史料·会史专辑》,福州:福州市工商业联合会,1989年,第10页。

② 福州市工商业联合会编:《福州工商史料·会史专辑》,福州:福州市工商业联合会,1989年,第15页。

按照国民政府"关于健全工商团体组织要求",对福州商会进行整理改组,以便纳入协助福建省国民政府进行内战。

1946年福州市商会为适应战后需要,进行整理改组,指定蔡友兰、郑拱苍、徐建禧、刘洪业、王梅惠等5人为整理员,并设定"市商会整理员办事处",负责筹办整理改组组织。2月14日召开改选大会,选举结果,蔡友兰、林君扬等15人当选理事,其中蔡友兰得票最多,计得13681枚;次为林君扬,得13430枚;张国安、刘云阶、田珍莹、屠一道、陈德钦等5人当选为候补理事;洪一笑、徐建禧、王梅惠、吴湘泽、姚仲石当选监事;林开明、潘炳锟为候补监事。1948年,市商会理监事任期届满,呈请当时福州市政府批准改选,产生本届理监事,再次推举蔡友兰为理事长。当时市商会有力量的理监事,多是福州比较活跃的大资本家和他们的代理人,如茶业何同泰的何培圃、百货业新奇春的叶云绅、酱醋业的郑拱苍、新药业的屠一道、颜料业的张盈科、国药业的王幼凯、国货公司的卢仲礼,以及复兴汽车公司的何幼卿等均是。①

(二)福州商会的工作

对政府而言,商会的成立为其节省了行政管理成本,主要表现在商会所承当的职能是对政府职能部门功能的补充。商会是政府实施社会控制的有效中介。商会的功能之一就是辅助政府对工商业企业进行间接控制与管理。商会不仅将政令、法规直接下传,而且还具有考察政府指令在商界执行的责任,如调查民情、调解纷争。这些任务的承担节省了政府组织分散商人的成本。

"福州商务总会"积极配合政府,在以下几个方面也发挥出了自己的作用。具体如下。

1.协助政府调查商情习惯:福州商务总会通过福建省商业研究所,知会各商切实调查,将各商详细情况汇报研究所,计由主要的商业三十二商帮写来资料,再由所转呈调查员。由于闽商种类繁多,该所仅按主要的23种分别叙述,内容包括业务范围、经营方式、习惯利弊及有关厘税、盗匪骚扰、日本人在内地放账收息,等等。其中特别对木商、茶商、笋商、纸商、溪行商、海运商、金福泉船商、装客商(内河民船)、咸鱼商等习惯情况,记述较详。

2.救济灾民:1909年8月2日,福州台风引起洪水大作,拔树毁屋,溺死居民甚多。1910年6月24日,福州发生大火,烧毁民房300余间,福州商会积极帮助灾民,并对灾民进行了救济。

商会协助政府做好工商管理工作。如1937年抗日战争开始,因大地烽火连天,闽江口封锁,货物运输困难,商会为协助办理工厂和重要商品迁移内地及发动抗日爱国捐输,组织参加国货公司。1933年11月26日,上海商会联合会致函闽侯县商会:"贵会为商会

---

① 福州市工商业联合会编:《福州工商史料·会史专辑》,福州:福州市工商业联合会,1989年,第19页。

总府,务恳分函各地商会,现任委员,亦为多征热心同志。"要求参加中华国产销联合公司,"不论入股多少,期张联络先声,聚朝野同心之力,筹救国御侮之谋"。

3. 维护地方治安:筹备福州商团公会。在福州,内忧外患,灾祸频起,处在动荡不安中。地方不靖,使得商人叫苦连天,纷纷向福州商会提出"选哨缉私、保商重货,以全血本、以靖地方"的要求。在商民的普遍诉求下,1906年"福州总商会诸巨公,拟援照上海南北市华商商团公会办法,筹备福州商团公会"。① 辛亥革命爆发后,又公呈闽浙总督松寿,首先成立商团,约有一大队,在维持地方治安上发挥了巨大的作用。

4. 支持五四运动。1919年5月7日,福州爱国学生进行了轰轰烈烈的爱国运动,全市罢课,禁用日货。罗勉候组织和推动商界人士声援和支持五四运动。"翌日,各校立即罢课,全市商店也一律罢市支援";商民纷纷送去糕饼、饮料支援。当时的《福建时报》等报纸也大量登载各界正义主张,李厚基感到人民力量强大,同意释放19名学生出狱,全市商店才开门营业。

1919年7月16日,日本人一面凶殴学生、巡警,一面摔毁顺记洋菜馆,南台一带陷入悲惨的气氛。罗勉侯以商会的名义发动商户罢市,声讨日本驻福州领事策划殴打福州市民和日舰入侵闽江口的挑衅,得到福州商人积极响应,"城台商店一律罢市"。倡议并组织在省议会门前广场开国民大会,表示要加紧抵制日货,并"得到了各省商会等机构的声援和支持",最后迫使日本政府道歉,附送赔偿金2000元。

5. 抵制日货:1931年8月5日,福州商会也参与"省会各界举行反日会议,决定是日为截止办运日货日期。1938年9月9日,福州各界5万余人在公共体育场召开拥护国联援华制日大会,会后举行抗日示威大游行。其次积极发动商民进行抗日捐款。商会积极参加政府组织的各种抗日组织。1937年7月19日,福州各界成立福建抗敌后援会。1939年福建省抗敌后援会战地工作团在福州成立。福州商会为其中的一员。

总之,福州商会参与了政府推进的近代化改革运动,除了代行国家对商人的日常管理职能外,尤其在经济社会方面,如协助政府调查商情习惯、振兴实业、兴办商学、热心公益、调解纠纷、维护地方治安等,都有商会的积极支持和协助。在这一时期,福州商会基本上与政府之间保持了一种良好互动的合作关系。

(三)商会创办的社会公益活动

1. 办学校、图书馆

兴办福州总商会商立小学校:1906年罗金城和张秋舫、李云藻等"集资在大庙山创办商立两等小学堂",不久停办。到了1922年,罗勉侯时任福州商会会长。他自任董事长,做出诸多努力后,改校名为福州总商会商立小学校,重新开始招生,首任校长为郭梦熊。

捐款兴办乌山图书馆:1929年8月,私立福建政法学校改组成私立福建学院。学院

---

① 《筹备福州商团公会》,《福建商业公报》第14期。

教员林天民、刘勉己,社会名流林葆恒、何公敢、杨树庄等捐出私家藏书5000余册,福州工商界人士刘雅扶、罗勉侯等七人各捐款1000余元,在城边街原学院操场(现省幻灯制片厂厂址)兴建学院图书馆。

1931年9月前后,福州商会换届改组,需要大量经费支出的商立小学校似乎成为一个沉重的负担。在公决后,学校脱离福州商会,另组校董事会,并改名为私立福商小学。从1931年9月开始,"由罗家私人出资办学达四年之久"。华侨领袖胡文虎也对学校捐款,不仅兴建教室,而且还购置了上万册图书。直到1951年,与这所学校有着密切关系的罗郁坦才从董事长的位置上离任。这所学校也彻底地淡化了福州商会的背景。

此外还支助福建官立商业学堂,捐款福州私立青年会商业职业学校,如"民国初期,罗金城曾捐助五千大洋给福州青年会"。① 办学经费在清末主要是靠民间筹捐,大宗款项又无一例外地主要来源于商人。

1937年,胡文虎在福州台江区苍霞洲原复兴小学原址兴建一座两层木结构教学楼,当地群众称之为"文虎小学"(今台江第一中心小学)。同时也为兴建中学捐赠过巨款,在台江地区捐助过福建学院附中(今福州第二中学)、福商中小学(今福州第四中学),并在大庙山新建文虎堂校舍。②

2. 办报纸

1910年福州商会创办《福建商业公报》。《福建商业公报》设有图画、社言、调查、纪事、法令、评林、谈丛、杂著等栏。如第12期纪事栏有《闽省商业研究所开第3次新年会之纪述》;第15期有《福州总商会会议录》、《中国仿造洋货一览表》等。

在福州,主要刊物还有《永泰声报》,创刊于1945年5月21日;1946年7月由市商会主办的《福州商情》;1946年8月由木业同业公会发行的《商讯日报》;1947年1月创刊的《工商报》;1947年1月创刊的《晨报》,该报是由福清县商会会长陈武清等人订立股约而创办的,内容主要为剪裁各大报所发表的新闻。

此外,1946年7月,由市商会主办的《福州商情》报创刊。发行人沙陆墟,社长张逢君、李默秋。刊登商品行情几百种,日发行3000份,是一份福州商业专刊。该报第1版上半版为"专论"、"经济新闻";下半版还刊登广告。第2、3版刊登各类商品价格,并介绍本省各县特产及工商业情况。交通信息栏,登航空、轮船、公路汽车时刻表。《茶点》副刊,登载趣味性综合性小品文章,还有《工商小辞典》等。因新闻内容都是商情信息,颇受工商户以及小贩欢迎。

1946年8月,《商讯日报》创刊。董事长江秀清,发行人李默秋,编辑陈贻麟、刘玉衡、卓启书等。该报自诩以促进工商业发展为宗旨,登载全国各地工商业信息及产品牌价行情等。

《工商报》于1947年1月创刊,系旬刊,于1948年春季停刊。发行人:陈应熙。工作

---

① 政协会议福建省福州市委员会文史资料委员会编:《福州文史资料》第13辑,1994年,第71页。

② 台江区地方志编纂委员会编:《台江区志》,北京:方志出版社,1997年,第124页。

人员：陈永成等。社址：福州北后街44号，后搬到石井巷5号。

3. 修浚河道、河流

近代福州商会对交通运输的管理主要是涉及内河运输，因为交通的畅通、河道的疏浚关系着福州工商业经济的发展。闽江是全省最大河流，发源于闽赣、闽浙交界的杉岭、武夷山、仙霞岭等山脉。闽江流域各河段是福建重要的交通运输线。下游逐渐从丘陵区过渡到福州平原，河谷呈宽谷与峡谷相间的串珠式形态，平均比降只有万分之零点九，因而宽谷河段泥沙易于淤积，河床地形多变；河流的淤塞会影响到船只的航行，使货物不能及时运出去，产生积存，从而让民众蒙受损失。特别对于福州的商人来说，更加有迫切的需要。福州商会顺从民意，决定修浚闽江，造福百姓。

浚河一事，向由甲首到各行家题捐办理。各行家因恐其能力太薄，办理不善，故议自行倡办。1911年正月二十五日，闽省商业研究所提议函请商会协同办理，会议后"拟即举办罗君料理一切，并瞩商会咨请地方官出示以便办理"。宣统三年（1911年）本月初七日，商务总会集议浚河事宜，到者数十人。讨论如下：决议凡议董会员承认题捐，及兼监理此项一切事务。决议各职员中间有对于开浚河工程熟悉者，以便介绍，亦开列价单，开会公同酌议。决议嗣后所交捐款，统在于商会。决议对于筹办处一切收支账目，由监理员公推二人，随时稽核。随将前日已认捐总录于下：（上杭街）同茂和200元；张礼记200元；恒盛春150元；张德记120元；恒泰源60元；许恒源100元；许德丰200元；尤信记80元；厚丰50元；怡丰40元；长兴茂200元；黄泰茂150元；裕记150元；张德记100元；黄恒记80元；德成信60元；聚源福60元；林源有50元；恒发40元；程永兴30元。

1918年9月17日、9月24日等，福建地方官员和领事团以及中外各商帮代表在福州召开会议，10月7日通过了《修浚闽江组织法及其章程》，明确指出修浚闽江的目的："修浚闽江一举，先由福建省政府发起，爰即筹拟人手计划，以冀改良由罗星塔至南台之航行路线，俾使此项河道于满潮之日潮退时至少得有十尺之深，其最后目的并希望其得有十三尺。"该章程规定了由各方代表组织处理浚河局，计有局长，为"或福建水利分局局长，或实职人员之由本省最高级长官委任者，充任该局长"。书记官由"现在福州口税务司充任"，"各外国商会，或各外国商帮之由各该管领事代表者，各举代表一人为局员；华商总商会公举代表二人为局员。商船会公举代表二人为局员"。浚河主要经费是浚河捐，在洋、常两关中与其他应征各税一并科征，由税务司负责征收与管理。从这份章程看，浚河局是由福建地方政府、地方商会、海关、领事团和外国商帮等各方面人士共同参与的。参加签订章程的中方就有福建水利局长陈培锟，福州总商会代表黄秉荣、卢清淇，福州商船总工会代表董昌昭、杨寿翔，但大权掌握在外国人操纵的海关手里。1919年，"成立修浚闽江工程总局，疏浚闽江下游南台至马尾段河道"。1924年，闽江局购买一艘抽沙机船（挖泥船），400匹马力，每小时可挖泥45方，挖深30多尺。1926年，闽江局沿江筑坝疏浚，航道加深，"万象"、"新铭"等吃水4公尺多的海轮，先后进泊台江第六码头。1929年，闽江下游疏浚工程告一段落，5000吨的海轮由马江趁潮可直达福州南台万寿桥下。1935年8月，福州马尾罗星塔下开始建造浮船码头，翌年10月建成，可容吃水14英尺轮船停泊，"新华安"、"万象"等10余艘海轮首批停靠码头。9月，闽江疏浚告一段落。

吃水14英尺,吨位为1116吨的"靖安"号船(航行于上海—福州)驶进福州南台。1934年该疏浚工程基本完工。

闽江下游河道的改善不仅对福州港的贸易和航运,而且对福建经济的发展都极为重要,有利于福建土特产的出口贸易,另外它也有利于减少闽江下游的水患。

总之,商会是商人的组织形式,是随着人类社会实践的扩大与深度广度的开拓而产生并得以发展和完善的社会经济组织。近代福州商会作为福建省内最重要的经济组织之一,其兴衰过程突显了福建近代以来社会演变的轨迹。

第九节　近代福州市民文化

近代福州市井商业生活和同一时期福州三坊七巷的官宦、文儒大家的生活是截然不同的。可以说福州三坊七巷代表的是福州官宦文化,而以南台为中心的福州市民生活圈,所形成的是典型的福州地区市井商业文化。

商业市井生活圈的形成与商业经济的活动是有密切关系的。如果说城内各种的市,是服务于达官显贵,那么,城外台江边上的市井生活圈,则是服务于平民大众的。

与平民生活的闲散、简陋、不规律相伴随形成的市井文化,则产生于街区小巷,带有商业倾向,通俗浅近,充满变幻而杂乱无章。它自由闲散,不需要虚假的庄严、做作的深刻、心灵的冲击,但是它能最真切地反映市民真实的日常生活和心态,表现出浅近而表面化的喜怒哀乐。

一、福州评话、伬唱

评话、伬唱是福州地区仅次于闽剧的曲艺艺术,也是南北评话(评书)群芳中一枝奇葩,是福州地区主要的曲艺品种,讲究唱、说、做、表,被誉为"人文活化石"。

评话流行于福州市区、郊区和闽侯、长乐、连江、福清、平潭、永泰、闽清诸县(市)。抗日战争期间,向南平地区一些县份扩展。在厦门、泉州设有固定书场。在福安、霞浦,有以福州话或当地方言演说的两种福州评话。福州评话艺人还远涉湾和东南亚福州人聚居区演出,为旅外乡亲所喜爱。

福州评话的起源很早。南宋理宗年间里人刘后庄的诗句"儿女相携看市优,纵谈楚汉割鸿沟","山河不暇为渠借,听到虞姬真是愁!陌头侠少行歌呼,方演东晋说西都",已证南宋时福州附近农村有在说《西汉》和《两晋》的故事。

福州评话,相传始于明末艺人柳敬亭随隆武帝入闽,授徒传业,与当地说书人合流,逐步发展而成的。迄今发现的清乾隆间坊刻"评话本"有多种。有一种纯用福州方言编成,其唱词、说白形式与今之评话本相同,足证其时福州评话已定型,且有刻本刊布流通。民国初年,福州评话在上海大量石印小字袖珍本,皆用赤色油光纸为封面,俗称"红本",为数甚多。该红本印回后均由吉祥山下"益闻"书局承包发行。

福州"讲书",有"讲长书"和"讲评话"之分。"讲书",以叙述历史故事为主;"讲评话",杂凑各种传奇小说,佐以唱词,如歌曲然。二者皆有专业之艺人。此外,还有一种专说因果者,叫《太上感应篇》,是对信仰道教、佛教的"善人君子"做劝诫之迷信宣传。

讲书、讲评话这两种专业艺人,皆敬称为"先生"。旧时,讲书者皆着长衫,以示有礼。"讲长书"的艺人讲时只用一醒木(俗称"压尺"),因讲长书有时记忆不清,可翻阅原书,并可稍坐而讲。书中奏疏、文告、诗词之类,须详细解释,故讲书者一般文化程度高于讲评话者。福州过去讲长书,由演讲者选定一书,连续讲至月余,一书讲完后再另讲其他书,或演讲者另换一人。

评话的道具有铙钹(俗称锣被)、扳指、醒木、折扇等。讲评话者左手执钹向上,拇指必套上一玉环(俗称扳指),右手以箸一支击之,钹受震动,与玉环相触,发出声响,颤而悠长,饶有余韵,使听众久听不感疲倦。击钹有各种不同技巧,有"飞钹"、"舞钹"、"逗钹"、"敲钹"、"阴阳钹"等,用法不同唱腔有"滴滴金"、"串珠"、"快板"、"节节高"、"江湖叠"、"岭韵气"、"高山流水"等,用处不同。

福州评话体裁繁多,有序头、短解、单本和连台本书等。

序头,类似开篇、书帽。传统评话的序头,有固定的格式。第一段定台词或开场诗,多与正题无关,咏些花鸟、时令景物或历史等;第二段唱时代背景;第三段是书名;第四段讲故事发生地点。进入正文,则讲一段,唱一段。

短解评话有两种:一则短篇故事,如《桐油煮粉干》、《三戏白牡丹》等。另一则是各种套段,如《八骏马》、《街蹄》(市肆景物)、《拳术经》、《排场》等。

本书(包括单本和连台本)是福州评话书目的主体。按它的内容又分为不同的多种样式:(1)长解,亦称君臣书,即历史故事和各种演义;(2)短解,就是武侠书,表现拳棒短打;(3)半长短,就是介于长解与短解之间,既描写大型战争,也描写拳棒短打,如《水浒》等;(4)公案书(公堂书)专讲清官为民请命,平冤决狱,如《贻顺哥烛蒂》、《龙凤金耳扒》等;(5)家庭书,即表现伦理纠葛、才子佳人悲欢离合的故事,如《双玉蝉》、《甘国宝》等。

台江,地处闽江下游,很早已成为我省农副土特产品的集散地。由于商业繁荣,各地客户云集,谈行论市,娱乐休息的场所也相应增多。商业发达,商人云集,因此,台江区的茶楼酒馆、舞场妓馆、书场烟馆居全市之最。在"评话"有三多,即书场和评话馆多,评话艺人多,评话艺人一流的多。

"书场多"。在新中国成立初期经调查仅书场就有小桥透龙畔书场(蔡志)、派滨书场(现派出所)(珠梯)、派信书场(寿浩)、南星澡堂书场(观清)、安乐书场(万草)、美打道书场、七十经略书场(青年会)、坝兜的劳工书场(文祥)、义洲书场(千七)、帮洲书场(秤店涕)、观岐巷关帝庙书场、马口书场(彦香)、陶陶园书场(春官)、法师亭书场、后洲麻玉书场、安平书场、茶亭书场、白龙庵书场(磨磨)、达道书场(兰英)、达道书场(国栋)、横街书场(原酒库)、南公园书场(依佛)等33家,台江书场占全市70%以上。过去书场多设在庙宇中。讲书场设有讲台,台下设竹榻若干张,听众可僵卧而听,而祠宇里社多荫凉,所以夏日尤盛。台江区铸鼎环(现在学军路工商联对面)有家陶陶园书场,临池凉荫,其环景为全市之冠。当年不少商界阔人夏季在那里休息、听书,或谈行论市,听众俗称"书跤"

("跤"方言脚也,如云"脚色",作为人之代称)。客至,各进杯茗,出资若干有定,如戏园之卖座然,故计听众几人曰几"杯"。所得收入,则场主与讲书者依约分之。以前讲书场终年开讲,每日下午讲两小时许,夏季或增夜场,讲之时间略短。入腊必讲《封神榜》,至祭灶前毕。

"评话艺人多"。后洲是全市评话馆的集中点,共有14家,评话员有100多人。评话是福州及邻县广大群众喜闻乐听的方言曲艺,人数不多,道具轻便,价格比戏班便宜,听众坐听、站听均可,整场可容纳数百人,多则千余人,穷乡僻巷至少也有数十成百人。因此,福州城乡及邻近郊、县的各乡农民,每逢喜庆节日,做"神诞",大办酒席,尤其需要讲评话,而且必到后洲讲。有的连续讲两三本,有的连续讲一个多月。八年抗战时期,人们十分关心国家大事,有的评话员在讲书前,先讲报纸新闻半小时至一小时。如街上贴有评话海报,听众数十里范围内都赶来听讲。艺人有时一夜应付三场。最后一场已经是午夜12点,评话员未到前,群众久等不散。因此,讲出名的评话员经常活动在台江,有的为来去方便,家就迁到台江区。如"科题仔(船上人家)"迁到上杭街,陈春生迁到苍霞洲,小神童迁到观岐巷等。

"名艺人多"。清末民国初,评话艺人代有高材,惜历时既久,名氏无传。今父老能齿及者,唯有清代之馆店佛、虾蟆佛、细桌九(皆诨号)数人而已。1930年前后,为福州评话全盛时期,从业者达200多人,其中并有女艺人10余人,其中首推"红"(红蝴蝶周云卿)、"紫"(郑紫英)、"艳"(陈艳玉),为此前所未有。在这繁盛时期里,名师辈出。当时的评话迷们把喜爱的第一流评话艺人,尊称为"八部堂"。

福州评话先生充分发挥福州民间口语的特殊韵味,生动活泼,成为福州人不可缺少的文化生活之一。新中国成立后,出现了著名的福州评话"三杰",他们都发展了各自的流派艺术。"三杰"为陈春生、黄天天、黄仲梅,他们传帮带,之后出现了一批又一批的新人。所谓"八大将",就是小春生(吴乐天)、陈长枝、苏宝福、叶神童、黄益清、唐彰文、毛钦铭、郭天元等,各有千秋。福州评话,是福州市井生活的一部分,非常值得珍藏。

伬唱为福建省五大曲艺品种之一,源远流长,可以远溯到宋代的百戏,初为女班,专为官府内眷演出,以福州方言区为活动中心。随着时代的进步,从繁到简,伬唱的演出形式也不断改革变化。民国初期,出名的伬唱班子有"新传奇"(住苍霞洲)、"三乐"(住后田街)、"游月宫"(住鸭姆洲)、"新三乐"(住佫药洲)、"乐春台"(住真人庙)等。最初的"全堂尺",前台女艺人八个坐唱,后台乐队"软硬(反写片)"俱全,全班不下20人。后来逐渐演化为"半堂",前台4个女艺人坐唱,再加后台乐队。压台多有"挂衣"演出小戏,如《杏花姐》、《苏百万娶亲》、《招姐出嫁》等,每班人数还在10余人之多。著名艺人有玉莲花、西珠、莺哥、依美、铿弟、好弟等。抗日战争前后,有郑世基和牟金凤夫妻二人(住洲边阿郎弄),艺名"筱龙凤",独树一帜,自拉自唱兼小范围的表演,并把伬唱过去一贯奉行的小截唱段改为有人物有情节的全本伬唱,如《上海时事》、《林水利买猪姆》等,为伬唱演出形式的改革,开创了新路。他二人嗓音圆润,字正腔圆,以情布腔,多姿多彩,声、色、艺、技俱佳,深受城乡群众的喜爱。中华人民共和国成立后,伬唱艺人翻身成为文艺工作者,成立了"伬艺联谊会"(会址在茶亭祖庙),由郑世基、黄连富分任正、副理事长。福州市曲艺团成立后,伬艺联谊会并入曲艺团(团址在台江天华戏院),郑世基任副团长。①

二、福州商业十景之一——苍霞洲

明清时期,闽江水流经过淮安、洪塘快到福州台江的拐弯处,形成上下杭、帮洲、义洲、苍霞洲,由于上下游的转运商业带来这些地方的商业繁荣。苍霞洲的地理位置独特,形成晚清苍霞洲的商业十景。

从宋元开始,由闽江水冲击形成南台沙洲,到了近代,福州闽江边形成以解放大桥为中心的上四洲与下四洲。大桥之上有四个洲,之下也有四个洲。鳌峰洲、老药洲、鸭姆洲、后洲是下四洲;苍霞洲、帮洲、三县洲、义洲是上四洲。苍霞洲本名仓下洲,名字源于面对盐仓山(今名仓前山)之意。明朝中叶,义洲、帮洲、苍霞洲已成为闽江上游货运物资(米、木材、竹、农副土特产品)集散地,停泊在这一带的船只非常之多。各种从事商业贩运的人,也非常繁杂。明代诗人陈宏已曾经在此隐居。康熙二十年(1681年),清政府平定了三藩之乱;二十二年(1683年),台湾归入清朝版图,康熙帝完成为统一大业,海上警报解除,社会开始安定,工农业生产振兴。南台成为闽江下游货物集散地,人口增多,街道里巷渐趋热闹,苍霞洲在此时迅速发展。旅社、菜馆、酒楼也应运而生,苍霞洲逐步成为南台繁华和热闹地区。

这一带全部是在江边沙地,当日头落山之际,从东方到西势,由斜阳照着这个苍霞沙地,形成一片美景,即所谓"苍霞晚照"。著名的商业十景之一的"苍霞晚照",就在这里。到了清雍正时期,文人雅士经常聚集于此,文人认为仓下洲名不雅,于是改名为"苍霞洲",又称"霞洲"(清郭柏苍《全闽明诗传》)。

清代南台十景中,有"苍霞夕照"一景,从那时开始,到了乾隆年间,"苍霞洲"名称就固定下来,一直沿用至今。自清代乾隆时期起,此地就有许多菜馆、酒楼,笙歌彻夜,灯火通宵,成为福州的繁华夜市。在这些洲中,苍霞洲是个人口稠密、商业发达的地区。乾隆时期(1736—1796年),苍霞洲之繁盛几乎为福州之冠。

商业的发达,使苍霞洲繁荣起来了。当时入夜灯红酒绿,管弦伴奏,盛况可与南京的秦淮河相比。据诗人张际亮(字亨甫)在《南浦秋波录》卷三说:"乾隆末年,福州诸大官员多贪污,幕府宾客所得赃款,皆散之(洲边)诸妓。"可知商业催生的苍霞洲的洲边弯里,荔枝树下,几乎成为高官、商人、雅士的必去游乐地方。他还描述当时洲边的景象说:"洲边与大桥相对,纵横一二里,中为街衢,左右为水阁(阁下亦有渔家者)。春秋月夜,灯火万家,弯里其前与洲边相接,其后隔水为泗水铺、中亭铺,地稍逊于洲边。诸姬纵横为楼阁,而街衢之曲折随之。"商业发达的南台,催生了像《东京梦华录》一样的场景。

苍霞洲的繁荣,也吸引了不少著名的文人雅士。林纾就曾经在此居住,并留下美名。光绪八年(1882年),林纾已迁到苍霞洲居住。光绪二十三年(1897年)春,林纾由苍霞洲

---

① 陈一民:《伬艺在台江》,载《台江文史资料》第1—12合辑。

旧居迁往新居。随后,闽县人孙葆晋、永泰人力钧把林纾旧居建成"苍霞精舍",这是一所比较新式的中学堂,"学生晨受英文及算学,日中温经,逾午治通鉴,迨夜燃烛复治算学"。林纾在"苍霞精舍"亲自担任汉文总教习,讲授《毛诗》、《史记》,五天上一次课。

著名的严复就出生在苍霞洲,并在此居住。严复祖籍是福州市郊区阳岐(今盖山乡上岐村)人。父祖两代皆业中医,设医寓于福州南台苍霞洲,家人较早由阳岐乡移住南台苍霞生活。清咸丰三年十二月初十日(1854年1月18日),严复出生在南台苍霞洲。严复对我国近代政治、文化的发展是有很大贡献的。严复开放的思想与探索精神,应当说和这一带商业的发展与创新有密切关系。他所取得的成就与他童年时期在台江受父母、老师的教育、家庭环境的影响有一定关系。

晚清时期,币制混乱,社会不稳定。光绪二十年(1894年),总督谭钟麟看到广东试铸银圆成功,也希望福州商人购机试铸,铸出小银圆全部交给官府发行。当时孙葆晋化名孙利用,在福州南台苍霞洲择地建厂房。至今该地还留有"银局里"地名。

苍霞洲地处台江(闽江)北岸,上下游船只均可在厂后停泊,运输十分便利。购回机器后立即安装投产。最初铸有一角、半角两种,后来增铸二角,均根据市场需要。因为银角上铸"福建省造",所以通称"福角"。

此外,苍霞洲的福州青年会也是一道美景。1912年,福建全省光复,南洋华侨不断派代表回乡慰问,决定在南台中洲设立华侨招待所,并派黄乃裳、叶国瑞等为招待员。黄乃裳借此机会,努力筹集款、物。1912年春,青年会要购地建房。黄乃裳以青年会名义向外募捐,当时有林如山捐银12000元,罗金城5000元,张秋舫5000元,黄占鳌3000元,张少梅1500元。这样,不到20日时间,就募款5万余元;罗斯福任总统时,获悉黄乃裳先生在中国政界中居显要地位,便自愿捐献12万元建筑青年会。黄乃裳得款后,即购买基地于大桥头之苍霞洲。大厦落成,为当时福州最雄伟的建筑。内设电影厅、台球场、西餐室、洗浴室、图书室、跳舞厅等,为当时广大青年人活动场所。

近代福州商业的发达、商品经济的发展,造就了当时商业繁华区——南台周边出现了有名的商业十景:

1. 天宁晓钟。仓前山在宋代称为天宁山,山上有座天宁庙。
2. 三桥渔火。小桥、大桥、仓前桥(中洲岛到仓前山那一段)。
3. 越岭樵歌。今大庙山,福州第四中学上有一座登高台。
4. 钓台夜月。在福州第四中学旁的大庙山上,有一座钓龙台,相传为越王余善钓白龙处。
5. 太坪松籁。应该在太坪尾的某处。
6. 湘浦荷香。有个地方叫银湘浦新村。
7. 梅坞冬晴。旧时梅坞至程埔头一带,盛植梅花。每逢冬日,骑马看花,寻香曳雪。
8. 苍霞晚照。在这里可以观赏倒映在闽江水中的仓山的晚霞。
9. 龙潭春涨。仓前山龙潭角处。
10. 白马秋潮。白马河的白马桥。

三、商业叫卖声①

回荡在福州街头巷尾的叫卖声音,包含了福州浓浓的乡土气息,从叫卖声调可以品味出叫卖者的心情与商品的味道。那声音有开朗、有高昂、有凄楚、有劝世,令人回味无穷。

1."旧家私——收买"。昔日收买旧家私者,肩扛一条小扁担,一头悬有五六尺长的担索,一些行装便知是专门收买旧废的横案桌、太师椅、几桌、床的。

2."歹(废)歹钢铁,破玻璃瓶,鸭毛肉骨、破棉破布卖毛(有卖否)"。这是收取烂钢烂铁等不能继续使用的生活用品,收旧利废回炉再生的买卖。

3."补 we,呵"。修补铸铁锅有钉补、火补两种,前者肩背木箱,手敲铜锣;后者挑着炉子、风箱,也敲铜锣。

4."补孝圭(2 勺)"。挑着担子,一边是用来烫软盆壳的锅灶,一边放有碎赏片和工具。

5."补藤床框、补竹席、卡粒(修理)藤椅"。

6."补鞋套(雨鞋)、补球鞋!"

7."卡拉(修理)椅桌"。第4—7种光用嘴吆喝,没有掺杂有器物敲击声音。

8."磨菜(厨)刀、(铲)家(剪)刀"。除吆喝外,用小长形的厚铁片串在一起,摇曳发出铁片相撞声。

9."换眼镜,对(瓦)眼镜!"右手掌心握几块假银圆,靠指头上下闪动,行进吆喝,招揽生意。

10."虎标万金油,油呀油呀油。"40多年前,福州人对专代胡文虎永安堂,既做宣传广告又四处兜售的推销员——马仔(万九),并不陌生。每天时至近午,马仔肩扛一把特大雨伞,招摇过市,特别引人注目。他推销万金油的吆喝,好似舞台丑角唱竹板。

11."舀蜂(泔水)舀毛(有没有)——?"近郊农妇清晨进城收购泔水挑回饲猪。

12."一呵——软糕……"头顶着由竹笋托着的甑子,售卖用干米粉蒸成的米糕。软糕松软可口,老人小孩食了适宜。此甜食皆系莆仙人制作。

13."一碗钱、井招、猛(松)糕、八果粿"。清晨早点叫卖声。

14."油儿粿(油条)阁(夹入)福清饼"。多在黄昏出街叫卖。

15."安南粿——"闽南人制的甜粿,具有地方特色,品种单一不兼卖其他食品。

16."苔菜饼、辣菜饼、猪油渣阁(夹入)光饼"。苔菜是海生褐藻,洗净炒熟,均匀撒上麻油,成细末状;辣菜乃用芥菜芯炒成;猪油渣是熬猪油剩下的渣滓,可夹入光饼或福清饼,再抹上辣酱、甜酱、酱油,洒上五香粉,吃来别有一番风味。

17."宝来轩猪油炒米,花生伴咸炒米,猪油摆、鸡蛋祥、真酥糕、礼饼角。"这些都是地

---

① 许道章:《流传福州的街市吆喝声》,载《台江文史资料》第7辑。

方名牌糕点。60多年前,一老者天天晚上8时后上街叫卖,间或进入鸦片馆供售。右手提盏煤油风灯,左肩背上内贮糕点的白铁皮箱子,沿街吆喝,更深夜静,远远听到其单调叫卖声,令人凄然。

18."才(刚)开谣肉丸也热,后街木金困(存有)馅肉丸也(真)好食。"小贩头顶蒸笼,沿街吆喝。在众多上市的肉丸中以南后街木金蒸制带馅肉丸与众不同,不愧为名吃之一。

19."卖——面——包。"好久以前,在上下杭一带,有一小贩双手各托一个大搪瓷盘,盘中装有刚烤出的面色,澄黄油亮,惹人喜爱。这小贩腕力惊人,每盘存放大约40块之多,其重量可想而知,一边吆喝,一边扭动身体做婀娜姿态的滑稽样,引人注目。当时被市民喻为"八怪"之一。

20."火腿猪头鹅、火腿猪头鹅,大人那(如果)仍(不)买,妮仔(小孩)就吓(会)啼(哭)。"用上等面粉捏成猪腿状,猪腿处粘一粒黑豆做成鹅眼,竖看像只鹅,横看又像猪腿,既可玩又可吃,是小孩喜爱的小吃。

21."新发明三豆糕,莲子共扁豆、蚕豆三件粪礼(一齐)烤,好食吓(会)高多(叫好)。"三豆糕用料考究,是市井美食品之一。当时卖三豆糕的也是位老者,他在卖糕间隙还唱一段《劝君戒鸦片歌》,因此围听买食者相当踊跃。《劝君戒鸦片歌》:"鸦片是呆毛,实际毛好毛。番仔长寿膏,劝君因冬索。食够因是形,面脾变索索。衣裳都毛换,虱姆生靠索。从悭头边,东泊西仅泊。毛食人毛神,又又仅着索。家产食塔塔,老妈掏吊索。勾鼻无好人,劝君着警觉。"

四、码头甲哥

福州作为商业转运中心,沿南台闽江两岸有一批靠码头搬运生存的人,这批福州码头工人,被当地人称为"甲哥"。

从前的码头搬运主要依靠笨重的体力劳动,主要工具是扁担、杠棒和绳索。唯一的劳保用品是一块肩布。搬运工人要负重100公斤,步行数百米,上下楼梯数十级,才能完成一次作业。码头工人不但劳动艰苦,还要受把头(即甲头)的剥削和虐待。甲头剥削率达到30%~40%,工人不仅没有分文的福利待遇,而且有时还被拖欠工资。甲头可以任意鞭打工人,无故开除工人。从前码头工人的悲惨生活,当时有《四边歌》做了生动描述:"身穿破边(破衣),吃在摊边,睡在路边,死在街边。"

从前道头都是由有势力的人所有。这些人执有道头所有权的执照,他们控制了道头,把持货运起卸。而要在某个道头打工,也不是自由的。凡欲从事这种劳动的工人,须先向道头主缴纳一笔为数五六十元至百余元不等的款项,买一名额,才有资格充当正式工人。这样的工人称为"名色"(即正名的意思),道头主就称为"名色主"。没有钱买得"名色"的临时工人,当时也有一个专称叫作"裂装"(含"有用则穿,不用则脱"之意),本地人则把这些非正式的工人叫作"毛里甲"。

名色主,自己管理经营,就叫甲头,意思是甲哥的头。有的名色主,自己不经营,就把经营权力转让承包出去,让别人经营。

甲头分三个等级:第一等为"大甲头",一人占几个码头,与官府有交结,有强硬靠山;第二等为"小甲头",一人割据一个小码头;第三等为"包主",各占若干工人,借以按额物取月薪,不劳而获。

1950年,政府开展了反封建把头的斗争,清算了"甲头"的罪行。1951年甲头刘依妹被宣判死刑,另外还有多人被判处有期徒刑。

从此,码头、道头全部收归公有。政府组织成立了搬运公司,工人按劳取酬。

五、商帮信仰——张真君

中国人的宗教信仰,一般来说是功利的。宗教信仰往往表达了现实人们的要求。

宋元之后南台沙洲拱起,随着商业的发达、商人的聚集,到明代中叶以后上下杭地区"商帮"的出现,位于下杭路两座古桥星安桥与三通桥之间的"张真君祖殿"香火日益旺盛起来。这是最早建于宋绍兴年间(1131—1162年),又经明隆庆五年(1571年)重修的殿堂。

祖殿坐北朝南,殿前横河,面临商业区台江"上航"和"下航"(古"航"与"杭"通用)河道渡口,水运交通十分便捷。祖殿西通三捷桥、白马河;南通安远桥、万寿桥,双向流入闽江。水涨时潮头两进,故有"真君殿前潮水两头涨"的独特水文景观,在福州绝无仅有。

张真君祖殿奉祀的是永泰县月洲人张慈观。他生于唐天祐年间(904—907年),出身农家,长大后当过佣工。五代十国时期(907—960年),王审知开疆治闽伊始,瘴气疫疠流行,茅草初垦;加上乡村暴徒到处扰乱,村民深受其苦。这时的张慈观年轻气盛,体魄健伟,精通武术,且为人急公好义,爱打抱不平。被"闾山大法院"祖师许旌扬的数传弟子收为门徒后,学法数载,艺成下山为民除害,做了不少造福桑梓的好事,深受群众景仰。最后,在白云寺当头陀及老,在闽清金沙溪一大石上"坐化升天"。

为纪念这位行侠仗义修成"正果"的善士,于宋绍兴二十九年(1159年)在闽清金沙建有"张圣真君之堂";在福州,张活动和居住过的地方,也建有"张真君祖殿"。堂、殿建成,地方政府的官员上报朝廷,皇帝嘉其恩义,赐张为"大化真人",并"奉旨祀典",从此群众称他为"张真君"或"张圣君"。

明清两朝及至新中国成立前夕,在这里经商的福州及其他各地的商贾,抱着祈愿"财源不尽滚滚随潮来"的心态,以此为"福地"和发财的"聚宝盆",不断云集在上下杭地区,组成经济实力雄厚的"商帮",进行频繁的商贸经营活动。他们都把张真君奉为"祖师爷",称之为"商神",顶礼膜拜,虔诚至极,在海内外颇有影响。并把福州"商会"、"金融公会"和"商事研究所"的会址设在殿内,以此为中心再辐射到上下杭其他地区,分别成立各商业同业公会的分支机构。

由此可见,"张真君祖殿"实质上是各商帮、各行业在商务活动中议行论市、互通商业情报的信息发布中心。

第六章

计划经济体制下福州商人资本发展变化

1949年之后,中国全面照搬苏联经济发展模式,实行严格的计划经济体制,产业资本通过赎买、公私合营、没收形式,实行全面的社会主义改造。

福州市的商人与商业资本力量发展相对比较弱小,政府采取了委托加工、计划订货、统购包销、委托经销代销、单个企业公私合营、全行业公私合营等一系列从初级到高级的国家资本主义的形式,对之实行社会主义改造;手工业与小作坊的劳动者形式占据了福州商人的绝大多数。通过合作社、互助组形式,引导他们走互助合作道路,按照自愿原则建立手工业生产合作社(组),发展集体经济。

经过几年急风暴雨式的运动,福州市全面实现了对原有资本主义产业的社会主义改造。

第一节　新中国成立初期福州商人资本的恢复与发展

1949年8月,福州解放,福建省人民政府,当时称福州军事管制委员会宣告成立。当时,福建经济凋敝,物价飞涨,商品市场和金融市场极不稳定。为了加强对经济市场的控制,1949年12月1日,成立福建省人民政府工商厅,工商厅内附设工商行政管理科和合作科,管理公私企业和筹建消费合作社工作;为了加强商品流通领域的管理,接着又于1950年元旦建立福建省贸易总公司,并与省工商厅合署办公,这样建立政企合一的商业流通管理体制,统管全省的国内外贸易。

一、强化人民币市场流通,控制金融市场

福州市刚解放时,由于人民政府还未正式颁布人民币为本位货币的公告,人民币与银圆还没有法定比价,市价高低不一,人民币只在市场零售交易中使用,商品交易大多仍然以银圆计价,同时还有使用黄金、大米或美钞、港币进行交易的。国民党时期福建省银行发行的银圆辅币券此时仍在流通,金银在市场上也可以公开交易。

为了进一步加强对市场的控制,1949年8月25日,中国人民解放军福州市军事管制委员会(简称福州军管会)颁发公告:"人民币为我国唯一合法货币,凡伪银圆券及一切地方伪币,均禁止流通,黄金、银圆也一律禁止买卖及计价流通使用。"规定中国人民银行发行的人民币为统一流通的合法货币,自即日起一切公私单位记账、款项收付、物价计算、债权债务与经济往来等,均须以人民币为计算单位,禁止黄金、银圆在市场买卖及做计价流通之用。

人行在同日正式开始发行人民币,总行发行的第一套人民币有12种券别,62个版别,最小面额为1元,最大面额为5万元。省人行发行的第一套人民币有8种券别,34个版别。最小面额为50元,最大面额为5万元。同时挂牌收兑银圆,兑换率是银圆1元兑人民币2000元。对国民政府发行的银圆券,人民政府概不收兑,一律作废;原福建省银行发行的银圆辅币券,发行数额不大,基金准备充足,解放前信用尚好,为维护人民群众利益,限定持有者在8月30日前按牌价兑换成人民币。省人行根据福州军管会公告,同日开始发行人民币并收兑银圆。黄金无公开收兑;但内部兑换价为每市两兑人民币12万元(旧币)。同时,按银圆牌价收兑原福建省银行发行的银圆辅币券,截至8月30日限期止,全省共计收兑银圆辅币券235730.7元。军管会布告公布后,安定了民心,人民币在市场商品交易中作为唯一合法货币开始正式流通。这种强制性的经济措施,也稳定了当时的社会,增强了人民对政府的信心。

由于深受国民政府的法币、金圆券、银圆券贬值之害,人们对人民币信用仍然心有余悸,害怕物价上涨,加上当时新中国成立不久,群众对共产党和人民政府的政策还不够了解,社会上重物轻币的心理仍很严重,金银、外钞流通仍占优势,金银黑市买卖也非常猖獗,人民币作为本位货币的基础还不牢固。同年11月,受上海市场物价波动的影响,福州部分商人又开始恢复以金银计价,黑市活动的"银牛"(就是指黑市投机倒卖金银的人)再度出现。由此,也可见市场对人民币的认可程度并不高,人们更依赖传统的黄金与白银。

由于市场的波动,新建立政权的各级人民银行开始加大力度加强对金融市场管理,主要采取的措施如下:严禁非法定货币流通交易,坚决取缔黑市买卖,打击金银走私活动;广泛设立兑换点,参酌市价适当调整银圆收兑牌价,鼓励人民参与兑换;为解决人民群众特殊困难,对持有小量黄金,在需要出售时,银行按照适当价格进行收兑,在收兑金银的同时,限定金银饰品业的业务范围,禁止从事金银买卖;禁止外国货币流通,实行严格管汇,银行集中和统一经营外汇业务。

实行严厉的货币管制政策,割断长期以来形成的金银与物价的联系,扭转群众重银轻币思想,在行政干预下,人民币信誉大大提高。通过人民币的发行,本省人行和中行1949年8—12月共收兑黄金277两、银圆12.67万枚、美钞28.89万元、港币7.24万元,人民币初步占领了市场,黄金、银圆、外钞基本退出流通领域。

在农村,由于有的地区宣传不够,农民对禁止金银流通的政策规定还不够了解,甚至发生蔬菜、粮食都不敢进城买卖,造成市场供应困难。中共福建省委发现后及时采取措施,广泛开展宣传。各级政府组织人员深入街道、乡村,开展人民币为唯一合法货币的宣传周活动,福州市政府动员2000多人,组成40余个宣传队,大张旗鼓地进行宣传教育,并深入工厂、商店、居民点召开座谈会,宣传政府法令,严禁金银、外钞流通,发动商人订立爱国公约,开展"拒银拥币"运动。同时,对金银的生产和销售实行严格计划管理,规定金银的收售和兑换由人民银行统一经营管理,所有国有经济单位保存的金银一律要上缴或存入人民银行,把分散在国有经济单位和人民群众手中的一部分金银全部集中到国家手中。

由于实行的是严厉的行政干预,再加上当时乡镇一级人民银行机构尚未普遍建立,因而人民币的地位还不是很巩固,特别是农村市场中,人民币缺少,这就给部分农民带来生产、生活上的不便,也不利于工业品在农村的销售。这样的一个行政干预与严格货币管理制度后,随着乡村政权的建立,剿匪、反霸的开展,土改运动的深入,新中国银行在农村普设机构后,扩大了通汇网点,支持国有企业收购农副产品,向农村投放货币,大力推动人民币下乡,还举办多种贷款,特别是对新分土地的农民发放生产资料和生活资料贷款,深得广大农民群众的拥戴。人民币迅速流入广大农村,为加强城乡经济联系,开拓巩固货币市场,支持恢复生产,扩大商品流通,发挥了货币在经济发展中的调节作用。在当地党政领导下,各级银行与有关部门密切配合,经过宣传发动,采取经济的和行政的有力措施,肃清旧通货,统一货币流通,稳定金融物价,克服各种困难,建立了统一的人民币市场。至1951年年底,全省累计发行旧人民币5584亿元。人民币占领整个城乡市场,统一了全省货币流通。

二、稳定市场管理,控制商品流通

1949年8月17日福州解放时,万业待兴。当时最重要的任务是恢复发展生产,保证军需民食,稳定物价。当时福州全市人口不过33万人,其中失业人口达3万多人。全市中小工商业户共14781家,全部为私营。其中工业有309家,手工业5791家,商业8681家,从业人员53185人。全市工业产值仅为2000多万元。手工业是福州的主要经济成分。

福州解放初期,官僚资本掌握的或官商合办的大商行、大公司有福建省粮食公司、福州扬子公司、中国茶叶公司、中国国货公司、华通商行等30家。在这些大型的公司中,纯商办的有福州和记商行、福州公正百货公司、百龄百货公司、德康商行、德发商行、德余京果行、南国贸易行、南侨股份有限公司、大安贸易公司、民天食品厂等。

1949年8月20日,福州解放后的第三天,市军管会财经委就接管了"福州市总商会"和"福建省工业会",拟筹成立新的福州商业界与工业界联合的"市工商联合会"。

新中国成立初期,由于一些群众和工商业者对中国共产党和人民政府的方针政策不够了解,社会上投机商人乘机兴风作浪,抢购商品,囤积居奇,哄抬物价,扰乱金融。从金银价格上涨开始,引起粮食紧张和物价的全面暴涨,市场情势十分严峻。粮食行情也是如此严峻,上游(指闽北的东溪、西溪、半溪)、下游(指马江、连江、长乐)的粮船闻知福州解放,不敢直抵本市,有的半途停靠观望或变卖,致使福州市粮食来源一时中断,存粮紧缺，粮价波动很大。

粮食是新政权的生命线。1949年8月25日，市军管会命令，就在潭尾街42号，组织原福建省委地下联络站的人马，沿用私商"同和行"店号名义，负责收购上、下游粮食，提供给新兴政权。当时收购的粮食还不足以全面平抑市场粮价：(1)主要是因为要组织粮食用于支援前线，供应部队；(2)支付接收留用人员的工资(工资分作50斤、100斤、150斤三等，凭市军管会条子拨付)；(3)在粮食最紧缺的时候，也抛售一部分。

与此同时，在台江码头，用私商郑合顺的名义，专收闽江下游的粮食。设在潭尾街的同和行和设在码头的郑合顺两个粮食收购站，对外以私商名义，对内均属小桥头福州贸易公司领导。福州贸易公司是1949年9月1日成立的，地点设在小桥头，直属市军管会领导。但初期是秘密的，不对外公开收购粮食。

收购粮食的资金来源：(1)市军管会拨来人民币；(2)把从银行接收过来的国民党旧币"银圆券"变卖，收回银圆，换购粮食；(3)在人民币和"银圆券"都不流通时，直接由银行领出银圆(当时是到吉祥山人民银行领取的)，收购粮食。

从国民党银行接收过来的许多无用的旧币"银圆券"，在投机商人手中还能流通，因此还有一部分残值可以利用。新中国成立初"银圆券"每元可兑换银圆5角，不久跌到4角、3角、2角，直至无价值成为废纸。市军管会奉命抓紧时机，大量抛售"银圆券"换来大批银圆，然后再以银圆收购大米，化无用为有用。这种工作持续将近一个月，圆满地完成全部兑换任务，取得了经济上第一回合的胜利，保障了新兴政权的粮食供给。

1949年11月间，南下服务团同志加入协助和加强了潭尾街、码头两个粮食收购站的工作。收购粮食工作延续4个月，直到1949年年底，才逐渐改用福州贸易公司的名义收购粮食，一切工作也已稳定就绪。收购进来的粮食，除存储潭尾街、码头两个门市部的仓库外，大部分是存储于海关埕、"怡和"等储运处的仓库。

1950年年初，福州贸易公司从小桥头搬迁进大桥头原中国国货公司三楼办公，正式成立粮食部，扩大组织和业务，人员组织的加强、粮食库存实力的雄厚，使其从单纯支前和财政粮支付方面摆脱出来，能够逐步转入争夺粮食市场和稳定粮价的斗争。8月28日，福州工商处接管国民党省政府社会处和建设厅有关工商管理的机构，以及国民党福州市政府建设科商业登记处。

1949年9月1日，国营福州贸易公司成立，统管全市内外贸商业业务。10月8日，成立福州工商行政管理局。12月21日，福州市人民政府公布《福州市市场交易管理暂行办法》，规定商品批发交易均需集中在各行业交易所进行，严禁场外交易及黑市买卖，严禁买空卖空、操纵投机行为。是年年底成立粮食交易所。1950年1月，又先后成立油类以及纱布交易所，在洪山桥、魁岐、三叉街、台江码头等5处设立检查站，查处场外非法交易。工商部门又配合税务部门成立牲畜交易所，规定牲畜囤栈收费标准，取消佣金，制止扣秤、扣价等剥削行为。以上是采取一系列行政和经济措施以加强市场管理。与此同时，发动群众上街宣传党的方针政策。在不法商人囤积居奇、搞乱市场的时候，1949年9月1日至12月31日，政府通过30多家"救火会"直接向群众销售大米，并销售食油700多担和大量纱布，稳定市场。

新中国成立初期,国有经济力量尚未壮大,一些投机资本家乘机利用其经济实力,囤积居奇,哄抬物价,扰乱金融;加土台湾当局不时派遣武装特务对大陆进行骚扰,偷运假人民币入境破坏金融市场,造成物价、货币不稳定。军管会为了平抑市场物价,制止投机买卖,维持金融秩序,实现通货稳定,在货币政策上实行严格的管理措施,配合市场的稳定。省人行贯彻执行中共中央关于争取在1949—1952年3年时间内,实现国家财政经济状况根本好转的号召。配合有关部门采取下列行政手段和经济措施:各地人行建立起统一的金融体系,加强金融市场管理,打击金银投机,取缔外币黑市买卖,开展反假票斗争;发行折实公债,积极开展储蓄业务,吸收社会游资,组织现金归行;调整存放款利率,灵活运用信贷和利率经济杠杆。省人行以数量较大、利率较低、条件较宽的贷款支持国营经济发展。为了使投机商人不能借入大量款项进行投机活动,逼使其抛售囤货,从而使物价逐步趋于稳定。1949年年底,对国有企业贷款月利率为180‰,而对私营商业贷款月利率为420‰;并压缩新贷款,收回到期旧贷款,以抽紧银根。这对稳定市场价格起到了一定抵制作用,暂时稳定了物价。

到1950年春节前一段时间,由于受京、津、沪物价上涨影响,福州物价又以纱布带头开始猛涨,最高峰时一般商品涨幅在50%~75%,日用必需品上涨2倍,米价由每担17.50元,暴涨到70元,人民政府于是再次向市场大量抛售粮食和纱布,较快地稳定住了市场,粮价每担由40多元下降并稳定在26~28元之间,囤积的米商脱手不及的,遭到很大损失。这样,有效地打击了不法商人的气焰。

在经济恢复时期,为平衡财政收支,制止通货膨胀,稳定物价,国家实行了一系列重大经济政策。在工业方面,主要扩大委托加工订货,帮助解决原料、资金等困难。商业方面,调整公私双方经营范围和比例,食盐经营采取分工合作,国营销售60%,允许私商销售40%;调整批零差价,粮食由4%调至7%,棉布由5%调整至10%~15%,使私营工商业者有利可图,在人民政府的扶持和照顾下,生产和经营得到了全面恢复和发展。

1951年10月,工商部门在台江码头成立"福州渔市场",对水产品的批发业务集中交易,并建立统销统付、托售、议价等交易制度,规定合理佣金,铲除"五澳十三帮"封建势力的投机垄断,打击恃强压价、强赊硬欠等行为,以稳定鱼价,维护生产经销者和消费者的利益。1952年5月1日,市政府布告:彻底废除残余的鱼牙剥削制度。

在公私兼顾政策下,国营、合营商业得到发展,私营工商业也有所发展,由7106户发展到10185户,人员由21595人发展到23837人,虽然人员比重私营仍占95.9%,但公私经营比重则发生了较大变化,市场零售额,国、合商业比重从1950年的16.35%上升到1952年的22.26%,特别是市场批发额,国、合商业比重则由1950年的29.74%增大到64.09%,从而使国营和合作商业在批发阵地上开始处于优势的地位。

1950年抗美援朝开始,物资供应趋紧,一些私营工商业者乘机以贿赂、偷漏税、偷工减料等手段牟取暴利。为此,人民政府于1952年1月在社会上开展"五反"(反对行贿、反对偷税漏税、反对盗骗国家财产、反对偷工减料、反对盗窃经济情报)运动。经过半年左右的斗争,查出半守法、半违法的2861户,占15.2%;严重违法的229户,占1.2%;完全违法52户,占0.3%,并分别进行处理,退出赃款671.81万元,被判处刑事者11人,从而保证抗美援朝的物资供应,稳定市场,控制物价。

国营和供销社商业在经济恢复和对私斗争过程中,也随之发展。1950年7月,国营商业贸易公司只有一家(在全市设有10个门市部),职工498人,占整个商业人员的2.3%。即福州贸易公司,位于仓山观井路大岭顶,成立"一揽子"公司,在本市鼓楼、台江、仓山三区设立10个门市部:

第一门市部,设在小桥头,专营百货。负责人是钱根材。

第二门市部,设在大桥头,专营粮食批发。负责人是高振云。

第三门市部,设在鼓楼南街,专营百货兼营粮食。负责人是谢继贤。

第四门市部,设在仓山塔亭,专营百货,兼营粮食。负责人是黄锡芬。

第五门市部,设在南街,专营百货,兼营粮食。负责人是仇日坤、彭海清。

第六门市部,设在台江三保,专营百货。负责人是杨宛静。

第七门市部,设在鼓楼井楼门,专营百货。负责人是张维岳。

第八门市部,设在台江中亭街,专营百货。负责人是徐宝琳。

第九门市部,设在台江路,专营百货。负责人是林瑞霖。

第十门市部,设在南门兜,专营百货。负责人是冯大昆。[1]

以上10个门市部,以第二门市部专营粮食批发,负责粮油、面粉在交易所的成交,其他各个门市部主要经营百货,有的兼营粮食、花纱布、木材、茶叶、进出口等业务。同时,福州贸易公司管理地区范围扩大,将原闽侯专区各县和莆田专区一部分划归本公司,在长乐、平潭、福清、连江、罗源、古田、闽清、永泰、莆田、仙游、涵江、白沙、琅岐、馆头、金峰等地设立营业处及收购站,而靠近福州的各营业处收购的粮食,源源不断支援福州。1952年,贸易公司分解成立福州百货公司、福州百货批发站、福州土产公司、福州零售公司、福州专卖公司、中盐福州批发处、福州粮食公司、福州柴炭公司等大小52个经营单位,职工发展到1237人,占整个商业人员的4.1%。

通过福州贸易公司形成的商业营业部,基本上控制了福州的商业流通,满足了居民的基本消费需求。

三、成立福州市工商联合会

福州解放后,市军管会财经委于1950年1月成立了筹委会,由刘栋业任主委,蔡友兰、倪松茂、丁日初任副主委;接着于1952年5月改筹委会为"临时工作委员会",刘栋业继任主委,倪松茂续任副主委,刘永业为秘书长。在此基础上,经过8个月筹备工作后,于同年12月宣告"福州市工商联合会"正式成立。经过民主协商和上级批准,选举刘永业为主委,陈希仲、顾耐雨、邓炎辉和王贤镇为副主委;另设监察委员会,由黄骏霖负责。

---

[1] 高振云:《解放初期福州市的粮食市场及粮食购销情况》,载《台江文史资料》第1—12合辑。

福州市市长许亚在大会上报告指出：市工商联目前的主要任务是整顿和健全组织，调整同业公会。协助政府完成各项税收工作，加强学习，加强自我改造，积极宣传调整商业的政策，培养和树立新的商业道德与经营作风，把全市工商业者团结在新的工商联周围，为搞好生产经营而努力。

为铭记这一批为新政权经济稳定与社会团结做出贡献的工商界人士，特此为记。

(一) 筹委会副主委蔡友兰

蔡友兰（1901—1991），字信春，号腾芳，福建莆田江口人。幼年就读私塾，对古文有一定基础，后随父习商，1920年接手父业，成立蔡大生商行，经营闽、湘、赣土特产业务，凭2万元（银圆）起家，将福建桂圆干、荔枝干、香菇、笋干、食糖、海产品等运售湖南、江西等地，贩回苎麻、棉花、大米与大宗鞭炮，双边获利，发展极佳。1922年起相继在莆田江口开设桂圆干加工厂，将优质品销往湘、赣、沪等，1925年垄断鞭炮市场后，在福州设立鞭炮加工场，将湖南半成品鞭炮加工选制，冠名为"蔡大生百子炮"，是"燃放安全、质高声响"的名牌，热销于我省和东南沿海一带。经几年奋斗，积累资金30万元左右。为了再图继续发展，1926年在湘、赣两地的浏阳、醴陵、萍乡等处，设庄发行"钱票"达30万元，增加一笔流动资金，业务发达，获利可观。1934年创办福兴泉汽车运输公司，汽车由10余辆起步，发展到百余辆（蔡占股份97%左右），颇具规模。其特色是在福州、莆仙、泉州的公路沿途架设电话专用线，每辆汽车配备电话机，并有随车维修工，保证行车安全与货运信息了解，这在当时尚称先进，对省垣与闽南一带物资交流起很大作用。蔡友兰遂成为全省商界有影响的人物，在商场上有兴化商帮的"四大金刚"之美誉。抗战初期，国民党当局明令福州汽车运输业疏散闽北地区时，官僚资本机构强行收购汽车，只许公司留4辆，加上福州两次沦陷期间企业损失惨重，共约黄金3000两，大伤元气。抗战胜利后，蔡友兰积极谋划，首先恢复闽湘赣之间原经商渠道，又获重利。其次，开办福枫汽车运输公司，业务兴旺。再次，在筹办航运业时，因购置海轮受骗上当，损失很大，加上遭受货币贬值之害，到了福州解放前夕财力大不如前。

蔡友兰热心商运，致力商事活动50载，1939年起历任福州海运、糖商两同业公会理事长，福建省商会联合会，福州市商会代理事长、理事长。1947年出席全国商会联合会成立大会时，在会上提议"每年11月1日为全国商人节"，得到大会认可。是年还选任福州各行业联合办事处主任。

蔡友兰积极为社会服务，关心公益与慈善事业。1943年福州地区与周边长乐等县鼠疫流行时，他除慷慨解囊外，还发动商界募捐，以价值1.6万元之数量疫苗，免费送往各医院为患者义诊；还募集8000元资助福州市医师公会王兆培、王灼祖等人发起筹建的"时疫医院"（后为合组医院，今市一院）。并向双杭救火会捐赠消防车一辆。以及为教育事业筹资，在福州、莆田两地开办兴安小学、锦江与中山中学等，又为莆田文物古迹东岳观、佑圣观捐输，均被聘为以上单位董事长。1947年我省粮荒、肥荒严重，他急城乡民众之所急，受省当局委托，先后筹办竹、木制品、茶叶、食糖等土特产，向东北换回豆肥，低价供给农户；又向安徽芜湖采办大米90万担，作为本省粮赋上缴国民党当局，并建议将省留存储备粮拿出,成立粮食平准社,平价供应城市平民。1949年春夏之交,通货膨胀,货币暴贬,市场纷乱,倒风日炽,他召集福州主要行业负责人开会,建议商会出面,发行以银圆为本位的辅币流通券80万元,稳定了物价与币值。福州解放前夕治安极坏,他和福州救火会会长徐建禧一道,协助乡贤萨镇冰等,组建千人武装的"福州地方防护团",对保护人民生命财产安全起了良好作用,也是迎接福州早日解放的实际行动。蔡友兰以上惠民之举,深得福州人民赞誉。

蔡友兰爱国立场坚定,倾向进步,保持民族气节的崇高品德,令世人敬仰。1944年福州再度沦陷,蔡友兰率领商会同仁撤退南平,成立"福州商会办事处",正在辅导在南平榕商开展经营活动之际,日伪密特、蒋特、国民党主闽的刘建绪等,都以3000两黄金补偿其在战争中的损失,"利诱"、"勤说"、"封官"等,要蔡友兰回福州出任日伪"福州调节处处长",或在闽清口主持"蒋管区与敌占区物资交换处工作"等。这都一一被蔡友兰坚辞,直言不为日敌出力,永不当汉奸。1949年福州解放前夕,国民党当局从台湾两次寄给蔡友兰"赴台入境证",令其举家迁台也被蔡拒绝之,这为稳定当时福州商界上层人士情绪,安心等待福州解放,起了非常好的作用。

福州解放当天,他积极行动,以商会长名义发表了告全市工商界书,要求工商户照常营业,稳定市场物价与金融秩序等,蔡友兰的工作得到福州军管会肯定与赞扬。并接受军管会邀请参加福州市工商联筹组工作,选任市工商联筹委会、福州市抗美援朝捐献爱国运动委员会工商界分会副主委后,协助政府组织和推动本市航运与汽车等交通运输行业为支前努力完成运输任务,接着邀请闽南地区汽车同业来榕共商支前良策,不久闽南全线通车,得到省有关领导表扬。同时,推动全市工商户在抗美援朝捐献、认购胜利公债、税收入库、劳资协商、重估财产等方面也做了卓有成效工作。历任福建省人民政府委员、省文史馆馆员、福州市政协委员。以后在较长时间里为撰写史料工作,做出一定贡献。改革开放以来,积极联络海外乡亲戚友为招商引资与祖国和平统一大业服务,做了力所能及的工作,发挥了很好的作用,相继聘任为福州市工商联顾问、市民革四化服务组副组长等。

蔡友兰于1991年与世长辞,享寿91岁。商界敬仰这位爱国闽商。

(二)筹委会主委刘永业

刘永业(1908—1997),曾名刘永,祖籍直隶(河北省)大名府龙山镇,他出生于名门望族之家。童年时与弟洪业同往北京伯父刘崇佑家(刘崇佑,留日,中举,献产创办私立福建法政学堂,历任清福建咨议局副议长、民国众议院议员,后因国事日非,弃政从事律师为业,出任中国银行总行法律顾问,并主持《北京晨报》,曾为五四运动中天津学生会领导周总理等同志与"七君子"案,出庭抗辩均获胜,成为京津一带出名的大律师。天津学生会为了歌颂刘律师爱国主义的崇高品德,献上景泰蓝花卉陈列于北京历史博物馆。周总理赴法时,刘律师赠500元为总理送行)。就读于北师大附小、附中,1933年毕业于上海复旦大学商学院工商管理系,为"商学士"。先后在刘氏家族企业的上海公泰商行、公大进出口商行为会计主任,1936年接手父刘建庵建记行为经理,协助上述企业开展内外贸易经营做了许多工作。1946年返榕为福州电气公司会计主任,1948年与人合股开设众兴实业股份有限公司,不久由家族与姻亲兄弟集资100两黄金,经营众兴面粉厂推任经理,兼任福州电气公司董事。

刘永业自幼受伯父"爱国思想、民族气节、坚持正义"的熏陶,为一生树立"实业救国、抗日爱国"的思想打下良好基础,不满国民党独裁统治,憎恨日敌侵略本性,倾向建立和平、民主、统一国家,希望寄托于中国共产党。福州解放后积极参加各项政治活动,在各个中心政治任务中做出贡献,参加福州市工商联筹委会工作时,选任常委、秘书长在整顿改革行业封建陋习、陋规,进行人事与财经建设,建立工商联统一人事和财务制度,建立健全工商联及其基层组织与各级学习、辅导、调解等委员会,以及推动工商界积极恢复生产经营,参加工商业登记,重估财产,为利国利民行业的发展等做了许多卓有成效工作。积极学习《共同纲领》,投入三大运动,表现积极,带头为抗美援朝捐献,在支前与反轰炸中又带头将众兴厂生产用粮全部借给部队,使全市工商户如期完成借粮、借款任务,受到赞扬。1952年选任市工商联主委,蝉联两届。"五反"运动后积极宣传和推动工商界遵守国家政策法令,建立新的商业道德,搞好生产经营,组织参加各地物资交流会等成绩斐然。1953年国家进行"一化三改"的社会主义建设,在对资改造方面,他大力宣传党对私营工商业和平改造方针与赎买政策,使之深入人心,全市出现了经代销与加工订货热潮,他经营众兴面粉厂提前实现公私合营,起了表率作用。1956年公私合营高潮运动中,他带领全市工商联领导与行业骨干,向省、市党政领导机关递呈申请全行业公私合营后,组织力量协助各专业公司做好清产核资、定股定息、人事安排等,受到好评。他还热心教育事业,兴办五爱中学(今十五中)等。先后选任福州市民建与工商联主委、市政协副主席、福州市副市长、福建省工商联副主委、福建省政协和全国工商联常委等。

他经受错划"右派"与"文革"的冲击与不公正对待,但能正确对待,依赖党的领导,坚定为社会主义建设服务。党的十一届三中全会以后,对"四化"建设充满信心,拥护改革开放,积极参加落实政策工作,出任福建省落实政策检查组副组长,在落实工商、侨务、统战政策等,做了大量工作。在邓小平同志理论与"三个代表"重要思想指引下,在建设中国特色社会主义征程中,积极为我省经济建设服务,充分发挥商会职能,做好非公有制经济人士政治思想教育工作,大力推动全省各地工商联宣传"爱国、敬业、守法"的传统教育,同时开展"团结、帮助、引导、教育"工作,促进非公有制经济与个、私经济的会员企业健康发展与维护他们合法权益。

1980年到福建省人大常委会任副主任兼财经委员会主任,积极参政议政,致力于建设与发展人大常委会与财经委的立法工作,同时在建立市场经济条件下,对计划、财政、金融、城乡经济建设以及社会各项事业协调稳健发展诸方面,提出许多意见与建议,并尽职尽责做好人大分管工作,特别倡议用法律保护消费者利益,主持起草、调研、视察及节假日放弃休息,深入商店现场处理解决消费者投诉案件。还对环保、资源、建立金融行业、国有企业股份改革等方面坦诚建言献策。到了晚年,仍以主人翁态度,为完善与发展在党的领导下多党合作和政治协商制度、促进国家统一大业早日实现积极做贡献。

刘永业长期与党精诚合作,在全省工商界享有很高威望,有港、台商界有很大影响,他一生爱党、爱国、爱民,工作有强烈事业心和责任感,讲团结、顾大局、讲真话、讲奉献,光明磊落的美德受人钦敬。他于1997年病逝,享寿89岁。刘历任全国政协委员、省政协常委、市政协副主席、省人大常委会副主任兼财经委员会主任、福州市副市长、全国工商联常委、省民建副主委、省工商联副主委、市民建主委、市工商联主委、福建省落实政策检查组副组长等。

(三)筹委会副主委陈希仲

陈希仲(1909—1995),祖籍福建南安,生于厦门。少年时在上海倡进、圣约翰中学就读,毕业后入南方大学商科。其间,其父病逝,遂弃学。1928年在上海工部局卫生处化验所供职。从1932至1944年,先后在上海"光明"制药厂、"伟成"公司、"雷氏德"研究所图书馆,任主任、经理、馆长。1945年他来到福州,受聘于福建造纸厂,主持复厂筹备处工作,后任副总经理、厂长。福州解放前夕,纸厂因官僚资本压挤,洋纸倾销,生意不景气,处于半停产状态。新中国成立后,在政府的扶持下,再经他多方努力,积极经营,纸厂起死回生,不仅还清银行的贷款,还首次向股东发息,生产蒸蒸日上。1951年成为全国十大纸厂之一。新中国成立后,他历任省市民建、工商联副主委、主委,全国人大代表,政协委员,工商联常委,民建中央委员,省政协和人大常委会副主席、副主任。

(四)筹委会副主委顾耐雨

顾耐雨(1916—),祖籍江苏。抗战期间参加革命,1949年随军南下福建。福州解放后,任大根区、小桥区区长,不久调到市百货公司任经理,被选为市工商联副主委、秘书长,1955年任福州一中校长。此后又调省里工作,任政协秘书长和省职教社副主任,他是亦政、亦商、亦教的才能全面的人物。

(五)筹委会副主委邓炎辉

邓炎辉(1911—1998),曾名炜光,江西省临川县凤岗乡下邓村人。父邓锦发青年时走出临川到永安县城开业久安布行(兼营染坊),发展尚佳,很有名气。邓炎辉在四位兄弟中排行第二,幼时于家乡读私塾,聪颖好学,12岁来永安请老秀才陈锡金教读诗文,年稍长在店习商,长进较快,19岁接手家业,更名久安顺商行,励志奋业,善于经营,利用永安笋、纸、茶资源,开辟土特产业务,其久安顺标记的笋、纸质优价宜,畅销榕、沪等地,声名鹊起,业务不断壮大。他又热心商运,成为永安县有相当影响的商家,20世纪30年代出任永安县商会理事长。1941年选任福建省商会联合会常务理事。

抗战期间永安成为福建"战时省会",他同商会同仁应付国民党苛捐杂税与繁多摊派外,为适应战时经商活动,辅导各行业开展购运、促销渠道畅通,积极配合省商会举办全省工商品展销会,以及引进福州"三把刀"行业,开设多家菜馆、理发、缝纫商店等,做了许多工作,而国民党当局实行不抵抗政策,撤退跑在前头,跟随而来的福建省贸易公司、中茶公司、公沽局等官僚机构,互相勾结,搜刮民脂民膏,垄断市场,控制经济,造成永安地区物资匮乏,民怨四起。当局为转移视线,把矛头指向工商户,将邓炎辉扣上"囤积居奇"

之罪,强行关押永安吉山监狱。邓炎辉花了冤枉钱得到释放后,于1941年移业福州下杭路,建立以永安为基地、福州为枢纽、上海为代办的体系发展生意,先与人合资创办福州祥昌商行与上海临丰福申庄,由于战乱发展艰难,又连续发生了永安企业遭"祝融"光顾、华升货轮遇险沉没、歹徒勒索、绑架等之害。但他仍矢志不移办商,雄心有加,集中资金独资经营怡大商行,上海设怡大申庄,业务拓展到南平、武汉、香港、台湾等,获利可观,在双杭地区购置多个产业。

民主革命期间,倾向党领导的革命,同情支持其长子从事地下革命活动,并冒生命危险掩护与经济资助地下党同志,开展革命工作达三年之久。福州解放前后,拒绝在台好友相劝赴台,这对稳定商界情绪与企盼福州早日解放起了很好作用。

福州解放后积极参加各项政治活动,全力投入为政府借粮、借款并筹建福州市民建与工商联以及土产业同业公会工作,相继选任市民建分会、市工商联筹委会筹委、小桥区工商联和土产业同业公会筹备会主委。新中国成立初在三大运动中表现积极,担任福州市工商界抗美援朝爱国捐献委员会副主任兼秘书长,在他的辛勤努力下,全市工商界如期完成捐献飞机任务,超额2架共8架。并组织工商界听取中国人民志愿军战斗英雄代表与省、市各界人民赴朝慰问团成员的报告,反对美帝侵略示威游行,签订爱国公约,发动积极生产经营,为支援前线、反封锁反轰炸、认购公债、税收入库等做出突出贡献。1951年推荐代表全省工商界赴京参加国庆庆典和全国政协一届三次会议等活动。1952年"五反"后选任福州市工商联副主委(兼任一届秘书长),积极为城乡物资交流做贡献,数任团长,率团参加全国各地与华东地区及省内各处物资交流会、土特产交易会等,签订大批合同,成果很大,打击美蒋经济封锁,得到省、市领导与有关部门好评。私营工商业社会主义改造时期,协助政府贯彻对私营批发商转业政策,辅导大型批发商进行"商转工",鼓励投资兴办工厂企业,成立市土产业联营处,出任经理,做出很大成绩。1954年聘任福州市土产食品公司副经理。他关心国营经济发展,对职工进行传帮带,定期上课介绍土产品交易渠道、货源组织、商品保管、贮藏、防霉处理、购销洽谈技巧,以及各地商场习俗与注意事项,受到职工欢迎。1956年全行业公私合营高潮时,同市民建、工商联领导层一道,带领各行业骨干向省市党和政府递呈申请全行业公私合营。合营后组织原工商业者,开展政治学习,加强自我教育,投入社会主义劳动竞赛。在进行"三个主义"教育中,现身说法,用新旧社会对比,激励大家为经济服务的积极性,为企业发展献计献策与创造发明贡献才能,涌现出一批社会主义建设积极分子、先进生产(工作)者。为检阅福州工商界自我教育与服务成就,举办"自我教育"展览会,各界参观后反映很好。1958年选任市工商联主委。

他经受"文革"严峻考验,夫妇双双进学习班受磨难,但他俩坚定走社会主义道路,更加认识党的英明伟大。党的十一届三中全会以来,他拥护改革开放方针政策,带领市民建、工商联两会成员,积极开创两会工作新局面:(1)协助政府落实原工商业者各项工商统战政策以及区别"三小"工作。(2)组织与发动两会成员,开展经济咨询、工商培训,兴办经济实体,安置待业青年成绩显著,受到国家劳动部、工商局等中央六部门表彰。创办建联财经学校,被评为全省职工业余学校先进单位。(3)发挥商会功能,联络接待20多个国家与地区的商团与工商经济界人士,并出访港澳,为招商引资服务。(4)开展调查研究,撰写报告,刊发《市场信息》,为市场经济服务。(5)在农村联产承包责任制影响下,城市也掀起松绑放权改革,邓炎辉在会上发表了让"包"进城,增添国有企业活力的建议,受到与会者欢迎。(6)加强组织建设,在新时期进行会员结构调整,吸收新会员,成立百货、文化用品、副食品等新型同业公会10余个。(7)把非公有制经济工作推向新发展,相继组建了全国首家的福州市外商投资企业联谊会与私营企业家协会,促进个私经济发展。

邓炎辉20世纪30年代开始从事商运工作,20世纪50年代开始主持福州市工商联工作,是任职最长一位主委,创造许多业绩。改革开放以来呕心沥血,赤诚做出新成绩,福州工商联在他任职中,被中共福州市委、福州市人民政府先后评为"温暖榕城系列活动最佳单位"、"福州市双文明先进单位"等。同时他也是政治活动家,出任多届市人大常委会副主任、市政协副主席,积极参政议政,尽心尽职做好人大、政协工作,坦诚建言献策,坚持党领导的多党合作和政治协商制度,以及为促进早日实现和平统一大业,诚劝其在台好友回榕为经济建设服务与定居等。

邓炎辉为人清廉,勤职奉献,严于律己与严求家人,经常以"立志宜与青云齐,居身不使白玉玷"与家人共勉,子女多数是中共党员。夫人陈丽玉,于20世纪50年代,义务献身于工商界与街道妇女工作,做出卓著贡献,历任福州市民建、工商联妇女工作委员会主任,市民建常委,市工商联多届副主委,市妇联副主任,市人大代表等,多次荣获全国、福州市、台江区"三八红旗手",福建省两个文明建设积极分子,福州市计划生育积极分子,福州市优秀儿童工作者,五好家庭等荣誉。她负责的民建、工商联妇女工作委员会,被评为福州市"三八红旗"集体单位等殊荣。子邓敬熙任市法院经济庭庭长;邓榕喜任福州市医药公司部门负责;邓麟喜为上山下乡知青,在福州市第九中学校办工厂任职,成为企业管理人才,出任福州市建联企业联合公司副经理,管理10多家工商企业,取得较好成绩。1982年邓麟喜调任福州市建联企业管理办公室副主任,子承父职,做好工商经济界工作,历任福州市工商联副秘书长、副主委、主委。1997年全面主持工商联工作以来,至今三届任职中,组织与推动非公有制经济、个私企业会员,围绕党中心任务,为海西建设服务,开展招商引资,组织参加海内外展销会、交易会、洽谈会,建立异地福州商会,做好联络、出访、接待,承办评定职称、出国签证初审,代表与维护会员合法权益,出席人大、政协两会积极参政议政,以及发动会员参加扶贫助困、春风行动、救灾赈济等活动,都做出卓有成效工作,促进了榕商发展,展现榕商风采,增添商会凝聚力。

邓炎辉历任福州市民建、工商联主委,福建省民建常委,福建省工商联副主委,全国工商联执委,福州市政治协商会委员,市政协副主席,福建省政协常委,福建省与福州人大代表,市人民政府委员,市人委委员,市人大常委会副主任等。1988年退休后推任福州市民建、工商联、外商投资企业联谊会名誉主委(会长),全国、福建省工商联咨议等。于1998年病逝,享年88岁。

邓炎辉不仅仅自己一生致力于商会工作,一家出任福州市工商联(商会)正副主委(会长)的就有三位:

邓炎辉主委:20世纪30年代出任永安县商会长,20世纪40年代初任福建省商会联合会常务理事。新中国成立后历任福州市工商联筹委、1—3届(1952—1958年)副主委、4—7届(1958—1988年)主委、8—10届(1988—1998年)名誉主委。

夫人陈丽玉:20世纪50年代走出家门,义务投身工商界家属工作,历任家属工作委员会正、副主任,福州市工商联常、执委、5—8届(1962—1993年)副主委,1993年起任咨议委员会副主任。

子邓麟喜:继承父职,初任福州市工商联企业管理办公室主任、市工商联副秘书长,1993年任市工商联9届副主委,1997年至今已(10—12届)三任市工商联主委。

(六)筹委会副主委王贤镇

王贤镇(1905—2004),福州仓山人。祖父佃农出身,为改变穷困生活,先后将四个儿子送进城内商店当学徒。父王孙崇艰苦创业,在榕、沪两地经营南北货、土产批发生意,还与人合伙开设铁行,是个独立开业的商行老板,到王贤镇时王家已成为福州的富商之一。王自幼聪颖好学,8岁入私塾,17岁入英华中学,22岁进协和大学深造,对化学特感兴趣,深入研究酿造及细菌学。毕业后积极筹办酱油与酒的酿造企业。1945年毅然加入民盟地下组织,并帮助林植夫开设一家小酒厂,以掩护革命活动。新中国成立后,他历任市酱业公会主委、省市政协常委、人大代表、市人委委员、工商联副主委,省民建专职副主委兼秘书长。

新中国成立初期成立的福州市工商联合会,对初期政权的稳定、社会秩序的建立、配合共产党实行的经济统制,起了很大作用。

上述6位市工商联第一、二届正、副主委与刘栋业、蔡友兰、倪松茂、丁日初、王国桢、林光楣、尤德锜、薛奎松、梁天宝等,都是福州解放初期工商界的精英。他们配合政府为工商联做了许多卓有成效的工作。

首先,协助政府引导私营工商业者为发展生产、繁荣经济服务。推动会员企业参加工商业登记、重估财产、改善生产经营管理、踊跃纳税、购买胜利公债、支援前线、抗美援朝捐献飞机等做了大量工作。

其次,积极发动私营工商业者参加土改、镇反、"三反"和"五反"运动,从中接受爱国守法教育,调动他们生产经营的积极性;淘汰不利于国计民生的企业,大部分工商户都获得较好的效益。1953年被工商界称为"满堂红"之年。

再次,1953年国家颁布过渡时期总路线,逐步实现"一化三改"。他们发动和组织行业骨干,协助政府开展对农业、手工业和资本主义工商业的社会主义改造工作。

最后,组织和推动原工商业者开展自我教育、自我改造,为社会主义建设服务;并积极配合各专业公司进行清产核资、定股定息、人事安排、公私共事关系调整商业网等项工作,特别是经市工商联推荐,政府安排了工商界骨干担任企业科、股长以上职务人员639人,选任董事会董事长、董事99人,合计738人。

通过新成立的工商联组织,替代了原来旧的福州商业总会,逐步淡化了军管会的作用,真正实现了党对各个行业的管理与指导。

四、实行第一个五年计划

"五年计划"是中国国民经济计划的一部分,主要是对全国重大建设项目、生产力分布和国民经济重要比例关系等做出规划,为国民经济发展远景规定目标和方向。

从1952年年底到1953年年初,中国的发展面临新的形势和新的问题。抗美援朝即将结束;土地改革的任务已在全国范围内基本完成;国民经济恢复工作提前实现预定目标;第一个五年计划即将开始;中国社会生活中也出现了一些新的矛盾。面对新的形势和新的问题,需要提出新的任务和新的目标。

1952年以后,毛泽东、周恩来、刘少奇多次提过党在过渡时期的总路线。1953年6月15日召开的中共中央政治局会议对此做了较为完整的概括:"党在过渡时期的总路线和总任务,是要在10年到15年或者更多一些时间内,基本上完成国家工业化和对农业、手工业、资本主义工商业的社会主义改造。"中央政治局会议后,毛泽东在中共中央宣传部起草的关于总路线的宣传提纲上,把党在过渡时期的总路线进一步完整准确地表述为:"从中华人民共和国成立,到社会主义改造基本完成,这是一个过渡时期。共产党在过渡时期的总路线和总任务,是要在一个相当长的时期内,逐步实现国家的社会主义工业化,并逐步实现国家对农业、手工业和资本主义工商业的社会主义改造。"

1953—1957年发展国民经济的计划是中国的第一个五年计划。它是以实现社会主义工业化为中心的,是根据党在过渡时期的总路线和总任务而制定的,也是在党中央的直接领导下,由周恩来、陈云同志主持制定的。

根据党在过渡时期总路线的要求,"一五"计划所确定的基本任务是:集中主要力量进行以苏联帮助我国设计的156个建设项目为中心、由694个大中型建设项目组成的工业建设,建立我国的社会主义工业化的初步基础,发展部分集体所有制的农业生产合作社,以建立对农业和手工业社会主义改造的基础,基本上把资本主义工商业分别纳入各种形式的国家资本主义的轨道,以建立对私营工商业社会主义改造的基础。

"一五"计划时期,是我国对个体农业、手工业和私营工商业的社会主义改造的重要时期,希望在改造的同时,建立起我国的工业化体系。计划所规定的各项建设任务,主要依靠我国人民的力量,加上当时苏联等国家的大力援助,到1957年年底胜利完成,使我国建立起社会主义工业化的初步基础。

"一五"计划后,中国式的"工业化"体系初步建立,社会主义生产关系基本确定。在整个国民收入中,国有经济、合作经济和公私合营经济所占比重由1952年的21.3%上升到92.9%;这一时期建成一大批重要工程,5年内完成基本建设投资总额550亿元,新增固定资产460.5亿元,相当于1952年年底全国拥有的固定资产总值的1.9倍。595个大中型工程建成投产,初步铺开我国工业布局的骨架;工业总产值比1952年增长了128.6%,五年合计钢产量1656万吨,等于旧中国从1900年到1948年49年间钢的总产量760万吨的218%,煤的产量达到1.31亿吨,比1952年增长98%;产业结构发生了新的变化,在工业总产值中,工业产值所占比重由1949年的30%提高到56.5%,重工业的比重由 26.4% 提高到 48.4%。1957 年粮食产量达到 3901 亿斤，棉花产量达到 3280 万担，都超额完成计划。

由于中国国土辽阔，经济发展极不平衡，在建立社会主义工业化体系时，由于不是采取市场经济的自然推进方式，再加上中国工业化的体系建设是在苏联模式影响下进行的，当时中央更多考虑的是如何快速集中全国的资源，在经济发展基础较好的地区，形成区域性的经济发展力量，壮大国家的实力。这种出发点，必然使得对当时福建及福州地区经济发展的考虑是暂缓的，尤其福建及福州当时是一个前线，经济工作更不可能放在重要地位。当时，关于逐步向社会主义过渡的总路线，虽在党内外做了传达，但并没有深入铺开宣传，国家发展国民经济第一个五年计划有 156 个重要项目，福建一个也没有安排。

福州市是吃饭财政，福建省本身财力又有限，福州更没有资金办工业或者说建立工业发展体系。福州市要贯彻总路线，只能在农业、手工业合作化和对资本主义改造过程中做一些调查和试点的突破工作。

福建直到 1956 年 1 月 16 日，省委书记叶飞才提出春节前要坚决对福、厦两地完成对资本主义工商业的改造任务。只经过两天，1 月 18 日，在宣传、动员的努力下，尚未合营的 48 个行业，就自觉地全部向省市领导呈递合营申请书。至此，全市 80 多个工商行业就全部实现了公私合营，或转为国有企业，或成为合作组织，可见公私合营运动在当时的福建省既轰轰烈烈又匆匆忙忙。

可以说福建的工业化体系的建设，与全国的社会主义改造是同步进行的。福建工业化体系的形成，主要是在对农业、手工业合作化和对资本主义改造过程基础上形成的。社会主义改造运动，是形成新政权工业体系的重要基础。

第二节　福州产业资本的社会主义改造

资本家在进行投资生产时，也就是在资本的循环运动中，首先是用持有的货币，也就是所谓货币资本，购买了生产资料和雇用了劳动工人，进行生产。这就形成所谓的生产资本，在生产之后，产生了新的商品，也就是所谓商品资本形式。资本主义的生产运动，就是这样的一个不断循环的过程，在每一种形式中完成着相应职能的资本，这就是产业资本。

产业资本的功能有两个：一是在生产过程中创造剩余价值，二是在流通过程中实现剩余价值。所以，产业资本决定着生产的资本主义性质。

社会主义改造，从本质上说，就是要把原来资本家持有的资本，变成社会主义国家所有，改变其资本的阶级属性。实行利用、限制、改造政策，通过加工订货、公私合营、收购为国营等形式，实现对产业资本的社会主义改造。

一、新中国成立初期福州的工业状况

新中国成立前福建的工业经济十分薄弱,而手工业则相对较为发达,在国民经济中仅次于农业。新中国成立初期,福建省手工业从业人员有20多万,手工业产品占当时全省城乡人民生产、生活用品的80%。福建的手工业经济在全省国民经济中具有重要的地位。

福州手工业在历史发展过程中逐渐形成行业集中地,其中较著名的有南后街的花灯、仓前河的制花、水流湾的家具、杨桥巷的皮箱、铺前顶的泥塑玩具、茶亭的五金工具、洪塘的篦梳、后洲的竹器、后屿的石刻、象园的木雕、西园的软木画、总督后的漆器、铸鼎环的铁锅、横屿的剪刀、江边的竹筷、江口的纺织、洋中亭的纸伞等。1948年国际劳工局中国分局长程海峰曾来榕视察,并组织调查福州手工业,称福州为国内重要的手工业城市之一。手工业,应当说是福州产业的一大特征。

到1949年,福州的现代工业仍然寥寥无几,手工业却占全市工业总户数5266户的94.07%,从业人员14268人,占全市工业总人数19374人的73.6%,自然行业有69个。1951年11月统计,1950年福州市手工业有5199户(包括私营小型工业),1955年增加为9458户,从业人员24685人,年产值达59082160元。1956年统计,全市手工业产值占全市工业总产值54.97%。这些手工业,为农业生产服务的占3.8%,为工业生产服务及运输业服务的占13.15%,为城市人民生活的服务的占76.2%,[①]可见福州手工业对国计民生的重大贡献。

福州在解放时,能够称为现代工业的仅有48家,包括3台发电机5500千瓦的发电厂、一个小造纸厂、福电铁工厂和几家机器店、一个面粉厂、两个肥皂厂、小火柴厂和锯木厂各十来个,还有一个400台话机的电话公司。其余的制造业,严格意义上都还是手工作坊。[②]

福州一直是一个消费城市,不是生产城市,一直是帝国主义勾结封建主义、官僚资本主义,直接倾销消费品洋货,实行操纵投机的市场;民族工业无法发展,而且日益萎缩。

依据统计,当时福州商业比重占63.1%,工业仅占36.8%(以工商业总的户数计算),这些所谓工业中,大部分是手工业和附属于商业性的加工业,同时,公营企业很微弱。这是福州解放初期工业发展的一大特征。

福州是一个手工业相对发达的城市,城市中的手工业者相对比较多。而在近代社会发展过程中,如何让传统的手工业者联合进行生产,进入近代工业社会,对手工业者的改造,实际上很早就在提倡。在民国政府时期的1940年,就开始组织福州手工业合作社,

---

① 福州市工商业联合会编:《福州工商史料·会史专辑》,福州:福州市工商业联合会,1989年,第37页。
② 福建省统计局:《工业经济不断发展壮大——新中国六十年福建经济社会发展系列分析报告之七》,2009年9月8日。

1943年最为发达,各类合作社计有200余个。1944年福州第二次沦陷,已组织的合作社纷纷倒闭。至1946年,有向政府备案的合作社仅剩60个,其中织布社27个,磨粉社11个,泥水劳动社5个,锯木社3个,酱油社2个,纺织社、纺纱社、皮革社、皮鞋社、肥皂社、毛巾社、木工劳动社、染织社、木箱社各一个;纺织生产合作社联合社、磨粉生产合作社联合社、泥水劳动合作社联合社各1个,社员1326人,社股金2494.99万元。当时有的合作社有小资本家参加,社里设有股金,社员分散经营,参加合作社的目的是为了以合作社名义得到贷款或配给原材料,还完贷款就与合作社没有关系了。因此,当时的合作多系临时凑合,形不成一个经济体系。

二、手工业、工业改造的政策及步骤

近代工业资本,是近代中国社会经济的基础,包含着近代中国对世界开放的痛苦认识。在近代百年的历史中,工业资本的生存状况是艰难与曲折的。可以说近代中国工商业的发展历史,就是一部中国人经济意识的觉醒与反思的历史。

就近代工业资本来说,福州可以分为两大部分:一是工业资本,二是手工业资本。

福州解放初期,本市私营工业共309户,占全市工产业总数的1.8%,职工人数4328人,资本总额455万元。从行业分类来说有:公用事业2户,机器修理工业95户,加工工业180户,日用化工27户,印刷工业5户。[①]

(一)对工业资本的改造

1949年共产党建政后,就已经在思考如何建立自己的经济体系,如何对现存的资本主义的经济体系进行改造。

早在1949年12月就在福州市电力公司进行了公私合营的试验,这是福州市最早实行公私合营的私营工业企业。1950年对本市私营轮船业"闽江"、"平水"、"下游"三个轮船公司合并组成联营企业——"福建轮船公司"(其中有公股,具有公私合营性质)。[②] 同时还在1951年1月针对美国冻结中国在美国的公私资产,福州市人民政府奉令接管了美国在福州的美孚油行分公司和德士古洋行,冻结了美国存在福州各公私银行的存款。同年4月30日,又奉令征用英国在福州的亚细亚火油公司。

对产业资本的社会主义改造,1949年新中国成立后,在推进农业合作化运动的同时,就有计划、有步骤地开展了。改造途径包括:(1)用和平赎买的方法改造资本主义工商业;(2)采取从低级到高级的国家资本主义的过渡形式,具体经历了初级形式的国家资本主义、个别企业的公私合营、全行业的公私合营三个步骤;(3)把资本主义工商业者改

[①] 福州市工商业联合会编:《福州工商史料·会史专辑》,福州:福州市工商业联合会,1989年,第35页。

[②] 福州市工商业联合会编:《福州工商史料·会史专辑》,福州:福州市工商业联合会,1989年,第11页。

造成为自食其力的社会主义劳动者。

对产业资本的社会主义改造，简单说就是采取了委托加工、计划订货、统购包销、委托经销代销、单个企业公私合营、全行业公私合营等一系列从初级到高级的国家资本主义的形式，最后实现了马克思和列宁曾设想过的对资产阶级的和平赎买。

对产业资本的社会主义改造，也是依据我党社会主义总路线方针政策，要改造资本主义的工商业私人所有，为社会主义所有，就是为了确立社会主义的生产关系，并在这种经济基础上进一步健全社会主义上层建筑，以继续解放和发展生产力。

基本来说在建政初期对旧产业资本的统制采取三种方式：(1)公私合营；(2)冻结存款；(3)征用。

新中国成立初期，福州市人民政府面对大批失业工人，组织恢复生产，采取联产联销、委托加工订货、统购统售等办法，组织手工业工人生产自救，对资金不足的还给予贷款，以恢复生产。同时引导他们走互助合作道路，按照自愿原则建立手工业生产合作社（组），发展集体经济。具体来说，就是从供销合作入手，逐步发展到走生产合作的道路。

根据福州经济的特点，官僚资本比重相对较低，私营资本占的比重较大，对私营工商业进行社会主义改造加速。为此，1950年5月，福州市委在《福州市解放8个月来的工作及今后任务》的综合报告中，将恢复与发展工业定为当时的基本方针，从维持与恢复商业和私营企业着手，以逐步达到恢复发展工业，尤其是公营企业的目的。

1951年7月，辅导建华、南光私营火柴工厂，组成"公私合营华光火柴厂"。实际是把福州原有的十来个小火柴厂合并起来办一个合营厂，加强了生产的经营管理，产量增长2倍以上，产品质量也大大提高。1952年又辅导脱胎漆器业组成"公私合营沈绍安兰记脱胎漆器公司"，这是福州市比较早的一批公私合营企业。沈绍安脱胎漆器，在民国时期由于种种原因分为"恂记、兰记、德记"三家，新中国成立初期，就以这三家为基础，建立国营性质的"公私合营沈绍安兰记脱胎漆器公司"。[1]

在合营初期，国有经济加大对私营工业的采购、订货，以稳定工业的生产。据统计1952年国有经济向私营工业加工订货、收购的金额达1043万元。[2]

早期的社会主义改造方式，主要是通过"吃苹果"方式，一个一个地实现公私合营。1954年之后，开始通过初级形式的收购、联产联销，中级形式的加工订货与统购包销，高级形式的公私合营，进行全面的社会主义改造。

1955年10月止，除小型工厂企业继续接受国家加工订货外，将10个工人以上的私营工厂，基本上纳入公私合营的轨道。如福州电话公司、福州造纸工厂（原福建造纸工厂与省建设厅造纸实验工厂合并形成）、福州第一食品厂（原民天食品厂）、福州玻璃厂、福州众兴面粉厂、福州第二制冰厂（原台江制冰厂）、福州宏益碾米厂（原宏丰、益中厂）、福州第一酱琦厂、福州机械修配厂、福州第一机械厂（原福电铁工厂）、福州第二机械厂、福

---

[1] 王铁藩：《工艺美术街总督后》，载《鼓楼文史》第1辑。
[2] 福州市工商业联合会编：《福州工商史料·会史专辑》，福州：福州市工商业联合会，1989年，第26页。

州第四印刷厂、福州赛园食品厂等。

进行公私合营，就要进行"清产核资"。要根据原有工厂的财产设备、债务、公私股东持有的股票进行登记、核实、清点、估价，最后通过协商解决。

采取赎买收购方式做法不同。如原来"闽江"、"平水"、"下游"三个私营轮船公司，在1951年合并组成联营企业——福建轮船公司。到1951年政府接受公司请求，采取赎买收购方式，由福建水运公司接管统一经营。按资产清算，当时福建轮船公司计有轮船77艘，总吨位4601吨，3个修造厂，1个造船厂，还有房地产、囤船、仓库等，估值达68亿元（旧币）。公司负债45亿5000元，余下22亿5000元，做公司股份15万股，每股15000元，[1]完成收购赎买。原来轮船公司劳资人员，全部安排使用，并按公营企业待遇享受，全部由国家负责。

1952年福州市工业总产值比1950年增加96％。1952年，全市工业、手工业产值只有3000万元（按新币折算），1955年已达6000万元，[2]由此稳定了社会经济的发展，对新生政权的巩固起了很重要的作用。

（二）对手工业的改造

在对农业进行社会主义改造的同时，对个体手工业实行社会主义改造。针对当时个体手工业在国民经济占相当比重，但经营分散、生产规模小、技术落后、劳动生产率低的特点，党和政府采取积极领导、稳步前进的方针。

福州解放初期，全市私营工商业者有14781户，其中工业309户，手工业5791户，商业8681户。[3] 相对于工业，手工业占福州产业比重相当大。对手工业生产者，采取的是从公私合营的形式，组织走合作化道路。

1951年8月，根据中共七届三中全会"关于个体手工业社会主义改造在于组织合作社"的指示，福州市首先在打开销路的角梳、雨伞两个行业组织8个手工业生产合作社，职工有652人。1951年6月至1952年4月，共组织雨伞（两个社）、角梳、染布、纺织、妇女纺织、牙刷、毛巾、伞骨（两个社）、铸造、针织、毛笔、染纸、铁器、玻璃、木器、藤器、机器及汽车运输等20个生产合作社，社员958人。社员股金有的以原料、工具折价入股，有的以工资入股，失业者多以解雇金凑成。股金有的一次交清，有的分期付还，股金定额各社不一，最高的每股400元，最低的8元，一般均在20～30元之间。合作社实行独立核算，自负盈亏，按劳取酬，年终分红，公共积累，逐渐增加集体资产，通过不断扩大再生产，逐步发展壮大集体经济。

---

[1] 福州市工商业联合会编：《福州工商史料·会史专辑》，福州：福州市工商业联合会，1989年，第11页。

[2] 张传栋：《白手起家 艰苦创业——回忆解放初期在福州市委的工作》，《福建党史月刊》2006年第1期。

[3] 福州市工商业联合会编：《福州工商史料·会史专辑》，福州：福州市工商业联合会，1989年，第8页。

在第一个五年计划时期,主要是引导手工业逐步走互助、合作的道路。

1952年全市手工业合作社(组)的工业总产值135万元,比1951年19万元增长6倍,在全市手工业总产值中的比重仅占6.6%,但却积累9亿多元资金,集体经济仍处于萌芽状态。已组建的20个手工业生产合作社(组),是福州市首批社会主义性质的独立核算、自负盈亏的集体所有制经济组织。这些手工业生产合作社(组)通过民主选举产生理事会、监事会,理事会总揽合作社(组)的业务经营、生产管理等大权,监事会负责监督、检查,并开始建立一些简单的管理制度,主要有考勤、派工、原材料、成品收发保管、产品检验等制度。1953年,组织起来的企业有113个,职工4121人。

1954年,市委在全市手工业中全面贯彻党的过渡时期总路线,从全市全面推进对资本主义工商业的改造开始,继续组织手工业合作社(组)。1954年省人民政府设立工业厅,梁灵光任厅长。当时对资本主义工业,主要是通过加工订货、统购统销,进行利用、限制和改造。对手工业除帮助解决资金、困难扶持生产外,积极引导手工业者走合作化道路,使许多个体户组成合作小组或合作社,形成一定规模的生产。

1955—1956年全市开展推动合作化高潮运动,先后通过三批企业加入合作化的运动。全市共有26639人走上了合作化道路,参加了合作社组织。对资本主义性质的手工业工场,实行公私合营。

到1955年1月,全市有手工业生产合作社(组)93个,社(组)员4674人,占全市手工业总人数的17.1%。1955年12月19—23日,市人大一届六次会议讨论对私营工商业社会主义改造问题;24日,市委向省委检查过去对私人企业改造中的所谓"右倾"保守思想的错误,决心加快改造步伐,快速实现对资本主义工商业的改造。根据省委指示,市委决定再次提前基本完成对私人企业的改造。到1955年止,全市又成立手工业生产合作社69个,生产合作小组50个,参加人数占手工业者总数的54%,是年底福州手工业系统集体经济户数已达148个,职工11182人,产值824万元。1955年11月,市委批判所谓"右倾保守思想",在全市分三批开展手工业社会主义改造。1956年1月19日下午,在省体育场召开2.5万人的动员大会,批准私营工商业、交通运输业的41个行业、2965户实行公私合营;10个行业、1149户转为国营门市部;18个行业、6449户组织生产合作社和合作商店。

到1956年1月25日止,全市未入社的12418个手工业者中已有11931人申请入社,入社人数达2万余人,占总人数的96%,全市共组建手工业生产合作社(组)320个,基本完成手工业从个体经济向集体经济的转变,促进一些行业的形成和发展,增强新的生产能力,为手工业的技术改造创造条件。至1956年2月,福州市急风暴雨式地完成为手工业社会主义改造。

在这样的形势下,福州的手工业者在一个月内全部参加生产合作社。至4月下旬,全省手工业合作社(组)共有3147个,入社(组)从业人员11.6万人,占全部手工业从业人员总数的63.1%。在此过程中,由于不适当地强调一些分散经营的个体手工业户全部入社,又由于采取手工全行业一起合作化的办法,全省基本上完成为对手工业的社会主义改造。1956年,手工业合作社发展到4153个,职工141610人,占从业总数的

83.3%，1957年，入社人数占从业总人数的88%以上，产值为14331万元，产品品种达2800多种。①

到1957年，集体经济户数达304个，职工21366人，年总产值达2893万元，占全市工业总产值23875万元的12.10%；产品品种1400种，评为市级名牌的有38种，门市网点遍布全市各个角落。手工业灵活多样，按市场需求组织生产；前店后厂服务特点，大量使用废旧料、边角料加工生产的经济特色得到最充分发挥。

就是在这种思想下，希望急促地完成对私营工商业的社会主义改造。这简直就是一场狂风暴雨式的运动。随着手工业社会主义改造高潮的到来，有力地促进了福州市手工业集体经济的发展壮大。

1958年，有10个集体企业转为大集体合作厂，有的改制成全民所有制的企业。1961年国民经济困难状况，国家又进行了经济调整，中央颁发手工业"三十五条"，对手工业又进行全面整顿。对原先过渡到全民所有制的企业又要求部分退回变成集体所有制企业。当时只保留地方国营工厂43个、17148人；公私合营7个、214人。到了年底，中共福州市委又决定第二次整顿企业，又有38个全民企业返回为集体企业。有的转为合作厂，有的转为社（组），全民所有制企业只保留增金利厨刀厂、市木器厂、市元钉厂、市小刀厂、市眼镜厂等5个企业、7个公私合营企业。统负盈亏的大集体企业，又有一部分重新划小核算单位，恢复独立核算、自负盈亏。到1963年又把增金利厨刀厂、市木器厂从全民所有制经济返为集体所有制经济。此后，企业体制的调整基本停止，集体经济结构开始趋于稳定。至1994年，福州二轻企业共有220个，其中集体企业213个，集体企业年工业总产值59101万元（全民仅11454万元），集体经济占主导地位。

手工业社会主义改造的完成，实现了生产关系的伟大变革，促进了生产力的发展。一些原先由个体完成的手工操作劳动，改变为集体生产或生产流程的科学管理，提高了产品产量。同时，集体化以后的手工业合作社通过银行贷款和统一组织生产与销售，逐渐解决资金短缺、原料不足和产品销售等方面的难题；而且由于合作社有公共积累的资金，有计划地实行扩大再生产，逐渐改变了以往个体生产的落后状况。

对产业资本的社会主义改造，为我们党想多办工厂创造了时机和条件，1956—1958年3年间，全市办起200多家工厂，一家公私合营工厂。全市私营工业实行合营后，都扩建了厂房，集中了设备，扩大了生产规模。单独合营的有电厂、纸厂、福电铁工厂（改称第一机器厂）、面粉厂、皮鞋厂；两家肥皂厂合并为第一化工厂，开始筹建氯酸钾车间；分散的小型印刷厂、茶厂，分别合并为福州印刷厂和福州茶厂。福州茉莉花茶成为畅销全国的名牌产品。众多的小锯木厂、家具厂，则采取分片定点集中办厂。机器行业有广福利、生成马具店等10多家机器店，经过协商搭配，组成机床厂、通用机器厂等5个机器厂和1个汽车修配厂。

---

① 福建省地方志编纂委员会：《福建省志·二轻工业志》，北京：社会科学文献出版社，2000年，第203页。

总的来说,手工业社会主义改造,在1955年上半年以前,由于认真贯彻执行中央关于"积极领导,稳步前进"的方针,合作社的发展由小到大,由低级到高级,获得很好成效。但在1955年秋季以后,在全国各条战线批判"右倾保守"思想的冲击下,在农业合作化迅猛发展的影响下,手工业社会主义改造急剧加快,以致在生产关系变革上出现急于求成、工作粗糙等失误。新成立的手工业合作社,只有一小部分是经过生产小组的过渡形式发展起来的,大部分则是在改造高潮中仓促组织的。由于对手工业的经营分散、小批量生产、产品多样化、同群众生活的联系紧密等特点认识不足,在合作化高潮中过分强调合并大社、集中经营和统一核算,以致产品品种减少,质量下降,影响社员的经济收入。

曾经在一个时期,在"大跃进"思想,在"左"的错误影响下,福州政府着手把手工业合作企业大批合并和升级转厂,并把全市428个手工业生产合作社中的61个快速转制为地方国营工厂。认为在"大跃进"思想的指导下,能加快办工厂的速度,完全忽视了经济规律,这样1963年地方国营企业发展到14个。在中央颁发手工业"三十五条"之后,这种状况得到制止,并把一些地方国营的企业返回到集体所有制企业。

三、民天食品厂的改造

1930年,从福建协和大学化学系毕业后的王贤镇,继承父资,与其内兄陈锡璜集资15万元,在福州仓山洋浦合资开办"民天食品厂",取"民以食为天"之意。王贤镇充分运用自己所学的普通化学、有机化学、无机化学和食品化学的知识,及时引进国外先进的技术、设备,改进工艺,聘请师傅。如豉油的生产方法,就是借鉴了连江"头法"进行改良;虾油采用行法;米酱则聘请建瓯籍郭本益老板生产建瓯米酱,质量优良。王贤镇在生产运转上降低成本,缩短生产周期。据说,他在原料选取上的把关非常严格,所进的黄豆绝对要用东北大豆。东北大豆颗粒饱满,蛋白质丰富。他自任经理,因产品质优价宜,在10余年的时间里业务兴盛,并兼营糕饼、糖果、干果、蜜饯等。以"民天"作为商标,发展成为有"一厂六店"的大企业,有职工200余人,开了名牌企业设立"连锁店"的先河。1943年生产的"四半酒"和"豉油膏"成为福州名牌货,饮誉海内外。新中国成立前,他曾任市酱业同业公会理事长。

1943年始,王贤镇又开发酿酒业。"四半酒"是他研发的一个品牌。即用两石糯米酿450斤酒(一般出500~600斤),因而取名"四半酒"。酒要过夏后出,才能色泽清纯,黄亮如琥珀,味顺醇甜,酒香浓而不浊,十分诱人。该酒的色、香、味、质俱佳,深得人们喜好。

民天食品厂开始只生产豉油和豆油,1943年起还生产四半酒、糖果、蜜饯、糕点和腊味。先在洋浦开设门市部,其后在观音井(原兴隆西饼店)、小桥、三保、双门前、南门兜、南街设立6家支店,南街支店后改为茶室兼冰厅。1939年,在大桥头设立总店。抗日战争开始后,时局动荡,民天的经营大受影响。王贤镇携眷避往上海。1943年,他返回福州,重振企业。1945年10月,获国民政府商标局批准,正式使用"民天"商标,是福州最早使用注册商标的企业之一,产品闻名省内外,并且出口东南亚。

中华人民共和国建立后,在政府关怀和扶持下,生产有很大发展。1951年营业额41万元,1952年54万元,1953年增至74万元。

在"实业救国"的历史长河中,王贤镇创下了福州"六个第一":第一家由大学毕业的知识分子创办的工厂;第一家搞"一厂多店"连锁的工厂;第一家搞多元化品种经销的工厂;第一家向国家注册商标的工厂;第一家搞户外灯箱广告传播信息的工厂;新中国成立初期,他是第一个主动把自己企业交给国家进行公私合营的企业家。

1950年以后,王贤镇协助人民政府做了不少卓有成效的工作:组织会员们进行工商业登记、重新估算财产、主动纳税、踊跃购买公债券、捐钱献飞机参加抗美援朝等。1953年,他比国家1954年开始全面搞公私合营改造还早一年,就主动把自己的"民天食品厂"交给政府去改造,此举在当时的福州城尚属首家。改造后称为公私合营福州民天食品公司。1956年,改称福州市第一食品厂,在当年调整行业时,将糕饼、酿酒等品种划归福州时果糕点公司和福州酒厂生产,又将仓山区酱琦合作厂兰记酱行并入民天厂,使该厂成为生产酱琦为主的厂家。"文化大革命"中,改称朝阳酱琦厂。1971年恢复原名,并新创特级鱼露,产品也恢复出口。

随后几年,由于不断改进工艺流程和操作技术,更新生产设备,产品的产量和质量、产品的出品率都得到提高。1989年完成年产值311.09万元,比1988年增长2.59%,产品除销本省20多个县外,还销往上海、天津、南京、武汉等市,并运销国外。

虽然以后的民天厂是政府派其他人进去当厂长,他只是名誉厂长了,但他仍然关注厂里生产情况,抽暇从机关驱车回老厂考察一下;随时为技术员们解答配方、酿造等方面的问题;有时还临时办个传授技术班,满足新招进厂的工人们要求。

1954年春,王贤镇荣任福州市总商会专职副主委、省市政协常委和人大代表、市人委委员。"文革"结束后,他上调到省民盟建国会任专职副主任兼秘书长,又是省政协连续七届常委和省人大代表。

第三节　福州商业资本的社会主义改造

现代意义的商业资本是从产业资本的运动中分离出来的,在流通领域中独立发挥作用的资本形式,也就是专门从事商品买卖,以获取商业利润为目的的资本。中华人民共和国成立后,为保障社会主义制度的稳定,为了保护新生的政权,对商业流通领域采取了严格的管控措施。

所谓的工商业社会主义改造,根据1950年1月福州市工商联筹委会规定:凡公会所属会员单位,经常雇有工人,使用动力及机器制造或复制者称为工业公会,凡从事商品买卖或其他特定交易者称商业公会,凡经常使用手工从事制造、复制、加工及修理或工程承揽等业务称手工业公会。会员单位包括工业与手工业者,统称工业公会,凡包括手工业及商业者,统称商业公会。[①] 在这里,我们只讨论商业资本的社会主义改造。

一、商业流通统制的政策与尝试

新中国成立之后,对商业资本的改造与建立一个适应计划经济体制的商业系统,是一直反反复复交错进行的。国营商业与私营商业之间的关系,随着形势的不断发展,也在尝试中不断变化。

1949年8月,福州解放,福州军事管制委员会成立。1949年9月福州成立贸易公司。1950年元旦建立福建省贸易总公司,与省工商厅合署办公,建成政企合一的福州商业管理体制,统管全省的国内外贸易。理论上说,这是流通领域统制的开始。统制政策的开始,可以分为两部分:一个是商品统制计划的制定,一个是商品购销的统制。

首先,关于商品统制计划的制定。1950—1978年,是计划经济时期,商品流通过程纳入计划管理,所以商业计划和统计的表格多、指标多、商品多,管理的规章、程序和措施也多。这一时期的商业计划制度的基本精神是强调计划的法令性和严肃性,以指令性为特征。

1953年,商业部颁发《国营商业计划工作制度(草案)》规定,国营商业计划由商品流转计划、商业网点发展计划、基本建设计划、干部教育计划、运输计划、劳动工资计划、商品流通费用计划、生产企业计划和财务计划等9项计划组成。其中,商品流转计划是商业计划的核心。

中央管的是关系国计民生的重大商品的产、供、需平衡。国家对商品的管理,按照商品对国计民生的重要程度和在市场的地位与作用等因素划分为三类:第一类,系指关系国计民生十分重大的商品,由国务院集中管理;第二类,系指关系国计民生比较重要的商品,或生产集中,供应面宽,或生产分散,需要保证重点供应以及出口需要的重要商品,由国务院确定政策,国家计委统一安排平衡,实行差额调拨或定额调拨和按比例调拨;第三类,系指一、二类以及另有明文规定的某些商品以外的所有商品。这类商品品种繁多,产、销变化大,不宜全国统一分配调拨,一般由地方自行管理,其中有些商品可由主管部门通过召开专业会议或物资交流会进行平衡安排。

福建省根据国家下达的商品收购、调拨计划,结合省内市场供需情况,增列部分市场敏感的商品纳入计划管理,进行产、供、需和内外销的综合平衡。1950年以来,福州市商业计划工作始终贯彻"统一计划,分级管理"的原则。

福建省商业计划编制始于1951年,其计划管理实行"双轨制",即以企业为主、行政为辅的省、地、县三级管理体制。

20世纪50年代,计划的编审程序是"三下二上":上级发布计划指示,下级上报建议

[①] 福州市工商业联合会编:《福州工商史料·会史专辑》,福州:福州市工商业联合会,1989年,第14页。

数字;上级颁发控制数字,下级编制计划草案;计划草案的批准下达与贯彻。1953年后,由于计划编报单位层次增加,出现计划上报早、下达迟的矛盾。1961年后,依据工农业产品的性质和特点不同,分别简化了编审程序。对经营农产品的企业,改为"两下一上",即省商业厅在编审计划前,对各专区(市)商业局颁发编制计划指示和必要的控制指标,各级接到指示后,组织编制、上报计划草案,经省商业厅审核并报省人民政府批准后,由省商业厅下达执行。对经营工业品的企业,采取"一上一下"程序,即计划由基层单位开始编报,逐级综合平衡,层层报至省商业厅,由省商业厅综合平衡。上报商业部,经全国商业计划会议衔接平衡后,属于国务院和国家计委管的商品,由国务院和国家计委审查批准。转给各主管部下达;其中属于商业部管的商品,由商业部下达到省商业厅,再由省商业厅分配平衡后,层层下达到基层。为使工商部门能更好地衔接,属于商业部主管的商品,全国和省按专业每年分别召开上下半年两次供应会议,由有关专业公司和二级站参加,具体落实计划商品的品种、规格、数量。对非计划商品,在供应会议外,根据货源情况实行专业会议平衡或自由选购的办法。①

1953—1955年,年、季度计划均由商业部审批。1956年,为使计划尽早下达,商业部下放季度计划的管理权限,改由各省(市)商业厅(局)和专业总公司管理,商业部只管年度计划;同时,对每年召开两次供应会议所议定的收购和销售计划的总值,地方有5%上下的机动权。同年,省商业厅也将季度计划的审批权限下放到省公司(但食品和副食品除外),省商业厅只管年度计划。1959年,市场商品紧缺较多,省商业厅曾一度收回季度计划的审批权限。但20世纪70年代到80年代初,恢复只管年度和食品、副食品的季度计划。

其次,关于商品购销的统制。商品统制计划制定之后,需要商品购销统制来实现。新中国成立初期,国营商业建立后,一方面,政府通过经济手段,由国营商业渠道,适时抛售粮食、棉纱、化肥、石油等战略物资;另一方面,以国家机器打击非法投机活动,平抑市场,稳定物价。经过不断对工商业政策进行调整,调整倾斜国营商业的政策,开展城乡物资交流,使国民经济得到逐步恢复。

成立初期,国有企业仅有贸易公司,主要经营有关国计民生的少数重要商品种类。在1950—1952年计划商品仅30余种。1953年后,随着国营商业发展经济力量壮大,开始先后建立各种专业公司,计划商品种类也在逐年增加。到1962年计划商品的种类达219种,1978年甚至多达279种,为1950年以来的最高峰。

国营商业通过积极参与经营,在省内市场的批零经营比重逐步提高,由1951年的16.7%上升到1952年的33.3%;国营粮食公司粮食收购量占市场成交量的比重从1951年的30%上升到1952年的60%,与此同时,省供销合作社系统也广泛建立分支机构,大力开展农村商业购销业务。

---

① 福建省地方志编纂委员会:《福建省志·商业志》,北京:中国社会科学文献出版社,1999年,第460页。

1950年,考虑新中国成立初期市场稳定因素,贯彻"公私兼顾"的原则,采取有条件适当解决私营商业困难,适当调整批零差价,对私营商业进行扶持,并提出照顾私营商业的合法利润,又要限制投机商人的超额利润。国营商业退出土产等民生领域,控制粮食等大宗产品。因此,国营商业零售额相应减少10%~20%,使得私营商业得到恢复与发展,私营商业的批发额和零售额都有所增长,占全省社会商业批发额和零售额的比重分别上升为81.6%和96%。

其后,针对一些私营工商业者利用"抗美援朝"物资紧缺的时机,进行行贿、偷漏税、偷工减料等非法活动,牟取暴利。1951年11月,开始针对私营工商业的"反对行贿、反对偷税漏税、反对盗骗国家财产、反对偷工减料、反对盗窃经济情报"的"五反"运动,对他们的非法活动进行斗争和教育。

经过"五反"运动后,私营企业对政策产生疑虑,徘徊观望,消极经营。随着国营商业不断壮大与发展,购销额逐年大幅增长,购进额1951年比1950年增长87.49%,1952年又比1951年增长45.2%;销售额1951年比1950年增长85.4%,1952年又比1951年增长85.9%。到1952年,私营商业所占社会商品批发和零售比重下降为66.7%和81.5%,国营商业批发额占社会商业的比重,由1951年的16.7%上升到1952年的33.3%,零售比重也上升到18.5%。① 到1952年,私营商业所占社会商品批发和零售比重严重下降,国营商业批发额占社会商业的比重迅速上升。

由于1952年私营商业营业额下降速度太快,致使私营商业经营遇到困难。1952年11月,中共中央发出关于调整商业的指示,全省国营商业1953年上半年撤并一部分经营机构,退让一部分经营品种,"泻肚子"压缩库存。通过上述调整后,一方面缓和公私矛盾,调动私营商业经营积极性,但另一面又出现了"公退私进"的局面。

1953年夏季,全国财经会议扭转了"公退私进"的局面,下半年本省国营商业和供销合作社又迅速发展起来。到1953年年末,全省国营商业机构112个、从业人员6019人、销售额24109亿元,比1952年的经营机构92个、从业人员5252人、销售额12786亿元,分别增长21.74%、14.6%、88.56%。

同时,社会商业结构中不同所有制所占比重也发生很大变化,根据调查,1952年10月不同所有制商业占社会商业销售比重,依次是:国营经销39.32%,合作经销5.24%,私营经销55.44%;1953年4月分别是34.21%、6.41%、59.38%;1953年12月分别是49.8%、5.6%、44.6%。

这个比重变化情况表明,本省国营商业在1953年上半年退让过多,占社会商业比重由原来39.32%下降为34.21%;到1953年年末比重又提高到49.8%。国营商业前进得太快,对若干被代替了的私商未能及时妥善安排,对一些次要商品也没有充分利用私商去经营,以致私营商业比重下降;城市商业公私关系、劳资关系一度出现紧张状况,城乡

---

① 福建省地方志编纂委员会:《福建省志·商业志》,北京:中国社会科学文献出版社,1999年,第442页。

物资交流发生了某些阻滞现象,也是私营商业比重下降的一个主要原因。

1954年4月,中共中央发出城乡都贯彻"总的踏步,着重安排与改造"的方针。国营商业和供销合作社都适当地撤销或合并了一部分零售商店;退让了部分商品品种;调整批发起点、批零差率和地区差价;扩大私商经销和代销范围;组织私商联营开店;统一调整安排公私零售比重。通过这些安排、调整,发挥了私营商业经营积极性,使私营零售商业又继续得到发展。到1956年,全省私营商业(包括零售业、饮食业、服务业)10.78万户,从业人员16.9万多人。1957年,对私营商业社会主义改造完成以后,本省国营商业已发展到一定规模,城镇国营商业网点由1953年的123个发展到1957年的1893个,增加14.5倍;人员从1319人增加到19640人,增加13.89倍。在农村初步形成以供销合作社为主体,包括合作商店(组)、公私合营商店和个体商贩的农村商业网络。全省城乡形成以国营商业为主导,供销合作社为有力助手,个体商贩、集市贸易为必要补充的多条商品流通渠道。这一时期,全省城乡市场出现商业网点多、商品货源充裕、购销两旺、市场物价稳定、城乡经济活跃繁荣的新局面。

二、对私营商业的改造政策

新中国成立初期,党中央强调建立包括五种经济成分,而以国有经济为主导的新民主主义路线。旧"福州市商会"理事长蔡友兰还通告市民:福州庆解放,凡全市商民,务必照常营业,遵守市场秩序。为了稳定市场,1949年成立的国营福州贸易公司,虽然说是统管全市内外贸商业业务,但真正在市场上运作的仍然是借助私人的商号进行。如粮食市场上,仍然沿用私商"同和行"和"郑和顺"商号进行粮食采购,这样稳定了市民,市场很快开始恢复秩序。

在市场稳定的基础上,1949年12月,颁布《福州市工商业登记暂行办法》,要求全市工商户无论公营、私营还是合作社营,一律须向工商局登记,登记日期从1950年1月12日起到2月23日止。根据统计,福州解放初期,全市工商业有14781户,其中商业8681户。[①] 为稳定国家对商业的控制与管理,又要活跃城市的经济,1950年6月左右,调整国营零售及其经营品种,国营只经营主要土产和大部分出口商品,让广大土特产品市场让给私营商业。在全市商户的努力下,市场物价稳定,市民生活有保障,巩固了新生的政权。1951年根据登记,组织"福州市私营企业重估财产评审委员会",对全市私营企业财产进行重估。1951年辅导私人商业组织联购、联产、联销,鼓励从分散的状态,走向联合发展。先后组织了火柴联营处、福州土产购销联营处、颜料业第一联营处、糖业第一联营处、南北货业第一联营处、福州市对外贸易联营处、木材联营处等23个。至此,对全市的商户已经摸排、组织到位。

---

① 福州市工商业联合会编:《福州工商史料·会史专辑》,福州:福州市工商业联合会,1989年,第8页。

1952年10月国家宣布过渡时期总路线:指明了中国新民主主义过渡到社会主义的任务、途径和步骤,它的实质就是改变生产关系,解决生产资料的所有制问题,为进一步解放和发展生产力创造条件。具体目标就是逐步实现国家的社会主义工业化,并逐步实现国家对农业、手工业和资本主义工商业的社会主义改造。社会主义工业化与社会主义改造是同时进行的。从1953年下半年起,进一步加强了对私人商业的改造。当时福州的商业大致分为批发商与零售商。

(一)对批发商的改造

首先从市场管理入手,控制原料,一切生产原料在国家手上控制,国家只向国有企业放开;恢复对批发商征税。对一些主要工厂实行统购、包销,严厉限制批发商从中进行的经营活动;控制市场价格,加强市场管理,全力保证完成国家下达的生产、营销任务。

其次,控制货源、商品的来源。粮食是加工品的重要基础来源。国家实行粮食的统购统销政策,发布《粮食市场管理暂行办法》,切断了城市商业与农村之间的联系。农村粮食必须通过国家采购,然后国家再按统一价格,发放城市市场。这样,城市商业在原料、货源方面必须依靠国家来提供,城市商人资本就失去了商业的市场属性。为此当时,福州市有13家豆商、十几家面粉商停止了批发业务,豆商转为代销店,面粉商因为涉及主要粮食,则令其转业改行。

再次,随着国营商业机构开始发展、扩大,1954年4月以后,对私营批发商开始了全面的社会主义改造。在销售市场及原料市场两头约束下,许多私营批发商人无法存活,纷纷请求转业或进行公私合营。当时,福州私营批发商有323户,其中大的有茶业59户,南北土产、红曲等98户,棉布2户,绸缎2户,土布代售等16户,国药、成药13户,百货、文具纸张、颜料11户,陶瓷等21户,国贸37户,水果牙行39户,蛋牙行17户,杂粮、术米等8户。根据"排挤与妥善安排"的政策方针,除已经改造和暂缓改造的私营批发商除外,尚有230户需要进行改造。对其中要求转业的即帮助转业,对尚有社会作用的鼓励其继续积极经营,对转本业不合适的帮助转他业。国营商业尚不能代替的,让其暂时继续经营,有条件成熟再代替;国营商业有需要的,使公私合营,成为国营代理批发商;对土产采购采取国家与私人合营,实行"公私联购"、"公带私购"方式下乡采购。对进出口商除一部分帮助转业外,利用其国外关系为国营"代进代出",或与国营联营。

(二)对私营零售商(包括饮食、服务业)的改造

新中国成立初期,全市私营零售商共有17957户,其中摊贩达7600多户。对私营零售商的社会主义改造,开始采取的是"按行业归口改造",意思就是说私营各行业分别归口到各个国有公司直接领导下,国有公司不仅仅负责他们的业务,还要在负责他们业务过程中,对他们进行社会主义改造,使他们最后成为国有公司的下属,即所谓"统筹兼顾、全面安排、安排与改造相结合"的方针。在业务上,对本市的粮食、油料、棉布等三个行业最早开始实行全行业的代销、经销,接着是木材、百货、京果、文化用品、茶业、盐业、酒业等行业。到1955年,全市零售国营、合作社占35%,国家资本主义占30%,私商尚占

36%。1956年1月19日,对尚未改造的资本主义工商业,经市人民委员会的批准全部实行公私合营。

至此,基本上完成全市对资本主义工商业的社会主义改造。改造的私营商业(包括饮食业、服务业)共16953户,其中转为国合商业的1728户,占10.19%;实行公私合营定息的1016户,占5.99%;合营不定息的186户,占10%;组织合作商店的2061户,占12.16%;组织合作小组的11906户,占70.23%;私营56户,占0.3396%。到1957年,城乡市场已形成以国营商业为主导的主场。据1955年统计,全市批发经营领域中,国营及合作社比重占91%,国家资本主义占2%,私营仅占7%。对私营零售商(包括饮食、服务业)的改造,基本完成对私营批发商的社会主义改造。

在一片大好形势的推动下,对国计民生重要的粮食行业也进行了改造。1955年福州私营粮食行业全行业改造成国营粮店。而对其他的机器、百货、玻璃、颜料、新药、木材等九个行业,实行公私合营。对薪炭、猪肉、蛋禽及杂业,实行全行业组织合作商店。

根据1956年6月统计,全市小商小贩尚有3000多户,但所占营业额比重较小,而且在市场、货源来源、资金、税收偏重都受到控制的情况下,其比重还在缩小。

总之,在1955年4月以后,全省各级商业局陆续成立"对私改造办公室",开展对私营商业、饮食业的普查工作。在此基础上,根据对私营工商业的利用、限制、改造政策,对私营商业、饮食业有组织有步骤地进行改造：

第一,购销政策和购销形式变革后,重要农产品由国家(通过国、合商业)实行统购、派购,私营工业生产由国家(通过国营商业)实行加工、订货和收购包销。从而割离私营商业与私营工业和农业的经济联系,促使私营商业逐步依附于国营商业,为对私改造创造了重要条件。

第二,贯彻同步前进的方针。对私营批发商业,本着控制让其经营"贩运无利"原则,缩紧地区差价,使其无法生存,并根据不同的行业,采取有计划的排挤、代替和安排的办法,对全省私营百货、南北京果(包括土产)、图书、新药、国药、屠宰、水产品等批发商进行全行业改造;对私营零售商业,先是采取经销、代销形式,最后于1956年实行了全行业公私合营的国家资本主义商业的形式。

第三,对小商小贩进行统一组织安排,组织合作商店、合作小组,使其成为社会主义商业的补充。到1956年,全省已改造的私商达75439户,占私商总数的87.84%;全省私营粮食工商业2641家,除少数私营粮食商业户,准予转业或停业外,均逐步改造为合作社、组,公私合营或国营。

第四,建立起有计划的商品流通体制,对私改造完成后,国营商业掌握了重要工农业产品的货源,在此基础上,逐步实行有计划组织商品流转的流通体制。商品(计划商品),按行政区划分配,按经济区域组织流转,按三级批发网络,即一级批发(全国性批发)、二级批发(经济区域内的批发)和三级批发(主要对零售批发)的供货层次及其网络组织流通。其基本做法:(1)通过全国、全省计划会议,在工商之间进行产、需衔接。(2)通过全国、全省商业计划会议,对商品货源进行省际和省内地区间的分配;同时依据地、市行政区商品计划,衔接安排二级站经济区内的供应货源计划。(3)通过全国、全省供应会议,分别在一级站（一级批）与二级站（二级批）之间和二级站与三级站之间，对计划商品货源进行供、需衔接，对紧缺三类商品实行会议平衡，对其余三类商品实行自由选购。计划会议是产、需衔接重要形式，供应会议是供、需衔接重要形式，通过以上形式与方法，形成了有计划分配与有计划组织流转相结合的流通体制。这种体制基本上一直延续到改革开放之前。

据1955年统计，全市商业领域中，国营及合作社比重占91％，国家资本主义占2％，私营仅占7％，基本上完成为对商业资本的社会主义改造。

三、对私营商业的社会主义改造

（一）"台江百货大楼"的改造

台江百货大楼位于南台，解放大桥附近。闽江北岸这样一个商业中心的台江百货大楼，是福州解放前官僚资本与私人资本（方代椿、卢仲礼等）联合经营的"中国国货股份有限公司"，于1945年抗日战争胜利后开业。一层经营苏广百货，二层经营丝绸棉布。1949年10月，人民政府接管后，没收官僚资本部分的股份，改称"公私合营国货公司"，归福州贸易公司领导。1951年10月，对私人资本的股份按赎买政策实行全数退股，改称"福州市百货公司直属门市部"。并将第三层辟为营业厅，经营钟表、五金交电等类商品，1~3层共有营业面积400平方米，经营商品4000多种，职工110人。

1956年，为了扩大经营，向蔡骏霖购来一座在台江汛的三层钢筋结构店屋（原新联、瑞士店址），又向杨淑蕴等人租赁来东亚等12家店址，经过改建建成四层百货商店，于1956年11月开业，更名为"福州市百货公司第一商店"，营业面积达2700平方米，经营品种达12700多种，职工308人，是当时全省最大的国营零售商店之一。

1957年的营业额已从1952年的169万元增到490万元。1960年销售额达1604万元，利润111万元，分别比1957年增长2.18倍和2.27倍。1958年，被商业部授予"为人民服务标兵"的称号，并改称"福州市百货商店"。1958年后，因"左"的错误和自然灾害影响，社会消费急速下降，百货营业额下降。1961年，贯彻中央"八字"方针和"商业40条"后，情况逐渐好转。1963—1965年年均营业额为879.6万元，比1962年增长42％。

"文化大革命"期间，商店营业再次受到影响，1968年营业额仅392万元，比1957年还低26％。1970年，福州百货公司的大桥商店、福州五交公司的台江门市部划归"台百"领导，同时在商店的对面增设一家日夜门市部。1973年，台百实行定额管理，开展"五定一分析"，及时分析经济指标执行情况，从而改善了经营管理，提高了经济效益。1982年，更名为福州市台江百货大楼。

（二）"百龄百货商店"的改造

百龄百货商店坐落在台江繁华地段，它的前身是20世纪30年代林伙第在织造毛巾的"百龄机"基础上，与欧福佛合伙在大桥头开设的。商店经营的多是高档化妆品等。经营不久,林伙第因资金不足而退股。欧福佛因缺乏经营经验,聘请林连登掌盘(经理)。而林连登将店内资金拿去赌博,输了钱,以百龄店底作抵押向尤家第四女婿借款1000元,暂时应付了赌亏的债务,但因亏欠太多不久宣告倒闭。

1933年2月,尤德铃(庆潮次子)由上海回来,议定将百龄的店底和招牌作价4500元,商品按市价六折全部承接。承接后,尤家为区别新旧百龄,于是将招牌加上欧记字样,并充实了资金,装修了门面,店务由德錡(庆潮第三子)负责,德铃则常驻上海,负责直接向上海厂家进货。百龄店在当时同行业中具有明显的经营特色和经营优势。它在进货上具有优势,产、销两地关系密切,信息灵、进货活、周转快,因而花色新、品种齐,货对路;经营作风比较诚信,"童叟无欺"、"言不二价",创出信誉;同时还根据不同商品和不同消费对象,实行不同的折扣价。对日常生活用品,如雨鞋、帽等商品采取少赚策略,甚至不赚,对牙膏、牙刷三类日常生活用品,则按20%赚取利润,而对化妆品、花边栏及舶来品等高档消费品,则采取厚利(50%)策略。这些经营措施,为百龄赢得了声誉,吸引了许多顾客。

抗日战争开始后,市面萧条,尤德錡躲避上海,店务交陈承椿主持。1941年9月福州第一次沦陷时,企业已非常困难。抗战胜利后,尤德铃兄弟相继回福州。为了发展业务,将与百龄相隔一家的逢春堂香店承接下来,并开设了百龄鞋帽专业店,同时充实了绸布庄,经营有了起色。不久国共内战爆发,法币贬值,市场抢购成风,市场混乱,尤家大、二女婿担心经济不好,纷纷退股,三女婿避往香港,只剩下尤家兄弟和四女婿,业务主要由尤德龙支撑。

新中国成立初期,在市工商局、劳动局协调下,积极组织货源,改变商店面貌;政府为了在经济恢复时期发挥私营商业在流通中的作用,鼓励商店成立"劳资协商会",要求资方设法增加资金,保证稳定市场。尤德錡变卖私产为"百龄"增资,还增设了"百龄"分号。尤家兄弟和陈承椿三人还增资1万余元,同时尤家俩兄弟将与人合股开设的"建新隆"纱布批发栈收盘,以集中资金和力量办好百龄。经过两度增资,商店面貌有很大变化,营业开始好转。1952年,全省举办秋季物资交流会时,德錡被选为福州代表团成员,去上海、北京、广州进行交流。在兄弟地区的支持下,采取先到货后付款办法,购进了80多万元商品,充实柜台,营业额开始有所上升。1953年业务发展较快,职工有70多人,另雇30多名临时工。1955年改为"百龄经销店",1956年工商业改造,德錡带头申请全行业公私合营,担任福州百货公司副经理,1956年获准成为公私合营。1957年转为国有企业后,国家投资30多万元,将旧楼房改建成面积1033平方米(扩大了433平方米)钢筋水泥结构的店屋,营业面积640平方米(扩大了340平方米)。并投资7万多元,将木柜台改为铝合金柜台。经营品种从100多种发展到2000多种,营业额从1956年前年均117万元,发展到1957—1989年年均260万元,最高年份达484万元,利润从年均4.3万元,发展到年均13万元。

福州解放后,尤德錡被选为福州市"中国民主建国会中央委员会"的秘书长,先后任省、市人大代表,可以称得上有始有终的闽商代表人物之一。

(三)"德馀京果商行"的改造

清同治四年(1865年),莆田县黄石镇东山乡曾徐村农民徐某与同镇屏山梅湖村农民陈贵庭,分别来福州台江下杭街摆设京果杂货摊。经营几年后,徐某独资开设了德发京果杂货行,因经营有方,业务年年发展,于清光绪初又在中亭街(今817南路)开设德馀京果行,聘请陈贵庭儿子陈盛猷任掌盘(经理)。盛猷死后,请陈另一子陈栋梁继任,随后又在南街(817北路)和海防(延平路)开设德康和德昌京果店,合称"徐家四德",商界称之为"京果水牛"。由于徐家京果行(店)做到品种齐全,货真价实,童叟无欺,因而信誉卓著,许多顾客,特别是官宦、乡绅、富商的日常食用品、年货、馈赠亲友礼品、酬神拜佛供品都选择到德发、德馀等购买,以此来显耀门庭,提高身价,甚至许多外地顾客也慕名,或亲自或托人来福州"德"字号店购买。到20世纪20年代,徐家传到第三代徐元宝、徐宗国、徐衍衡手上时,店务全托付给掌盘使掌管,各房均不过问,只每月凭折子向店内领款使用,既不坚持祖业苦心经营,又挥霍无度,坐吃山空,以致到1935年时,只剩下德馀和德康。接着,德康也成魏、徐等合营的店家,最后德馀也易主于游文远和王隆安。后游文远退出,王隆安独营。1948年,转归以梁天宝为主的集股经营店。

梁天宝(1917—1999),福建莆田人。于20世纪30年代毕业于福州师范学校,先后在晋江、莆田等地的小学任教,两年中收入微薄,食难饱腹,遂弃教从商,经营家业多年,积资增长后,于1948年接办了福州在清同治年间(1865)开业卓有声誉的德馀京果行。

梁天宝经营有方,颇具特色。(1)店规严密,管理有条,聘请内外总盘使(内总盘陈栋梁总管店规、员工管理。外总盘吴坚如负责采购、掌握商情、价格等)各司其事。(2)坚持德馀老铺"积德有馀、货真价实、童叟无欺"店训与商德。(3)注重店容、店貌装饰,商品排列整齐,品种齐全,有南北京果、土特产品、名酒罐头、糖果蜜饯、海产干货、糕饼茶烟、调味品、粮制品和鱼翅、海参、鲍鱼、发菜等高档货以及采办各地名、优、特商品:绍兴名酒、天厨味精、虎标金针菜、响铃兰枣等,与浙江兰溪枣商建立常年兰枣供销业务关系,独家营销名产兰枣,招徕达官贵人、绅士商贾等慕名购买,作为馈送礼品,以示身份。招收员工重业务与服务素质,人人独立运作,对客热情,是顾客向往的名老铺,知名度相当高。福州解放前夕,在货胀币贬、投机倒把、抢购风日炽、苛捐杂税及摊派冲击与重负下,业务不景气,濒于奄奄一息。后在政府扶持下,恢复生机,业务蒸蒸日上,成为我市大型商店之一。

梁天宝思想进步,拥护党的工商业政策,福州解放当日即恢复营业,影响很好。同时较早参加工商界活动,推任南北货业同业公会筹委。并投入新中国成立初期的三大运动,在土改中主动将田产交给农会,积极组织和推动台江区工商户投入抗美援朝捐献,购买公债,搞好劳资协商与协助税收入库及反轰炸斗争,"五反"运动后组织私私联营,带领同业参加各地物资交流会等做了大量工作。担任台江区工商联主委,出任福州市南北货第一联营处副主任,当选台江区人大代表、区人委委员,选任民建福州市分会委员、福州市工商联常委等职。

1953年国家经济建设进入"一化三改"时期,他除了积极宣传党对私营工商业和平改造方针与赎买政策外,还经营德馀商店,积极创造条件使其较早成为经代销企业。1956年公私合营高潮运动中,他起骨干带头作用,发动与带领同业申请全行业公私合营,在清产核资、定股定息、人事安排等方面做了大量的工作,成绩很大,1957年转为国营,隶属福州食品杂货公司。被任命为福州市食品杂货公司副经理,当选福州市人大代表、市政协委员。

1957年以后,他经受错划"右派"与"文革"的冲击与不公正对待的考验,始终如一相信党会正确处理他的问题。在20多年时间里不消极不悲观,任劳任怨,积极劳动,抱着"别人不干的活,我干!""他人少干我要多干"的思想,不论在市政协畜牧场当饲养员,还是在企业做搬运工,都积极肯干,忘我劳动,不管风雨天、寒暑日,都坚持出满勤、花大力、流大汗,做出优异成绩,多次被评为先进(工作)者。他热爱工作,热忱奉献,得到领导和同志赞扬。

党的十一届三中全会以后,对梁改正错划右派,恢复担任福州市糖烟酒公司副经理。他精神振奋,积极为"四化"建设服务:在公司分管零售商店工作时,倾其全力发展零售业务,千方百计组织职工开展为消费者提供良好服务,发挥出非凡办商才能与富有经验:(1)以提高企业和职工素质为先,讲究店容店貌,装饰一新,商品排列整齐清洁,顾客才能喜购。对职工进行在职培训,他晚上备课,白天向职工轮流上课,传授业务知识、商品性能与保管、服务态度与待客技巧。(2)开展调查研究,安排网点,增加零售店,经过一段时间的工作,恢复与新增网点10多个。(3)扩大经营,增加营业,积极创办土特产与儿童食品两个商店,为满足消费者需求,带领职工设夜市、出流动车,深入街道与厂区,这样使公司营业额、利润都创历史新高。由于取得显著社会效益与经济效益,贡献突出,1981年率先试行将销售指标、职业道德、优质服务、物价政策、食品卫生等一齐承包到柜、组、个人,和以维护消费者利益为目标,使营业额大增。1982年在福州工商界中,梁第一位被评为福州市劳动模范。

在担任福州市政协副主席时,梁天宝积极参政议政,并参加政治协商活动。1984年他参观考察上海等地市场经济回福州后,以主人翁态度,立即执笔疾书向市领导提议:改造福州农贸市场、建立货栈,组织郊县农民的蔬菜、禽蛋等农副产品进城。这些意见,很快被采纳。市里召开协商市政建设与经济发展等重大事项,他每会必到,坦诚建言,还多次带领政协、民主党派、工商联成员,调研视察外(台)商企业、个私经济问题,调查了解非公有制经济发展情况。在维护外(台)商合法权益和国企改革与嫁接等方面,提出很有分量的建议报告,甚得有关领导和政府部门重视。他通过参政议政活动,加深了对中共领导下多党合作民主协商制度重要意义的理解。多次受聘市廉政建设与党风建设检查团任副团长,均做到知无不言、言无不尽地发表意见,认为帮助党搞好"两个建设"是义不容辞的义务,并向市委写了专题报告,受到市里好评。

在工商联担任领导工作10多年时间里,他以"肝胆相照、荣辱与共"为己任,与党的伟大经济建设事业联系在一起。1983年调任市工商联任副主委,在开展经济咨询、专业培训、兴办建联企业、联谊"三胞",接待"台商",为"三引进"做了一系列工作。在新历史时期,党赋予工商联做好非公有制经济人士工作,他组织和推动区、县工商联围绕经济建设中心任务,调整会员结构,为市场经济服务,发展新会员,组建新型同业公会,组织会员企业参加各地交易会、展销会和发布市场供应信息等,并总结了"同业公会活力在于服务"的新鲜经验。1993年担任市工商联主委,在组织和推动各级工商联协助当地政府做好非公有制经济人士与个体、私营企业会员为地方经济建设服务中,认真做好"团结、帮助、引导、教育"的思想工作,积极宣传工商联会员企业"爱国、敬业、守法"的光荣传统,激励会员"文明经商",提倡崇高商业道德,开展打假与抵制伪劣商品销售,推动依法纳税,执行价格政策,公平交易,组织参加物资交流,反映与维护会员合法权益,以及发动投入光彩事业、春风活动、扶贫助学、慈善赈灾等善举,并做好招商引资工作和宣传"和平统一祖国大业"等。1998年,他年事已高,主动退让,推举为市工商联名誉主委。1999年病逝,享寿82岁。

第四节 对金融资本的社会主义改造

新中国成立前,福州的金融资本主要是官僚资本与传统的典当、钱庄类的民间资本,对于这些金融资本采取的改造政策是不同的。对官僚资本采取没收的政策,对民间传统资本有利于社会安定的,则采取利用、限制、改造,从适当放松到逐步取消的政策。

一、对旧金融行业的社会主义改造

(一) 典当业

新中国建立之后,政府对高利贷性质的私营典当业本来实行取缔和淘汰的政策,但是又考虑到当时还存在许多失业等方面的问题,典当业对于民间解决临时经济困难还有一定的作用。根据当时政务院的批示,"对其采取继续经营者让其继续经营,能转业者辅导其转业,无存在条件者让其逐步淘汰"的方针。

当时典当业以福州居多数,社会安定后,福州典当业又有所复苏,至1949年年底复业的有瑞康、隆泰、恒泰等17家。至1950年4月,向工商行政管理部门登记注册的就有23家。

新中国建立初期,这些当铺经营方式仍沿用旧制,月当息150‰,有的高达200‰。政府有关部门虽对当息有所限制,但典商大多阳奉阴违,我行我素,又因当铺资金有限,止当现象时有发生。

1951年6月6日,福州市人民政府决定由福州市人行对典当业进行直接管理,并发布《福州市典当业管理暂行办法》18条,福州市根据这个办法对典当业进行管理,其主要做法:首先是检验资本,重估财产,编制收支预算。建立会计制度,实行现金管理,废止以大米计值改为人民币计值,逐步降低当息。其次,健全组织,充实资金,动员联营。

在管理典当行业时采取逐步约束、加强管理的办法。

首先,对各当铺的资金进行清理和落实,提高准入门槛,动员其增加营运资金;规定凡在福州市经营典当业的,应筹足资本金,最低不能低于旧人民币1500万元,资本不足者,限在一个月内补足;要有2家殷实店铺做保证。并报经省人行核准并发给核准证后,再向福州市公安局及工商局分别登记领证才能营业。

其次,依照省人行制定的《关于福州市典当业申请贷款具体规定》,当铺可向银行申请自有资金50%的贷款,并结合贷款限制当息。先规定月息100‰,后经调整降至81‰和75‰。

再次,对典当业的业务经营范围也进行重新规定,规定:典当业以经营质押放款为限,不得经营存款、代客买卖及其他未经批准的业务;不得受当首饰外的金银物品、赃物和违禁品;当票一律改用通俗文字书写等。此外,对当息、当期、当票、账簿、报表、当物的保管及处理、违法处理等均有新规定。

由市人行直接管理时,申请登记的当铺有19家,后由于资金不足和违法经营被勒令停业者外,实际仅有13家。市人行贯彻执行上述规定,并采取经济和行政手段,一方面限制典当业的高利盘剥,另一方面扶持典当业经营正常的典质业务,以解决贫苦市民应急告贷的需要。

最后,进行合并联营。为进一步加强对典当业的管理,提高其经营能力,1952年8月又将13家当铺组织起来,合并为成文、公和、胜康、协余、瑞成等5家,实行联营,1953年年底又增加瑞康一家。联营之后,全市当铺共有资金13.4亿元(旧币),当物成本125亿元(旧币),业务旺季时,可按自有资金150%的额度向银行申请贷款。典当利率先后下调7次,由75‰调至42‰,不计复息,并取消超期1日按1个月计息的做法。当期由2个月延长至6个月,期满付清利息后可再延期3个月。对满期当物,代客拍卖,除收取本息外,余款应退还当户。

1956年2月,在社会主义改造高潮的推动下,典当实行全行业公私合营,成立小额质押贷款处。1956年年初,国家对私营工商业进行社会主义改造,福州市典当业实行公私合营。1月17日,银行代表和典当业资方及职工代表共7人,组成"公私合营福州市小额质押贷款处工作委员会",将原有6家联营当铺合并成立"公私合营福州市小额质押贷款处"(简称"小贷处")。其原有资金89432元作为商股股金,遇营运资金不足,市人行随时提供贷款,并分别于南门、城内、小桥、台江、仓山设立5个分处。当年11月1日福州市人民政府颁布《小额质押贷款章则》,规定押品的折扣率和贷款额度要双方商定,利率调低到12‰,利息按实际天数计算,当票废除直式,改用横式等。由于"小贷处"质押贷款资金有保证,加之又有这些便民措施,群众赞誉不已。自1956年2月至1966年9月,贷款余额最高达180多万元,贷款对象多为工人、农民及市民,用途主要是解决生活上临时资金周转困难,免除高利贷盘剥。

1966年8月间,受"文化大革命"运动破"四旧"的冲击,小额质押贷款处停业,由福州市人行提出行业治理方案,经市人民委员会和省人行批准,进行清理并撤销该机构。

(二)银行、钱庄业

新中国成立后,政府对金融机构的设置采取"边接管、边建行"的方针,在接管官僚资本和地方金融机构的同时,本着"集中统一、城乡兼顾、减少层次、提高效率、力求精简"和"根据国民经济发展情况需要"的原则,逐步建立人民银行、专业银行及保险公司等金融机构。

1949年9月,省人行转发中国人民解放军华东军区司令部《华东区管理私营银钱业暂行办法》,明确规定所谓私营银钱业系指私人资本经营的银行、信托公司、银号、钱庄而言,并对私营银钱业的业务范围、资本额标准、缴存款准备金的比例和机构设立及撤并的报批程序、违反管理办法的处理等做了具体规定。华东军区司令部还授权华东财政经济委员会为华东区管理私营银钱业的主管机关,并指定人行为各地银钱业的管理检察机关,协助各级政府管理银钱业。

省人行根据国家对民族资本主义企业实行利用、限制、改造的政策和上述有关规定,对私营行庄进行整顿和管理,允许私营行庄在遵守人民政府法令的条件下继续经营,鼓励开展正当业务。同时,要求私营行庄呈报组织状况和业务报表,办理登记,增加资本。

在福州,凡是资本额低于《华东区管理私营银钱业暂行办法》中二级规定,即私营银行缴验资本金定为人民币4000万~8000万元(旧币)、钱庄缴验资本金定为人民币2500万元(旧币)的私营行庄,应由股东认股,限期补足。并由人行验收后批准登记营业;未经批准登记的私营行庄,一律停业进行清理。当时本省其他各地均未准许钱庄复业。对地下钱庄进行非法活动的,则由当地人行配合有关部门,采取重点打击和"说服与取缔"相结合的方针,劝导转业或停业。

"三反"(即反贪污、反浪费、反官僚主义)、"五反"(即反行贿、反偷税漏税、反盗骗国家财产、反偷工减料、反盗窃国家经济情报)运动后,私营银行业务处于停顿状态,存、放、汇业务均比1951年减少。省人行贯彻中财委指示,对私营银行机构进一步进行整顿。福州华南和中国实业银行,因资金过薄,组织涣散,业务萎缩,经批准于1952年6月起停止营业,撤销机构,其存、放、汇业务,移交省人行南台办事处代为清理;厦门中国实业银行与国华银行于1952年6月对外停业,其业务并入新华银行办理。

1953年1月,省人行贯彻总行"进一步彻底改造合营银行,从联营基础上走向合并"的指示,将相关银行合并,成立公私合营银行。

对公私合营银行和私营银行原则上一视同仁,但在规定的经营范围内则积极扶持公私合营银行,帮助其开展业务,通过公私合营银行典型示范,鼓励私营行庄走国家资本主义的道路,主要是通过组织联放、联营、合营等形式,逐步促进它们由分散到集中,由部分合营到全行业的公私合营,实现对私营银行的社会主义改造。

(三)侨汇(侨批)

福建是全国重点侨区之一,福州是重要的港口。根据华东区人行《关于中国银行专业化问题的意见》,本省中行机构设置主要掌握两条原则:一是办理出口结汇的重要港口,二是办理侨汇的中心地点。

新中国成立的当年11月,全省登记营业的民信局有185家,其中厦门86家、泉州30家、福州25家。20世纪50年代,特别是朝鲜战争爆发后,美帝国主义封锁中国大陆,南洋各国对华侨汇款采取严禁或严加限制的政策,在禁汇区内民信局完全处于地下经营状态,纷纷倒闭或停业,省内与国外有直接联系的头、二盘民信局也受其影响。本省民信局逐年减少,1950年减为138家,1951年减为124家,1952年又减为104家。

1956年2月全国侨务工作会议确定侨汇业的社会主义改造应贯彻有利于增加侨汇收入;侨汇业与其他行业一样已进入社会主义,对侨汇业进行社会主义改造,执行"统一领导、分散收汇、独立核算、联合派送、同业互助、多收汇多奖励"的原则。1957年1月,三盘民信局的各地联合侨汇派送机构改造为全民所有制的国家银行附属企业。

"文化大革命"期间,金融工作虽然受到很大干扰,但本省各地头、二盘民信局仍继续开展收汇业务,三盘民信局联合侨汇派送机构也坚持侨汇解付工作。中共十一届三中全会后,侨汇派送机构撤销,业务全部移归中国银行办理,派送人员由银行包下,成为银行职工。

二、建立社会主义的金融信用体系

1949年在金融体制上实行高度计划管理的体制。首先,要把国民党统治时期在福建推行的"四行二局一库"金融体制彻底摧毁,在接手地方银行并整顿私营银行的同时,建立起统一的人民币市场和社会主义金融体系,并逐步开始建立社会主义的金融信用体系。自1953年起,银行实行高度集中统一的计划管理体制。

1949年后,国家逐步开始计划经济的工作。1950年福建省人行根据华东区人行下达的金融业务计划开展工作,1951年开始试编业务收支计划,1952年向全省各地推行。当时银行业务计划与财务计划尚未分开,且计划内容也不全面,业务收支计划还不是完整统一的信贷计划。从1953年起,全省银行开始正式编制年度(分季)综合信贷计划及季度(分月)信贷计划,以季度计划为主进行检查和考核。信贷计划管理实行"统存统贷"的办法。各级银行吸收的存款全部归人行总行统一运用;各项贷款由人行总行统一核定计划指标,然后逐级下达。各级银行都实行指标管理,存款指标必须完成;贷款指标未经批准不得突破。项目之间也不能相互调剂。此办法与高度集中的计划经济管理体制是相互适应的。

从1959年起,福建信贷计划管理才实行"差额管理"的办法,其基本原则是"存贷下放、计划包干、差额管理、统一调度"。除中央财政存款和中央企业贷款仍由人行总行管理外,其余存贷款管理权限全部下放给地方,由省、地、县层层差额包干,也就是对贷大于存或存大于贷的差额实行全面的包干,前者不得突破,后者必须完成。存贷款差额一年算账一次,在计划包干差额范围内,多吸收的存款可以多发放贷款,贷款收回还可以再贷。

从1950年起本省统一的人民币市场基本形成,各地人行按照国家统一财经工作和实行现金管理的决定,着手布置单位编报货币收支计划。但当时管理不够完善,计划还不能正确全面反映纯现金收支的变化。从1953年起,银行开始正式编制现金计划,实行高度集中统一的计划管理体制,按照从市场流通领域返回银行,与从银行投入市场流通领域的渠道,分别设置现金计划的收支项目,反映纯现金收支变化。银行除组织单位按年(分季)、按季(分月)编报现金计划外,还汇编辖区现金计划,按照上级行核批的指标掌握执行,不得突破。遇有特殊情况需要突破计划时,按照规定程序报批。由于银行经常分析货币和商品流通的情况,现金计划成为实施货币政策,合理摆布发行基金和调拨现金,保证现金及时供应,调节货币流通的重要工具。当时从单位到银行层层按年分季、按季分月编报计划,工作量大,加之管理水平低,以致影响这项工作的作用。

1958年对现金计划管理做出一系列改进,取消单位报送现金计划,改为各行按年度(分上、下半年)编报计划;把发展经济和加速现金周转作为计划编市原则;加强重点项目管理;将现金计划和信贷计划的检查分析有机地结合起来。而后,由于受"大跃进"中许多违背客观经济规律的错误口号和做法的影响,计划管理流于形式,信贷监督放松,市场货币投放过多,加剧国民经济的困难。

1962年3月,中共中央、国务院公布《关于切实加强银行工作的集中统一、严格控制货币发行的决定》。省人行在重新实行高度集中统一的计划管理体制同时,一方面发动各地银行控制货币投放,组织货币回笼;另一方面开展市场货币状况调查,建立重点联系行和定期情况反映制度,发挥现金计划管理综合反映和调节货币流通的作用,进一步加强了管理体制现金收支总额与货币量平衡。

国民经济恢复时期,本省贯彻统一财经工作决定,制止通货膨胀,稳定金融物价。银行采取各种行政手段和经济措施,统一货币发行,打击金融投机倒把活动,建立统一的人民币市场。同时,根据国家货币信贷政策,实行现金管理,加速现金归行。集中资金,增加货币投放,支持生产,活跃物资交流,发挥货币在国民经济恢复和发展中的调节作用。

在城乡生产发展、物资交流活跃的基础上,银行实行高度集中统一的计划管理体制,正式编制信贷、现金计划,按照核准的计划组织实施,有计划地调节货币流通,支持国营经济的壮大,支持生产和商品流通的发展,达到计划经济下金融政策的有效倾斜作用。

第七章

改革开放时期福州商人资本的发展与壮大

长期以来福建作为对台沿海前线,经济发展放在第二位考虑。改革开放之后,福州作为边缘地区,反而获得了后发优势。先是作为沿海14个开放城市之一,接着全面招商引资,占着华侨的投资优势,在资本引进方面,一时走在全国的前头。闽商敢闯的精神,在改革开放中,不断获得了发展,在新时期的改革开放发展中,商人资本正在实现跨越式的发展。

第一节 改革开放初期乡镇企业的蓬勃发展

福建长期作为对台前线,在经济上一直是没有发展空间的。国家从来没有大的项目考虑投向这个地区,福州几乎成为边缘化的城市。改革开放的时期,福建在探索的过程中,仍然是迟滞的、目标不明确的,只是在亦步亦趋地紧随中央的改革步伐。

直到改革开放之后特区的形成,福建才在国家发展的战略中有了自己的一个位置。设置在远离北京政治中心的广东的三个特区和福建的一个特区,作为改革的试验地,国家的发展战略意义明显。

1979年7月15日中共中央、国务院批转中共福建省委报告,同意福建省实行对外经济特殊政策和灵活措施。这一方针的实行,使福州市突破了长期作为海防前线对外封闭的束缚,开始迈开走向世界的步伐。

从某种意义上说,福州是开放为先,改革为次的。

一、长乐——"草根工业"发祥地

从改革进程来看,中国的改革是从农村开始的。农村改革,最为重要的是解放了劳动力,为城市改革注入新鲜的体制性的突破动力。

安徽小岗村的改革拉开了农村改革的试点。中国农民以誓死的决心,撕裂开封闭的计划经济体制。如果说小岗村农民的联产承包改革是中国改革的先声,那么,福州农村的改革则是从著名的长乐金峰起步的。金锋可以说是福州草根工业起源之乡。

金峰镇以其地理优越、物产富庶、商贸鼎盛、人文荟萃而饮誉八闽,历史上与涵江、石狮、石码并称福建四大名镇,并被称为"中国经编四大名镇"之一,享有"小上海"之美誉。早在明朝末年,金峰就成为长乐"北乡"(周边8镇)农副产品集散地。据介绍,1958年时金峰成立了人民公社,辖金峰、梅花、湖南。1961年,梅花镇、湖南镇划出另立公社。1962年金峰镇隶属金峰人民公社。在"割资本主义尾巴"的岁月里,金峰的敢闯名声比石狮还要出名。

长乐,近省会福州,信息获取便捷,又濒临大海,素有闯荡精神。在改革开放的初期,金峰一跃而影响全省。1979年年初,金峰镇凤洋村农民周尚全第一个向工商部门提出办厂申请,之后,华阳村农民首先办起蚊帐厂。由此,素有长乐纺织村之称的华阳、凤洋等村的农民也迅速地拾起传统织布手艺,不到两年时间,金峰镇涌现出3000多台"花木兰"式的织布机,一派"户户织帐忙,处处响机杼"的繁忙景象。

1979年7月,国务院颁布《关于发展社队企业若干问题的规定》,明确提出"各行各业必须把扶持社队企业的发展作为自己的一项重要任务,制订规划,提出措施,为社队企业的大发展做出贡献。计划部门要统筹兼顾,全面安排,使社队企业同国有企业各自发挥自己的优点,紧密衔接,协调发展"。之后,金峰、潭头等地的干部群众释放出创办企业的极大热情,先后集资办起塑纺厂、氯纶厂、水产冷冻厂等一批企业。

1979年,是福州再次焕发活力的时代。长乐金峰镇农民陈兴玉开办了第一家蚊帐厂,开启了长乐纺织业兴起的序幕。1982年,敢为人先的金峰镇华阳村农民郑良官召集同村人创办了长乐市第一家经编厂,成为福建省乃至全国最早发展经编业的区域之一。长乐第一家纬编织物印染厂是1984年4月由农民周世泰领头创办的。而第一家开幅式织物染整厂则是在1985年10月由村民陈斯清创办。他们解决了织物染整要长途运送到江、浙加工的历史,为长乐纺织业的快速发展创造了条件。长乐第一家丝织厂是由何长海、程炎乐等联合三星村民创办的,三星丝织厂首家购进K74丝织机生产出当时甚为流行的可与"走私布"媲美的涤纶布。长乐第一家棉纺厂是由村干部许典都带领105户许朱村民集资53万元,于1985年创办的凤洋棉纺厂,从此长乐有了自产的第一根机制纱。

至1983年,长乐民营企业发展到1106家,总收入达1.25亿元,长乐经济建设迈出了可喜的第一步。开放后他们在市场意识引导下,敢吃螃蟹,不怕戴帽子、不怕割尾巴、不怕秋后算账、不怕倾家荡产,敢于冲破长期的思想禁锢,使长乐的民营企业比其他地区获得了率先的起步。1984年10月撤社设镇(原隶属公社的镇也一并撤销),成立金峰镇。

由于长乐金峰企业的迅速发展,金峰甚至成为我省"草根工业"的发祥地。1984年著名社会学家费孝通来长乐市考察时,将金峰经编业这种快速蓬勃发展的现象誉为"草根工业",金峰镇成为"草根工业"的发祥地而久负盛名。1985年金峰建成全省镇级最大的农贸市场。

改革开放中被誉为"草根工业"的长乐乡镇企业异军突起,规模居全省前列。1984

年,在长乐金峰镇召开全省乡镇企业工作会议后,乡镇企业更加迅猛发展。至1985年,发展到2046家,总收入3.24亿元,上缴税金1081万元,占全县财政总收入的74.6%,和1978年时相比是大不相同了。1978年全县社队企业发展762户,总收入2472万元,只占县工农业总产值的31%。

1985年后,长乐县委、县政府针对民营经济发展过程出现的问题,适时做出"十个允许"、"三个鼓励"、"十个放开"等规定,在很大程度上消除了群众的思想顾虑,促进了民营经济的快速发展,实现了资本的原始积累,到1988年,长乐的民营企业总产值达到6.11亿元,平均年增幅达到50%。到1990年乡镇企业3082家,总收入突破10亿元大关。全县拥有纺织、食品、饮料、羽绒、建材、机械、冶金、电子、塑料等10多种支柱产业,产品由20多种发展到3000多种。农村面貌整体出现了可喜的变化。到1994年,乡镇企业发展到近20个行业,共6409家,从业人员8.25万人,年产值达51.25亿元,比1978年增加206倍,列福建省十强县(市)第七位,"草根工业"已经长成参天大树了。

经过20多年的培育和发展,2004年全镇经编企业总数达400多家,被誉为"中国经编四大名镇"之一。目前,在全国21个纺织产业基地市中,长乐纺织业规模排名第10位。

二、乡镇民间资本的兴起

福州的乡镇企业产生于20世纪50年代末期,1978年全市乡镇企业总产值仅2.61亿元。中共十一届三中全会以后,福州的乡镇企业在改革开放中异军突起。福州市的农村改革首先从农村普遍推行以家庭联产承包责任制为主、统分结合的双层经营体制,取代"三级所有、队为基础"的人民公社制度,为农村经济持续全面发展注入新的生机和活力。对农村流通体制和产业结构进行了局部改革与调整,积极发展农村多种经营,走农林牧副渔全面发展、农工商综合经营的道路。由此,养殖场、专业户不断涌现,特别是自长乐第一家由农民自愿集资合股兴办的"金峰风港针织厂"诞生之日起,乡镇企业不断发展壮大,农村面貌出现了可喜的变化。

1979年福州在农村开始进行经济体制改革,实行农业生产责任制。翌年9月,以生产队为主,用合同形式把耕地分包到组、户、劳力。至1981年,全面实行家庭联产承包责任制。福州市于同年冬在连江县开展人民公社改乡试点工作,改人民公社、生产队为乡(镇)人民政府和村民委员会,随即在全市普遍推行。至此,福州农村结束了长达25年的"三级所有、队为基础、集中劳动、统一分配"的管理体制。

特别是进入20世纪90年代以后出现了超常规发展的趋势,连续上了几个台阶,1992年、1993年、1994年乡镇企业总产值分别超100亿元、200亿元、300亿元。1995年乡镇企业总产值达到456亿元,年平均增长49.7%;乡镇工业总产值达299.9亿元,占全市工业总产值的54%;上缴税金13.1亿元;乡镇工业安置就业人员79.8万人,占全市农村劳动力总数的42.5%。全市涌现出88个乡镇企业产值超亿元乡镇、53个乡镇企业产值超亿元村。

例如，在中共十一届三中全会后发展的鼓山乡乡镇企业，也是一个典型。1990年已拥有大小乡镇企业2323家，其中：乡办28家，村办299家，联办个体996家。1989年在治理整顿、紧缩银根、市场疲软的情况下，仍实现产值22334万元，占全乡社会总产值26800万元的83.3%；实现税利1789.6万元；一大批产品打入国际市场，出口交货总值6208万元。在繁荣农村经济，调整农村产业结构，为城市服务，为大工业服务等方面都做出了积极的贡献。

此外，还有洪山镇。洪山镇地处福州的西郊，从西、北、东三面环绕福建省会榕城，总面积24平方千米，辖19个行政村和3个居委会。党的十一届三中全会后，注重发挥城郊地理区位优势，合理调整农村产业结构，大力兴办乡镇企业和第三产业，依靠引进外资、技术和人才，实施科技兴镇战略，发展壮大集体经济，走出了一条城郊型、外向型、技术密集型的共同富裕的发展道路，取得了令人瞩目的巨大成就。

1978年以前，洪山镇主要以种菜为主，农民被死死捆绑在人均不到三分的耕地上。经济不发展，农民生活也改变不了贫穷落后面貌。1978年全镇社会总产值只有912万元，人均纯收入为145元。1978年，洪山镇只有小五金、小农共、小木箱、小机械、小工厂30多家，产品9类，生产产值不过650万元。党的十一届三中全会后，洪山人抓住改革开放的机遇，解放思想，实事求是，从本地人多地少、毗邻城市的实际出发，合理调整农村产业结构，突破传统封闭小农经济单一生产方式，积极发展多种经营，大力兴办乡镇企业和第三产业，促进了农村社会生产力前所未有的发展，使得集体经济实力迅速发展壮大和人民生活水平日益提高。

1994年全镇已建立12个工业小区，占地554亩，兴建48万平方米标准厂房，拥有集体企业400多家，个体企业369家，三资企业119家，组建了10个企业集团和12个企业总公司，乡镇企业2307个，职工20437人，产品36类。创产值26.75亿元（其中10个企业集团占18亿元），出口交货总值5.85亿元。同时，他们利用"都市里村庄"的地理优势，在福州市区繁华地段，先后兴建29个中高档宾馆、酒家，7个停车场，6个澡堂，4座大中型公园，1800多家商店。1994年第三产业总收入达8.34亿元，占全镇社会总收入33%。①

1994年全镇创社会总产值27.45亿元，利税1.64亿元，镇财政收入3187万元，劳均收入7438元，人均纯收入4350元，分别比1978年增长301倍、111倍、30多倍、17倍和29倍。全镇有7个亿元村。1993年年底，经市、区检查验收，全镇村、居达到或超过小康标准，提前七年首批实现"小康镇"和"小康村"目标。从1984年起，洪山镇连年被评为"区双文明建设红旗单位"，先后多次荣获"全国计划生育先进单位"、"全国先进基层党组织"、"全国十佳乡镇"、"全国学雷锋先进集体"、"省农村工作先进单位"、"省十好文明乡镇"等称号。

---

① 朱铁军、刘观海：《发展壮大集体经济走共同富裕的道路——福州洪山镇共同富裕典型调查》，《福州党校学报》1995年第4期。

1986年洪山经济首次突破亿元大关,1988年实现双亿元目标,1990年超4亿,1994又创下27.45亿元新纪录。经济的高速增长,使农民收入成倍增加。1994年全镇人均收入7438元,大大超过同年福州市职工平均工资4500元水平;农民人均纯收入4350元,也是全国农村居民人均纯收入1220元的3.5倍,比同年福州市城镇居民人均生活费收入3618元高出20多个百分点。

经济高速增长,公共积累日益增多,为洪山农民坚持走共同富裕的社会主义道路奠定了坚实的经济基础。"老有所养,幼有所教,病有所医,孤有所靠,功有所奖",这个中国农民世代梦寐以求的美好愿望如今在洪山终于实现了。

长乐市的乡镇企业发展始于我国的改革开放初期,从20世纪70—80年代初开始,依托沿海改革开放前沿阵地的区位优势,走出了一条以工兴农的乡镇企业发展道路。

1979年长乐农民集体举办社队企业,发展农副产品加工和承接城市转移的轻工业生产,金峰、潭头等乡镇的农民开始集资创办纺织厂,壮大了农村集体经济。从1979年起连续五年,长乐社队企业总收入年均增长30.2%。1984年长乐撤社改乡(镇),乡镇企业取代了社队企业。1985年长乐的乡镇企业发展到2046家,乡镇企业年收入达到3.24亿元,上缴税金1081万元,占当年全县财政总收入的74.6%。20世纪80年代末,受到国营大工业市场竞争的影响,长乐乡镇企业的发展速度放缓。1994年长乐撤县建市,当年全市乡镇企业数达5650家,产值28亿元(其中乡镇工业总产值23亿元),占到工农业总产值的82%。1996年全市乡镇企业发展到6049家,年创造税收1.45亿元,乡镇企业年总产值68.72亿元。从20世纪90年代后期起,长乐市乡镇企业呈现持续快速发展的态势,2012年长乐市全市生产总值为436.88亿元,其中以乡镇企业为主的工业增加值为270.02亿元,比重为61.81%。[①]

我省虽然是乡镇企业和市场经济发育比较早的省份,改革开放以来,乡镇企业凭借灵活的经营机制和农民勇于开拓创业的精神,构筑了多层次、多渠道、多形式的营销网络,在市场竞争中赢得了先行的发展。但随着我国全方位开放格局的形成和卖方市场向买方市场的转变,乡镇企业在国内市场的处境已日趋艰难,特别是中国加入世界贸易组织,面对国际大公司、大集团的强有力竞争,乡镇企业更显弱势。乡镇企业传统的"千家万户、千军万马、千辛万苦、千言万语"的销售方式,已不能适应新形势下全球贸易竞争的要求。因此,面对市场的变化,面对国际的竞争,乡镇企业的发展转型是一场严峻的挑战。

如今的长乐针织经编年产量约占全国市场份额的1/5,锦纶民用丝产能约占全国产能的1/4。这个郑和曾经在此开始下西洋的地方,目前约有10万人口直接从事纺织行业,长乐市锦纶民用丝产能占全国锦纶丝产能比重达24.72%。长乐市纺织工业总产值在全市工业总产值占比已经超过60%,成为长乐市支柱产业。30多年艰难创业与精心扶植,长乐市到今天已经成为我国重要的纺织产业集群,拥有"中国纺织产业基地市"、

---

① 长乐市统计局:《长乐市2012年经济发展概况》,2013年。

"中国经编名镇"、"中国花边名镇"等多个产业名片。

现在长乐社会资本充沛,民营经济发达,近年来长乐海外华侨每年平均的侨汇资金约折人民币60亿元,"十二五"以来民营企业产销两旺。2012年长乐市全市经济总量在乡镇工业经济加快增长的拉动下稳定增长,2012年全市生产总值436.88亿元,其中以乡镇企业为主的工业总产值为288.55亿元,比重占66.05%,全市形成以纺织、冶金两大产业为主导的乡镇企业发展格局,其中又以纺织业的产值在两大产业产值所占比重更大。在乡镇企业工业项目投资方面也呈现纺织业占主导的态势,2012年长乐全市乡镇企业工业项目投资共160余项,投资总额145.24亿元,其中纺织行业共投资112.86亿元,占所有乡镇工业企业项目投资总额的77.7%。长乐市被我国纺织工业行业协会授予"中国纺织产业基地市"称号。2012年全市农林牧渔业总产值约为93.41亿元,全市粮食总产量8.87万吨。

连续多年长乐市经济实力位居"全国百强县(市)"和"福建省十强县(市)"榜单。2008—2012年,长乐市的地区生产总值连续五年排名都列到全省十强县的第七八名,说明长乐市在全省的县域经济中发展状况属较好水平,其中乡镇企业贡献突出。

历经改革30多年的发展过程,长乐的乡镇企业从最初的社队办、村办、镇集体兴办到个体企业经营、联户企业经营,再到引入"三资"并向企业集团化方向发展,长乐市的乡镇企业由小到大,由弱到强,从"草根工业"发展为"参天大树",成为长乐市生产总值增长的最主要驱动力量。

长乐市的乡镇企业按行业分类,涉及农业、工业(包括采矿业、制造业、电力燃气及水生产和供应业)以及建筑、交通运输仓储、批发零售、住宿餐饮、居民服务和其他服务、文化体育娱乐等行业。根据长乐市统计局公布的数据显示,2011年长乐乡镇企业增加值3325137万元,其中行业增加值最高是乡镇工业企业,增加值为2392472万元,占乡镇企业的72%;其次是乡镇农业企业,约占10%;再次是建筑业,约占5%;其余依次为批发零售业、交通运输仓储业等。相比其他行业产业增加值,乡镇工业企业增加值遥遥领先。

面对这样的情况,长乐的乡镇企业仍然坚定面对市场变化,认识到将来是艰难的转型和自己的不足。

首先是结构上的不平衡。从产业看,产业链呈现"前大后小"的特征,化纤、纺纱、针织(经编)发展较快,占七八成,而织造、服装、家纺等发展相对滞后。从产品结构看,较为单一,中低端产品占比偏高,高技术含量、高附加值的产业占比很低。

其次,受结构不平衡影响,长乐纺织产业关联度不紧密。竞争的多,合作的少;分工的多,协作的少,内部联系不紧密,还未形成真正意义上相互依托、相互促进的产业集群,原料和市场两头在外,又使产业利润外流。"本地服装、家纺、产业用纺织品等利润大、附加值高的行业发展滞后,没有起到终端拉动的作用。"陈木珠分析道。

再次,企业自主创新能力偏弱。目前,长乐纺织业大部分企业真正用于研发的资金投入比较少,大规模、大批量、低成本生产,低价竞销,快速占领市场的成本竞争型发展之路仍是普遍选择,创新驱动有待发力。

最后,品牌培育也有待加强。目前,长乐纺织业已有2项国家免检产品、33项福建名牌产品等,但中国名牌产品和中国驰名商标尚未突破。从区域品牌看,"长乐纺织"的知名度和影响力也有待提升。

伴随着乡镇企业的发展壮大,乡镇企业的用地形式也从初始的农民租用村集体土地、与村社集体联合办厂,到集体土地征收国有后进行"招拍挂"等多种形式。长乐乡镇企业用地经历了从无序到相对有序的发展历程,乡镇企业用地也从粗放利用迈向集约。

福州其他的乡镇企业,面对转型,面对市场的压力,也在积极思考如何建立大型乡镇企业专业批发市场。这对乡镇企业提供集聚众力的竞争场所和营销网络中心,对汇集和增强乡镇企业在市场中的竞争合力,提高乡镇企业产品在国内外的知名度,抢占市场制高点非常重要。福州国际贸易广场、福州农副产品综合批发市场、福州工艺品市场就是这种思考的起步。

首先,乡镇企业的改革,要坚持实事求是,强调因地制宜,允许企业选择适合自己特点的改革模式。力争经过3~4年努力,使股份合作制成为乡镇企业中占主导地位的经济组织。要建立健全集体资产管理制度。根据"乡镇集体所有,政府委托监管,企业自主经营"的原则,成立集体资产管理机构,探索建立具有独立法人资格的乡镇集体资产经营公司,在集体资产管理机构授权范围内,进行集体资产存量部分的经营管理和增量部分合股、控股等投资活动。并逐步建立与健全镇村集体资产的投资责任制度、资产与责任制度、资产日常管理制度、资产收益管理制度和审计监管制度,以保障集体资产的保值增值和高效运行。

其次,各地要通过高水平的规划引导和强有力的政府推动,主攻一批对经济发展关联度大和辐射带动作用强的骨干项目和拳头产品。在抓好食品、饮料、纺织、服装、电子、塑料等10个年产值10亿元以上的传统行业的同时,大力发展为汽车、通信、计算机、精细化工等高新产品配套的项目和高档次、高附加值产品的行业,使之成为乡镇企业新的支撑。各地还要有重点地促进高新技术产业化,积极培育具有时代特征和当地特色的区域主导产业。在产业规划和产业布局中,要力戒低水平的重复。与此同时,要积极实施名牌战略,坚持质量取胜。对近年来争创省级以上优质产品有望的企业进行重点扶持,进一步拓展市场,快上规模,争创名牌。

再次,可采用国际通行的融资方式,包括BOT(build-operate-transfer)投资方式、设立海外基金、买壳上市、出让股权及经营权,努力拓展乡镇企业吸引外资的新形式。采取多种形式招商,大力推行直销式的招商,做到综合性招商和专业性招商相结合,大型招商和小型招商相结合,境内招商和境外招商相结合,全面提高乡镇企业利用外资的水平。外贸上,继续实施市场多元化、产品多样化、质量名优化战略,积极调整出口产品结构,提高出口产品质量和档次,重点发展换汇成本低、附加值高、技术起点高的出口产品,鼓励企业多口岸、多渠道、多形式出口,重点培育一批创汇企业、自营出口企业,发展一批外贸出口企业集团和科、工、农、贸相结合的出口商品生产基地。外经上,鼓励乡镇企业"出海",直接参与国际经济大循环。①

无论如何评价乡镇企业在改革开放中对经济影响的贡献,都是不会过分的。没有这批大胆创新的农民企业家,就没有改革开放的一大批后来的创新者。乡镇民间资本闯出的一条血路,为改革开放树立了一个有效的标杆,只有突破旧的束缚,才有出路。这就是当时中国的国情。

第二节　城市计划经济体制的瓦解

1978年中共十一届三中全会之后,确立了家庭联产承包责任制的合法地位,以农村为重点的经济改革因此深入展开,农村经济是改革的重心并且很快取得了明显成效。但是,在中国经济体系中,城市历来是中国农村的市场,农村改革了,乡镇企业发展了,产品生产出来了,如果城市不能发展,城市市场不能扩大,那么最终势必影响到农村商品生产的发展。

由于城市经济改革的相对滞后,城市经济的发展速度慢于农村经济的发展速度,农村经济发展也就缺乏城市经济的相应配套。城市经济的计划体制、城镇居民不高的收入水平以及国家对城镇居民基本生活的非市场保护,阻碍了农产品按照市场需求规律向城市的自由流通,旧的体制难以为农产品开拓足够的有效需求。城市居民户籍管理下的城乡分割体制,限制了农村剩余劳动力要素向城市的自由流动,导致了农民通过劳动付出获得的边际收益递减,拖累了农民增收的后劲。此外,旧体制下的城市经济活力不强,工业产出效率的限制难以为农村提供足够的工业品和消费品,农村经济结构的进一步调整也因而受到限制。这个矛盾(即城乡分离导致的城乡互动被阻碍、城乡关系不和谐的矛盾)如果不通过城市经济体制改革加以解决,城市工作势必越来越不能满足占我国80%的农村的发展需要,从而使农民商品生产的积极性受到严重挫伤,使农村改革的成果遭到破坏,阻碍农村继续前进。

正是在这样的背景下,为适应农村经济、城市经济和整个国民经济进一步发展的要求,中共十二届三中全会通过了改革主题鲜明的《中共中央关于经济体制改革的决定》,决定加快以城市为重点的整个经济体制改革的步伐,开始对包括工业、商业和其他行业在内的城市经济进行全面改革。从此,标志着经济改革的重心开始从农村向城市经济转移,中国经济改革新篇章也由此翻开。

一、政策鼓励私人经济恢复存在

十一届三中全会以后:

---

① 阮孝应:《围绕"两个根本性转变"实施乡镇企业"二次创业"——福州市乡镇企业发展的回顾及前瞻》,《福建农业科技》1997年第12期。

(一)政策上对以往做法的纠偏

第一,中央明确规定把大批原来不应进行公私合营,没有雇工剥削或仅有轻量剥削的小商小贩、小手工业者及其他劳动者,同本来属于资产阶级范畴的资本家、资本家代理人加以区别开来,明确认定他们原来就属于劳动者。

第二,即使原来是资本家或资本家代理人的,经过20多年的改造,其绝大多数也已改造成为劳动者。

第三,根据1979年12月中共中央批转的《关于对原工商业者的若干具体政策的规定》,原工商业者改变资本家成分,按其职业担任干部的就是干部,和工人一起参加生产劳动的就是工人。

第四,发还他们在"文化大革命"中被查抄的存款、公债、金银和其他财物,恢复他们原来的薪金,归还一些人被占用了的私房,适当调整他们的工作。

(二)政策上鼓励私人经济

同时国务院在1980年3月明确指出,为了方便群众生活,为了解决部分人的就业问题,可以根据实际情况在城镇恢复和发展一部分个体经济。

1980年8月,正式提出在国家计划指导下,实行劳动部门介绍就业、自愿组织起来就业和自谋职业相结合的方针,其中"自谋取业"包含有搞个体经济。

接着,中共中央转发了《进一步做好城镇劳动就业工作》的文件,指出在就业去向方面,可在国营和集体企业工作,也可组织合作社或合作小组进行生产经营,"还可以从事个体工商业和服务业劳动",而且还明确指出要"鼓励和扶植城镇个体经济"的发展,并对个体经济下了这样的定义:个体经济是从事法律许可范围内的,不剥削他人的个体劳动。这种个体经济是社会主义公有制经济的不可缺少的补充,在今后一个相当长的历史时期内都将发挥积极作用,应当适当发展。

接着,国务院发出《关于城镇非农业个体经济若干政策性规定》,这是一份涉及个体经济发展的各个方面的政策性规定。文件首先对个体经济的性质做了进一步定义,除以前提法外,还提出:"从事个体经营的公民,是自食其力的独立劳动者。"对个体经济的作用做了充分的肯定,提出个体经济"对于发展生产,活跃市场,满足人民生活的需要,扩大就业"都有重要的意义。而且提出要国营、集体企业将"手业、修理业、服务业和商业的网点,租给或包给个体经营者经营。"并明确规定"个体工商户,必要时,经过工商行政部门批准,可以请1~2个帮手;技术性较强或者有特殊技术的,可以带2~3个最多不超过5个学徒。

1983年1月2日,中共中央《关于当前农村经济政策的若干问题》明确指出我们是社会主义国家,不能允许剥削制度存在。但是我们又是一个发展中的国家,尤其在农村,生产力水平还比较低,商品生产不发达,允许资金、技术、劳动力一定程度的流动和多种方式的结合,对发展社会主义经济是有利的。文件提出,农民之间换工,请零工,合作经济之间请季节工、专业工、技术工,都应当允许。农村个体工商户和种养业的能手,请帮手、带徒弟,可按照《国务院关于城镇非农业个体经济若干政策性规定》执行,对超出文件规定,"雇请较多帮工的不宜提倡,不要公开宣传,也不要急于取缔,而应因势利导,使之向不同形式的合作经济发展"。

这"三不政策",实际上默认了雇工经营和雇工大户的自发发展。中国城市的私人经济、民间资本就是在这样艰难的困境中开始恢复。

二、引进外国资本投资

经济要恢复发展,企业要开工,首先必须解决资本与劳动力问题。政策上肯定了私人劳动的合法性,也就解决了自由劳动力的存在即自由出卖劳动力问题,那么,资本从何处来呢?在当时只有两条路:一条是国内的民间资本,一条是国外的外国资本。经过了30年的打击与摧毁,国内的民间资本已经荡然无存,或者说是微乎其微,不足以解决当时中国经济发展的资本需求。因而,在改革初期,需要资本的时代,必须寻求外国的资本帮助。对外开放的意义,就在这里体现。引进国外资本,冲击计划经济,在对所有制进行改革的时期,吸收其他资本。

初期的引进外资,作为一种尝试,也经历了激烈的斗争。从1979年颁布《中华人民共和国中外合资经营企业法》,邓小平在不同场合曾三次谈及利用外资进行经济建设的问题。1月17日,在会见胡厥文、胡子昂、荣毅仁等工商界人士时,邓小平指出:"现在搞建设,门路要多一点,可以利用外国的资金和技术,华侨、华裔也可以回来办工厂。吸收外资可以采取补偿贸易的方法,也可以搞合营,先选择资金周转快的行业做起。当然,利用外资一定要考虑偿还能力。"10月4日,在中共省、市、自治区委员第一书记座谈会上,他专门提议要充分研究怎样利用外资的问题,指出:"第二次世界大战以后,一些破坏得很厉害的国家,包括欧洲、日本,都是采用贷款的方式搞起来的,不过它们主要是引进技术、专利。我们现在如果条件利用得好,外资数目可能更大一些。问题是怎样善于使用,怎样使每个项目都能够比较快地见效,包括解决好偿付能力问题。利用外资是一个很大的政策,我们认为必须坚持。"11月26日,在会见美国和加拿大客人时,他再次强调:"实现四个现代化必须要有一个正确的开放的对外政策。我们实现四个现代化主要依靠自己的努力、自己的资源、自己的基础,但是,离开了国际的合作是不可能的。应该充分利用世界的先进的成果,包括利用世界上可能提供的资金,来加速四个现代化的建设。这个条件过去没有,后来有了,但一段时期没有利用,现在应该利用起来。"

3月21日,陈云在中央政治局会议上也强调,要充分利用外资和外国技术。"外资还要不要,外国技术还要不要?一定要,而且还要充分利用。"同年4月,在中央召开的工作会议上,李先念也明确提出:"我们搞现代化,当然要引进外国的先进技术和进口先进设备,利用外国的资金。"但是,引进先进技术和利用外资的根本目的是增强我国的自力更生能力,因此对利用外资工作要做出妥善的安排,不能搞盲目性。1979年3月14日,李先念、陈云在关于财经工作给中央的信中,特别指出利用外资"必须充分考虑还本付息的支付能力,考虑国内投资能力,做到基本上循序进行"。

第七章 改革开放时期福州商人资本的发展与壮大

在邓小平、陈云等中央领导同志的积极倡导和指导下,利用外资进行社会主义现代化建设开始逐渐成为全党和全国人民的共识,利用外资政策也逐渐开始付诸实践。1979年召开的五届全国人大二次会议充分肯定了政府工作报告中关于"采取国际上通用的各种合理的形式吸收国外资金"的政策。1982年年初,中共中央又进一步提出了"我国的社会主义现代化建设,要利用两种资源——国内资源和国外资源;要打开两个市场——国内市场和国际市场;要学会两套本领——组织国内建设的本领和发展对外经济的本领"的对外开放战略思想。

政府还制定公布了一系列有关外商在中国投资办企业的新法规,以改善外商投资环境,吸引外商投资。1979年7月,第五届全国人民代表大会第二次全体会议通过并颁布了《中华人民共和国中外合资经营企业法》,此外,还发布了《中外合资经营企业所得税法》、《外国企业所得税法》、《中外合资企业登记审批程序》、《中外合资企业劳动管理规定》等法规,为吸引外资提供了有力的法律保障。

对外开放的重要内容之一是鼓励外资在我国境内兴办"三资"企业。"三资"企业是外商投资企业的简称,是在我国境内举办的中外合资经营企业、中外合作经营企业和外商独资企业的统称。具体做法就是积极鼓励外资投资,并引进先进技术设备,利用外资来改造传统工业企业,大力发展"三来一补"。

福州城市经济的改革是从扩大企业自主权入手,并进行了综合性改革试点:计划经济带来的公有制大一统的所有制格局必须被打破,让僵死的经济体制活跃进来,让非公有制经济迅速壮大,形成以公有制为主体、多种所有制经济共同发展的格局。

1979年10月,福州开办第一家中外合资企业——福建建桥企业公司,掀开了福州对外开放、招商引资的新篇章。农村经济体制改革的胜利突破,城市经济体制改革的局部试行,从根本上改变了计划经济对福州经济的严重影响,结束了福州经济的徘徊。

1979—1982年,是我国"三资"企业的起步阶段。这一阶段经国家外国投资管理委员会批准或授权有关省市批准而兴办的合资企业有20个,其中福州市有福建建桥企业公司、福建艺光彩色摄影院、福建人造花厂、福建日立电视机有限公司等,投资总额2亿多美元,其中外商投资额为1.7亿多美元。

任何的创新都会有曲折,引进资本过程也是一样。1980年12月23日,由福建投资企业公司、福建电子进出口公司与日本株式会社日立制作所、日立家电贩卖株式会社、株式会社东荣商行合资经营创办的福建日立电视机有限公司正式签订合同,总投资365万元人民币,双方各占50%。1981年6月正式投产,这是当年度唯一在中国开工的中外合资企业。虽然国家订立了中外合资法,但法规是一回事,实际做起来又是一回事。由于"左"的思想迷雾重重,注定了这个"新生儿"要承受毁誉交织。当时从中央到地方对此都有不同意见,一些人竟把福日公司定性为"殖民地性质的厂子"。随着这顶帽子泰山般压下,一场围绕福日公司的争论引起举国关注。在最困难的时期,国家计委甚至不承认福日公司的生产计划;商业、工商管理部门通知福日公司,电视机向省外出售,须经报批发给准运证,否则与走私同样论处。

由于计划体制的束缚,福日公司曾经被"卡死",不被列入生产计划,没有外汇购买必需的配套元器件，这就造成一方面生产材料供应没保证，另一方面已生产的产品又大量积压。最后，只能采取了变通的办法，从积压的库存中，先安排数万台彩电，以人民币在省内出售，然后按外汇平均成本计算，由计委安排平衡外汇450万美元。这样，才减轻了福日公司的库存积压，加快了货币回笼，稳定了市场并维持了工厂的正常生产，也满足了人民群众的需要。

可见，引进外国资本与鼓励经济发展，就是在这样的艰难中行进的。

三、从点到面，设立改革试验区

计划经济的思维是顽固的，各个个体自谋生路，小打小闹，没有普及效应。改革开放必须要很快地见到成效，才能阻止保守力量对新经济思维的对抗。

正是在鼓励外资来华投资取得有效成果的基础上，才有1979年我国设立了管理使用外国投资的专门机构——国家外国投资管理委员会。并在1979年6月6日、9日，党中央、国务院先后批准广东、福建两省在对外经济活动中实行特殊政策和灵活措施。这些改革措施主要是：扩大两省的经济管理权限，增强其经济发展活力，在发展外贸、吸收外资、引进先进技术等对外经贸业务上，在国家计划指导下，给两省一定的机动权；国家对两省10年内新增财政收入，大部分留给省里安排建设，以发挥两省作为重要侨乡和毗邻港澳的人文、地理优势。1980年8月，五届人大常委会第十五次会议决定批准国务院提出的在广东省的深圳、珠海、汕头和福建省的厦门设置四个对外开放经济特区，在特区内对吸收外资实行一些特殊优惠政策。

四个经济特区是我国完全行使主权管辖的行政区域，具有社会主义的本质和特征。但在其经济活动中又实行特殊政策，在经济管理上实行特殊的管理体制：一是所有制是以社会主义公有制为主导的多种经济成分并存的结构，外商投资企业所占经济比重（特别在工业方面）可以大于内地。二是在国家宏观经济指导下，经济运行主要采取市场调节手段，充分发挥市场机制的作用。三是对到特区投资的外商提供较多的优惠待遇，企业的所得税率减按15%征收；对进出特区的境外客商、外籍人员简化手续，给以方便。四是对特区政府授予相当省级的经济管理权限。属于中央统一管理外事、边防、公安、海关、金融、外汇、港口、铁路、邮电等方面的业务，由国务院主管部门结合特区实际情况，制订专项管理办法。五是国家对特区建设实行政策倾斜，给以支持。如增加银行信贷资金规模，新增财政收入、外汇收入在一定期限内全部留用，特区进口基本建设所需的物资免征关税等。1982年1月15日，中共中央、国务院批转《沿海九省、市、自治区对外经济贸易工作座谈会纪要》，提出要抓住当前有利时机，大胆利用外资，积极引进适用的先进技术和必要关键设备，加快对沿海现有企业的改造。

此后，开始扩大和调整地方与部门的外商投资审批权限。按项目总投资计算，上海、天津扩大为3000万美元以内，广东、福建、辽宁、北京、广州、大连扩大到1000万美元以内，其他的省、自治区和沿海开放城市，以及沈阳、武汉、重庆、海南行政区和国务院各部门扩大为500万美元以内；四个经济特区内更加灵活，轻工业限定在3000万美元以内，重工业在5000万美元以内。另外,对于不涉及全国综合平衡的非生产性项目,地方和部门的审批权就更大一些。上述政策更大范围地调动了各地方和各部门开办的"三资"企业利用外资的积极性。

城市计划经济体制的瓦解,是一种全面性的颠覆。中央从政策上给出了讯号,从引进外国资本的投资作为榜样,规划出一个区域来做改革开放的试验田,计划经济的思维从理论到现实都已经无路可走。民间资本的发展,已经成为一种不可逆转的趋势。只有看到这点,才能把握中国经济的发展脉络。

第三节 福州企业家的呼喊

在提到福州改革开放的贡献时,必然会提到55位厂长、经理的呼声。

中国改革开放的大潮风起云涌,农村小岗村突破了旧的思维,实行联产承包;城市改革,中央三令五申鼓励民间资本的存在与发展,引进外资,对体制内企业做了示范,但长期计划经济体制下的思维束缚,仍然影响着福州企业的发展。冲破体制的束缚,成为福州体制内企业家对改革的最大贡献。

农村改革转到城市改革之时,从中央下来的项南,在中国当时敏感的时期,让福州企业家火了一把。也是趁着项南的这一把火,把福州的55位企业家推向了全国,最终也把这些企业家推上政治舞台。从55厂长、经理的呼声及其随后的运作,也可以反映福州人的性格特征。

1984年3月22—24日,来自全省的55位厂长、经理们齐聚福州市二化招待所,参加"福建省厂长(经理)研究会"成立大会,并召开第一次会议。本来这只是一次普通的例行协会会议,与会者除了福建省55家骨干企业的厂长和经理外,还有省经委的数名官员,其中就包括将在"松绑、放权"事件中起关键作用的黄文麟。

黄文麟是当时到会的最高级别官员(副厅级),时任福建省经济委员会副主任。24年后,黄文麟回忆起那次会议,仍然心潮澎湃。"当时福建省工业企业面临相当多问题,我们召开这个会本是想让来自全省各地国有骨干企业的当家人过来,谈谈经验,互相取经学习。但他们都感到企业经营的压力非常沉重,大家把憋在心里的话全掏出来了,会上厂长(经理)们讨论相当热烈。"没有想到一次本是为了加强企业当家人之间经验交流的研究会,却成为厂长(经理)们互诉苦水、共谋对策、推动国企改革的先锋。

当时的国有企业"婆婆多",管得还严。拿一个省级工厂而言,从厂长到车间主任的任命都得听主管厅局的;财政拨款归财政厅管;产量计划由省经委下达;工人群体由劳工局管;产品由工商部门包销……一句话,虽然干部坐着"铁交椅",职工端着"铁饭碗",但厂长没有权,职工没干劲,企业没生机。厂子就像一潭死水,而上级压下来的繁重生产任务就像是投入死水的石块,仅仅能荡起一些绿沫,却绝不可能重振企业的活力。这就是计划经济体制下的企业状况。一个企业产、供、销被切割成许多块,并被许多的"婆婆"管着。

1983年,全省工业总产值增长7.7%,但同期利润却下降了1.9%。1984年,福建省委、省政府要求全省工业总产值的增幅达到10%,同时产值、税利、财政收入必需同步增长。要实现这一生产目标,对于当时那些企业的当家人而言是极其困难的:纵然福建作为全国率先对外开放的省份,有着发展的有利开局,但传统的计划经济体制对企业以及企业家的"五花大绑",却让完成生产目标成为几乎不可能的任务。

他们都认为自十一届三中全会后,全国农村改革、家庭联产承包制搞得轰轰烈烈,农民种田积极性大大增强,而企业却被紧紧束缚住手脚。大家都认为企业再不改就不行了,所以越讨论越激动。在会议主持人的组织下,他们作为体制内的企业家,开始壮着胆子"伸手向上要权"。

在倾听了55位企业家明确的"松绑、放权"心声后,黄文麟在当天便找到时任企业管理协会秘书长的藤能香,商量如何将企业家的心声向上反映,一层一层打报告恐怕最后只落个石沉大海的结局,最快也是最奏效的办法就是超常规越级上报。这在当时是要承担极大政治风险的。但为了使厂长(经理)们的心声能受到重视,黄文麟和藤能香还是决定以联名呼吁书的形式,直接将其递交给省委书记项南。

1984年3月22日下午,黄文麟和藤能香便拿着呼吁信赶往省委书记项南同志的办公室。项南在看完呼吁信后,当机立断做了批示:"此信情辞恳切,让人读后有再不改革、再不放权,就不能再前进的感觉。本人认为有必要将这封信公之于众。"1984年3月24日,55名厂长、经理呼吁信《请给我们"松绑"》发表在《福建日报》头版头条,就此引起了全国各地的关注。

全国聚焦福建"松绑、放权"一周后,1984年3月30日,《人民日报》在第二版头条显著位置,不仅报道了55位厂长、经理呼吁"松绑、放权"的消息,还补充了福建有关部门重视呼吁的内容。同时,《人民日报》还配发相关"编者按",对福建省的做法表示赞赏。

呼吁信发表后,迅速引起轰轰烈烈的连锁反应,全国各地许多省市的厂长、经理们也迅速行动起来,纷纷要求明确企业生产经营中的责、权、利三者关系。冲决计划经济体制的束缚,已经成为必然。

与此同时,"松绑、放权"呼吁信引起了政府有关部门的高度重视,应国家体改委的邀请,在同年4月份,黄文麟率领55名企业家代表汪建华、游廷岩、龚雄、刘维灿、赵允文等同志专程赴京汇报,并在中央党校和《红旗》杂志社(《求是》杂志社前身)的编辑部座谈。他们得到了上级领导的肯定和赞扬。当时的国家体改委副主任童大林听取报告后,由衷地说:"你们的呼吁,在整个经济工作的池子中投了一块石头,你们提出的问题,正是我们要研究解决的,对我们进一步开展工作带来了极大的推动作用。"

发出呼吁信之后,政府开始大力度下放权力。省政府连续下发了7个文件落实企业自主权,后来中央也做出许多改革的决定。1984年5月10日,国务院颁布了《关于进一步扩大国营工业企业自主权的暂行规定》。此后政府又实行了《关于城市经济体制改革的决定》《全民所有制工业企业转换经营机制条例》《中共中央关于建设社会主义市场经济体制若干问题的决定》等一系列宏观政策,都是对企业要求"放权"的充分肯定。实行大"松绑"是对企业家们勇于改革的热情支持和鼓励。

随着国家几项宏观政策的出台,福建省委、省政府以极快速度发布了搞活企业的四条改革措施,并督促省里各有关部门具体落实。可以说,福州55位厂长经理的呼声,惊动了全国,是在改革开放初期对城市体制内企业改革的一个重大突破。这种呼声对福州、对福建,甚至对中国那个时期的经济改革的推动贡献,都是无与可比的,如何评价这个贡献都不为过。也正因为如此,55位厂长、经理发出的是体制内企业改革的最先声,必然震动中国大地。

改革的大潮也把这55位厂长、经理送上了以后各自不同的岗位。改革开放初由于体制的束缚,福州成为呼声的领头,而成果最后却"结"在其他省份。这又是一个值得福州人深思的问题。福州企业改革的呼声是由国企的厂长、经理发出的,55家国企的命运、结局也是让人深思的。55位企业家,最终都先后获得政府官员的位置,实际上都已经退出具体的经营领域。

福州的国有企业改革已经走过20多个春秋,它的每一个变化都为社会所瞩目,每一步进展都为群众所关心,每一个成就都关系着福州经济社会的发展。企业改制,需要的是打破陈规的创新精神,和完善产权、发展市场激励机制的勇气。为什么这一呼声惊动全国,但体制内企业的改革至今仍然踟足徘徊?可以说这道呼声发轫于30多年前,但至今国有企业的改革尚未结束,任重道远。

第四节 福州资本的冲动

福建作为全国四个改革开放的试验区,惠及了福州的全面经济发展。1984年,福州被国务院批准为全国首批14个对外开放沿海城市,政策进一步推动了福州商人的投资热情。

一、融侨工业区

首先,在引进外国资本的过程中,福建、广东有得天独厚的优势。福州历来华侨优势明显,对外引资自然有与其他省份不一样的优势。外资对福州经济的贡献是不可低估的。

在招商引资发展外向型经济上,至1998年年末,福州市实际利用外资达到61.36亿美元,外资企业出口交货总值占全市出口总值的80%以上,全市批准台资企业1312家,协议台资27.09亿美。据统计,截至2007年,我省利用外资实际到位740.69亿美元,占全国的十分之一强,列第四位。福建省统计局资料显示,若按历史可比口径统计,2007年我省合同外资123.36亿美元,实际到资81.31亿美元,分别是1979年的12336倍和9796.4倍。这意味着,在短短30年间,我省的外资引进能力增长了一万倍。

原来只有1平方千米的融侨工业小区到1992年已盛不下大批涌来的外资企业,经国务院批准,融侨工业小区开始升格为国家级融侨经济技术开发区,规划面积扩展到10

平方千米,成为中国第一个以"侨"命名的经济技术开发区。

由此,融侨经济技术开发区发展迅速,规模不断扩展到近50平方千米。1987年创建的融侨经济技术开发区规划面积7平方千米,至1994年,累计批准"三资"企业513家,总投资23.05亿美元,实际利用外资14亿美元。福清洪宽工业村是融侨经济技术开发区的延伸区,总体规划面积12平方千米,1994年年底已有40家"三资"企业在此落户,总投资1.85亿美元,1994年企业产值5亿元。

福清要发展就必须要有港口。1989年,林文镜又投资建了福清历史上第一个3000吨级的下垄码头,融侨经济开发区大量出口产品由此运往香港,再由这一营运中心运往世界各地。

1990年,林氏集团在福清又建了一个侨资开发区——元洪投资区。林文镜为了让元洪投资区中的企业能节省经营成本,又投资建设了福清历史上第一个万吨级码头。1992年林文镜发现并开发了那个让他"漫卷诗书喜欲狂"的江阴港,并打算把其建成一个国际性的港口。

技术密集型企业不仅需要良好先进的硬件设施环境,更需要人才资源作为其发展的强劲后盾。林文镜在福清共投资了14所学校,包括幼儿园、小学、中学、师范。甚至想募资在福清建立一所综合性大学,校名暂定为"福清大学",目前已筹资3亿元作为建校初期的费用。

融侨开发区在产企业232家,电子技术密集型企业占主导地位,充分发挥了示范辐射作用,有力促进了福清全市的工业化、城市化进程。开发区通过"以侨引台,以台促侨"的措施和办法,形成"侨台港外联合开发"的格局。其中,洪宽工业村素因台资企业集中,被海内外媒体誉为"福建小台湾村"。

根据统计,1979—1994年,福州市共批准外商投资企业3722家,总投资101.31亿美元,已投产开业的"三资"企业1724家,到资24.6亿美元。其中超过1000万美元的大项目230多个。1988年促成签订"三资"企业合同83项、112家,引进侨资(港资)占福州市当年引进外资总额81.5%,金额1.27亿美元。在外商投资企业中,侨资企业占绝大多数。侨商投资也由初期单纯的工业加工,逐步扩大到农业、能源、交通以及房地产、餐饮、金融、娱乐等第三产业,在侨商的带动下,欧美、日本以及东南亚的一些跨国公司和大财团纷纷到福州投资兴业。

融侨开发区以其不足福清全市1%的土地,创造了2006年福清全市40%的税收、70%的工业产值和90%的出口总值。截至2007年6月,融侨开发区累计审批各类企业543家,总投资37.67亿美元,实际利用外资13.97亿美元,工业总产值2746亿元,外贸出口234.52亿美元,财税收入52.16亿元。

融侨开发区积极探索并成功实践了"侨台港外联合开发"等发展模式,创造了令人瞩目的"福清速度"、"福清效益",把昔日的荒滩坡地打造成海峡西岸一个功能完善、环境优美、主导产业链完整、投资环境优良的现代化新型工业区。在这里,培育了冠捷电子(捷联电子)、福耀玻璃、明达工业、南方铝业等一大批在国际国内同行业领先的巨型企业航母。目前,融侨开发区已成为福清改革开放的示范区、产业成长的突破口、引领经济的

"火车头",成为福建省加快发展先进制造业、建设海峡西岸经济区的"新高地"。

融侨开发区1992年经国务院批准成为国家级经济技术开发区,是全国唯一以"侨"命名的国家级开发区。"融"是福清(玉融)的别称,而"侨"是华侨的代称,可见从某种意义上说,是"侨"改写了这座城市的历史,也是"侨"书写了这座城市的辉煌。

最终,福州市已形成以福州经济技术开发区、融侨开发区、高科技园区等国家级开发区为龙头,以福兴、青口、金山等省级开发区为基础的全方位、多层次的对外开放格局。

二、民间资本开始活跃

资本是经济社会的润滑剂,没有资本的活跃,经济的发展是不可能实现的。随着改革开放的深入,民间资本开始在各个领域活跃,影响着福州经济的发展。

1985年福建第一家多成分股份民间金融组织——东升服务社,在连江琯头镇成立。150个村股,10个集体股,140个个人股,目的是以集资融通民间资本扶持乡村企业的发展。这是全国第一家民间股份制的民间金融组织。

侨资为福建经济社会发展注入了强劲的动力。近年来,福州市大力开展"亲情招商",不断拓展以侨引台、以侨引外的渠道,鼓励引导海内外榕籍企业家回乡投资兴业。据不完全统计,海外华人、华侨为家乡社会公益事业捐资累计18亿元人民币。从侨汇来看,大量侨汇源源不断涌入,已构成福建侨乡民间资本的重要组成部分。福建海外乡亲多,侨汇与劳务国际输出给当地带来了滚滚热钱。一份统计显示,早在20世纪90年代,仅福州地区每年就有将近2亿元的侨汇流入。而在马尾、琅岐、福清、连江、长乐等侨汇重镇,此项收入更高。另外,与大量内地人到沿海地区打工颇为类似的是,福建人到国外打工也相当普遍,他们主要到美国、日本以及东南亚地区。大量劳务输出的结果就是源源不断的外汇收入流进福建省。例如,由于大量劳动力到日本打工,数以亿计的日元汇回到福清,福清因此成为国内知名的"日元村"。据不完全统计,仅在长乐市,源源不断的大量外汇汇入,使长乐聚集着大量的民间资本。2003年,通过有关金融机构(不包括邮政等其他渠道)汇入长乐市的外汇达4.6亿美元,每天平均120多万美元,且金融存贷比例合理,资金出现大投放、大回笼的良性循环,形成经济与金融互动发展的局面。

福建是我国改革开放最早的地区,创业热情高涨,非公经济活跃,民间资本充盈。据2002年保守估计,福建民间资本存量达到4000亿元。由于福建特殊的地理位置和文化传统等因素,民间资本具有极强的隐蔽性,散布于民间的隐性资本数额更巨大且难于统计。改革开放以来,福建经济高速增长,在很大程度上得益于民间资本的强劲驱动。

随着家庭工厂、股份合作制企业雨后春笋般的出现,福建的民营经济从小到大,由弱变强,不断成长。当众多的个体细胞被激活后,经济的活力也就显现出来了。民营企业不仅推动了福建区域经济的蓬勃繁荣,也使福建的经济规模迅速扩大。

1979—2001年,全省民间投资额累计2522亿元,占全社会固定资产投资的42.5%,年均增长率为24.1%,2001年全省民营企业创造的工业总产值占全省工业总产值的比重为56%,在全社会消费品零售总额中有80%以上是由民营企业实现的。目前福建民营经济占全省经济总量的65%以上,其所吸纳的就业人员也占全社会从业人员总数的23%,成为乡镇企业的主体力量、工业经济的半壁江山、财政收入的重要来源、增加就业的主要渠道,显现了在国民经济发展中重要的增长源的作用。

三、创新潮涌福州城

中国改革进入第二个阶段,民企的发展,在一张一缩的进程中推向了市场,在市场中壮大了自己的力量,这时,旧体制中多种经济力量也在寻找发展的突破口。国企的、集体的、戴红帽子企业的、民企,都在这一时期寻找发展的机会。这是中国企业发展的最好机会,也是最后的壮大机会。

在这一轮发展中,有的壮大起来,有的衰落下去,有的已经兴起,但最后败落下去,至今只剩下留存人们记忆中的符号。

在外商投资的冲击下,55位经理及厂长的呼声得到中央的认可影响下,福州市的企业也开始出现了加大力度的改制与创新。下面介绍一些例子,说明这个时候福州城涌动的改革浪潮。

第一,1982年,由福州无线电二厂试制成功的80立升单门电冰箱。1984年,被国家有关部门批准成为吸收国外先进技术、开发电冰箱生产的全国41个电冰箱定点厂之一。1987年,皇后牌电冰箱已经开始叫响福州。1988年6月13日,由福州无线电二厂与香港创凡有限公司、香港华榕有限公司3家合资创办的福州电冰箱有限公司建成投产,生产皇后牌DR180型170—300立升双门直冷式电冰箱,单班年产能力为10万台,按合资合同规定产品20%返销,年创汇300万美元。皇后牌电冰箱投产后,日产量已从50台增至100多台。1988年7月,全国33家定点电冰箱厂在武汉举行的联展会上,"皇后"一举获得"永久杯"、"美达杯"两大奖。逾年底止,已生产2万多台,返修率仅1%,在国内同档电冰箱中,其质量之优,实属少见。

在这样的成绩下,面对市场客户对质量的要求提高的冲击,销量一度影响。为在竞争的市场中站稳,他们学习了海尔砸冰箱、求质量的做法,福州电冰条有限公司也采取了同样的方法,赢得客户的信任。

1989年立夏之前,福州电冰箱有限公司的广场上,425台崭新的皇后牌双门冰箱由本厂砸得粉身碎骨,在场者无不面面相觑,很快在榕城乃至整个福建引起震动:"这家公司发疯了,好端端的冰箱砸了干啥?"该公司的解释是:"这是二等品。"人们问:"二等品不可低价出售吗?"该公司回答:"我们企业不允许二等品出厂,否则,就是对消费者不尊重。"

为了确保皇后牌电冰箱的质量,他们把一些二等品冰箱砸毁,"为了'皇帝'(顾客),砸了不合格的'皇后'"在福州成为流传一时的佳话。

面对人们的质疑,他们十分坦然:"看上去砸的是冰箱,实际上砸的是传统的管理方法、落后的质量意识。"他直言,年初已露出"冰箱大战"的端倪,企业出路只有一条,降低成本,提高质量。记者了解到,425台冰箱价值92万元,销毁之前,已拆除了主体部件,实际损失为10多万元。用这位副总经理的话来说,摊到全厂职工头上,每人2000元,权作培训费,直接效果是产品的不合格率下降到千分之一。这家公司认为,要保证合格品出厂,就首先保证合格原料进厂。有家企业为"皇后"冰箱送来了一批配件开关,按照规定,该公司对此先后进行了严格的耐压和通断抽验,结果那10个开关中有3个通断不灵,便全数退还。检验员说,尽管只有3%的部件不合格,但对这3个具体用户来说,就是100%的不合格。这样的零件,不适合"皇后"。

往压缩机里灌装氟利昂是个重要的生产环节,无论多了还是少了都会影响制冷效果。一台L60升双门冰箱氟利昂的灌装量是150克,误差不允许超过3克。为了克服温度变化给灌装带来的误差,操作工随时注意调整灌装机的刻度,检验员每隔两小时还要用天平秤进行抽样复核,态度之严谨令人钦佩。

有这么一串数字,很能说明这个公司对质量问题的态度:抓产品质量的"品质科"多达32人,占全厂职工人数6.7%;这个科的各类质量检查表格多达15种;该企业的质量标准多达三大本,足有三寸厚。

由于把严密的质量制度与严格的质量管理结合了起来,并且贯穿在生产的全过程,产品的质量保持良好的声誉。他们通过砸冰箱,向客户直接宣传了他们的经营理念,赢得了客户的认可,以致在当时市场严峻的形势下,"皇后"冰箱在国内市场依然十分畅销,并且已有上万台冰箱进入了国际市场。

第二,技术引进创新。不仅仅引资,引进国外先进技术,也是福州商业发展的一大贡献。

福建长期因为是"前线",基础设施落后,福州成为全国通航最晚的省会城市之一。直到1974年12月,才从义序机场升空了第一架客机首航上海。随后5年,福建民航仅开辟了3条航线、4个航班,客货运载量均处于低水平状态。

1980年,一位法国商人为一笔生意从福州向巴黎的公司挂长途电话,苦苦等了两天两夜都没能通,第三天一气之下离开了中国。因为没有效率,也就失去了发展的机会。

当时福州用的还是20世纪50—60年代的第一代通信交换设备,而国际上已采用第四代了。福建要从第一代跨越到第四代,确实要有远见和魄力。1979年年底之前,福州电信局用的最先进电话交换机是美国"史端乔"式。"史端乔"和国产交换机加在一起,容量只有7700门,也就是说,最多只能装7700部市内电话,而这在国内城市中还算是不错的。当时,安装电话的全是公家单位,市内电话普及率只有0.86%,而电话接通率只有48%,平均拨号两次还不能接通一次。打电话时要先拨到电信局,然后通过人工服务转接,运气好的话,15分钟能接通。对普通老百姓来说,电话根本装不起,而单位就算装上了,电话也不容易打通,打通了还听不清楚。

于是决定向国外引进具有20世纪80年代先进水平的电话交换机。当时,国产电话交换机价格要便宜得多,放弃国产、选择进口,可算是一个非常大胆的举动。当时福建全省的外汇额度只有1000万美元,省政府一下子拿出了600万美元用于引进设备。全省上下还自筹资金,"电信系统每个人的工资都下调一级,全省各地区的项目建设都让位给电信。经过一年多时间的出国考察和商业谈判,先后接洽了8家外国公司后,1980年12

月,我们花了274多万美金,从日本富士通公司购买了万门程控自动电话交换机"。① 这套设备于1982年11月27日零点开通使用。所谓"程控电话","就是'电脑电话',由电脑程序控制、指挥交换机,几秒钟就完成为原本人工操作需要十几分钟的交换程序"。此外,如叫醒电话、呼叫转移、三方通话、呼叫等待等这些今天我们耳熟能详的通信业务,这台设备都能实现。

1982年11月,福州在全国首家开通了万门程控电话系统,直拨国际电话时间仅需20～30秒。福州的通信一夜间实现了几代的跨越,其"高起点,跳跃式,一步到位"的定位轰动了全国。原本估计引进这台"万门程控电话交换机"可以维持5年的使用容量,没想到中国改革开放的迅猛发展,不到2年多就已经用完了。1985年,再次与日本洽谈,签订了扩容2万门的合同。与此同时,我们还向日本引进技术人才,也派出人员到日本去接受培训,并在福州成立了自己的软件开发公司。1985年之后,我们逐渐掌握了"程控电话"的核心技术,国产设备逐步接班了。

万门程控电话交换机更是引来了北京、上海、广东、浙江、山东和香港等地的上万名参观者。有福州开了这头,随后几年,国内城市纷纷引进"程控电话交换机",大大改善了通讯状况。1982—1987年间,这台从日本引进的程控电话交换机使福州名声大噪,先后有23位党和国家领导人前来参观考察,福州还为将要安装程控电话的城市举办了8期培训班。

一时间,"中国电话最通畅、最迅捷的城市,不是北京、上海,也不是特区深圳,而是省会中不起眼的福州……"这段文字出现在1986年1月20日香港《明报》上。这无疑成为福州招商引资的一大广告。

第三,第一代知识分子的创业,也是福州商潮涌动的一个奇迹。

"中国改革的第一个十年,是起源于安徽小岗村的血手印,带动了农村承包制改革;而中国改革的第二个十年,则是开始于以福州的16名知识分子的创业故事为代表的股份制改革的新经典。"这是《蓝色通道》一书中为实达企业产生发展的历史所做的定位。

在改革年代里,1988年,16位同是毕业于高等学府的年轻人一起,集资数万元创办了实达计算机股份有限公司。

"当我们开始创办企业时,并没有什么经验,但我们都是从传统体制出来的人,对计划经济下的国有企业所存在的弊端有着切身的感受——管理体系僵化、没有活力、科研成果难以商品化等。"实达计算机设备有限公司总经理叶龙说道:"改革开放使我们摆脱了禁锢思想的精神枷锁。我们率先尝试了股份制。"虽然创业之初既无基础,又少资金,经历了不少艰辛,但机制上的优势使得实达随后一路突飞猛进。10年之后,实达已经成为一个总资产达到16亿元,国有资产增殖2000倍的令人瞩目的现代企业。这是中国改革史上一个从"16个人到16个亿"的企业发展神话。

此后,实达集团又先行一步,实施全新的国际管理体制,擂响了中国信息技术企业管

---

① 伍洪祥:《探索福建振兴之路》,《福建党史月刊》2008年第2期。

理创新的最强音。这一重大举措也是改革开放使然。

第四,福建日立电视机有限公司总经理游廷岩,在中外合资的体制下做得很好,而且积极地推广他的经营经验。在此后他也参加催生了55位厂长经理的呼声,震惊全国。

打倒四人帮后,1979年10月,游廷岩终于走出国门,代表福建省、省电子局与日本日立公司谈判,筹建福建日立电视机有限公司。12月3日,中日双方正式签字,游廷岩成为我国电子行业第一家合资企业——福日公司首任总经理。

游廷岩已记不清去过日本多少次,但谈起"福日"走过的辉煌历程,依然记忆犹新。"公司从1981年开始生产福日彩电,由于引进了国外先进技术,当时的产品质量已赶上了世界先进水平,老百姓买福日彩电用不着开箱验货。由于限量生产,福日彩电成为'抢手货',供不应求,全国其他地方还买不到呢!"说到这里,游老脸上荡漾着成功的喜悦。当然,没有改革开放也不会有引进技术、中日合作,更不会有现在的福日公司。

第五,在城市经济体制改革中,福州铅笔厂闯出了一条小型国有企业搞承包的道路,受到了全国的重视。

福建铅笔是1958年6月,由福州台江区和仓山区两个文化用品生产合作社的10多名手工业者合并组成的国营福州铅笔厂生产的。初期采取手工业作坊或手工木工刨刀进行刨杆,用人工石磨、石滚筒研磨石墨黏土,用煤炭炉进行烘芯、烧芯,劳动强度大。厂区占地面积小,厂房拥挤,绝大部分工人缺乏生产铅笔经验,也没有熟悉本行业的管理人员和技术人员,年产量仅16万支,产品低档,产值0.81万元,效益低。至1962年,累计生产铅笔617万支,亏损0.55万元。1963年,在华东地区行业协作会议上为福州铅笔厂安排1套设备,并于当年投产,新建厂房也开始使用,工厂分别派员到上海中国铅笔一厂和中国铅笔二厂进行培训。同年,产量开始明显提高,达393万支,产值19.24万元,利润0.195万元。到1966年,产量达4114万支,产值634.49万元,利润26.4375万元。从1963年到1966年前后4年,产量、产值、利润均翻了10倍以上,达到设计生产能力。但由于受木材原料质地硬、纹理差、结巴多、利用率低等影响,成本高,仍只能生产低档铅笔。

1966年以后,因学校停课,铅笔市场销量急剧下降,全国铅笔库存大量积压,产品无销路,工厂处于半停产状态。1967年,产量从1966年的4114万支下降到2810.8万支。1968年,又降到673.4万支,并亏损16.03万元。1970年,停产。20世纪70年代后,随着社会文化教育事业的复苏,铅笔也逐渐旺销起来。工厂积极改进产品质量,扩大花色品种,并以花色繁多、图案新颖而著称,备受省内外中小学生青睐。铅笔经营的品种结构随着消费水平而变化。20世纪70年代前,以价格低廉的经济铅笔为主销品种,但长期供应不足(只能满足30%左右),价格自1965年8月由省定为一支0.02元,后20年基本不变。进入20世纪80年代后,铅笔销售品种开始发生变化,1979—1981年,商业收购量中皮头铅笔约占35%~38%,无皮头铅笔约占41%~60%,经济铅笔只占5%~20%,且逐年下降,到了1982年后工厂就不再安排生产了。档次较高的活动铅笔销售逐年上升,国营商业销售1983年是56.21万支,到1989年上升为794万支。

1982年年初,该厂由于企业管理上存在许多弊端,党政分工不清,职工积极性调动不起来，企业濒临亏损边缘。1983年，在厂长龚雄的带动下，依靠党支部的支持，向国家提出承包要求，保证3年上缴利润年递增7%以上，所余利润包还贷款和进行技术改造。企业完不成承包任务，书记、厂长工资浮动降级；连续3年亏损，厂长、书记愿接受处理。承包方案调动了全厂职工的积极性。实际执行结果，1983年全年产值增长19.4%，利润增长41%。全厂共实现税利215万元，归还贷款40万元，职工人均奖金从1982年的135元提高到1983年的190多元，产量、产值、税利全都创造了全厂的历史最高水平。

1986年，福州铅笔厂积极采取合股、参股、联营等形式，创办了股份制性质的各种合资企业；同年出资262万元（占总股份75%）与香港华榕公司合资，成立福州华榕文教用品有限公司，从日本和香港引进中低档活动笔生产线和模具。1987年安装，当年投产，年产活动铅笔600万只，增利100多万元。1988年，又与上海文体用品进出口公司合资，各出资100万元，在马尾开发区成立申榕制笔厂，生产"KOFA"牌圆珠笔，并全部销往香港。1989年，参股福万玩具有限公司18%的股份及福州和声有限公司15%的股份，还与福建中福公司合资，派出技术人员到孟加拉国办铅笔厂，以技术入股形式发展国际性经济联合体，参与国际市场竞争。福州铅笔厂每年从合资、合股企业中分得利润100多万元。1987—1990年，福州华榕文教用品有限公司共生产中低档铅笔3245.67万支，实现税利346万元。1989—1990年，福州申榕制笔厂共生产"KOFA"牌圆珠笔1755.7万支，税利140.72万元，使福州铅笔厂的经济效益步入全国先进企业行列。

由于该厂通过承包在上述4个方面进行了改革，工厂的管理素质有了显著的提高，职工的生产积极性空前高涨，企业产生了一股迸发力。1984年，全国铅笔产量供过于求，但该厂产品在国内外市场上仍然十分畅销，充分显示了改革的生命力。

我国制笔工业必须做出新的努力。自从出现近代制笔工业以来，书写用笔已经在产品结构上出现了多次变革。在18世纪末出现了铅笔，19世纪末出现了自来水笔，到20世纪40年代后期出现了圆珠笔，到了20世纪70年代又出现了以塑料为主要原料的记号笔和以墨水代替油墨的墨水圆珠笔、滚珠笔以及其他新的品种。总之，书写用笔的结构正在发生新的变革，变革周期正在不断缩短。根据我国国情和汉字书写特点，各种传统产品如自来水笔、铅笔和圆珠笔等，在一定时期内仍将是我国书写用的主要工具。这些产品，在我国还将有一个发展时期。但是，面临国际上正在出现的一场新的技术革命，各种新技术和新材料正在向制笔工业的生产领域渗透。我国制笔工业面对这一新的挑战，必须大力加速行业的技术进步，加速新技术的应用和新产品的开发，缩短产品更新换代的周期，增强生产的应变能力，从而开创出一个既有现代化水平又有我国特点的制笔工业新局面。

总之，在改革开放的大潮中，境外资本、民间资本、国有企业都在政策的导引下，谱写勇于创新、大胆迈进的篇章。福州的经济获得了迅猛的发展。

第五节 福州资本跨越式发展

改革开放使福州的经济获得迅猛的发展,彻底改变了传统人们说的"纸褙福州"的概念。

在大量吸引外资,不断改革创新的大潮中,福州确实取了不小的成绩。但与广东、浙江一带经济发达地区比,福州仍然有差距。

2000年,不仅仅是中国经济变革的重大年份,也是福州经济转型的重要年份。第一,从理论上说,经过20多年经济改革,中国市场进一步扩大了,多种经济成分已经交错地存在于中国国民经济中。第二,民营经济的发展与壮大已经是一个不争的事实,国有经济在政策的扶持下,经过改造,在所谓"抓大放小"、"有进有退"的政策倾斜过程中,国有企业轻装上阵,大大壮大了国有经济的力量。这一点,无论是身在国企还是民企,都应当要有一个清醒的认识。

到了2000年,中国的经济理论已经不再停留在国有还是私有,姓社还是姓资的问题上讨论,国家明确地告诉你,国有经济已经够强大了,国家要改变的是传统的对国有经济的输血形态。在铁的事实面前,必须要有两个清醒的意识,这就是:第一,作为国家经济支柱的国有经济,以往依靠的是国家银行的政策输血。现在国有企业必须轻装上阵,企业通过"下岗"、"买断",把包袱已经都放给社会了。鼓励国有企业向社会融资,转变单一的产权形式,让国有企业转变成股份制,实行上市融资,向社会融资,减轻国家银行的借贷风险压力。第二,政策必须调整,希望国有企业主动地从一些生产性竞争领域退出,积极地进入一些资源型、垄断型领域。如果仍然停留在过往的意识上,仍然地要守住所有会赚钱会赢利的产业,那么企业就会受到无情的淘汰。

由依赖国家银行政策性输血转向社会融资,这让许多人获益,许多人也看得懂。在这一过程中,不仅仅国有企业,一些民营企业也搭上这班车,摆脱了资金的烦恼。但是,国有经济在一些部门主动退出,在一些部门积极介入。这一进一退,却让许多人看不懂,有些人趁着国企的退,积极地进入了肥得流油的领域,控制了企业;有些人没有看懂,仍然抱着旧有国企铁饭碗观念,甚至一赌气,把自己的饭碗也丢了。这就是2000年后中国经济进进出出的迷局。

一、入世与福州商圈大变局

进入1999年,私营经济喜讯不断,首先是20家私营企业首获自营进出口权;2月初,外经贸部又公布了第二批41家获准自营进出口权的私企名单;到了3月,更加令人振奋的消息传来,3月9日,全国人大常委会正式提请九届全国人大二次会议审议的宪法修正案草案,提出把非公有制经济作为社会主义市场经济的"重要组成部分"写进宪法。这一改动,字字千钧,圈内人士视为福音,人们为之欢呼雀跃,那么在这一轮中国经济转型之时，有多少人沉浮呢？

"国退民进"，这是国家一个重大战略政策的转换。看懂得，明白了，事事顺意，在市场进出中捡了漏。

在2001年9月，民营企业福州盈榕投资有限公司收购了福州大通机电股份有限公司的国有股份，从此，这家原来国营的电线工厂，彻底转化为全民营的冠城大通股份有限公司，发展更加迅速，不仅在福州开发区建了新厂，还在江苏办了子公司。

由于在这个转变过程中捡了个大漏，2007年，冠城大通股份有限公司的漆包线产量达53200吨，是改革前的80多倍；漆包线总销售额近35亿元，各种税收贡献超过2亿元，都是改革前的100多倍。这种工厂的流动性增加，也为这个企业老板进军北京房地产行业，打下良好基础。

中国十几亿人口的市场，历来是外国投资者所觊觎的。早在鸦片战争前夕，英国兰开夏制造礼帽的商人，初到中国，看到那么多的中国人口，满怀希望中国市场可以成为他们产品的广阔市场。只是受中国封建经济的束缚，中国社会市场的潜力远没有开发。这种市场开拓的黄粱美梦，最后破灭，打开中国市场，最后必须由鸦片来解决。

改革开放20年，中国市场已经成熟，面临新世纪开年又是我国入世年，国外巨商纷纷进入中国，进行长期市场战略布局，这是必然之举。麦德龙、沃尔玛、家乐福等国际零售业巨头大举进军福州，迅速打破了这个城市商业领域的平静，这些外资商业企业大举抢滩福州商业布局。一下子，外资商企的比例由过去的不足20％，很快突破40％。

福州在不到半年时间内，先后关闭了的1万平方米以上的大型商业企业就达7家，涉及产业链上下游成员单位100多家。中国刚刚加入世贸组织，而福州商贸业就已面临艰难转型。福州商场突然增加麦德龙等三家外资强劲竞争对手，日子一天不如一天了。价格竞争、服务竞争、货品竞争天天都在开仗，一些企业在仓促应对。福州五四路华都超市，居然采用1333元甩卖29英寸大彩电的噱头争抢顾客，一时引来福州郊县的农民半夜携被子到店铺前排队。而福州有政府背景的商业巨头华榕超市仍然墨守成规地经营。

有激烈竞争意识的国外商家，一进入福州商业圈，就立即一边布局一边应战。沃尔玛等毫不心慈手软，它们不仅仅在超市卖日常用品、廉价电器，还把水果、蔬菜、熟食等集贸市场行货也引入超市。更令同行心惊肉跳的是，沃尔玛等国际品牌，甚至把快餐桌椅摆进超市空地，争夺在超市购物或者在超市附近活动的市民客源。这样廉价舒适的午餐，一下子吸引了大批的市民。在商品采购上，洋超市们严格依照国际惯例，尽可能避免采购中间环节，使自己所售商品做到直接从生产基地搬上货架，成本的下降为商品价格的下调提供了更大的空间。而这一招，恰恰捅到了那些本土超市的痛处。以一瓶茅台酒为例，在东街口地下超市卖到300元的茅台，到了沃尔玛却只需要花270元就能买到。低价，是进入一个陌生市场的最初也是最重要的竞争手段。

入世对福州人和福州商界来说影响是复杂的。福州人不仅仅要适应国际市场的竞争，还要充分领会国家政策的转向。可以说，进入21世纪的福州商界，注定要经历一场脱胎换骨的重大的再一次洗牌。

(一)华榕倒闭

在福州商业零售圈的起起伏伏中,最让福州市民愕然的莫过于华榕连锁超市接二连三地倒闭关门。

号称福建省规模最大、有政府背景、实力最强并连续两年进入"中国连锁企业百强"行列的华榕连锁超市面对市场的激烈竞争,不堪一击,在一夜之间全线"崩盘"了。

华榕超市集团有限公司于1995年10月,而且是在福州市政府大力支持下成立的。表面上说华榕是一家股份制企业,但实际上可以说是一家国企。这一点就说明我们的市场意识不敏锐。福州市政府是其最大股东,华榕的老总林越自己过去就曾担任过福州市经委主任,而华榕内部的许多高层人员原先也都是政府官员,可以说政府的资源带给了华榕企业发展的最大好处,也同时埋下了深深的祸根。在福州市政府的大力支持下,1996年年初,首批8家连锁店在福州轰轰烈烈地开张了。当时,华榕超市以"平民化、廉价性"为口号,兴盛一时,发展迅速。到1998年年底,华榕超市连锁店已经扩张到91家,其中加盟店达39家。当年,华榕的营业额高达3.4亿元,资产总额达1.76亿元。可以说,发展势头良好。注册资本金为3000万元,作为其中大股东的香港(华榕)有限公司投资1050万元,22个自然人小股东投资1975万元。

华榕超市集团有限公司借助政府的平台,发展迅速,但是,也是这种非市场化的机制使华榕吃尽苦头。华榕的经营班子中,有很大一部分人是从国有企业中走出来的,这些人不熟悉市场的运作机制,又有各种关系承袭。在经营管理上,可以说是完全旧国营百货的翻版,根本不能适应新的市场形势。华榕超市设计的"所谓层层把关的采购、商店管理体系,其实程序复杂,但是,问题是在国有企业中走出来的,在能力方面有明显欠缺,管理体系,其实程序复杂,用人很多,效率低下,漏洞很多"。这必然导致华榕超市从上到下仍是大锅饭体制,责权利不清,奖罚不分明,最后导致能干的人走了,不能干的人留下了。特别是"在市场发生巨变时,这些人的应变能力完全不行。当1999年福州陆续开了近10个大卖场,市场进行重新洗牌时,华榕没有及时也没有能力调整业态,而仍然是盲目地扩大,不去走向广大农村和社区"。这些原因,终于导致华榕走向破产边缘。

由政府力量扶持起来的企业,其运行机制显然已经不能适应中国的市场竞争了。在不能适应市场机制的竞争下,由政府里带过来的人才,由于华榕的倒闭,反而被其他新开的超市挖走。这在当时是一种普遍的规律,说明人才仍然集中在体制内,只是受体制本身的束缚,无法发挥人才的优势。当时从华榕流往外资沃尔玛的人在20名以上,流往麦德龙的人在10名以上,流往新华都、好又多、大华都的人在20名以上,这些人都是"华榕"用自己的无数教训培养出来的骨干,最终花落他家。这是不可改变的市场规律。

应当说,在2000年左右,市场经济发展昌盛、外资大举进入之时,尤其是在办面对百姓的超市,企业的市场化管理与运作就显得非常重要,华榕仍然躺在政府的优势背景下,当然是经受不起市场的无情考验的。

华榕超市的倒闭,首先是资金的问题。华榕集团注册资金为3025万元。其中大股东香港(华榕)有限公司投资1050万元,22个自然人小股东投资1975万元。公司开业不久,大股东香港华榕(集团)有限公司即"变相抽逃"注册资本金1200万元,其他小股东也纷纷效仿,不断抽走资金。而且,有些股东未到资额高达300万元。因此,华榕公司从成立那天起,股本金就没有到过位,实有资本金只有1000万~1500万元。资本金的严重不足使华榕资产负债率高达80%以上。

自有资金不足,只能占用供货商的货款。到2001年倒闭前夕,欠供货商为4200万。这种无限占用资金,一方面是有政府背景的商业运营的痕迹,另一方面,也是市场经济不成熟状态下,商业经营产业链高端对产业链低端的侵蚀。长期国营商业经营的背景,就是长期占用供货商资金、商业企业缺乏信用的后果,一旦超市资金链条断裂,就遭遇了灭顶之灾。华榕超市的倒闭给国内零售企业敲响了警钟,并由此引发了有关超市赢利模式、进场费、工商矛盾、商业企业信用等问题的持续讨论。

华榕超市的倒闭从表面上看是在与外资超市竞争中,采取盲目扩张才败下阵来。实际上政府的靠山和非市场的经营,才是华榕真正倒台的原因。在华榕亏损非常严重的状况下,华榕的经营仍然采取的方法是:凭借政府的信用做靠山。依靠表面上销售的优势,大做"空手套白狼"的"无本"买卖。在市场变化的情况下,他们不是针对市场的变化采取对策,解决亏损问题,而是盲目扩大战线,采用延期支付供货商货款手段,拼命"圈"钱迅猛扩张,这一切都是盲目的政府非市场化经营的结果。1998年年底,华榕超市连锁店达91家,其中加盟店39家,当年营业额达3.4亿元,资产总额达1.76亿元。接着,在根基不稳的情况下,因为有政府作用做担保,当时某家银行又给了4500万元无抵押贷款,这更加催促了华榕的扩张,利用这批资金大力发展网点成为当时工作的重中之重。由于一哄而上,更加重了网点亏损面,紧接着在南京亏损1000万元,在苏州亏损250万元,在三明市亏损350万元。随着亏损额不断增加,华榕仍然不去收缩经营整顿内容的实力,反而变本加厉地拖欠货款,直到200年资金实在无法周转之时——华榕超市集团净债务达5500多万元,其中欠供货商为4200万,欠银行650万,欠员工工资180万,欠租金200万,欠社会IC卡120万,欠税收200万。而华榕的账面资产为3280万元,如果华榕宣布破产,那么,资产变现预计只有780万。

在如此的压力之下,不从市场意识方面总结自己内部的经营管理问题,华榕仍然采取拖延供货商的货款,还不时以店庆费、开业费、赞助费、新品费、上架费、折价费、促销费,按订单1%比例的"搭赠费"交付给华榕,供货商连货款在银行转账时所发生的账务费用也得自己掏。据了解,一家供货商每年向一家超市交的各种"苛捐杂费"少则几千元,多的高达上万元。正是在这种情况下,由于长期拖欠供货商货款,2001年12月27日晚9点,上百家供货商忍无可忍,愤然冲进福州市"华榕好佳家"超市,欲以强行手段拉走存货,减少损失。翌日,"华榕好佳家"以"本日盘点,停止营业"为名暂停营业。消息传出后,迅速引起连锁反应,400多家供货商集体上门向整个华榕集团逼讨欠债并停止供货;手持华榕超市提货IC卡的消费者闻风而动,挤到超市抢购商品,许多店铺几乎被搬空。紧接着对华榕完全失去信任的400多家供货商共同推举成立了"华榕超市监管委员会",依法全盘接管华榕的经营。他们建立起了全新的货款结算规则,比如,如果货品一天销售额达到5万元,次日就可结算货款。同时筹建"福州供货商协会",以维护供货的合法权益。

于是,一些连锁店纷纷"闭门谢客"或干脆"改换门庭"。面对如此巨变,华榕提出捆绑供货商一同承担风险,华榕高层放出风声,华榕集团破产对供货商毫无好处,"华榕倒了,供货商也就跟着完了",唯一出路是重组,利用华榕现有的经营网络和知名度,"让供货商成为华榕的新主人",希望重组后争取在春节前让华榕起死回生。有的想收购华榕的公司还想让众供货商在一封《致福州市政府的公开信》上签名,恳请市政府支持华榕重组,捆绑政府与供货商的做法,最后在市场经济面前破产。

这种教训无疑是惨痛的。华榕超市的倒闭,对福州商界是一个巨大震动,从此市场意识开始渗透福州商界的每个人与每个角落。

(二)华联关门

与华榕超市同样,在进入21世纪初,福州华联商厦——一个开业有近20年历史的商业巨子在福州也同样黯然出局。

20世纪80年代后期,在中国由计划经济向市场经济过度的历史进程中,随着中国经济的发展,市场规模不断扩大,原国家商业部和副食品局的部局领导提出创建"华联商厦",希望构筑这块中华民族品牌的同时,希望国家力量在商业界重新占据位置。1989年12月26日,由原商业部出资组建的华联商厦集团宣告成立,集团总部设在天津。于是,以政府的力量鼓励地方政府整合并壮大国内商业的发展动作不断,总部出资1.5亿支持和帮助地方政府在当地繁华地段筹建华联商厦。这个华联商厦集团是唯一由国家商业部统一投资、统一名称、统一标志、统一会歌,成员单位在全国覆盖面最广的中国民族商业集团。

在国家由计划经济向市场经济转型过程中,华联商厦实际上成为政府致力于研究和探讨,在新形势下,如何充分发挥国家商业企业在国民经济中的作用的产物,出发点仍然是国营商业如何在新形势下担当排头兵的作用。

福州台江路华联商厦建立于1986年1月,地点紧靠台江第三码头。这是福州历史上传统的商业繁华地段。该大楼位于福州市台江路47号,东邻元洪商贸城——著名的台江商贸步行美食街;西邻全亚洲最大的室内步行街中亭街;南邻江滨大道、东邻闽江航运枢纽重地;北接新改造的繁华五一路。这里交通便捷,设施完善,环境优美,风景宜人,商家云集,客流量大,属一级一类地段,是我市最繁华的商贸中心。这是福州商业的风水宝地。楼高15层,总建筑面积21879平方米,其中1~4层为商场,面积7308平方米;5~15层为写字楼、客房及娱乐场所,面积14451平方米,建成后成为当时福州的标志性建筑。包括安在商厦内的电扶梯也是福州最早引进的"时髦货",许多市民特地跑去乘,上上下下瞧个稀奇。当时的构想是建立一座集商场、娱乐场、客房、写字楼于一体的综合性商业大楼。大厦中还办有超级市场、一分钱专柜,便利百姓生活。

曾几何时,这座商厦享有"福州百货金字招牌"之称。应当说这是当时福州市政府集财力与智慧堆积的金字企业,希望配合中央的精神,发展福州的商业巨头。第一任华联商厦总经理,福州市政府由原任福州台江百货大楼总经理的金丽惠担任。金丽惠

(1940— ），福州市人。1955年11月，在福州市手工业管理局经理部工作。1958年8月起，在福州市百货站工作。先后任调拨员、物价员、劳工组长、采购供应组长等职。1980年4月，任福州市贸易信托公司业务副科长。1984年1月，任福州台江百货大楼总经理。由这样的人选担任，说明市政府对这个国字头商业巨舰的关注。

但是尽管有这样的女强人来操盘，在20世纪80年代，在商业经营上也只能做到像她在北京接受采访时说到的："福建那边的人都叫我'女强人'，因为我坚守一条：经营上搞活、管理上从严，不论上级、亲戚、朋友都一视同仁。但我也坚守另一条：工作上信任、生活上关心，使职工把企业当作自己的家。我们记着每个职工的生日，单位有两个职工大年初一日生日，她们流泪说：'在家是媳妇，谁也不记得生日'，'家里人也没放在心上'。"可以说尽职尽责，在当时就是企业的好领导了。

因为有政府的支持，到了1990年华联商厦发展已经相当具规模了。有800多人的商业团队，1989年年商品销售额达到1.2亿多元，1990年实现年利润392万元。这在当时确实是福建省头号商店。但是，同样是这样的企业，在进入21世纪之时，遭到了灭顶之灾。

2000年7月，人已经离开华联商厦当上省工商业联合会副会长、省总商会副会长的金丽惠在接受采访时就已经说道："'引狼入室'，这个'狼'不是一般的狼，摆在我们面前的将是一场很残酷的竞争。三大跨国商业公司同时抢滩福州，会给本土商业企业带来很大的压力。它们有雄厚的资金、先进的管理、优质的服务，以及低成本的优势。它们还准备3～5年亏本来占领中国市场。所以摆在我们面前的将是一很残酷的竞争。在这一场竞争中我们的商业企业处于劣势，像小孩与巨人比高，竞争将是很残酷的，没有冲击是不可能的。有些商业企业会在竞争中倒闭、破产，对此，我们应有充分的警觉。"

同样这种警示没有引起足够的关注，有国字品牌的华联商厦，在亏损900多万元后，终于在2002年3月31日20时30分，随着一阵急促铃声，那扇沉重的卷帘门缓缓拉下，结束了17年来在福州商业舞台上扮演的角色，正式关门停业。

华联商厦的原总经理陈卫建说过，华联商厦的关门有几个原因，首先是自练内功不够。以前搞商贸，牛气得很！统购统销体制下，没有竞争，大家养尊处优。什么紧缺商品，也都是自己先有。后来，随着市场经济的发展，国有商店的优势没有了，但许多单位仍耽溺于"温柔乡"。拿华联来说，分配制度上大锅饭一直没有从根本上打破。无论干好干坏，都是一个样，没有压力便没有动力。如此，服务水平和外资商贸业相比，明显处于下风。职工哪怕只上7小时班也会嫌累。此外，虽然一直强调给企业经营自主权，而实际上企业的自主权远远不够。我身为总经理，要是碰上上班不准时、服务态度不好的，根本无能为力，即使是合同制职工也根本无法将其开除。外资商业企业则不然，一个小组长就可以决定营业员的命运。赏罚不明，要想做到服务质量提高就很难了。其次，各种行政命令更是让企业直不起腰。1996—1997年间，当时华联经营状况还算良好，政府强令华联必须兼并两家破产企业，由此华联便背上了沉重的包袱。直到现在已宣布关门，上个月居然仍有人通知企业掏几万元钱进行扶贫。企业与政府的关系可以说一直是理不清道不明的事实。

事实上，华联商厦的经营状况一直没有好转，据统计，仅2001年这一年该商厦就亏损了近900多万元。这才引起了福州市有关单位领导多方论证、权衡，最后决定于2001年3月31日正式关门停业，后被拍卖。

从理论上，中国经济正在全面展开，中国市场的需求还只是开始，远没有饱和，国外百货、商贸大举进入中国，和国家商贸部对中国经济前景的估计，都是正确的。曾经分管商贸的福州市副市长梁建勇就说过，按照统计，福州商业饱和度只在全国排第十位，应该是还有发展的空间。"由于地理的原因，福州商业接受外资的挑战可能要比很多内陆城市早，转型的危机和压力也肯定要比别人更早感受。其实这既是一种挑战，也是一种机遇。"可以说这是一针见血说到问题的要害。在中国大市场面前，要未雨绸缪，占得先机，而不是坐在过去的传统习惯上，才能在大变革面前立于不失败之地。

华联商厦的倒闭，可以看作政府办商业模式的最后一道努力的破产，从此福州市政府明确地退出商业市场的运作。在华联商厦事件后，福州市就将商委和财委合并组成贸易发展局，统一宏观协调管理全市商业发展。并按照新的规划政策，今后政府只根据城市布局的需要，对投资商只提供建何等规模的商业机构的建议，而不再具体细化。这应当说是在市场教训面前逐步成熟的政府的一种理性作为。

与华联商厦、华榕超市的关闭几乎同时，还有就是与华联商厦比邻的著名的台江百货。台江百货始建于1951年，拥有6300平方米的面积，也是福建省第一家国有百货商店。华联商厦的第一任总经理，金丽惠原来就是台江百货的总经理，随着外资大举进入福州商圈，长期以来急切为台百寻找出路的政府官员表示，台百非常需要一个好婆家，但形势毕竟超出人们的意料，台百也在2003年9月1日彻底关门了。

(三)永辉超市上市

在华联商厦、华榕超市这些有政府背景的商业巨头倒下的同时，福州一家名不见经传的"福州屏西生鲜超市"诞生了。

在2000年前的永辉，其前身是一家小小的"福州屏西生鲜超市"。在其发家之时，依靠的就是兄弟作坊式的家庭作业。1998年在董事长张轩松和总经理张轩宁带领下，成立永辉超市股份有限公司，专门经营生鲜产品的公司。当时世界上著名的商业大鳄，美国的沃尔玛，法国的家乐福、麦德龙入主福州。而美国的沃尔玛拥有100%完整配送中心系统，全部实行现代化管理，有20个自动化配送中心服务于18个州，2500多家商家，每个配送中心可以服务70家以上商场，平均每个商场配送商品价值达1亿美元。配送中心采用世界上最先进、最尖端的网络管理系统。对于这些跨国公司的规模与实力可能这兄弟并不知道，也可以说是无知者无畏。

这兄弟两人就依靠着对市场的准确定位，将永辉的主要客户群体定位为家庭主妇，确立以农副产品、生鲜食品和服装为主业，日用品等为副业的经营方针。一般超市大多设在人流量较大的商业中心地段，但永辉却主要选址于大型居民区、城乡接合部及公路次干道。这不仅可以使其更贴近主要消费群体，及时调整经营策略，也可以避开与实力雄厚的洋超市正面竞争。这一方针避开了跨国公司的锋芒，找到了自己的生存之路。

福州人喜欢生鲜这个理念,在强手如林的福州商业圈中,挤进市场。凭借经商多年的经验,永辉认准生鲜产品是超市业的一块空白市场,本土超市经营生鲜不仅具有洋品牌超市无法比拟的优势,而且可以避免与实力雄厚的对手正面交锋。福州人虽喜欢生鲜超市,但"超市经营生鲜在当时还没有人做,正是这种全新的业态促成为永辉的成功,并确立了其超市经营的模式——生鲜经营面积占50%以上"。

张氏兄弟的"生鲜超市"很快得到了消费者的认同。自1998年首家永辉超市开张以来,短短7年间,永辉超市几乎遍布了福州市区的主要居民住宅区,其经营的生鲜产品价格低、品种多,颇受消费者青睐。在进入2000年福州有政府背景的商业企业关门风掀动之时,却为永辉腾出了市场空间。"永辉真正引起人们注意是在2000年。"福建永辉集团总裁助理翁海辉介绍,"那一年,福州市政府开展治理餐桌污染工程,为改变传统农贸市场杂、乱、脏的状况,提出了将农贸市场改为超市的'农改超'规划"。永辉超市顺风而行,一家家永辉超市在福州市内不知不觉地冒出来。与此同时,他们摸索出了经营生鲜产品的自营和直采经营模式。所谓自营,即上述生鲜产品,永辉超市基本都是向供应商买断;直采即永辉超市是和直接生产或养殖上述产品的农户去做贸易,跳过了所有中间商或是批发商。这是和业内的主流模式完全不同的经营模式。主流经营模式尤其在生鲜领域,超市向批发商采购,采购方式不是买断而是联营,即超市按照营业额收取一定的扣点,而如果有什么损耗,比如苹果坏了或鱼死了,损失由供应商承担。

经营生鲜超市,如果只是开一两家,在管理上并不困难,关键的是生鲜超市的连锁经营。这也是永辉迈向成功的重要一步,这一步在经营理念上是一个重大突破。

保证生鲜,同时又要价格稳定,是超市的成功之道。"天天实惠,始终如一"是永辉超市的经营宗旨,但价格实惠的前提是降低成本。白手起家的永辉利用本地企业的优势,建立起一支信息灵通的采购队伍和一批自营与合作相结合的养殖与蔬果生产基地,保证了永辉拥有自营生产基地一个、协议生产基地数十个;利用在全国范围内建立的庞大远程采购体系,即山东果品采购中心、广东服装采购中心、浙江百货采购中心、福建海鲜采购中心、江西水产采购中心等,采集各地适销对路又具有明显价格优势的产品,触角所及北至陕西、南至海南;在建立生产基地和采购体系的基础上,永辉设立了食品加工中心,生产自有品牌商品。

到2003年年底,永辉超市在福州开了15家店。后来开的店,营业面积变大,由3000平方米,到5000平方米,再到1万平方米。由于生鲜的品类不能像快消品一样,增加不同品牌就可以无穷扩大。生鲜区的面积缩减至一个店的1/3,甚至更小。但时至今日,永辉超市的销售收入中,超过一半仍为生鲜所贡献的。

永辉超市的发展应当说是准确地对市场分割的定位。在外资入围之时,抓住了福州人的生鲜产品的青睐,在激烈的市场竞争中站稳了脚跟,奠定了企业发展的基础。

从创业到飞跃发展,永辉已成为以零售业为龙头,以现代物流为支撑,以食品工业和现代农业为两翼,以实业开发为基础的大型企业集团,是福建省"商业流通及农业产业化"的双龙头企业。截至2009年,拥有连锁超市122家,连锁经营面积超过60万平方米,2009年公司年销售总额将超过100亿元,位列中国连锁百强企业45强,是中国500

强企业之一,是福建省、重庆市流通及农业产业化双龙头企业,被国家商务部列为"全国流通重点企业"、"双百市场工程"重点企业,荣获"中国驰名商标"称号,是上海主板上市企业(股票代码:601933)。

永辉的成功再一次证明,企业没有进入的迟与早,在外资大举进入中国之时,国内商业企业关闭倒闭之时,紧紧依靠企业本身的经营特点与准确定位,才是企业生存之道。

永辉的成功,也再一次证明,市场意识与市场竞争是企业唯一的生存之道。

(四)东百震荡

2000年福州商界真是"地震"频发,除了榕城倒闭、华联商厦关门的消息之外,另一件重大新闻就是一直堪称商界"大腕"的东百集团总裁陈明魁突然辞职。

陈明魁辞职起因于福建省第一的百货龙头企业——福州东百集团易权。

福州东街口百货大楼股份有限公司原系1957年9月建成开业的福州东街口百货商店(下简称"商店")。这是中国共产党建政之后建立的自己的百货公司,与其他的国民政府时的百货等并不相同。政府投入极大的努力。当时4层楼房,1~3层营业厅面积2700平方米,人员232人,是当时全省最大百货商店之一。开业后,商店营业员杨秀玉创造的"接一、顾二、联三、招呼四"(意思是接待一位顾客,兼顾第二位,联系第三位,招呼第四位)售货操作法,受到好评,并广为推广。商店实行无脱产管理人员,不设科室,干部参加柜台营业,由经理直接领导柜组,把进货等6项指标下放到柜组。这样,因服务态度好,服务质量高,效率显著,商店营业业绩闻名于省内外。1958年6月10日,商店被授予"全国商业战线红旗单位"。1959年,年营业额达1598.7万元,利润114.2万元,分别比上年增加1.15倍、1.57倍,而在精简机构的精神下,其管理成本的费用水平又是全国同行业中最低的,仅1.31%,为此被评上"全国工业、交通运输、基本建设、财贸方面社会主义先进集体"。"文化大革命"开始后,1966年年底商店的领导权为"造反派"所夺,商店处于半瘫痪状态,1968年的营业额仅386.9万元,利润17.15万元,分别比1965年下降47%、53%,是商店历史上的最低年份。1969年以后,通过抓整顿抓管理,逐步恢复规章制度,扩大商品经营品种,情况有所好转。1976年,营业额回升到985.34万元,利润61.27万元,分别比1968年增加1.51倍、2.41倍。

中共十一届三中全会后,开始恢复该商店的"红旗商店"称号和杨秀玉等先进人物的名誉,进一步发动群众抓管理,改善服务态度,提高服务质量。1979年,营业额回升到1796.71万元。1982年,改名为福州市东街口百货大楼(下简称"大楼"),营业面积由2700平方米扩展至4500平方米。1985—1986年,通过自筹和银行借贷等共筹集资金800万元,新建成1座与旧楼相连的11层大楼,增加营业面积1.05万平方米。1984年,恢复可直接向一级站进货的渠道,增加批发业务,开展工商、商商横向联合,与全国几百家重点企业建立购销关系,加入全国大型百货商店经济联合会,提高电视机、电冰箱、洗衣机、收录机家用电器的销售量,商品品种扩大到2.5万多种。

1986年10月,和华联商厦在全国网点铺开建立的同时,东百大楼成为福建省14家首批实行股份制改革试点单位之一。这时我国商业改革和试点进入一个崭新的时期。

中国经济开始发展,民营经济不断壮大,市场份额也在不断扩大,社会需求在日益增长,一方面,如何抓住机会,提高与壮大商业在国民经济中的地位与份额,是当时全国都在试行的。另一方面,如何走股份制道路,改变融资形式,让商业的资金需求不再仅仅依靠银行的融资,这是在20世纪80年代中央改革思考的重点。华联商厦是一个试验,东百作为旧百货的华丽转身,也是一个试验。可以说,前一个是失败,后一个试验是一种方向。

在试点时期,企业筹集到经营资金(股金)190多万元,这无疑是一个胜利。1987年1月,冯依淼调任大楼副总经理、党委副书记(7月改任总经理、书记)。冯上任后,对大楼内部经营体制进行改革,营业员分等级挂牌上柜,接受顾客监督,同时可以享受直至与总经理相等的岗位津贴;采用电脑设备,对营业厅实行闭路电视管理;大楼在巩固原有购销关系的同时,又与20多个省(市)2000多户名优产品的厂家建立新的购销关系;出资为名优产品的厂家做广告;设立家电维修服务中心;以职工为模特组织服装表演队,提高服装销售,使服装的盈利跃居大楼榜首;在1988年下半年的"抢购风"和涨价风中,不但不趁风抬价,反而开展让利0.5%～10%销售;推行"六年还本销售"活动;把紧俏商品以优惠价供应劳模、烈军属、老干部等。1988年的营业额由1986年的5347.63万元跃升至10414.44万元,首次突破亿元大关,被评为"福建省先进企业"。1989年6月15日,冯依淼出差永安,不幸遇难。黄善华继任党委书记、总经理后,创办《东百导报》;改营业员的固定等级制为可变动的,定期考核,可升可降。在当时探讨商业融资模式之中,还成立了"内部银行",使资金做到统筹安排,合理使用。1990年起,每年都举办大型展销、汇展等销售活动。1992年,与香港华榕公司联合成立百华房地产开发公司;参与福州新榕房地产开发经营;与香港2家公司联合投资创办乔治制衣有限公司和伊丽莎时装有限公司;推出"东百24小时超级市场"。随后,将"东百"统一命名的连锁店向福州市以及泉州、莆田、福清等地延伸;同时加快股份制试点工作,1992年11月大楼更名为福州东街口百货大楼股份有限公司(下简称"公司"),1993年4月8日成立董事会和监事会,黄善华为公司董事长,陈明魁为副董事长兼总经理,于同年11月东百公司股票在上海挂牌上市。1994年,公司直接取得进出口自主权。当年,东百公司的年营业额达到2.7亿元,利润0.26亿元,分别比1993年增长20%、70%,跨入全国商业"百强"行列。

进入21世纪的中国经济走向,已经和20世纪80年代有了根本性的转变。20世纪80年代,还仍然停留在思考如何恢复国营商业在国民经济中的地位与作用问题,进入21世纪,中国经济走向明确了方向,就是向更加市场化与国际接轨的经济政策。这对于一大批人,有国有资产情结的人,是有一个艰难的适应过程。

1957年成立的国有商业企业,在20世纪80年代中期,率先实行了股份制改革试点,"东百"累计实现销售额近30亿元,利润2.28亿元,均占建店以来的七成左右。目前资产总额超过8亿元,拥有4万多平方米的营业面积和15家子公司。其股本从1993年上市到2000年,随着国家商业企业的融资方向的试探与走向成熟,"东百"股权发生了一次重大的变更,原来由福州市财政局作为第一大股东的股权,现在政策上要求国家资本退出这种行业,政策要求将财政局所持有的占公司总股本39.37%的股权分别转让给名不见经传的深圳市钦舟实业发展有限公司和深圳飞尚实业发展有限公司,转让金额达

14142.71万元。股权转让后,两家新股东虽然宣布仍聘请陈明魁担任东百集团副董事长兼总裁,但时隔仅一个星期,陈明魁断然递上了一纸辞呈。

陈明魁的辞职,被认为是我国在进行国有商业企业融资方式转变国有机制的转换和加入世贸组织之后,传统商业企业面对跨国公司的严峻挑战而正在经历的一种阵痛。这不仅仅对国有商业企业是一次的脱胎换骨,对陈明魁这样的有很深国有情结的人,也是一个艰难转变。

据他本人称,他辞职有三大原因:一是想趁股权转让之机,让自己冷静思考和"充电",他计划到澳门科技大学攻读工商管理学博士学位。二是国有股减持是大势所趋,但他本人在"东百"工作多年,有很深的"东百情结",感情上需要调整。三是股权转让后,"东百"难免大规模裁员,而他十几年来与全体员工同舟共济,裁员的工作由他来做不合适。但他表示,股权转让之后,东百集团面临新的发展机遇,它的前景应该会更好。

陈明魁的辞职表现了福州百货业在入世前的一场激烈绞杀。陈明魁本身对国有企业的深深的情结,影响了他的选择。从陈明魁辞职一事上,反映了在入世与国家政策的重大改变形势下,国家资本全盘退出非主流行业,多少人面对惊人的资本运作大环境并不理解。陈明魁的辞职,一方面标志了其传统思维无法适应突飞猛进的形势的发展,标志着其对国家重大政策变化形势下资本运作的不理解,与对形势的误判。另一方面,也反映了在那场惊天剧变的资本运作环境中,有多少人不理解,又有多少人的内心世界经受着严酷的冲击。

陈明魁正当盛年时离开福州的商场,应当说这不仅仅是他个人的认识局限,也是福州商人地处偏僻一隅、眼界局限的表现。

二、世界汽车玻璃供应商——福耀

2001年3月,美国PPG等公司向美国商务部递交申请,对以福耀玻璃为代表的中国玻璃制造业进行反倾销调查,当年年底,加拿大也对福耀玻璃展开反倾销调查。这就意味着从4月1日开始,出口美国的中国汽车挡风玻璃要多交10%左右的关税。在出口美国的产品中福耀占到了70%的份额。根据美国联邦法律规定,在国际贸易委员会做出裁决的一个月内,被控企业可以向美国联邦国际贸易法庭提起上诉。4月10日向位于美国纽约州的美国国际贸易法院正式提起了诉讼(美国国际贸易法院是美国专门成立的、用以受理美国商务部反倾销裁决申诉案的联邦地方法院),对美国商务部做出向福耀集团出口到美国的汽车维修用挡风玻璃征收11.8%的反倾销税的裁定从9方面提出了质疑。

这似乎是一声惊雷:中国福耀玻璃究竟是什么企业,如此胆大?实际上,回到1976年,它还只是一家地处偏僻的福清市高山镇的乡镇企业——高山异形玻璃厂。

那个时候的曹德旺只是高山异形玻璃厂的采购员。从1976年至1982年这个玻璃工厂连年亏损,公社领导想到了曹德旺,要求他承包下来。1983年4月曹德旺承包后果断采取措施对症下药,工厂当年就赚了20多万元,除上缴6万元利润外,40%用于工厂发展，20％发给工人，另40％归曹德旺个人。

1985年高山异形玻璃厂合资后，他做汽车玻璃赚到第一笔70万元的利润。1987年曹德旺联合11个股东集资627万元在高山异形玻璃厂的基础上，成立了中外合资福耀玻璃有限公司。合资后，曹德旺拿出房子抵押入股占据这家企业50％的股份，成为真正意义上的老板。

合资后的曹德旺已不满足于做水表玻璃，他在寻找能让企业发掘更大效益的项目。他锐利的目光早已在汽车玻璃上搜寻许久。伴随着改革大潮，进口车子大量涌入低等级的公路，加快了汽车玻璃的损坏频率，而中国的汽车玻璃基本是依赖进口。一片玻璃就价值几千元人民币，维修费用不仅昂贵，又浪费国家外汇。已经在玻璃行业滚打多年的曹德旺心里清楚，一片汽车玻璃的生产成本实际只有百元左右，如果自己的企业能做汽车玻璃，利润空间将无比巨大。曹德旺通过购买上海耀华玻璃厂的旧设备图纸，成功完成为设备安装并投产，很快在当年实现盈利70多万元。这就是曹德旺做汽车玻璃赚下的第一桶金。这一桶金为日后曹德旺营造福耀汽车玻璃王国奠定了成功的基础，铺就了辉煌的明天。曹德旺到芬兰去培训时，看到一台可以根据设计参数自动成型的钢化炉，属于当时国际上最领先的技术需要100多万美元，他毫不犹豫地拍板买下。这台设备的引进，一下子拉近了中国汽车玻璃工业和世界汽车玻璃工业的距离，使曹德旺的工厂一下子站到了中国汽车玻璃生产的顶尖位置。在后来的10年间，福耀玻璃又不断引进新技术，从只能生产十多种规格产品的小厂发展到能生产一万多种规格产品的大公司，全面解决了高档车用玻璃依赖进口的问题，基本上满足了客户的各种需求，结束了中国汽车玻璃进口的历史。

1991年，福耀获准公开发行股票公司，更名为福建省耀华玻璃工业股份有限公司，总资产增至5719万元。1993年公司股票在上海证券交易所挂牌交易（股票代码：600660，股票简称：福耀玻璃）。

随着"福耀玻璃"上市，曹德旺的事业越做越大。提高公司的整体管理水平，跳出乡镇企业的思维局限，建立起一套现代化企业管理流程和先进体制，朝中国一流企业和世界一流企业迈进，是其主要目标。1994年国际汽车玻璃龙头企业法国圣戈班集团行政副总裁到中国考察，曹德旺闻讯专程请他们到福耀一叙。早已对中国市场觊觎已久的法国圣戈班对合作事宜极为赞成，双方于1996年年初签约，由圣戈班投资1530万美元，福耀投资1470万美元合资成立万达汽车玻璃有限公司。3年的合作，让曹德旺受益匪浅，福耀的员工直接到法国圣戈班的生产一线接受再培训，在生产流程、设计思路、工艺路线上让福耀的员工见识了先进的蓝本并得到实践，还领略了圣戈班具有国际水准的管理模式和一些可取的理财理念，学会了怎样做一个典范的汽车玻璃供应商。两家企业于1999年"离异"，原因是圣戈班公司的经营原则是将福耀建设为其在中国的服务基地，而曹德旺则把福耀定位为全球的汽车玻璃供应商。"志不同则道不合"，最终曹德旺用4000万美元买断圣戈班在福耀的所有股份，以此为条件与圣戈班约法三章，即圣戈班在2004年7月1日前不得再进入中国市场，为福耀在5年内排除一个强大的竞争对手，赢得发展的时空。

面对中国加入世贸组织之后的新局面,从1990年开始福耀就进军国际市场,抓住美国将高能耗高成本产业策略性萎缩的有利时机,一举占领了美国10%的市场份额,成功地开辟了美国这块海外最大的市场,并保持逐步扩大的势头。

在美国市场的竞争,2001年就出现了。面对反倾销的投诉,曹德旺一面聘请最专业的律师团队积极应诉,一面主动登门拜会PPG工业公司。随后,PPG以技术入股福耀在美国的分公司绿榕公司,填补福耀在美国物流上的缺位;福耀则弥补了PPG在亚洲没有工厂的缺憾,同时,福耀还购买PPG的浮法玻璃生产线,2001—2005年,曹德旺领导福耀团队艰辛奋战,历时数年,破费1亿多元,相继打赢了加拿大、美国两个反推销案,震惊天下。福耀玻璃也成为中国第一家状告美国商务部并赢告捷利的中国企业。

福耀公司生产的汽车玻璃占中国汽车玻璃70%市场份额的同时,还成功挺进国际汽车玻璃配套市场,在竞争猛烈的国际市场占有了一席之地。成为宾利、奔驰、宝马、路虎、奥迪等豪华品牌主要的全球配套供应商,同步研发设计,是天下第二大汽车玻璃厂商,在美国、德国、俄罗斯设有工厂。在俄新工厂建成投产时,俄罗斯总理梅德韦杰夫发来贺信。

多年来,福耀坚持每年投入巨额研发用度。今天,福耀玻璃的部分高新手艺产物代表当今世界上最高的制造水平,并拥有自主的知识产权。

2014年福耀玻璃的33%销售额由国际市场贡献,但福耀玻璃仍是一家典型的中国公司,产品大多在国内生产。如今,福耀玻璃国际化,其主要竞争对手日本旭硝子株式会社在中国、印尼、泰国等国均设有工厂。2014年年初,福耀投资2亿美元在俄亥俄州独资设立"福耀玻璃美国有限公司",建设汽车安全玻璃项目。而彼时,Mt. Zion工厂仅维持一半的产能运转,PPG正欲剥离亏损严重的汽车玻璃业务。8月29日,福耀收购美国PPG工业公司的伊利诺伊州Mt. Zion工厂交接仪式在福耀总部举行,该工厂升级改造后,年产30万吨汽车级优质浮法玻璃,将满足福耀美国公司汽车玻璃项目的原片玻璃需求。

福耀企业能顺利发展,表明这个企业恰好选择了中国经济的发展、汽车行业的发展、国际上传统汽车行业的更替,企业顺应了中国及世界经济发展的一进一退节奏之外,曹德旺本人的人格魅力也是不容忽视的。中国不需要高深的大家,需要的是大环境下能看懂经济命脉的直觉与悟性。这也是闽商福州帮的卓越智慧。

三、两岸梦圆青口汽车城

汽车是当代青年人的向往,拥有汽车是当代青年人的梦想。今天是汽车的时代,福州要买汽车的人没有不知道青口汽车城的。"福州买车,就去青口汽车城",正在成为越来越多的汽车消费者的共识。目前青口汽车城4S品牌专营区20多家4S店已相继开业,汇聚豪华、合资、自主品牌。所有4S店均按照汽车品牌旗舰店标准打造,消费者在这里可以享受到一流的购车服务。青口汽车城以主流汽车品牌齐聚、基础设施日趋完善、赛车文化氛围渐浓等因素,成为买车人的向往。

青口汽车城最重要的是以东南、奔驰两大汽车生产商为龙头,在青口着力打造海西最大的汽车销售服务综合体。

福州人很早就有汽车梦。新中国成立后几年,即1956年就在福州古田支路公私合营汽车修理厂的基础上,成立了一家福州汽车厂。这家公私合营的福州汽车修理厂,是由原来32家汽车修理业业主在福州水部状元境聚强车场成立的,早先隶属福州市交通局。当时,该厂从业人员180人,设备有11台旧机床,年产值42.84万元,固定资产原值18.91万元。1957年,该厂才迁到福马路泮洋村,厂房面积4000平方米,占地面积15亩。

"文革"前,福州汽车厂成立,当时也只是模仿生产三轮卡车与三轮摩托车。1958年,该厂进行仿"道奇"福州牌客货车、"马自达"三轮卡车试制,同时还进行后三轮摩托车试制,均取得成功,共生产客货车8辆、摩托车1辆。当年9月,该厂更名为地方国营福州市汽车修配厂。后由于条件不足停止制造汽车。1961年,该厂将生产方向放在汽车修理和配件制造上,并开始承担国家和省下达的生产汽车配件的任务,主要产品是各种车型制动毂,转向轴主销和后三轮轴。当年,完成汽车配件产值50.06万元。

1965年,该厂完成工业总产值171.30万元,其中配件产值80.87万元,车厢制造49辆,完成利润总额38.90万元,固定资产原值154.90万元,拥有金属切削机床50台,锻压设备7台。1956—1965年,该厂以汽车修理和汽车配件制造为主。1966年4月,该厂研制成功"东方红"后三轮摩托车,当年小批量生产110辆。1966—1970年,共生产摩托车764辆。

1969年12月,该厂开始试制福州牌FZ211型越野小汽车,1970年试制成功2辆,1971年转入小批量生产,当年生产50辆。1973年,该厂利用FZ211型汽车底盘改装FZ620型11座轻型客车10辆。当年,该厂汽车修理和配件制造业务大幅度减少,汽车修理仅大、中型20辆,汽车配件产值仅14.12万元。1974年起不再生产汽车配件,转向专门生产汽车。

1970—1984年的改革开放初期,也只是生产三轮车和福州牌载重汽车。直到1984年,才正式更名福州汽车厂。

1978年,该厂以北京BJ130型轻型载重汽车为基本型,试制成功福州牌FZ130型载重汽车,当年生产60辆。1971—1978年,该厂开始生产第一代产品FZ211型、FZ130型汽车。

1978年,该厂有职工735人,工程技术人员19人,完成工业总产值267.52万元,利润总额10.27万元,生产汽车156辆,固定资产原值319.6万元,拥有金属切削机床121台,锻压设备20台。

1980年,该厂汽车产量超过500辆。同年3月,首批加入南京汽车联营公司。

1981—1983年,由于国民经济调整,压缩基本建设投资,该厂面临生产任务不足的困难,3年中才生产汽车311辆。由于该厂基础较好,并致力于新产品开发,因此,该厂在全国整车厂因国民经济调整纷纷下马时却坚持下来,并逐步渡过难关。1982年将老产品FZ211型越野车改进为FZ121型1吨载重汽车,1983年,又将FZ130型改进为

FZ131型1.75吨载重汽车。1983年该厂生产汽车211辆,生产开始回升。当年7月,企业更名为福州汽车厂,并被国家正式列入轻型汽车生产定点厂。1984年5月,隶属福州汽车工业公司。

1984年,该厂开始批量生产FZ121型、FZ131型汽车。FZ121型、FZ131型汽车及其系列产品成为该厂20世纪80年代主导产品。当年,该厂采用日本进口发动机和变速器,开发生产FZ131A和FZ121A型汽车,并通过省级鉴定,1985年分别获得福州市科技成果一等奖和二等奖,双双获得福州市优质产品称号,经销全国各地,受到广大用户的好评。

从1984开始与日本五十铃、三菱、马自达厂家合作,成为国产皮卡生产的鼻祖。

1984—1986年,该厂经福建省人民政府批准,引进日本"五十铃"牌和"三菱"牌汽车散装总成,组装福州L300轻型客车600辆和福州WFR轻型客车1599辆,从而锻炼了职工队伍,掌握了国外先进车型的组装技术和检测能力。

1986年,该厂还以FZ131型和FZ121型2种车型为基础,推出多种轻型汽车的变型系列产品,受到广大用户的欢迎。

当年,该厂以五十铃项目为目标的"七五"技术改造项目全面展开,总投资2900万元。项目实现后,具备年装配1万辆轻型汽车能力。1987年12月,以该厂为主导,由23家自愿参加的企业组成福建省汽车工业联营公司,地点设在福州汽车厂,共同开发新型汽车的零部件,并计划于1988年出样品。1989年组织鉴定,后由于资金等各方面的原因,这一计划未全部落实。

1988年,该厂生产的FZ131型汽车被中国汽车联合会质量监督部门评定为一等品。当年,该厂引进的具有国际水平的汽车检测线全部投入使用。当年,该厂生产汽车3029辆,创历史最高纪录。并先后与国内124家零配厂建立稳定业务关系,在技术管理方面长期协作,定点配套。企业被福建省政府授予省级先进企业称号,并列为福建省重点企业,同时归福州市经济委员会管辖。

1989年,该厂FZ131、FZ121型汽车由于底盘质量不过关,在当年全国汽车市场疲软的冲击下,逐步丧失市场。为了渡过难关,该厂继续开发新产品,当年以日本五十铃NKR552L底盘、驾驶室和4JB型柴油机,试制成功FZ1042DS型(福铃)双排座载货汽车,1990年投入小批量生产。1990年年初,该厂还引进日本马自达轻型汽车技术,引进国际流行的皮卡车和乘用车系列车型,开发生产"FORTA(福达)"牌轻型载货车、轻型客车。试制开发FZ1022S型(福达)载货汽车,当年试制成功并投入小批量生产,企业走出困境,成为国产皮卡的"鼻祖",在后来十几年中,福达皮卡成为高端皮卡的前三甲,一直支撑着这个企业。这一年,该厂生产(总装)汽车能力达1万辆,企业由市属企业转为省属企业,隶属福建省汽车工业公司。

1991年3月,福达、福铃牌载货汽车通过福建省省级鉴定,其中福达牌载货汽车具有20世纪80年代后期国际水平。1992年,该厂产值上亿元,实现利税千万元。1994年因日元升值,进口汽车配件价格提高,生产汽车成本也增加,企业又面临困难。

1994年该厂有职工2959人,工程技术人员145人,完成工业总产值10192万元,生产福达汽车568万辆,产品销售收入10072万元,固定资产原值4683万元;主要设备205台,其中:金属切削机床61台,锻压设备18台,20世纪90年代进口设备8台。工厂占地面积63588平方米,厂房建筑面积22114平方米。1998年,福达汽车已成为福建省汽车工业的拳头产品,其中主导产品FZ1022SA轻型载货车被评为"福建省地产最畅销产品",1999年被省政府授予"福建省优秀新产品奖"。

与此同时,在1995年东南汽车成立,福州汽车厂也是其中的股东之一,拥有10%的股份,从成立至1999年9月青口汽车城成立,东南汽车青口汽车城还处在建设中,"东南得利卡"一直在福州汽车厂过渡生产,其中1996年7月第一辆"东南得利卡"就是在这里下线的。在这几年时,福州汽车厂生产车间是最热闹的,可以说福州汽车厂在这几年里是最辉煌的,为福州汽车工业甚至福建汽车工业发挥了很大的历史作用。

1994年是福州的汽车年。相对于国内其他省份而言,福建的汽车制造几乎无基础可言。尽管好几届福建省委领导就想发展汽车工业,但是历史条件不允许。此后历任福建省领导都梦想福建有自己的汽车工业,可是机遇总和福建省不沾边。

这一年,凌玉章开始出任福建省汽车工业集团董事长。汽车厂开始与不下十几家的汽车厂家谈判,讨论合作生产问题,由于一个都没有成功,才把目光转向台湾最大的汽车企业——裕隆企业集团所属的中华汽车公司。

在仅有23000平方千米的台湾岛,裕隆旗下的中华汽车厂的销量就占据了整个台湾岛汽车销量的一半,并且所分布的汽车经销、维修和服务网点也达200多个。台湾毕竟市场狭小,这就极大限制了"铁娘子"吴舜文发展民族汽车工业的梦想。面对日益激烈的竞争市场,中华汽车将何去何从,已经成为台湾中华汽车厂的思考重点。

两岸汽车厂商各怀其忧,也有共同的愿望。1994年11月27号晚上,凌玉章终于找到自己的"婆家",中华汽车怀揣的三个要求也终于得到了实现。双方谈了整整一个晚上,都有一种相见恨晚的感觉,吴舜文有三个要求,一直都没能找到可以答应这三个要求的合作伙伴,但在东南汽车这里一个晚上就谈成了。第一她要投资,这对于急需外援来杀出一条血路的福建汽车工业公司来说,当然是欢迎的;第二她想把自己的产品拿到大陆来做;第三她要参与管理,这三个条件是吴舜文寻找广阔的市场空间,解决裕隆在台湾发展的"瓶颈"问题的具体方案。六年来吴舜文走了一大圈还是没有人同意,但东南汽车同意了,就这样福建省汽车界开始了闽台合作的一段传奇。

1995年11月,规模最大的海峡两岸合资汽车企业东南汽车公司诞生,公司注册资本是6030万美元,总投资9982万美元,双方各占50%的股份,主要是生产"东南得利卡"和"东南富利卡"两大系列7~11座的轻型客车产品。东南汽车一期总投资9982万美元,建设形成年产6万辆"东南得利卡"轻型车系列产品的能力。

1999年9月26日,东南汽车城一期工程竣工投产,拥有完整的冲压、焊装、涂装、总装四大工艺,是一个自前段工序配套件至后段工序整车组装都具完整自主发展能力的,具有国际先进水准的专业汽车生产基地。

东南汽车的车型是由中华汽车提供的,大陆主要提供廉价的劳动力和广阔的销售市场。大陆不仅劳动力廉价,而且管理费用也相对较低,同时中华汽车还把台湾35家汽车配套零部件企业一起搬到东南汽车城,这样可以省去中间商重重的"盘剥",进一步降低成本,中华汽车"物美价廉"的传统就可以得到延续。这也是中华汽车保持强劲竞争力的方式之一。

中华汽车原来是引进三菱的技术以及三菱的管理,产品质量的管理非常严格,中华汽车不仅改造了福建汽车原有陈旧的生产设备,而且引进了先进的生产技术和管理技术。60多位与中华汽车一起入驻东南汽车城的高级管理人员,也把中华汽车在台湾的那一套先进管理方式一并带进东南汽车。

2003年是一个重要的年份。2003年3月21日,对福建人来说是个值得纪念的日子。福建人自己生产的第一辆菱帅轿车正式下线,福建几代人的轿车梦在这一天终于圆了。

2003年,在全国汽车项目竞争日益激烈的情况下,福建汽车工业集团再上一层楼,顺利与戴姆勒·克莱斯勒(奔驰)公司达成合资合作,双方合作的戴·克轻型车(中国)有限公司合作项目也于2003年11月获得了国家批准。

2004年7月29日,被称作福建汽车工业"心脏"的华擎发动机项目也获得了国家立项批准,从而深化了东南汽车的国际化合作道路。

2007年2月10日,是所有东南汽车人最难以忘记的一天。这一天有400个集装箱货柜,装载着第一批8000辆"得利卡"轻型客车远赴伊朗,拉开了东南汽车大批量出口的序幕。"得利卡"就放在集装箱上,就像大姑娘坐着轿子一样,还戴着大红花,到了伊朗以后很受欢迎,后来又追加了5000辆。伊朗出租车市场容量总共是15000台,而"得利卡"就占了13000台,这也是截至目前国内汽车出口的最大单笔交易。

2007年11月23日,在福建省福州市清口镇汽车城内,福建省汽车工业集团和戴姆勒汽车有限公司以及台湾中华汽车股份有限公司,在福州为合资企业——福建戴姆勒汽车工业有限公司举行奠基仪式。福建汽车携手国际巨头共舞国际舞台的这部重头戏,其中台湾中华汽车是牵头拉线的红娘。三菱拥有中华汽车25%的股份,而戴姆勒拥有三菱34%的股份,就这样通过三菱与中华汽车和东南汽车搭上了关系,也才有了福建汽车与国际巨头共舞国际舞台的一幕。正式凭借这条资金链,戴姆勒已经敲定将奔驰商用车亚洲生产基地落户东南,据悉东南与戴姆勒以50∶50的比例合资组建奔驰商用车生产基地,总投资约2.5亿欧元,预计首期投入1亿美元,产量2万辆。企业选址在青口工业区附近,将引进奔驰NCV2、VNEO以及VITO三款厢式商用车。2007年11月6号,东南汽车董事长凌玉章亲自驾驶与戴姆勒合作生产的第一款车"道奇凯领"进入下线典礼。

汽车行业是一个高回报、高诱惑的产业,但在这些特点背后,也意味着高投入、高竞争、高风险。随着中国经济的发展,中国的汽车行业群雄并起,在中国的汽车业发展版图中,汽车业可谓是"五面开花":东有上海汽车工业总公司,南有广州汽车工业集团有限公司,西有长安汽车(集团)有限责任公司,北有中国第一汽车集团公司、北京汽车工业控股有限责任公司,中部有东风汽车公司。许多省份也在为自己能在汽车业"巨大蛋糕"中争得一席之地而雄心勃勃。而引进、消化、吸收、拓展,已经成为福州汽车发展永恒不变的主题。

后 记

在几千年重农抑商文化背景下,中国商人总是和奸商、欺诈、不道德联系在一起。中国商人的身份和地位是极其低贱、卑微的。今天,由中共福建省委统战部推动系列研究著作《闽商发展史》的撰写与出版,这可以说是史无前例的。是改革开放带来的一个新产物。

承蒙中共福州市委统战部的信任,我有幸承担了《闽商发展史·福州卷》的写作。这对于我来说是一种挑战。我长期关注的是中国学术史和中国古代经济制度的变迁。对于生我养我的福州这片土地上发生的事,确实没有投入过太多的关注。

《闽商发展史·福州卷》的撰写是没有先例可循的。《闽商发展史·福州卷》如何写,写什么?这是我一直思考的问题。

编写好《闽商发展史·福州卷》,不是简单地把它写成地区商业发展史、地区社会经济发展史,我希望通过对福州山川、地理的变迁及其对福州人文性格形成的把握,梳理出福州商人、商帮、商业形态的形成。

因此,我关注如下几个方面:

第一,福州山川、地理、人文性格对不同时期福州商人的商业模式及商人个性的影响。

第二,福州城位于闽江下游,又是位于闽江的出海口,这种河、海之利,对福州商帮擅长于大海、内河中转贸易的影响。

第三,临水而筑的福州城,不断南扩对福州城内商帮与城外商帮形成的影响。

第四,近代开埠之后,福州商人与西方商业接触后形成的商业理念与现实的距离。由于福州地处偏远东南,西方商业理念无法与现实官方控制的狭隘市场接轨,往往创其业而终无果。在工业化之前,福州商人只有远离他乡创业,最后往往是花开他乡。墙内开花,墙外香。

第五,福州的地理位置局限,在工业化与市场化推动之前,福州的商人眼光与政治智慧,都是受到局限的。

本书写作,历经5年,我要特别感谢中共福州市委统战部的前后任领导。感谢前任王玲部长百忙中,过问写作的进度并亲自安排让我得以深入福州的五区八县,了解福州的经济发展状况。感谢福州市委常委、统战部部长黄忠勇和市政协副主席、市工商联主席雷成才以及市委统战部和市工商联对我写作提供的大力支持与帮助。

在几年的写作过中,我特别要感谢福建师范大学的唐文基教授。唐老师不仅仅在写作思路上给了我极大的启发,甚至把他自己写的还没有发表的有关福州商业的文章提供给我参考。这一切都深深地感动着我,我会永远记得他们的无私支持。

最后我要感谢,在我写作过程中,给予我帮助的一切同仁与朋友。没有他们的鼓励与支持,我是无法完成这一写作的。

郑有国
2016年4月写于居住主题